JN075404

社会福祉
学習双書
2024

第12巻

# 社会学と社会システム
# 社会福祉調査の基礎

『社会福祉学習双書』編集委員会　編

社会福祉法人 全国社会福祉協議会

社会福祉士養成課程カリキュラムと
『社会福祉学習双書』目次の対比表

## 第12巻　社会学と社会システム／社会福祉調査の基礎

<table>
<tr><th colspan="2">養成カリキュラム「教育に含むべき事項」</th><th>社会福祉学習双書「目次」</th></tr>
<tr><td rowspan="5">社会学と社会システム</td><td>①社会学の視点</td><td>・第１部第１章「社会学とはどのような学問か」</td></tr>
<tr><td>②社会構造と変動</td><td>・第１部第２章第４節「社会関係と社会的孤立」<br>・第１部第３章「社会集団と組織」<br>・第１部第４章「社会的システムと法、経済」<br>・第１部第５章「社会変動」<br>・第２部第１章「人口の構造と変化」<br>・第２部第６章「地域社会とその変容」<br>・第２部第８章第５節「社会指標」<br>・第２部第９章「グローバル化する世界」</td></tr>
<tr><td>③市民社会と公共性</td><td>・第１部第２章第５節「社会的排除と社会的包摂」<br>・第２部第５章「災害と復興」<br>・第２部第７章「社会問題とマイノリティ」<br>・第２部第８章「福祉国家と福祉社会」(第５節を除く)</td></tr>
<tr><td>④生活と人生</td><td>・第２部第２章「健康と社会」<br>・第２部第３章「家族とジェンダー」<br>・第２部第４章「生活とライフコース」</td></tr>
<tr><td>⑤自己と他者</td><td>・第１部第２章「社会的行為と社会関係」(第４・５節を除く)</td></tr>
<tr><td rowspan="6">社会福祉調査の基礎</td><td>①社会福祉調査の意義と目的</td><td>・第３部第１章「社会福祉調査とは何か」</td></tr>
<tr><td>②社会福祉調査における倫理と個人情報保護</td><td>・第３部第２章「社会福祉調査における法と倫理」(第４・５節を除く)</td></tr>
<tr><td>③社会福祉調査のデザイン</td><td>・第３部第２章第４節「量的調査と質的調査」<br>・第３部第２章第５節「社会福祉調査の実施にあたってのICTの活用法」<br>・第３部第３章「量的調査の方法Ⅰ」</td></tr>
<tr><td>④量的調査の方法</td><td>・第３部第３章「量的調査の方法Ⅰ」(再掲)<br>・第３部第４章「量的調査の方法Ⅱ」</td></tr>
<tr><td>⑤質的調査の方法</td><td>・第３部第５章「質的調査の方法Ⅰ」<br>・第３部第６章「質的調査の方法Ⅱ」</td></tr>
<tr><td>⑥ソーシャルワークにおける評価</td><td>・第３部第７章「ソーシャルワークにおける評価」</td></tr>
</table>

※本テキストは、精神保健福祉士養成課程カリキュラムにも対応しています。

# 刊行にあたって

現代社会にあって、地域住民が直面する多様な課題や個々人・家族が抱える生活のしづらさを解決するためには、従来の縦割り施策や専門領域に閉じこもった支援では効果的な結果を得にくい。このことは、社会福祉領域だけではなく、関連領域でも共有されてきたところである。平成29（2017）年の社会福祉法改正では、「地域共生社会」の実現を現実的な施策として展開するシステムの礎を構築することとなった。社会福祉に携わる者は支援すべき人びとが直面する課題を「他人事」にせず、また「分野ごと」に分断せず、「複合課題丸ごと」「世帯丸ごと」の課題として把握し、解決していくことが求められている。また、支援利用を躊躇、拒否する人びとへのアプローチも試みていく必要がある。

第二次世界大戦後、社会福祉分野での支援は混合から分化、そして統合へと展開してきた。年齢や生活課題によって対応を「専門分化」させる時期が長く続くなかで出現し固着化した縦割り施策では、共通の課題が見逃される傾向が強く、制度の谷間に潜在する課題を生み出すことになった。この流れのなかで、包括的な対応の必要性が認識されるに至っている。令和５（2023）年度からは、こども家庭庁が創設され、子ども・子育て支援を一体的に担うこととなった。加えて、分断隔離から、地域を基盤とした支援の構築も実現されてきている。地域から隔絶された場所に隔離・収容する対応は、在宅福祉の重要性を訴える当事者や関係者の活動のなかで大幅な方向転換を行うことになった。

措置制度から利用制度への転換は、主体的な選択を可能とする一方で、利用者支援や権利擁護も重要な課題とした。社会資源と地域住民との結び付け、継続的利用に関する支援や苦情解決などが具体的内容である。地域や家族、個人が当事者として参加することを担保しながら、ともに考える関係となるような支援が求められている。利用者を支援に合わせるのではなく、支援を利用者のニーズに適合させることが求められている。

「働き方改革」は働く者全体の課題である。仲間や他分野で働く人々との協働があってこそ実現できる。共通の「言語」を有し、相互理解を前提とした協働こそ、利用者やその家族、地域社会への貢献を可能とする。ソーシャルワーカーやその関連職種は、法令遵守（コンプライアンス）の徹底と、提供した支援や選択されなかった支援について、専門職としてどのような判断のもとに当該支援を実施したのか、しなかったのかを説明すること（アカウンタビリティ）も同時に求められるようになってきている。

本双書は、このような社会的要請と期待に応えるための知識やデータを網羅していると自負している。

いまだに終息をみせたとはいえない、新型コロナウイルス（COVID-19）禍は引き続き我われの生活に大きな影響を与えている。また、世界各地で自然災害や紛争・戦争が頻発している。これらは個人・家族間の分断を進行させるとともに、新たな支援ニーズも顕在化させてきている。このような時代であるからこそ、代弁者（アドボケーター）として、地域住民や生活課題に直面している人々の「声なき声」を聴き、社会福祉領域のみならず、さまざまな関連領域の施策を俯瞰し、地域住民の絆を強め、特定の家族や個人が地域のなかで課題解決に取り組める体制づくりが必要である。人と諸制度をつなぎ、地域社会をすべての人々にとって暮らしやすい場とすることが社会福祉領域の社会的役割である。関係機関・団体、施設と連携して支援するコーディネーターとなることができる社会福祉士、社会福祉主事をはじめとする社会福祉専門職への期待はさらに大きくなっている。社会福祉領域で働く者も、エッセンシャルワーカーであるという自覚と矜持をもつべきである。

本双書は各巻とも、令和元（2019）年度改正の社会福祉士養成カリキュラムにも対応し、大幅な改訂を行った。また、学習する人が制度や政策を理解するとともに、多職種との連携・協働を可能とする幅広い知識を獲得し、対人援助や地域支援の実践方法を学ぶことができる内容となっている。特に、学習する人の立場に立って、章ごとに学習のねらいを明らかにするとともに、多くの工夫を行った。

社会福祉制度は、かつてないスピードで変革を遂げてきている。その潮流が利用者視点から点検され、新たな改革がなされていくことは重要である。その基本的視点や、基盤となる情報を本双書は提供できていると考える。本双書を通じて学ばれる方々が、この改革の担い手として、将来的にはリーダーとして、多様な現場で活躍されることを願っている。担い手があってこその制度・政策であり、改革も現場が起点となる。利用者自身やその家族からの信頼を得ることは、社会福祉職が地域社会から信頼されることに直結している。社会福祉人材の育成にかかわる方々にも本双書をお薦めしたい。

最後に、各巻の担当編集委員や執筆者には、改訂にあたって新しいデータ収集とそれに基づく最新情報について執筆をいただくなど、一方ならぬご尽力をいただいたこともあらためて読者の方々にご紹介し、総括編集委員長としてお礼を申し述べたい。

令和５年12月

『社会福祉学習双書』総括編集委員長

松 原 康 雄

# 目　次

## 第５章　社会変動



# 第２部　現代社会の諸相

## 第１章　人口の構造と変化

## 第4章　生活とライフコース



## 第5章　災害と復興

## 第6章　地域社会とその変容



## 第7章　社会問題とマイノリティ

## 第8章　福祉国家と福祉社会



## 第9章　グローバル化する世界

# 第3部　社会福祉調査の基礎

## 第1章　社会福祉調査とは何か



## 第2章　社会福祉調査における法と倫理



## 第3章　量的調査の方法Ⅰ

## 第4章　量的調査の方法Ⅱ

＊本双書においては、テキストとしての性格上、歴史的事実等の表現については当時のまま、また医学的表現等についてはあくまで学術用語として使用しております。
＊本文中では、重要語句を太字にしています。

表紙デザイン：株式会社ビー・ツー・ベアーズ

# 第1部　現代社会の理論

# 第1章 社会学とはどのような学問か

## 学習のねらい

社会学はその名のとおり、「社会」を研究対象とするわけだが、その社会はいうまでもなく人々の無数の行いや思いによってつくり出されているものである。

そのため社会学は、①人間がつくり出す社会、②社会がつくり出す人間、という２つの側面の循環関係にまなざしを向けていく学問なのだということができる。そのことをふまえ、本章では、皆さんに社会学という学問にふれてもらう導入部として、次の３点を論じていくことにする。

第一に、皆さんが営む日常生活の小さな出来事の中にも、社会学の発想がひそんでおり、皆さん自身が毎日「社会学をして」いることを確認していく。

第二に、社会学の基本的視座を学ぶため、20世紀初頭の社会学確立に大きな功績を果たした３人の社会学者、デュルケーム、ヴェーバー、ジンメルについて紹介する。彼らの残した重要な視座とは、各々、方法論的集合主義、方法論的個人主義、方法論的関係主義というものである。

第三に、社会学という学問が社会現象に対してどのような興味深いまなざしを向けていくのか、それを潜在的機能、創発特性、価値意識の相対化として、皆さんに例示していく。

# 第1節　Doing Sociology ―日常生活と社会学

## 1 見えないルール

「社会学って、何だろう？」。多くの人は、聞き慣れない学問の名称にとまどいを覚えるかもしれない。社会学は私たち自身が毎日なにげなく生活している〈社会〉そのものを科学するという大胆かつ野心的な学問である。しかし、その内容と方法は決してとっぴなものではない。日常生活で起こる微妙な気持ちの動きや頭のはたらかせ方の中に社会学の学問的な種子が宿っているのであり、その意味で、私たちは毎日の生活において、「社会学をして（Doing Sociology）」いるのである。ふだん見過ごしがちな日常生活の中の小さな出来事の中に、社会学の発想はひそんでいるのである。

一般的にいって、学問の話というのはおもしろくないと思われている。なぜ、おもしろくないのだろうか。その理由の一つは、学問の話の多くが現実から抽象化された概念を使って説明されるからである。抽象化された概念とは、ある意味でスポーツのルールみたいなものである。どこの世界に、実際の試合を見ることなく、初めにスポーツのルールブックを読んでおもしろいという人がいるだろうか。私たちはまずスポーツの生の試合を見て、いわば現実を知っておもしろいと思うのであって、ルールそれ自体におもしろさがあるわけではない。逆にいえば、ルールのおもしろさをわかるためには、現実をたくさん知っていなければならない。すなわち、学問がおもしろくなるためには、学問よりもまず先に世の中のことについて多大な関心をもっている必要がある。

ルールの話を進めよう。経験を積んで、試合や選手のプレイの意味がだんだん「見えてくる」ようになると、実はルールブックに載っていない別のルールがあることに気付くようになる。試合に勝つために使う作戦、戦術や技術である。それは、野球のヒット・エンド・ランであったり、サッカーのオフサイド・トラップであったり、バレーボールの一人時間差攻撃であったりする。選手たちはそのルールを共通に理解し、身体でわかって身に付けることで、作戦や戦術にそったプレイがお互いにでき、観客はそれを了解することによって、ルールブックに書かれているよりもふくらみのある世界を堪能することができる。ルールブックに書かれた規則がフォーマルなルールなのに対し、ルールブックに書かれていない作戦や戦術はインフォーマルなルールといえるだろう。試合がおもしろく見られるようになっていくというのは、実はこの2つのルールについて熟知し、両者を楽しめることなのである。

現実とルール。そして、ルールの中のフォーマルなルールとインフォーマルなルール。スポーツを例にしながら、ひとまずこんな区別ができる。この本全体を通して、次第に皆さんに理解されていくと思うのだが、社会学という学問は、これらの中で、インフォーマルなルールについて考えていくことを得意としている。人間社会の中で、法律に書かれていないけれど皆が守っていること、学校で教えてくれないけれど生徒たち・学生たちがやっていること、親がしつけないのに子どもたちの世界で行われていること。そんなインフォーマルなルールを解明していくためには、現実をより細かく見ていく必要がある。社会学は、日常生活で起こっているなにげない現象に着目し、それが皆さんが思っているほど、フォーマルなルールだけで動いているわけではないことを明らかにしていくのである。

電車での席の譲り合いについて、考えてみよう。“お年寄りや身体の不自由な人に席を譲る”という発想が世の中でいわれているフォーマルなルールであるといえる。道徳規範といってもよい。そして、席を譲らない者が増えてきたのは、その道徳規範が弱くなってきたからだと結論付けられ、道徳教育の強化が叫ばれたりする。その考え方にも一理あるだろうが、社会学には異なる解答がある。

その一つは、実は席を譲ることは都会のルールに違反するからという解答だ。都市社会には多様な出自や経歴をもった多くの人々が住み、日常行き交う。名前も知らない一人ひとりの考え方は決して一様ではない。逆に、都市に生きる人たちのことを個別に細かく知ろうと思ったら、即座に情報過多に陥ってしまう。したがって、都市に生きる人々は、お互いに見知らぬ人、ストレンジャーとしてふるまい（stranger interaction）、深く関与せず、必要最小限以外は見て見ぬふりの無関心を装わなければならないのである。そこには、都市生活を生きるインフォーマルなルールがある。そんなルールが法律にあるわけではなく、学校でも教えてくれないが、都市を生きる人々は無自覚的にそのインフォーマルなルールを実践してしまっている。

都市を生きる人間は、他者に不必要に視線を向けて、深い関心を払ってはいけないのである。ましてや、声をかけるなど論外である。電車の中も同じルールが運用されている。それに対して、電車で席を譲るという行為は、見知らぬ他者の中から特定の人に視線を向け、関心を払い、「身体の不自由な人」という判断を下し、「どうぞ」と声をかけて席を譲るということである。

実は、それらの一連の行為は、都会を生きるルールに大きく違反していることになる。その証拠に、席を譲った多くの人はよいことをしたはずなのに、席を譲ったらどこかに移動して、譲られた当人の前から離れていく。なぜなら、席の譲り合いという行為は、都市において親しい関係者内部でだけ許容されることであり、そこにとどまっていれば、席を譲る－譲られるという行為がつくり出した親しい関係にふさわしい会話を要求されるからである。

席を譲るときの私たちの躊躇(ちゅうちょ)は道徳心のなさと簡単に結論付けられるものではなく、都市生活のルール違反へのとまどいという要素を含むものとしても理解されなければならない。道徳というルールへの違反なのではなく、都市を生きるルールを守ろうとするから、席を譲れないのである。このように、社会学の発想には、日常生活を少し異なった角度からながめていく要素がある。

## 2 無意識の〈色メガネ〉をはずす

こんな問題について考えてもらいたい。第1問。「日本の47都道府県の中で、最も面積が狭いのはどこでしょう？」。答えを書きとめたら、第2問。「東京・銀座で道ゆくOL100人に聞きました。日本の47都道府県の中で最も面積が狭いのはどこだという答えが一番多かったでしょう？」。これも予想される答えを書きとめておこう。

この2つの質問は似ているようにも見えるが、全く質の異なる質問なのである。第1問は客観的正解のある質問であり、その正解は確実に1個しかない。計測された物理的な面積の大小によって、誰がやっても変わらない明白なものとして正解が存在する。それに対して第2問は、銀座で道ゆくOLたち各自の主観的判断を多数決した結果を聞くという質問になっている。すなわち、世の中の人はどのようにイメージしているか、場合によってはどのように間違うのかの予想を聞いているのである。したがって、第2問の解答では、47都道府県のすべてが候補になる可能性がある。銀座のOLたちではなく、国会議員の人たち、Jリーグの選手たち、小学1年生の子どもたち、スーパーに買い物に来た主婦たちと、回答者のグループを替えていったら、皆さんの予想する答えも変わってくるだろう。第1問は客観的な事実を当てる質問であるのに対し、第2問は主観的な考えを当てる質問になっているのである。

第1問の正解は香川県である。それ以外の都道府県をあげた人も多いのではないだろうか。なぜ、自分がその都道府県をあげたのか考えてみると、自分の発想のクセの一部、いわば〈色メガネ〉がわかるかもしれない。正解をあげるつもりでいて、実は自分の主観的判断を答えていたのである。ちなみに、ある時期までは一番面積の狭いのは大阪府であったが、関西国際空港建設に向けた大阪湾の埋め立てが行われたことによって、順番が入れ替わったのである。このことは、客観的事実も時代によって変わり得るものであることを示している。

続いて、第2問の銀座のOLたちで最も多かった解答を東京都だったとしよう。この解答は、実は皆さんが間違えたような第1問の解答を集めて多数決した主観的なものなのである。皆さんが第2問の答えとしてあげたのをX県とすると、X県は皆さん個々がOLたちの主観的判断、〈色メガネ〉をどう読んだかの解答ということになる。第2問で正解となるためには、X県＝東京都とならなければならず、第1問では正解である香川県と答えても、OLたちの答えが東京都である以上、間違いなのである。第2問を当てるためには、むしろ、積極的に人々がどう間違うのかを予想していかなければならない。その際、47都道府県のすべてが正解の候補になることはなく、おそらく10くらいの範囲にとどまるだろう。しかし、その範囲にとどまるということが、私たちの意識に見られる共通性、社会的イメージというものを示しており、その共通性が社会学研究が取り組むべき社会性の一端なのである。

実は、社会学という学問は、学問の中でも特殊な位置にあり、第1問の客観的な問題だけでなく、第2問の主観的な問題にも取り組んでいこうとする志向性をもっている。そして、この2つの問題の答えの間に発生するズレや落差の中に、人間社会のメカニズムや不思議さを解明していこうとするのである。したがって、社会学にとって、誰かの主観的考えが誤りだということはない。その人が考えている限り、それは一つの事実であり、むしろ、なぜ、そのような誤りや異なる考え方が発生するのかを考えていくところに社会学の特徴があるのである。

例えば、中流階層論というのは社会学の重要な研究主題である。格差社会論が浸透してきたとはいえ、日本人の多くは自分を中流である、少なくとも中の下ぐらいだと考えている人が多い。しかし、収入の分布は中間に集中するのではなく、ダイヤモンドを少し下側に崩したような形になる。意識という主観の分布と、お金という客観の分布はズレているのである。そのズレを社会学は間違いだとするのではなく、説明すべき対象としていくのである。

客観と思い込んでいる例として、性別をあげることもできる。一般的には生物学的な雌雄として男女の区別があるが、私たちは相手の下着を脱がせなくても、容姿・服装・身のこなしから相手の性別を判断してしまう。しかし、それは生物学的というより、後天的に獲得された文化的といえる性別なのであり、そのことを社会学では「ジェンダー[*1]（gender）」とよぶ。

＊1
本書第２部第３章第３節参照。

私たちはジェンダーを明白に見ることで、何の疑いもなく、生物学的性差「セックス（sex）」もそれと同じだと思い込んで行動しているにすぎないのである。それらに見られる社会学の接近方法は、意識的なものはもちろん、無意識的な〈色メガネ〉をはずしていこうとする試みなのである。

電車の座席と面積の小さな都道府県の例をひいて、社会学の発想の雰囲気を示してきた。日常生活をも研究対象としながら、フォーマルなルールとインフォーマルなルールの交錯、主観と客観の交錯に視線を向けていこうとするのが社会学の大きな特徴の一つである。そして、皆さんも、そこであげた微妙な気持ちの動きや頭のはたらかせ方をふだんもしていることだろう。

すなわち、皆さん自身が毎日の生活において、ちょっとした仕方で、「社会学をして（Doing Sociology）」いるのである。私たちが毎日「している社会学」を方法と概念を自覚的に使っていこうとするのが、社会学なのである。

# 第2節　社会学の成立と展開

## 1 近代の自己反省としての社会学

社会学は、近代の自己反省の学問であるともいわれる。社会を研究する学問は一般に「社会科学」とよばれ、政治学、経済学、社会学がその主要なものである。このうち、政治学は主に政府組織の行動と結果を、経済学は主に経済組織の行動と結果を研究しており、学問の精密度を増すために社会の一部分に対象を限定して議論を行うことになる。そのような議論は、その学問が扱う以外のほかの部分やほかの要因を無変化と前提するか、排除することによって可能になる。その限定の限界と現実社会の急激な変動が逆に人間関係の多様さに着目したり、社会を全体として総合的に把握しようとする学問の存在を要求することになってきた。そこにおいて、社会学が登場する下地が準備されたのである。

19世紀前半に産声を上げた社会学だが、学問の世界で独自の専門科学としての地位を確立するまでにはしばらく時間がかかった。その確立に大きな功績を果たし、現代でも通用する社会学の基本的視座を構想したのが、**デュルケーム**[*2]（Durkheim, É.）、**ヴェーバー**[*3]（Weber, M.）、**ジンメル**（Simmel, G.）の３人である。彼らの残した仕事が現代にもつ意味をキーワードでいうと、各々、方法論的集合主義、方法論的個人主義、方法論的関係主義となる。詳細は順次ふれていくが、デュルケームとヴェーバーに一つの対極的な発想の芽が、そして、ジンメルには両者と異なる発想の芽があったといえる。彼ら社会学第二世代の人たちが活躍した、19世紀末の1890年代から第一次世界大戦終了後の1920年ごろまでの約30年間は、社会学史の中でも特筆される創造的生産の時代なのであった。それでは、３人の仕事を順次見ていこう。

＊2
デュルケーム（1858-1917）は、フランスの社会学者。社会的事実を拘束性と外在性という特徴から、「もののように」とらえることで、実証的な社会学の対象と方法の確立につとめた。分業、教育、道徳、宗教など多様な問題に取り組みつつ、職業集団の組織化、市民道徳の形成などへの関心が高かった。主著に『社会分業論』『社会学的方法の規準』『宗教生活の原初形態』など。

＊3
ヴェーバー(1864-1920)は、ドイツの社会学者。法制史・経済史の研究から社会学へ転身し、西欧での近代の生成を「魔術からの解放」たる合理化の過程としつつ、今度は合理化という「鉄の檻(おり)」に取り込まれる様相を指摘した。理念型による社会科学方法論、官僚制が進む政治・支配への関心、宗教と経済の関係などを論じた。主著に『科学論集』『宗教社会学論集』『経済と社会』など。

## 2 デュルケームの社会学－自殺に見る社会

第三共和政の下、パリ万国博開催など文化的繁栄を享受したフランスでは、豊かさの中の道徳的混乱が起こり始めてもいた。そのような19世紀末のパリにおいて、社会学の学問的地位を確立しようとしたデュルケームが取り組んだのが自殺率の研究、『**自殺論**』であった。デュルケームは、社会は個々人の意識には還元できない独自の存在であるとして、心理学とは異なる社会学の固有の研究対象「集合意識」を、「もののように（comme des choses)」考察していこうとしていた。しかし、そのような集合意識はどのようにすれば取り出すことができるのか。自殺率を、各々の社会の平均的不幸を測定する指標の一つと考えた彼は、動機や個別事情が大量観察によって相殺された統計データに着目することを思い付いた。社会はその各々ごとに、人々をある一定の自殺率に向かわせる集合的傾向をもっている、という仮説が彼の中にあったのである。

彼は自殺率の統計データを検討してみて、集団やカテゴリーごとに数値に差異があることに気が付いた。それは、プロテスタント教徒＞カトリック教徒＞ユダヤ教徒、自由業・金利生活者＞ほかの職業、男性＞女性、独身者＞既婚者、平時＞戦時、大都市＞農村、などの関係である。これらの相互比較から、彼は、自殺率は、集団のまとまり度合い、すなわち集団凝集性に反比例するという命題を立てた。人は何らかの集団により強く統合されていると感ずるとき、自殺しない傾向をもつと考えられるのである。

これらをふまえて、デュルケームは３つの自殺類型を設定する。「集団本位的自殺」「自己本位的自殺」「アノミー的自殺」の３つである。集団本位的自殺とは、前近代に特徴的な類型であり、神格化された集団の犠牲として、いけにえや殉死などの形で、個人が死にゆくものである。その対極にあるのが、近代に特徴的な自己本位的自殺であり、自分自身を目標としては生きられない人間は、個人主義の浸透の下に集団の拘束から解放された結果、逆に生きる意味を見失い、自殺への道を歩む。個人が何ものの犠牲に供されてもいけないと、自己が神格化される思想は、何ものにも頼ることのできない思想なのである。

さらに、デュルケームは、自己本位的自殺と並び、近代とりわけ現代において増加するものとして、アノミー的自殺を設定した。**アノミー**[＊4]とは無規制状態をさす概念だが、欲望が肯定される豊かな社会においては、ほどほどで満足するという価値観にとどまることが許されず、無限の富の獲得や無限の成功達成へと人々はあおられていく。そこではわずかな挫折も人生における致命的な失敗として受け止められ、人は死を選ぶことさえある。現代社会は、１％の失敗が、99％の達成より、個人に深い影を落とす時代なのである。

＊4
本書第２部第７章第１節３参照。

デュルケームは、これら３つの自殺類型に加えて、『自殺論』の注で、人々にあきらめを強いて、貧困の真っただ中で死を選ばざるを得ないような「宿命的自殺」にふれている。それら４つの類型の関係は**図１－１**

〈図１－１－１〉『自殺論』の構図

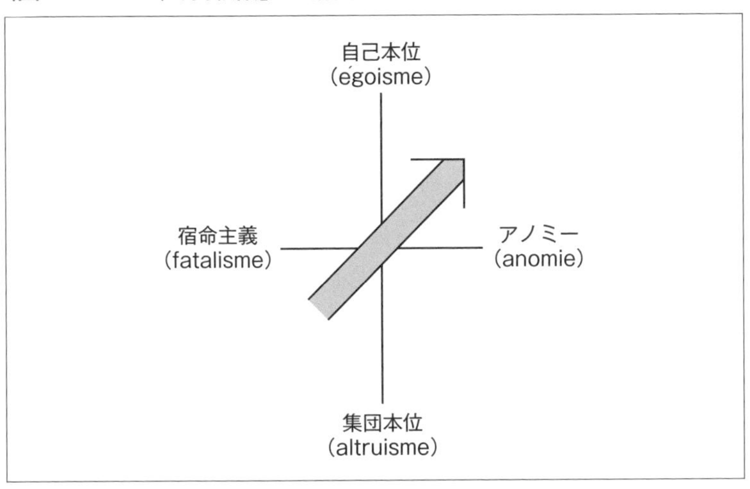


（出典）井上 俊・大村英昭『社会学入門』放送大学教育振興会、1988年、53頁

－１のようにまとめられ、近代は、自殺の形態ひいては集合意識の様相を、集団本位・宿命主義的なものから、自己本位・アノミー的なものへと変化させてきたと考えることができる。個々人の意識を超えた、集合的・社会的な現象や力への関心、それが、デュルケームが私たちに残した「方法論的集合主義」の発想なのである。デュルケームの発想の影響は、社会学だけにとどまらず、人類学にも及ぶとともに、デュルケームを「構造主義」的発想の源流の一つととらえる考え方もあるのである[1)]。

## 3 ヴェーバーの社会学 －宗教の意図せざる結果

後発資本主義国としてのドイツでも19世紀後半には、人口の都市集中や都市的生活様式の普及、社会主義思想の伸長など、社会の問題状況が増してきていた。そのようななか、経済学者としてスタートしたヴェーバーは神経疾患の闘病後、自らの社会科学的方法論を確立する過程で、次第に社会学へと傾斜していった。そこで彼が考えたことは、社会現象は人々の行為によって成り立つのだから、その説明のためには、個々人の行為に着目し、彼らを内側から突き動かす動機を理解する必要があるということだった。

デュルケームが個々人の動機を超えて集合的に作用する独自の力たる社会を想定したのに対し、ヴェーバーはあくまで個人の行為（とその動機）中心の観点をとることから、彼の立場は「方法論的個人主義」と称されることになる。ヴェーバーが人間の動機の中で最も重視するのが、倫理的な生活態度を構成する「エートス」である。社会現象はこのエートスを理解し、それが駆動するメカニズムを考察していくことで明らかになる。彼が、その具体例として着目したのが、プロテスタンティズムという宗教と資本主義という経済活動の関係であった。

ヴェーバーは『プロテスタンティズムの倫理と資本主義の精神』において、資本主義的成功者の中にプロテスタントが極めて多いという統計的事実から始め、ルター（Luther, M.）やカルヴァン（Calvin, J.）の宗教改革の教義がもたらしたエートスを考察していく。

カルヴァン主義（カルヴィニズム）の教義の中核に「予定説」がある。予定説とは、人々が永遠の救済と永遠の断罪のどちらに入るのかを神はあらかじめ「予定的に」決定しており、人々はその予定を知ることもできなければ、努力によってその予定を変えることもできない、というものである。神の絶対性の下で、人間は無力なのである。予定が決まっている以上、この世の中で何を思いわずらっても仕方がないことになり、放蕩に走ろうが、犯罪を犯そうが関係ないことになる。しかし、魂の救済が人生の重要事であった人々は何とかして、この予定への確信を得たいと考えた。その証明は、神が望む禁欲を世俗の職業活動の中で行っていけるかどうかによって成される、と示された。禁欲的な行動ができるということが、自分が救済の側にいる人間であることを確実にするのである。ヴェーバーはそのような生活態度を、修道院のような世俗外で現世逃避的に行われる行いと比較して、「世俗内禁欲（innerweltliche A skese）」とよんだ。勤勉に働き、お金や時間を節約する世俗内禁欲を行うことは、実は、蓄積した富を再投資し、資本形成を行うことにつながっていく。富を浪費せず、さらに経営の合理化・効率化を図っていくことで、資本の拡大再生産の道が開かれていくのである。

ここにおいて、宗教的救済を確信する手段として営利活動が正当化されつつ、近代資本主義勃興のメカニズムが立ち上がっていく。人々は利潤を得ようとしたのではなく、プロテスタントとしての宗教的行動の結果、意図せずして利潤を得てしまったのである[2)]。

ヴェーバーは、プロテスタンティズムがその倫理を徹底させることで、資本主義にふさわしいエートスが生み出される論理について考察したのだが、そのような倫理やエートス重視の立場は、その思想的巨人性からして、マルクス主義の物質的・経済的要因重視の唯物論的立場と対抗関係に置かれることになった。しかし、ヴェーバーは世界宗教を考察する論考の中で、それらの要因連関の構図を簡潔に述べている。「人間の行為を直接に支配するものは、利害関心（物質的ならびに観念的な）であって、理念ではない。しかし、『理念』によってつくりだされた『世界像』は、きわめてしばしば転轍手（てんてつしゅ）として軌道を決定し、そして、その軌道の上を利害のダイナミックスが人間の行為を推し進めてきたのである[3)]」と。ヴェーバーは理念と利害の交錯の中に歴史の変動要因を見ようとしたのである。

一方、ヴェーバーはこのような近代的な合理化の延長上に官僚制組織のさまざまな領域への浸透を見て、宗教にとらわれた「呪術の園」から解放されたはずの人々が、再び合理化の徹底する「鉄の檻（おり）」に閉じ込められる危機感を抱いていた。そのため、彼は、経営組織・行政組織において支配がどのように正当化されるのかという、伝統的支配[＊5]－カリスマ的支配－合法的支配の３類型の歴史的変遷を描きつつも、カリスマ性を帯びた指導者たちの競争による合理化の乗り越え、個人能力の発揮にある種の期待も抱いていたのである。しかし、その期待は、ニーチェ（Nietzsche, F. W.）の超人思想とも関連して、ドイツ・ナチズムへの思想的遠因をも用意することになっていったのである。

## 4　ジンメルの社会学 －援助されるから「貧者」

方法論的集合主義[＊6]と方法論的個人主義[＊6]とも対比されるデュルケームとヴェーバーと並び、社会学の学問的確立に貢献したのがジンメルである。ジンメルは職業的に不遇な境遇にあったり、その議論が形式社会学として狭くとらえられたりしてきたが、ポストモダンの科学論との親近さもあって、近年彼の仕事の再評価が進んできている。

彼の発想は、現代的にいえば方法論的関係主義あるいは方法論的相互行為主義ともよべるものであり、ものごとには確固たる本質が備わっているのではなく、特定の相互関係の下で、ある性質や現象が現れてくるととらえる考え方である。周囲を威嚇する暴力団組員が恋人の前ではやさしいとする。関係主義的にはどちらかが本物で、どちらかが偽物とは考えない。彼が置かれた状況と人間関係が各々真実たるそれらの行動を生み出すととらえるのである。そのような関係主義の発想の一端を、彼の「貧者」論に見てみよう。

ジンメルの「貧者」論は、貧者とみなされる人たちと社会全体との関



＊5
伝統的支配は長老制・封建制などを例とし、過去から続いてきた秩序と支配者の神聖な人格的権威に基づき、慣習への同調とときに支配者の個人的恣意を特徴として成される。カリスマ的支配は預言者・軍事的英雄・デマゴーグなどを例とし、支配者が非日常的な天与の資質や能力を発揮し、服従者がそれに情緒的に帰依する形で成される。合法的支配は官僚制を例とし、命令者も法秩序の維持を志向し、命令者・服従者ともに定められた法規に従って、没主観的・形式主義的に事柄が執行されていく。

＊6
方法論的個人主義／方法論的集合主義（methodological individualism ／ methodological collectivism）は、社会というものが実在するか否かという、社会学草創期以来の社会名目論と社会実在論の対立が、研究方法として表現されたもの。方法論的個人主義は、社会は実在せず、そのように見える効果や機能は個人の諸要素や諸関係に還元できるという考え方であり、分析の視点を個人とし、個人の心理や行為、諸個人間の相互行為により社会現象を説明していく。他方、方法論的集合主義は、社会は個人の意識や行動に還元できない、それらの総和を超えた効果や機能を果たす存在であるという考え方であり、分析の視点を集団や社会に置き、個人の行為より、

集団や社会がもたらす影響や機能に重きを置く。方法論的個人主義は経済学や心理学にもなじみやすい発想であり、方法論的集合主義は社会学に特有の発想であるともいえる。

係を考察しようとしたものだが、そこには、まず、次のような発想の逆転がある。「社会学的にみれば、貧困がまず最初にあって、それから扶助が生じる…（略）…のではなく、扶助を受けたりあるいは社会学的な状況よりしてそれを受けるべき…（略）…者が貧者とよばれる」。すなわち、「貧困はそれ自体で独立に量的に確定されるべき状態としてではなく、たんに一定の状態によっておこる社会的な反作用によってのみ規定される[4)]」のである。

言い換えると、ジンメルの主張は次のようになる。貧困に確固たる本質があるのではなく、援助するという行為の相手になる人が、すなわち、援助される人が「貧者」として形づくられていくのだということである。援助－被援助という相互に交わされるやりとりの中から、「貧者」が生まれてくるのである。

そのような発想の逆転は、ある意味で主体－客体の科学観の問い直しを迫る視角でもある。客体としての「貧困」を客観的に規定しようとする、そのまなざしが「貧困」という社会的カテゴリーをつくり出し、そして、それを適用した対象として「貧者」がつくり出されると考えるのである。「貧困」だから「貧者」になるのではなく、「貧者」と規定された人の状態が「貧困」に該当するのである。

さらに、ジンメルは続ける。貧者は扶助を受けるということにおいて、普通の市民ではなく、無税になったり、市民権の一部が制限されたりする特別な存在になる。そういう意味で貧者という社会的な位置付けは、社会から社会の外部に置かれることになる。しかし、もともと社会の一員であるからこそ、貧者は社会の扶助を受けるわけであり、貧者の社会的位置というものは外にありながら内にあるという二重の位置をもつ。貧者が特別な存在として社会から排除されつつ、一方、社会の一員として扶助の対象になるということが、その特別な存在を含む全体というものを明示し、またそのまとまりを形成する。そのまとまりのために、ある意味では社会は貧者の存在を求めていく、言い換えれば、措定し続けていくということになる。

貧者をめぐるジンメルの視点の評価をめぐっては判断も分かれようが、援助－被援助の相互関係の中で生み出される問題への視点は、貧困の本質定義を考察する問題とは異なる発想を私たちに要求してくる。

以上見てきた、デュルケーム、ヴェーバー、ジンメルという社会学の巨人たちが残した分析視点と多くの仕事は、今なお社会学を学ぶ者たちが何度でも学び直す価値のあるものなのである。

# 第3節　社会学の視点

## 1 潜在的機能

社会福祉は人々の生活の維持・改善をめざして行われる目的意識的な営みである。しかし、社会現象における一定のはたらきには別なはたらきが伴うことが多い。なぜなら、個人にとってと集団にとってとでは意味が異なり、またそれが社会全体にとってもつ意味も異なるからであり、世の中の人々のそれらを評価する考え方や立場もおおいに異なるからである。例えていえば、医学における薬の副作用を考えるのもいいだろう。ある病気をその薬で治せるかもしれないが、それが身体全体には異なる作用を及ぼすこともあるわけである。

社会学はものごとをそのようにさまざまな角度から相対化していく視点に満ちている。社会福祉の仕事をする上で、問題を解決するための方策の実現にばかり注意を払い、それがもたらす別の効果を見落としてしまうことはないか。社会学の学習は、社会福祉の仕事に携わるにあたり、常にもう一度冷静に個々の部分や全体にもたらす効果を見渡してみようという態度を養う一方法としての意味があるといえよう。

本節では、社会学という学問がもつ重要な視点を３つ紹介することを通じて、その特徴について考えていくことにしよう。それらは、潜在的機能、創発特性、価値意識の相対化の３つである。まずは、潜在的機能から説明していく。

「機能（function）」という言葉を用いて、社会学的分析がなされることがある。機能とは、行為者が主観的に考えている意図や見込みとは別に、行為によって客観的にもたらされた結果やはたらきのことをいう。それは、行為者が最初に意図したものが予定どおり起こるという場合もあれば、全く異なっているという場合もあろう。数学では「関数」のことを同じくfunctionとよぶが、皆さんが知っている公式のように、$y = f(x)$ という数式において、$f$を通じた変換を受けることによって、xは全く異なったyへと変わってしまう。数字のそのような変換と、社会現象における機能への着目は類似している。

機能分析の定式化を図った**マートン**[*7]（Merton, R. K.）は、その分析のために機能をめぐる二つの対比軸を設定した。一つは［順機能－逆機能］の軸であり、もう一つは［顕在的機能－潜在的機能］の軸である。

＊7
マートン（1910-2003）は、アメリカの社会学者。順－逆機能、顕在的－潜在的機能などの概念を開発して機能分析を洗練させた。また、社会学理論と経験的調査研究との関連付けに取り組み、「中範囲の理論」という問題設定を主唱し、科学や知識、マスコミュニケーション、逸脱行動論などの領域で、顕著な業績を上げた。主著に『社会理論と社会構造』『科学社会学』など。

まず、[順機能－逆機能] の軸である。順機能とは、当該社会や集団・対象にとって、プラスのはたらきや促進的なはたらきをするものであり、逆機能とは、同じくマイナスのはたらきや阻害的なはたらきをするものである。その対比について、実例をあげれば、親の適度な干渉は子どもの成長にとってアドバイスや羅針盤となって順機能的にはたらくが、逆に、干渉が過度になってしまうと、子どもの自立心をそいだり、想像力を奪うなど逆機能的にはたらくといったような形で理解することができる。

他方、[顕在的機能－潜在的機能] の軸は、当該社会や集団・対象についてもたらされるプラスやマイナスの客観的諸結果が、各々の集団や担い手などのメンバーによって明示的にあるいは事前に認知されているか、いないかによる区分であり、当初から認知されていれば顕在的機能、認知されていなければ潜在的機能となる。例えば、高齢者や障害者のためのデイケア施設は当事者へのサービスの提供が顕在的機能であるわけだが、当事者が家庭を離れる時間をつくり出すことによって、結果的に介護・介助にあたっている家族員のほかの活動の可能性を保証したり、休息をとることができるといった潜在的機能を果たすことにもなる。当初は潜在的機能であったものの、社会的な批判がなされて表立つようになったり、あるいは多くの人々に情報が伝わることによって、次第に皆が自覚する顕在的機能になっていくという場合もある。上記のデイケア施設の潜在的機能だったものも、家族員への「レスパイト（休息）ケア」として正式に位置付けられていくという例がこれにあたるだろう。

[順機能－逆機能] の軸と、[顕在的機能－潜在的機能] の軸を組み合わせれば、合計4つの類型ができる（**表1－1－1**）。顕在的順機能、潜在的順機能、顕在的逆機能、潜在的逆機能である。

そのように、ある社会現象にも4側面のはたらきがあるという可能性を探っていく機能分析の視点は、一見気付きにくいところにも注意を行き届かせ、現象には複数のさまざまな機能が付随していることを、私たちに自覚させていく意味がある。その中でも、潜在的逆機能は人間と社

**〈表1－1－1〉機能の4類型**

| | 順機能 | 逆機能 |
|---|---|---|
| 顕在的 | 顕在的順機能 | 顕在的逆機能 |
| 潜在的 | 潜在的順機能 | 潜在的逆機能 |

（筆者作成）

会のパラドックス的な関係を示すものであり、社会学がもつべき重要な着眼であるといえよう[5)]。

## 2 創発特性

第二は、「**創発特性**[＊8]（emergent property）」である。社会学的研究においては、対象をとらえる分析レベルを、ミクロ－メゾ－マクロという３つに大きく分けることが多い。順に小さい対象から次第に大きな対象へ向かう形を取っており、ミクロ、マクロは各々小さくとらえる視点、大きくとらえる視点、メゾはその中間でとらえる視点といえる。具体的には各々のレベルごとに、ミクロ分析であれば社会的行為や社会的相互行為、メゾ分析であれば集団・組織やネットワーク、マクロ分析であれば全体社会、国家や世界・地球が、研究の対象となってくると考えてもらえばよい。

分析レベルをそのように設定した場合、社会学的に重要な発想を示す考え方の一つが、「創発特性」というものである。それは、ミクロやメゾで起こった現象が積み重なっていった場合、それより一段上の分析のレベルでは、それらの累積効果として、ある種独特の新しい性質が生み出されていくという考え方である。それは、「ちりも積もれば山となる」の類であり、理科の化学反応にも似て、全く独自の性質がもたらされることにある。

戦国の武将・毛利元就（もうりもとなり）が「三本の矢」として、３人の息子たちに示したとされる、１本の矢では簡単に折れるが、３本の矢としてまとまったものを折るのは容易ではなくなるといった逸話が、創発特性に該当する。現代でいえば、一人ひとりは冷静で個人主義的な行動をするはずなのに、超満員になったスポーツ・スタジアムや政府に不満をもった民衆が引き起こす異様な熱気や群衆行動などを思い浮かべてもよいだろう。

複数の現象が混じり合い、累積することによって新たな性質が生成してくることから、創発特性の考え方においては、逆に独特な形で起こった社会現象を個々人の行為などにさかのぼって還元することはできないという立場に立つことになる。他方、社会現象はすべて個人の行為に還元でき、創発特性こそ再分解されて理解されるべきであるという「還元可能性」の立場もある。

還元可能性が完全に成立し、個人の意識と行為のみで社会現象が説明可能となるならば、社会現象の解明には心理学のみでことたりてしま

＊8
複数の諸要素が集まって一つの全体ができあがるとき、要素間に相互作用が起こり、その結果、もとの要素には存在しなかった新しい特性が生み出されていくこと。理科の実験での化学反応、人々が集うことでの無秩序な群集行動、他方、社会的分業や規範の生成などがあげられる。逆に、全体的現象もそれを構成するもとの要素によって説明がつくという考えが「還元可能性」といわれる。

い、社会学は不要であるという考え方もあり得ることになる。創発特性と還元可能性の両者は、科学方法論の世界においてせめぎ合ってもいるのである。

社会学の学問分野内においても専門ごとの分業体制が高度化してきている。しかし、創発特性の考え方や領域横断的な研究の重要性を指摘する社会学者たちの中には、それらを統合的な視点の下にとらえ直すことが必要であると考え、「ミクロ－マクロ・リンク問題」として、分析レベルをどのように再編していけるのか、新たな概念設定の工夫を行おうとする者たちもいる。

## 3 価値意識の相対化－問題分析と問題解決

第三は価値意識の相対化である。学問の区分に従って、社会現象が起こるわけではない。だからこそ、社会学は現実を「ありのまま」に見ることを重視し、社会現象の多様性に迫ろうとする。そのことは、社会学が、いくつかの発想と分析概念、整備された分析方法に基づく「ものの見方」とでもいえる要素をもつことを示している。社会学は、世の中で特定の形で動いているように見えたり、当然と考えられている事柄や価値観に対して、「ちょっと待った」をかけて、それらの前提から考え直していこうとする。その作業は、誰もが当然だ・当たり前だと思い、前提にしていることに対して、その自明性を疑っていくことである。それは、価値意識を相対化するということにつながる。そのことは、今私たちの真正面にあるさまざまな出来事や事実が絶対不変のものでなく、多様に変わり得る可能性をもったものであることを示していくことでもある。現実は、あり得る可能性の中の一つが、何らかの理由が組み合わさって、たまたま起こっているにすぎないのである。

社会学自体は、そのように常識を疑っていくために、その世界に浸って疑わない人たちに、いわば「水をかける」ことを特徴の一つとしている。しかし、その水をかけることに熱中してしまうと、「水をかけること」を常識とする一つの世界にまたはまっていってしまうのである。それは、「社会学者のシニカルシンドローム（皮肉症候群）」ともよべる現象である。その意味では、その落とし穴にはまらないためには、社会学は自らの仕事も常に疑い、自己点検していかなければならない学問なのである。価値意識の相対化は、社会学の足もと、自らにも及ぶわけである。

ブルデュー（Bourdieu, P.）は、社会学の役割についてこう言う。「社会学者に一つの役割があるとすれば、それは教えを垂れることよりも武器を与えることでしょう[6)]」。社会学とは認識のための武器なのである。その意味では、社会学という学問自身は「これがいい」という理想社会を直接描くものではない。理想社会は、社会学の分析結果をふまえて、私たち自身が相互の議論の中で構想していかざるを得ないのである。社会学は私たち一人ひとりの人生や一見堅固に見える社会の仕組みが、サーカスの綱渡りでロープの上を歩くような危ないもの、たまたまそうなっているにすぎないものであることを教えてくれる。しかし、ロープの上でうまく重心をとって歩くためにどのようなバランス棒を持てばよいのか、すなわち、どのような世界観、人間観、倫理観をもてばよいのか、そのことへの解答を社会学自体は教えてくれない。それらは相互に異なる要素をもつ課題でもある。

その意味で、どちらかといえば、社会学は問題を分析的にとらえることを得意とし、問題解決に向けての技法を提案することを必ずしも得意としていない。もちろん、問題解決の志は必要だし、そのような強い志が問題分析の視点を新たに切り開くこともある。両者の間には一線を画す側面と相乗的に作用する側面の双方があり、それゆえ両者の間には緊張が走るのである。

社会学は、価値意識を相対化し、問題分析と問題解決の両者の緊張関係の中に生きることによって、次のような神学者ニーバー（Niebuhr, R.）の祈りの言葉にふさわしい、ある種の知恵をめざしているともいえるのである。

「神よ、変えることのできない事柄については冷静に受け入れる恵みを、変えるべき事柄については変える勇気と、そして、それら二つを見分ける知恵をわれらに与えたまえ[7)]」。

**BOOK 学びの参考図書**

●竹内　洋『社会学の名著30』筑摩書房、2008年。
　著者が社会学の本の中でおもしろく読んできた名著30冊について、見慣れたはずの事象の意味が社会学の発想でいかに変容していくかを、自らの経験を交えながら語った書籍であり、社会学の多様な視点を学ぶことができる。

●藤村正之『考えるヒント－方法としての社会学』弘文堂、2014年。
　日常生活や社会現象を分析する際の社会学の思考パターンを、ミクロ－メゾ－マクロの分析レベルの視点設定、比較・分類・意味世界の感受といった具体的方法を通じて紹介し、社会学的想像力の獲得をめざそうとする書籍である。

### 引用文献

1）大村英昭「自殺と社会－E. デュルケムの社会学」井上　俊・大村英昭 編『社会学入門』放送大学教育振興会、1988年、51～54頁
2）井上　俊「宗教と資本主義－M. ウェーバーの社会学」井上　俊・大村英昭 編『社会学入門』放送大学教育振興会、1988年、55～58頁
3）M. ヴェーバー、大塚久雄・生松敬三 訳『宗教社会学論選』みすず書房、1972年、58頁
4）G. ジンメル、居安　正 訳『社会学－社会化の諸形式についての研究（下）』白水社、1994年、96～97頁
5）森下伸也・君塚大学・宮本孝二『パラドックスの社会学・パワーアップ版』新曜社、1998年、43～48頁
6）P. ブルデュー、田原音和 監訳『社会学の社会学』藤原書店、1991年、121頁
7）R. ニーバー、梶原　寿 訳『義と憐れみ－祈りと説教』新教出版社、1975年、巻頭頁

### 参考文献

● アエラ編集部 編『アエラ・ムック社会学がわかる。』朝日新聞社、1996年
● É. デュルケーム、宮島　喬 訳『自殺論』中央公論社、1985年
● 江原由美子・長谷川公一・山田昌弘・天木志保美・安川　一・伊藤るり『ジェンダーの社会学－女たち／男たちの世界』新曜社、1989年
● 川崎賢一・藤村正之 編『社会学の宇宙 ver. 1.3』恒星社厚生閣、1999年
● R. K. マートン、森　東吾・森　好夫・金沢　実・中島竜太郎 訳『社会理論と社会構造』みすず書房、1961年
● 野村一夫『社会学の作法・初級編－社会学的リテラシー構築のためのレッスン』文化書房博文社、1995年
● 大澤真幸 編『社会学のすすめ』筑摩書房、1996年
● 宝島社編集部 編『別冊宝島176 社会学・入門』宝島社、1993年
● M. ヴェーバー、梶山　力・大塚久雄 訳『プロテスタンティズムの倫理と資本主義の精神（上・下）』岩波書店、1955年、1962年

# 第2章
# 社会的行為と社会関係

## 学習のねらい

本章では、社会的行為と社会関係について学習する。

私たちは生きていく上でさまざまな行為を選択するが、その行為は社会によってさまざまな影響を受け、また同時に私たちの社会は行為によって形成されている。そして、このような行為と社会の関係を考えるとき、社会的役割という概念が重要になる。

社会的役割は、個人と社会を結び付けるインターフェースになっているからである。社会システムは私たちにさまざまな役割を配分し、そして私たちは役割期待を意識しながら行為することで、社会が成り立っている。

しかし、個人と社会の関係は常に調和的なものであるとは限らない。社会的ジレンマからわかるように、個人の利益と社会全体の利益が対立することは珍しくない。したがって、個人の利益と社会全体の利益を調整できるような適切な社会関係を築く必要があるし、すべての個人がそのような社会関係に適切に取り込まれている必要がある。

社会関係は、私たち自身にとって大きな意味をもっており、そして社会全体にとっても大切な意味をもっていることを知る必要がある。

# 第1節　社会的行為

## 1 社会的行為の種類

社会を扱う学問としての社会学は、その対象領域の広さゆえに、その全体像を正しく把握することに困難が伴う。社会学とはどのような学問であるのか、すべての社会学者に受け入れられる共通の了解が必ずしも存在するわけではないが、その中でも比較的多くの社会学者に受け入れられている定義の一つを見てみることにしよう。例えば、近代社会学の父の一人であるヴェーバー（Weber, M.）は、社会学を「社会的行為を解釈によって理解するという方法で社会的行為の過程および結果を因果的に説明しようとする科学[1)]」というように定義している。そして、社会を理解する際に社会的行為に着目するヴェーバーの立場は、近代社会学の礎を築いたもう一方の雄デュルケーム（Durkheim, É.）の方法論的集合主義に対して、方法論的個人主義に分類される。

ヴェーバーの定義に従えば、社会学の研究対象は“社会的行為[*1]”であり、その方法は“理解によって、その過程及び結果を因果的に解明する”というものになる。そして、研究対象が“社会的行為”とはっきりその定義のうちに示されていることからわかるように、社会学にとって“社会的行為”は欠かすことのできないキー概念となる。

＊1
人間行動一般のうち、当人によって主観的な意味を与えられたものを行為とよび、その主観的な意味に他人の行動への参照を含むものを社会的行為という。

ある行為が社会的であるというのは、その行為の意味が当人の主観だけによって決まっているのではなく、社会全体の中で定まっていることを意味している。例えば、教員が教壇に立って何かを話すときに、それが単なる妄言ではなく、周囲の人々によって講義として正しく理解されるのは、その教員のふるまいが学校というシステムの中で講義として意味付けられているからである。もしその行為が社会的に適切な意味付けを欠いていれば、その行為はもはや社会的行為とよべない。

ヴェーバーは、社会的行為を特に４つに区別している。①目的合理的行為、②価値合理的行為、③感情的行為、そして④伝統的行為である。

**目的合理的行為**とは、その行為がある特定の目的を実現するための手段になっているような行為である。したがって、その行為が目的の実現に向けてきちんと合理化されていれば、その行為の目的を知ることで、その行為を正しく理解することが可能になる。例えば、“希望の学校に入学する”という目的が明らかになれば、私たちはその個人の“学ぶ”という行為を理解できるようになる。

一方、**価値合理的行為**とは、行為それ自体が行為の目的になっているような行為である。したがって、行為それ自体が価値をもっており、確かにそれが目的対象になってもおかしくはないと人々に受け入れられていれば、その行為を理解することが可能になる。例えば、“真理の希求は人生の意義を高める”という信念が社会全体である程度受け入れられていれば、私たちはその個人の“学ぶ”という行為を理解できたことになる。

目的合理的行為も、価値合理的行為も、行為者によって行為の意味が熟慮された上で選択されるが、感情的行為と伝統的行為は必ずしもそのような熟慮を経た上で行為が選択されるわけではない。しかし、喜びや怒りあるいは悲しみといった感情を発散するような行為（**感情的行為**）は、仮に行為者が意味を十分に吟味した上でその行為を選択したわけではなかったとしても、その意味を理解することに困難を感じるわけではない。

同様に、慣習や規範によって行為者になかば自動的に選択されるような行為（**伝統的行為**）も、仮に行為者にその意味するところがきちんと自覚されていなかったとしても、そのことが直ちにその行為への理解を妨げることはない。なぜなら、私たちは、人々の心の動きに関する経験的知識や、あるいは人々の間で共有されている慣習や規範を通して、それらの行為が私たちの社会において意味あるものとして通用し得ることを知っているからである。

## 2 社会的行為の構成要素

このように、行為者によって選択された行為の意味は、行為者が属している社会によって、もう少し具体的にいえば人々の間で一般的に通用する知識によって支えられている。しかし、実際に行為を選択するのは、もちろん社会ではなく、個々の人間である。行為とは、人間が欲求充足を実現しようとする目的達成過程だからである。それゆえ、社会的行為を理解する場合にも、行為それ自身の構成がどのようになっているかについて、十分な注意を払う必要がある。

例えば、富永健一（とみながけんいち）は、行為を構成する要素として、①欲求・欲求充足・動機付け、②目的、③意識あるいは自我、④物的状況、⑤シンボル、⑥規範及び価値、の6つをあげている。これらの各要素を、社会とのかかわりに注意しながら、確認することにしよう。

動機付けは行為を起動する力が作用している状態を意味する概念であり、このような動機付けを生み出す要因が欲求である。欲求には、食欲などの生理的レベルに由来するものも存在するが、金銭欲や権力欲のように文化や社会関係に由来するものも存在する。その意味で、これらを社会と切り離して考えることはできない。

また、目的は欲求とよく似た概念であるが、欲求が観察者の視点から得られる概念であるのに対して、目的は行為者の主観的な観点に立った概念である。そして、行為の目的を考える場合には、意識あるいは自我に関する考察が必要になる。このとき、注意しなければならないことは、意識あるいは自我は、他者とのかかわりを通じて形成されるという意味で、やはり社会的なものにほかならないということである。

さらに、行為は常に状況の中で生起する。外界は物的状況と他者とシンボルの3つによって構成されているのだが、行為者が直面している外界を主観的に意味付けし、そして定義したものが状況となる。例えば、行為者は、自分の前の物体を“商品”として定義し、また自分の前の他者を“売り手”として理解し、“言葉”というシンボルを介して、“取引”という行為を行うのである。そして、行為者が外界を状況付ける仕方は確かに主観的なものであるけれども、そこには他者とのコミュニケーションが必然的に含まれており、社会から切り離して考えることができない。このとき、行為は状況の中で他者に見られ、そして評価されることになる。だからこそ、人は、自分の好き勝手に行為を選択することはできない。ちなみに、行為を制約する作用の中で特定の場面にかかわるものを規範とよび、より一般的な水準にかかわるものを価値とよぶ。

以上から、たとえ行為が個人によって選択されるものであったとしても、行為と社会とのかかわりは強く、社会を理解することなしには行為を適切には理解できないことが明らかにされた。

# 第2節　社会的役割

## 1 個人と社会のインターフェース

前節で、行為が個人によって選択されるものであると同時に、その意味が社会的に構成されていることを確認した。このように、行為は、個人と社会を結び付ける役割を担っている。このとき、行為の意味を明らかにし、個人と社会を結び付けるインターフェースになっているのが、社会的役割[*2]である。役割については、個人レベルでの意味と社会システム[*3]のレベルでの意味の２つを考えることができる。個人レベルでの役割を見るときは、個人が他者との相互行為を通して、他者の役割を取得するという過程に注目することになる。それに対して、社会システムレベルでの役割を見るときは、社会システムの必要上から個人に割り当てられた地位に注目することになる。個人は、社会システムにおいて自身が占めている地位に対応した役割を果たすことを期待され、また実際にその役割を担っているのである。

他者との相互行為を通じて個人が役割を取得していく過程に注目した社会学者は、**ミード**（Mead, G. H.）である[*4]。名前をもち、肩書きをもち、やるべき仕事を与えられている個人とは、いわば社会的に構成された個人である。しかし、個人はそのような属性の束に還元されるような存在でなく、そうした属性とは別に“考える”作用を内に秘めている。ミードは、自我の属性の束にあたる部分を**客我**（Me）とよび、自我の考える作用にあたる部分を**主我**（I）とよんだ。当然、両者は互いに無関係に存在しているのではなく、他者との相互行為を通して互いに密接に結び付けられている。そして、客我と主我の相互作用過程を通じて形成される自我は、社会に先立ってあるのではなく、まさに社会によって形づくられる点で、社会的自我といえる。

例えば、個人は、親から叱られたり、あるいは褒められたりすることで、自分が他者からどうふるまうことを期待されているのかを学習し、その期待に合わせて自分を変えていこうとする。主我は、このようにして客我を構成していくのである。そして、そのようにして構成された客我が、社会一般が個人に対して期待すること（規範や慣習など）に対応していれば、それは“一般化された他者”となる。そうではなく、構成された客我が特定の地位に対する期待に対応していれば、それは地位－

＊2
社会的地位に応じてその人がとると期待される一連の行為を社会的役割とよぶ。期待には、社会構造上の期待と人間関係上の期待とがある。

＊3
社会を構成しているミクロ的要素としての行為が、相互に関連し、一つの全体を形成しているとき、その全体を社会システムとよぶ。

＊4
ミードはこの役割取得を子どもの成長過程に注目しつつ理論化したが、いったん確立された自我あるいは自己アイデンティティはその生涯を通じてそのままずっと安定するわけではない。エリクソン（Erikson, E. H.）が論じているように、自我は人生のそれぞれの段階で直面する異なった課題をクリアすることで更新されていくものであり、いわば生涯発達するものである。

役割となろう。

このように他者との相互行為を通じて取得される役割は、個人が役割を取得する過程に注目している点で、いわば個人レベルで理解される役割だといってよい。しかし、役割は、そのようにして個人レベルで理解される側面とは別に、社会システムレベルで理解される側面ももっている。例えば、企業における経営者と雇用者との間の地位関係や、学校における教師と生徒との間の地位関係は、すでに構造的に定められており、個人はそうした関係の中で各自の役割を果たすことになる。いわば、社会システムは、さまざまな地位を個人に配分することを通じて、社会を成り立たせるのに必要な役割を一人ひとりに遂行させようとする。

このように地位の配分を通じて個人に担われることになる役割は、地位－役割構造に注目している点で、いわば社会システムレベルで理解される役割だといってよい。役割は、個人レベルで理解される側面と社会システムレベルで理解される側面とを同時にもっており、個人と社会をつなぐものとして機能している。

## 2 役割行為と役割期待

＊5
行為者が社会的役割として期待された行為を選択したとき、選択された行為は役割行為となる。役割行為の適切性は、社会的文脈に基づいて判断される。

個人が、与えられた役割に応じて選択する行為を役割行為[＊5]とよぶ。実際に、個人は、社会において自分の意思で好き勝手に行為できるわけではない。個人は、社会によって定められた地位に対応した役割を果たすことを期待されている。そして、もし仮にそうした期待に反する行為を選択したら、個人はさまざまな制裁を加えられることを覚悟しなければならない。企業システムの中では、経営者には経営者としての役割があり、自身の判断についてさまざまな責任を負うことになる。一方、雇用者には雇用者としての役割があり、義務として業務をこなす必要がある。そうした役割を放棄すれば、その個人は解任・解雇されるだろうし、場合によっては罪に問われることになる。そして、個人によって正しく役割行為が選択されることで、組織に必要とされる機能が実現される。あるいは、教師は教師という役割に応じて授業を実施し、生徒は生徒という役割に応じて授業を受ける。そして、教師と生徒がそれぞれ与えられた役割を果たすことで、学校システムは“知識の伝授”や“能力の育成”という目的を実現する。いわば、個人は、地位－役割を通じて、自身の行為を社会システムによって拘束されているといえる。

だが、注意しなければならないことは、確かに役割には個人の自由を束縛する側面がある一方で、人々の行為のやりとりを通じてつくり上げられていく側面もあるということである。例えば、学校システムが適切にその目的を実現するためには、教師と生徒が互いに役割として期待されていることを正しく知っている必要がある。役割行為は、役割期待を基盤にして選択されなければならない。しかし、役割期待の内容は、役割行為に対して常に厳密に定まっているとは限らない。教師は授業の実施にさまざまな工夫を凝らすことができるし、生徒はときに手抜きをすることもできる。役割行為が遂行される実際の場面では、役割行為の内実は、教師と生徒の相互行為を通して調整される役割期待により、変化するものとなる。このように役割は、個人と社会を結び付ける重要な概念になっている。だが、役割によって結び付けられる個人と社会の関係が、常に調和的なものであるとは限らない。役割期待に応えようとすることが、個人にとってさまざまな問題を引き起こすことがある。

このように役割によって引き起こされる問題の一つに、役割葛藤というものがある。役割葛藤とは、個人の内部で異なる役割期待が対立し、いずれかの役割期待に応えようとするともう一方の役割期待に反してしまうことになるような状態である。例えば、教師が自分の担当しているクラスに自分の子どもが在籍していたとする。このとき、その個人は、教師としての役割期待に応えようとすると親としての役割期待に背くことになり、逆に親としての役割期待に応えようとすると教師としての役割期待に背くことになる場面に直面するかもしれない。もしこのような役割葛藤が適切に解消されないと、例えば公私混同という形で、学校システムの適切な目標達成が損なわれることになる。

最後に、本節で述べたことを簡単にまとめておこう。すでに述べたように、行為は欲求充足を実現しようとする目的達成過程である。したがって、行為は、個人の欲求によって動機付けられている。しかし、そのような行為は、個人の欲求だけに基盤をもつのではなく、地位－役割を通して社会的に拘束されてもいる。このように、行為は、個人の欲求によって説明される側面と社会の必要によって説明される側面をあわせもっている。人間が社会的存在であるというのは、行為を理解しようとするとき、行為を選択した個人に作用する社会の影響を無視することなどできないからである。しかし、そのことは、個人に選択された行為が社会によって完全に統制されていることを意味するわけではない。個人は、やはり自身の意思に従って行為を選択しており、そうでなければそれを行為とよぶことはできない。

このとき、ふだんあまり意識されない社会のさまざまな特徴が見えてくることになる。そして、その特徴は、社会について適切に考えることのむずかしさとも深くかかわってくる。

まず、社会は、目に見える客体ではないことに注意しなければいけない。お店の棚に並んでいる商品は、それ自体は単なるモノでしかない。また、お店の建物も単なるモノの塊でしかないし、紙幣も単なる紙切れにしかすぎない。それらが一体になって社会の一部を構成するためには、お店を開いて物を売ったり、お店に行って物を買ったり、そういった社会的行為のやりとりを担う主体の存在が不可欠になる。

次に、社会は、個人の思い込みによる産物ではないということに注意しなければならない。「自分が生きる社会はこういった社会であってほしい」と個人が願えば、それだけでそういった社会が現れるといったことはあり得ない。それが誰であっても、ただ一人の思い込みで社会のあり様が左右されてしまうといったことはないからである。しかし、そう思う人が多く現れて、そう思った人たちがそのことを前提にして行為のやり取りを始めると、それは個人の思い込みを離れ、社会の一部になっていく。そこが社会のおもしろいところでもある。

例えば、私だけが印刷された紙切れに価値があると思っていても、それだけではその紙切れは価値をもたないが、私以外の人も価値があると考えるようになり、そしてそのことを前提に紙切れを使って売買を始めるようになると、それは経済活動として社会の一部を構成するようになっていく。いわば人と人のやりとりこそが、言い換えれば主体と主体のやりとりこそが社会を生み出しているといえる[*6]。

主体と主体のやりとり（相互作用）が生み出すこのような社会の特徴を、社会学では**間主観性**（共同主観性）とよぶことがある。おそらく、間主観性（共同主観性）という言葉は一般の人にはあまりなじみのない言葉であろう。それもそのはずで、もともとこの言葉はフッサール（Husserl, E.）というドイツの哲学者が興した現象学という学問の術語に由来している。フッサールの弟子の一人にシュッツ（Schütz, A.）という社会学者がいた。彼は個人の主観に還元されない、そして外界という客観にも還元されない社会の特徴を表現する概念として、間主観性に注目した。このように、間主観性という概念はもともとシュッツが唱えた現象学的社会学に由来する概念だが、社会の特徴を理解する上では現象学的社会学に限定されず、広く有効にもちいられる可能性をもっている。

＊6
また、社会に対するこのようなとらえ方は、ミードの社会理論を継承したブルーマー（Blumer, H.）たちが展開したシンボリック相互作用論にも共通している。シンボリック相互作用論では、人の行為は意味に基づいているけれども、その意味は社会的に形成されると同時に人によって解釈もされていると考えている。つまり、シンボリック相互作用論は、相互作用過程から社会をとらえようとする立場といえる。

# 第3節　社会的ジレンマ

## 1 個人と社会

前節において、個人と社会の関係が必ずしも調和的なものになるとは限らないことを指摘した。本節では、そのような例として、**社会的ジレンマ**[＊7]とよばれる問題を紹介することにしよう。社会的ジレンマとは、一人ひとりが自身の欲求を充足させようとして選択する行為が、社会を経由して、どの個人も望んでいなかったような結果を引き起こすという問題である。ちなみに、これから説明する社会的ジレンマの基本的なメカニズムは、ゲーム理論の最も有名なトピックである「**囚人のジレンマ**」の中にすでに存在する[＊8]。もともと囚人のジレンマは２人のプレイヤー間の相克に焦点を当てていたが、社会的ジレンマは、それを３人以上さらには社会全体に拡張したものとして理解できる。

例えば、地球温暖化について考えてみよう。地球温暖化によって環境が破壊されることは、この地球に住む誰にとっても望ましい結果だとはいえない。したがって、もし一人ひとりのわずかなコストの負担で地球温暖化を回避することができるなら、誰もが喜んでそのコストを負担するはずだと考えられる。しかし、この問題を個人レベルで考えると、一人ひとりが負担するコストがわずかであるがゆえに、かえって地球の温暖化の進行を止められないことになる。

その理由を考えてみよう。

仮にこの地球に住むほとんどの人が、節電であるとか、ゴミの分別回収への協力であるとか、あるいは公共交通機関の積極的な利用であるとか、そのようなコストを積極的に負担しているとしよう。当然、人々がそうしたコストを積極的に負担することで、$CO_2$（二酸化炭素）の排出量は減少し、地球温暖化が抑制されるはずである。このとき、ほかの人々と同じように、私もそうしたコストを積極的に負担しようとすることは合理的ではない。なぜなら、私がそうしたコストを負担しようがしまいが、もうすでに事態は問題解決に向けて進んでおり、今さら私一人が新たにそうしたコストを負担することに積極的な意味はないからである。当然、わずかとはいえ、コストはコストである。負担しないで済むなら負担しないほうが合理的なのである。

今度は逆に、仮にこの地球に住むほとんどの人が、そのようなコスト

＊7　社会的ジレンマとは、個人的合理性と社会的合理性の間のジレンマ、すなわち私的利益と公的利益の間のジレンマを意味する。

＊8　囚人のジレンマでは、別々に取り調べを受けている２人の容疑者に司法取引をもちかけている状況が想定されている。ゲーム理論の枠組みでは、容疑者が合理的だと、協力して黙秘を続ければ軽い刑で済むにもかかわらず、共犯者を出し抜こう（あるいは共犯者に出し抜かれまい）として自白し、結局容疑者は重い刑を受けてしまうことになる。

を負担していないとしよう。当然、人々がそうしたコストの負担を避けることで、$CO_2$の排出量は増大し、地球温暖化が促進されるはずである。このとき、ほかの人々と異なって、私だけがそうしたコストを積極的に負担しようとすることは合理的ではない。なぜなら、私がそうしたコストを負担しようがしまいが、もうすでに事態は悪化の一途をたどっており、いくら自分がそうしたコストを負担しても全体に与える影響はほとんど無に等しいからである。当然、意味のないコストを負担することは、合理的とはいえない。

つまり、周囲の人々が協力していようといまいと、私にとって合理的な選択は、“ほんのわずかで、全体に大きな影響を与えるとは思えないようなコストは負担しない”ことなのである。しかし、そのように考えるのは、私だけではない。私にとって成り立つ推論は、ほかの人にも同じように成り立つだろう。すると、結局のところ、私を含めたすべての人がそのわずかばかりのコストを負担しようとしないし、その結果、誰もが地球温暖化を望んでいなかったにもかかわらず、人々のコスト回避という行為によって地球温暖化が促進されることになる。

社会的ジレンマが発生するのは、個人にとっての合理性と、社会にとっての最適性とが両立するとは限らないからである。だからこそ、地球温暖化の例がそうであったように、すべての個人が合理的に自己の利益を追求することが、かえってすべての個人にとって自己の利益を損なうような結果に帰結することがある。しかも、そのようなすべての個人の利益を損なうような結果は、すべての個人がわずかなコストを負担するだけで回避することが可能だったのである。

ちなみに、地球環境のように、①すべての人がそれを享受することができ（非競合性）、かつ、②その利用を排除できない（非排除性）、こういった特徴をもつ財を公共財とよぶ。公共財の例としては、例えば社会の安全をあげることもできる。犯罪の発生が抑止され、安全を実現した社会では、すべての人が安全な生活を享受できるし、当然その利用を排除することはできない。したがって、社会的ジレンマを、「個人の合理的な行為が公共財の供給を妨げているような問題」と言い換えることもできる。

## 2　社会的ジレンマの解決のために

それでは、仮にこのような社会的ジレンマが存在したとき、どのようにすれば社会的ジレンマによって発生した問題を解決できるようになるのだろうか。

オルソン（Olson, M.）は、集団を組織することで、このような社会的ジレンマが解消される可能性があることを明らかにしている。具体的には、集団を組織することで、コストを負担する行為がどの個人にとっても合理的な行為になるように状況を調整するのである。例えば、コストを負担しないような個人がいれば、組織がその個人を処罰できるとしよう。すると、個人にとってわずかなコスト負担を回避して処罰を受けることは非合理的な行為になり、その個人は進んでコストを負担するようになるだろう。あるいは、コストを負担するような個人がいれば、組織はその個人に何らかの報奨を与えることができるとしよう。すると、個人にとってコストを負担することは合理的になり、やはりその個人は進んでコストを負担するようになるだろう。このように、個人を公共財供給に向けて協力させることを可能にするようなサンクション（報奨・処罰）を、オルソンは**選択的誘因**とよんでいる。

しかし、選択的誘因を導入することで社会的ジレンマを解決するためには、その集団が組織化されていることが必要になる。例えば、誰がコストを負担し、誰がコストを負担していないのかを明らかにするためには、人々の行動を観察することができなければならない。また、人々の行動を観察した後は、コストを負担した個人に与えるための報奨を用意することが必要になるし、あるいはコストを負担しなかった個人に対して制裁を行使することが必要になる。当然、選択的誘因を与えるために必要とされるこれらのことが正しく実行できるためには、集団が組織化されていることが前提になる。

したがって、集団が大き過ぎて、適切に組織化することがむずかしいようなケースでは、協力行動に対して選択的誘因を適切に提示することができないために、社会的ジレンマを解決することがむずかしくなる。例えば、環境問題のように地球に住むすべての個人に何らかの影響を及ぼすような問題では、その問題に関係する個人が多過ぎるためにかえって問題を解決することがむずかしくなる。

また、社会の一員であれば誰でも利用可能な福祉サービスも公共財としての側面をもつために、社会的ジレンマの問題を避けることができない。織田輝哉（おだてるや）は、伝統社会では親族集団の拘束力が福祉のための費用負担を逃れられないものにしており、福祉国家では強制力を伴った制度によって福祉のための費用が徴収されていることを指摘している。

このような社会的ジレンマを解決するものとして、最近になって注目されているものの一つとしてソーシャルキャピタル（社会関係資本）をあげることができる。ソーシャルキャピタルは、人々が構築している社会関係に根ざしている社会全体の資本であり、その内容については次節で詳しく論じることにする。

いずれにしても、社会的ジレンマは、問題の規模が大きくなればなるほど、個人の合理的行為との矛盾はいよいよ鋭いものになり、解決のむずかしい問題とならざるを得なくなる。

本節では、社会的ジレンマとは何であるのかを明らかにした。社会的ジレンマの特徴は、個人の合理的な行為を積み上げていくと、どの個人にとっても望ましくない結果が帰結されるということであった。このことは、私たちの社会にいわゆる神の“見えざる手”が存在するわけではないこと、全体の厚生水準を上げるためにはときとして政策的な介入が必要とされることを明らかにしている。個人と社会の関係は、それだけでは必ずしも調和的なものになるとは限らない。このことを、私たちはきちんと自覚する必要がある。

# 第４節　社会関係と社会的孤立

## 1 ソーシャルキャピタル

社会関係は、人々の間に持続的な相互行為が存在するときに発生する。そして、個人にとって、自分がどのような社会関係の中にあるかは重要な意味をもっている。例えば、社会関係とのつながりが希薄な個人は、個人主義的な傾向が強く、何らかの問題を抱えたときに自殺を選択する可能性が高いかもしれない。このような自殺は、デュルケームによって自己本位的自殺とよばれている。

しかし逆に、社会関係に強く関与している個人は、その社会関係を支配している倫理に強く共鳴しており、やはり自殺を選択する可能性が高くなっているかもしれない。殉死や、自爆テロなどに代表される、こうしたタイプの自殺は、集団本位的自殺とよばれている。このように、社会関係は、生物にとって最終目的であるはずの“生きる”ということすら選択の対象に変えてしまうほどの強い影響を、個人に対して及ぼしている。

したがって、もし人々が適切な社会関係を築くことができたなら、前節で指摘したような社会的ジレンマを自発的に解決することも可能になる。例えば、人々の相互行為が互酬性の原理によって統制されており、かつ人々の間に広範にわたる信頼関係が成立していれば、個人はたとえコストを負担することになっても公共財の供給に向けて協力的な行為を自発的に選択するようになるだろうし、その結果、その社会に住む人々は組織に依存することなく公共財を享受できるようになる。コールマン（Coleman, J.）や、**パットナム**（Putnam, R. D.）は、このように公共財の供給を可能にしてくれる社会関係を**ソーシャルキャピタル**（社会関係資本[＊9]）とよんだ。

ソーシャルキャピタルは、互酬性の規範、他者への一般的信頼、そして社会的諸団体の盛んな活動によって特徴付けられる。それぞれが、どのようにして、社会関係を経由し、社会の深刻な問題の解決に寄与するかを確認しよう。

互酬性の規範は、閉じられた社会ネットワークを経由して、公共財の供給を可能にする。互酬性の規範が社会関係を通じて人々に共有されている社会では、コストの負担について互酬性を無視した行為は社会関係

＊9
ソーシャルキャピタルをそのまま日本語に訳せば、社会資本となる。しかし、日本語での社会資本はその社会の基盤（インフラストラクチャー）を意味することが多く、混同を避けるために社会関係資本と訳している。

内部でのその人の評判を落とすことになるだろうし、その結果、その人はその社会関係から排除されることになるだろう。したがって、合理的な個人は、社会関係から得られる利益を失わないために、そのような軽率な行為を控えるはずである。そして、このことはその社会関係から利益を得ているすべての個人に当てはまることなので、社会関係に取り込まれている人々は、社会関係内の他者一般を合理的に信頼することができ、また他者の協力をあてにして行為できるようになる。つまり、人々は、閉じられた社会ネットワークとしての社会関係に取り込まれていることで、社会関係から公共財を含めたさまざまな利益を引き出すことができるようになる。

また、慈善団体や社交クラブ、スポーツクラブなどといった社会的団体の活動が盛んになると、人々はそうした団体の活動に参加することでより多くの人と交流することができ、人々の社会ネットワークはより開かれたものになる。そして、人々はより多くの他者と交流することで、他者を理解するようになり、また人を信頼することを学習するようになる。実際に、他者を理解・信頼することができなければ、そのような社会関係にとどまることは困難だろう。

したがって、社会的諸団体の活動が盛んな地域では、そうした活動によって形成され、またそうした活動を支えもしている"他者への一般的な信頼"が高い水準で実現される。当然、このような他者への一般的信頼は、公共財の実現に寄与する協力行動の選択を促すように人々に作用する。そして、人々は、開かれた社会ネットワークとしての社会関係に取り込まれていることで、やはり公共財を含むさまざまな利益を引き出すことができるようになる[*10]。

＊10
実際にパットナムは、ソーシャルキャピタルが充実したアメリカの州の特徴として、①児童福祉の指標が高く、教育達成指数も高いこと、②殺人率が低く、安全であること、③死亡率が低く、健康に関する指標も高いこと、などをその著書において指摘している。このように、ソーシャルキャピタルは地域福祉の基礎を成している。

## 2 社会的孤立

したがって、このような社会関係から取り除かれている人々は、社会ネットワークを通じて供給されるはずのさまざまな利益を失っており、社会的には孤立していることになる。ちなみに、**社会的孤立**とは、家族や地域社会との接触をほとんどもたずに生活を送っている状態を意味する。社会的孤立と孤独はよく似ており、また両者は関連してもいるが、概念的にははっきりと区別されなければならない。社会的孤立は社会的接触の頻度によって測ることのできる客観的な状態であるが、孤独は自身の置かれている状況に対して覚える個人的な感情である。

例えば、最も親しい人（配偶者、親、子どもなど）をごく最近に失った人は孤独を感じているかもしれないが、その感情は社会的接触の頻度とは関係がなく、孤独を感じているからといってその人が直ちに社会的に孤立しているとはいえない。逆に、他者とのコミュニケーションを苦手としている人は、仮に社会的接触の頻度が低く、社会的には孤立していても、そのことを孤独とは感じないかもしれない。

タウンゼント（Townsend, P. B.）によれば、社会的に孤立している個人は社会福祉に期待する傾向が強く、このことは社会的に孤立した個人が社会関係を通じて得ることができたはずのさまざまな利益を享受できていないことを意味している。実際に、社会的孤立は、さまざまな社会問題と関連している。

例えば、令和５（2023）年に内閣府がまとめた『令和５年版 高齢社会白書』によると、65歳以上のひとり暮らし高齢者は、男女ともに顕著に増加している。「高齢者の健康に関する調査」（令和４〔2022〕年度）の結果によれば、とりわけ子どものいないひとり暮らしの高齢者は他の世帯グループに比べて会話の機会もあまりないなど、社会的孤立の傾向が見出される。また、「高齢者の健康に関する調査」（平成24〔2012〕年度）によれば、ひとり暮らしの高齢者の４割以上が孤立死（孤独死）を身近に感じている。こうした問題を回避するためには、ひとり暮らしの高齢者と地域との絆（きずな）を再生することが不可欠となる。

このように、人々が社会関係に適切に取り込まれていることは、取り込まれている個人にとって大切な意味をもっており、また公共財の供給という意味では社会全体にとっても重要な意味がある。

# 第5節　社会的排除と社会的包摂

## 1 社会的不平等

前節では、人々が社会関係に適切に取り込まれていることが、社会を生きていく上で重要な意味をもっていることを確認した。しかし、自分で望んでいるわけではないにもかかわらず、構造的な要因によってそうした社会関係から排斥されている人々が存在する。社会関係から特定の人々が社会的あるいは構造的に排除されているとき、そしてその結果、そうした人々がさまざまな社会問題に直面せざるを得なくなっているとき、そのような排除を**社会的排除**とよぶ。社会的に排除される人々は社会的弱者であることが多く、社会的排除は貧困の原因でもあるし、逆に貧困の結果でもある。このように社会関係から排除されてしまった人々を社会関係に積極的に取り込んでいこうとする政策的な努力を、社会的排除に対して、今度は**社会的包摂**とよぶ。社会的包摂は、ヨーロッパを中心に、新しい政策目標として注目されつつある。

社会的排除の問題は、社会的不平等[*11]の問題と密接に関連している。ちなみに、不平等は、概念的には“結果の不平等”と“機会の不平等”に区別して考えることができる。“結果の不平等”とは、公正な競争の結果として、勝者と敗者の間で生じる、地位や富といった財に関する不平等である。これに対して“機会の不平等”とは、そもそも競争に参加する段階で競争に勝てる機会をより多く与えられている個人と、そのような機会をほとんど与えられていない個人とが存在するという、競争の有利、不利に関する不平等である。市場競争を尊重する資本主義社会では、“機会の不平等”の是正は議論の対象になり得ても、“結果の不平等”については是認される傾向がある。しかし現実には、“結果の不平等”と“機会の不平等”は密接に関連しており、両者を切り離して考えることはできない。機会に恵まれているがゆえに地位や富を多く獲得でき、地位や富を多く所有することで多くの機会に恵まれるというように、互いが互いの原因と結果になっているからである。

＊11
社会的不平等の意味には、財や報酬や権利が均等に配分されていない状態という意味と、各人に必要や成果などに応じた適切な量が与えられていない状態という意味の2つがある。

さらに注意しなければいけないことは、社会的不平等は必ずしも経済的なものに限定されないということである。例えば、そうした社会的不平等の一つとして教育格差を考えることができる。一般に学校教育は、社会的に恵まれない者にも成功の機会をもたらすことで、社会的不平等を緩和する機能をもつことが期待されている。しかし、それは教育の機会がすべての人に対して平等に与えられていることを前提にしている。もし教育を受ける機会が平等に与えられていないならば、よい教育を受けられる者とそうでない者の間に格差が存在することになる。さらに、よい教育を受けていることが社会的な成功に影響を及ぼすような社会では、教育こそが社会的不平等を拡大させていることにもなる。

では、日本社会を見たとき、教育を受ける機会は平等に与えられていると考えてもいいだろうか。日本では、大学教育を受けるための授業料は、家庭が負担することが多い。もし授業料を払えないために大学進学をあきらめる人が相当程度存在するならば、教育を受ける機会が平等に与えられているとは言い難い。このとき、日本にも教育格差が存在するといえるし、教育によってむしろ社会的不平等が広げられているともいえる。

あるいは、健康格差も私たちが看過してはいけない社会的不平等とみなすことができる。例えば、病気になったとき、受けられる医療の質に違いがあったとすればどうなるだろうか。当然、よい治療を受けられる人は健康を回復する可能性が高くなるし、結果として長生きできる可能性も高くなる。逆に、よい治療を受けられない人は十分に健康を回復することがむずかしくなるし、結果として長生きできなくなるかもしれない。したがって、社会経済的な条件によって（例えば、非正規雇用で働いていたり、あるいは十分な所得がなかったりすることで）、質の低い医療しか受けられない人が出てくる社会では、健康格差が存在することになる。

健康格差は所得等の結果の不平等によってもたらされる格差だといえるが、しかし健康格差それ自体が機会の不平等を生み出すこともある。例えば、健康に不安を抱えている人はフルタイムで働くことがむずかしいかもしれない。あるいは、働くことができたとしても、働く形態に制約が出てくるかもしれない。そうすると、健康状態に差があることによって就職の機会が制限されることになり、そこに機会の不平等が生まれることになる。

教育や健康以外にも、雇用についても同様の社会的不平等を見出すことができる。従業上の地位が正規雇用であるか、それとも非正規雇用であるかによって、報酬が異なり、雇用の安定性も変わってくる。これは結果の不平等といえるかもしれない。しかし従業上の地位の違いは、機会の不平等も生み出している。正規雇用では職務を通してさまざまなスキルを取得でき、そのことで昇進・昇給の可能性が高くなっていく。それに対して、非正規雇用では必ずしもスキルを取得する機会を十分に与えられず、昇進・昇給の可能性が小さいとしたら、これは機会の不平等だといえるだろう。

当然、市場による財の配分だけではこのような不平等を解消することはできないし、むしろ競争を重視する市場ではこのような不平等は拡大する傾向がある。従来は、このような社会的不平等を是正する手段として、税制と社会保障を用いた所得の再分配が用いられてきた。人々の財の一部が税という形でいったん政府によって徴収され、そして徴収された財は社会保障という形で人々に還元される。このとき、より多くの財をもつ者はより多くの税を徴収されるが、社会保障はすべての人に対して平等に適用される。その結果、高所得者から低所得者へ財が移転することになる。

しかし、所得の再分配は、“結果の不平等”を補正する手段としては有効であっても、“機会の不平等”を緩和する手段としては必ずしも有効ではない。そこで、所得の再分配に代わり、“機会の不平等”にも焦点を当てた新しい政策的アプローチとして社会的包摂に注目する必要が出てくる。

## 2 社会的包摂の複層性

そもそも貧困とは、単に“所得が低い（あるいは、そもそもない）”というだけの問題ではない。先にも述べたように、貧困は、その人から適切な教育を受けられる機会を奪い、適切な職に就く機会を奪い、快適な住居を奪い、自尊心を奪い、そして健康的で文化的な生活を送る機会を奪う。その人は、貧困によって社会を生きる上で必要とされる多くの機会から排除され、また社会関係とのつながりを失い、さらなる貧困に陥ることになる。

したがって、社会的排除の多元性を考慮に入れずに、単にさまざまな手当を給付しても、社会関係から排除され、さまざまな機会を失っている人々を再度社会に取り込む努力を欠くならば、貧困がもたらす問題を真に解決したことにはならない。単に低所得に注目するだけでなく、“貧困がもたらすもの”及び“貧困をもたらすもの”を適切に把握し、それらの解消をめざすことが私たちには必要とされている。[*12]

樋口明彦（ひぐちあきひこ）は、社会的包摂が“経済的側面”“社会的側面”“文化的側面”“政治的側面”の４つの領域から成る複層的なメカニズムをもっていると主

＊12
しかし、ここで注意しなければならないことは、社会的包摂は単に社会的弱者のための救済プログラムにとどまらないことである。エリクソン（Eriksson, B. G.）が述べているように、社会的包摂のためのプログラムは社会的な投資にもなっている。質の高い教育と労働生活を保障し、積極的に女性・高齢者・障害者の就労を促す戦略は、高齢化の下での持続的な経済成長に寄与すると考えられる。

張している。

経済的側面については、「職業訓練などを通じて、排除された個人の就業能力を向上させることにより、その雇用を促進する」といった積極的労働市場政策が、社会的包摂のプログラムの一例として指摘できる。

社会的側面については、地域コミュニティを再生・強化することで、排除された個人を社会関係に取り込んでいこうとする運動が、社会的包摂のプログラムとなる。

文化的側面については、排除された個人の傷ついた自尊心が貧困と排除の悪循環の一因になっていることに注目する必要がある。肯定的なアイデンティティ形成に向けての支援が今後重要になるだろう。

最後に、政治的側面については、シチズンシップ（市民権）の再構築を社会的包摂の条件として指摘することができる。世界がグローバル化し、移民労働者や難民が増大している。こうした人々は、法的な保護が限られているために社会的に排除されやすく、そのため貧困などの問題に直面しやすくなっている。こうした人々を社会に包摂していくためには、これまでのシチズンシップの概念を見直していくことが必要になる。

社会的排除及び社会的包摂の問題は、個人が快適な生活を送るために社会関係に適切に取り込まれ、社会関係に支えられていることの必要性を明らかにしている。また同時に、そうした社会関係は人々によって自発的に形成され、維持されるものでもある。もし、社会関係を再生・維持する人々の努力が不足し、ソーシャルキャピタルが衰弱すれば、その社会の生産性は低下し、活力を失うことになるだろう。私たちは、社会関係、すなわち他者とのつながりが、私たち自身にとっても、そして社会全体にとっても大切な意味をもっていることを知る必要がある。

**BOOK 学びの参考図書**

●山岸俊男『社会的ジレンマのしくみ－「自分1人ぐらいの心理」の招くもの』サイエンス社、1990年。

世界的に有名な社会心理学者によって書かれた社会的ジレンマに関する図書である。30年以上前の図書だが、豊富な事例で社会的ジレンマを説明し、多くのことを学ぶことができる。

●稲葉陽二『ソーシャル・キャピタル入門－孤立から絆へ』中央公論新社、2011年。

ソーシャル・キャピタルに関して書かれた概説本である。単にソーシャル・キャピタルの効用を述べるだけでなく、その負の側面についてもふれており、ソーシャル・キャピタルについてバランスよく知ることができる。

### 引用文献

1）M. ヴェーバー、清水幾太郎 訳『社会学の根本概念』岩波書店、1972年、8頁

### 参考文献

● É. デュルケーム、宮島　喬 訳『自殺論』中央公論社、1985年
● 富永健一『社会学原理』岩波書店、1986年
● G. H. ミード、稲葉三千男ほか 訳『精神・自我・社会』青木書店、1973年
● E. H. エリクソン・J. M. エリクソン、村瀬孝雄ほか 訳『ライフサイクル、その完結』みすず書房、2001年
● H. G. ブルーマー、後藤将之 訳『シンボリック相互作用論－パースペクティヴと方法』勁草書房、1991年
● A. シュッツ、森川眞規雄・浜　日出夫 訳『現象学的社会学』紀伊國屋書店、1980年
● M. オルソン、依田　博・森脇俊雅 訳『集合行為論－公共財と集団理論』ミネルヴァ書房、1983年（1996年新装版）
● 織田輝哉「福祉国家と社会的ジレンマ」『季刊社会保障研究』第28巻2号（1992年秋）、国立社会保障・人口問題研究所
● J. コールマン、久慈利武 監訳『社会理論の基礎 上・下』青木書店、（上）2004年、（下）2006年
● R. D. パットナム、柴内康文 訳『孤独なボウリング－米国コミュニティの崩壊と再生』柏書房、2006年
● P. タウンゼント、服部広子・一番ヶ瀬康子 訳『老人の家族生活－社会問題として』家政教育社、1974年
● 内閣府 編『平成30年版 高齢社会白書』2018年
● 松岡亮二『教育格差－階層・地域・学歴』筑摩書房、2019年
● NHKスペシャル取材班『健康格差－あなたの寿命は社会が決める』講談社、2017年
● B. G. エリクソン・二文字理明・石橋正浩 編著『ソーシャル・インクルージョンへの挑戦－排斥のない社会を目指して』明石書店、2007年
● 樋口明彦「現代社会における社会的排除のメカニズム」『社会学評論』第55巻1号（2004年6月）、日本社会学会

# 第3章
# 社会集団と組織

## 学習のねらい

人間は集団を形成して生活を送っている。このため、社会集団は古くから社会学の重要な研究対象であった。本章の第１節では社会集団の特徴とその類型を、第２節では社会集団の中でも人間社会に特有な組織の概念を学び、組織の中でも近代社会に特徴的な官僚制組織について学ぶ。

社会学では社会集団は単なる人間の集まりではなくて、集団構成員の間で相互行為の集積が形成されており、しかも自分たちがその集団の構成員であるとの「我等意識」を共有している場合に限って、社会集団が形成されていると考えられる。したがって、社会集団は性別や年齢などの社会的カテゴリーや群集などからは区別される。

組織は、何らかの目標を達成するために人々が集まってつくった社会集団のことをさす。組織に関する古典的な定義は、バーナードによる「２人以上の人々の協働的活動の体系」というものである。組織の中でも近代官僚制組織は、近代化・産業化の過程で、人間社会が複雑な仕事を大量に処理しなければならなくなったことから生まれた。

社会福祉従事者の仕事は、さまざまな形の社会集団との交流を含んでいる。また、福祉サービスは官僚制組織によって供給され、社会福祉施設は官僚制組織の形態をとることが多い。その意味で、社会福祉に関係する人も社会集団や組織についてその原理的な性質を知っておく必要がある。

# 第1節　社会集団とその類型

## 1 集団とは何か

人間は社会的動物だといわれる。社会の中で生まれ、社会の中で生き、そして社会の中で死んでいくからである。ロビンソン・クルーソーは無人島に漂着して28年間、独力で暮らしたことになっている（正確には途中からフライデーという従者と一緒だった）。しかし彼はイギリスで生まれ、そこで社会化されたからこそ、そうしたことが可能だったのである。その意味では彼もやはり社会的な人間の一人であった。

社会とは単純に考えれば人間の集まりである。また同じく人間の集まりである集団の一種である。このため社会学者は、長い間、社会集団に関する考察を行ってきた[*1]。

集団は人間の集まりではあるが、ただ人間が集まっているだけでは集団とはいえない。烏合の衆は普通、社会集団とはみなされない。それでは、どのような人間の集まりが集団とよばれるにふさわしいのだろうか。わが国の社会学者 清水盛光は集団に関する膨大な学説研究の結果、次のような結論に達した。集団の本質的特徴は「目標志向の共同」に求めることができ、そこから集団内に「無差別的・一体的統一」が生まれる。そして、そこには「我等意識」が伴う。要するに、人間が集まっているだけではだめで、集まった人間が何らかの目標を共有し、十分な相互行為を行いながら、自分たちは同じ集団の一員だと思っている必要があるというわけである。

青井和夫は清水のこの定義をふまえながら、清水のいう「無差別的・一体的統一」の内実を、さらに、①一定の役割分化に基づく組織性、②成員の行動や関係を規制する規範、③相互行為の持続性、に分解した[*2][1)]。

これに対して、富永健一の場合は、社会集団を次のように定義している。

「社会集団とは、二人以上の行為者間に持続的な相互行為の累積があり、その累積の度合いが外部の人びととのそれとはっきり識別できる程度にまで高いことによって成員と非成員の境界が確定できること、そしてこの境界が成員によってはっきり認知され内と外とを区別する共属感情が彼等によって共有されていること、以上の二点によって定義される行為者の集合である[2)]」。

＊1
本章では、集団と社会集団を区別せずに用いている。社会集団以外の集団（例えば、人間以外の動物の集団など）もあるので、社会的という形容詞を付けたほうが正確であるが、特に誤解を招く恐れもないので、集団という言葉を社会集団の意味で用いる。

＊2
青井和夫は集団の要件として５つの事項を掲げており、本文中に述べた3つのほかには、④共同の目標や関心、⑤統一的なわれら感情、の2つを指摘している。ちなみに、彼の社会集団に関する定義は以下のとおりである。「『2人以上の成員の間に共同目標と共通の規範とわれら感情があり、ある程度安定した相互行為の継続を可能ならしめるような、組織性のみられる社会的単位』を『集団group』という」。青井和夫『社会学原理』サイエンス社、1987年、123頁。

要するに、富永は、清水や青井の主張する「目標志向の共同」を集団の定義要件からはずし、①相互行為の累積（≒「無差別的・一体的統一」）と、②共属感情（≒「我等意識」）の２つによって、社会集団を定義したことになる。家族・親族や共同体なども含めて社会集団としてとらえる場合には、富永の定義のほうが便利である[＊3]。

＊3
ただし富永の場合は、社会集団と地域社会は別範ちゅうとして定義される。



## 2 集団の類似概念

清水や青井のように社会集団の定義を厳格に考える場合はもちろん、富永のようにもう少し緩やかに定義する場合でも、次のような人間の集まりは、社会集団から除外して考えるのが一般的である。

第一に、社会集団は社会的カテゴリーとは区別される。社会的カテゴリーとは、性別、年齢、職業、学歴、収入などの社会的な属性を同じくする人々の集合である。統計的集団といわれることもある。同じ社会的カテゴリーに属する人々には、行為や意識の面において共通するところが少なくないところから、社会調査によって集めたデータの分析などでは社会的カテゴリーが重要な役割を果たすことになる。しかし社会的カテゴリーに属する人々の間で共属感情が成立することはあり得るが（我われ女性は！ 我われ若者は！ 等々）、社会的カテゴリーが相互行為の累積によって成り立っているわけではない、ましてやそこに「目標志向の共同」を見出すこともできない。女性解放を訴えて集まった女性たちの運動団体には「目標志向の共同」があり、この団体は社会集団とみなすことができる。しかし、女性一般には「目標志向の共同」を見出すことができず、これを社会集団とみなすことはできない。

もっとも社会的カテゴリーが社会集団へと変化することはあり得る。例えば、日本の高齢者は、社会集団を形成しているとは言い難く、社会的カテゴリーである。しかしアメリカの高齢者については、社会集団の形成の途上にあるとの見方もある。ブルーム（Bloom, L.）らは、この点について、次のように述べている[＊4]。

「高齢者のあいだで、高齢者としての自覚や高齢者がどのような集団を形成したらよいかについての関心が高まってきている。子どもと別居生活を促進するような高齢者のライフ・スタイルはあるのか？　あるいは、同時代に生まれ、現在では保護を必要としている状態なのに、本当に高齢者に共通な関心はないのか？　高齢者の利益擁護のために陳情する政治集団、たとえば1930年代のタウンゼンド養老年金法案の運動や

＊4
アメリカには、世界最大の高齢者団体であるAARP（全米退職者協会）という福祉NPOが存在する。AARPは社会的カテゴリーをきっかけにして生まれた社会集団である。全米の50歳以上の高年齢者の約3,800万人を組織しているが、社会的カテゴリーがそのまま社会集団になったというのではなく、社会的カテゴリーに属する人々の一部が社会的カテゴリーに属することを根拠にして社会集団を形成した、と考えるほうが正確である。

1970年代のグレー・パンサーなどの運動団体がときどき生まれたが、これらの集団への期待は、高齢化社会になるにつれて大きくなるのだろうか？　これらは社会的カテゴリーが社会集団を形成する際に生ずる問題を指摘している[3)]」。

第二に、社会集団は一時的な人間の集合である未組織集団からも区別されるのが普通である。未組織集団の典型は「群集（crowd）」である。群集とは、何らかの事件をきっかけにして一定の空間に集まった不特定多数の人間の集まりのことをいう。都市化の進展によって顕著となった社会現象であり、ル・ボン（Le Bon, G.）はフランス革命のときの民衆を群集とよんで、エリート主義の立場からこれを批判した。彼によると、個人は群集の中に入ると個性が消滅して同質化してしまう。群集は暗示にかかりやすくなり、感情に左右されやすく、衝動的で極端な行動に走って破壊的となることも多い。

群集のうちで能動的なものを、乱衆ないしモッブ（mob）という。モッブは社会不安のときに成立しやすく、暴動、リンチ、テロ、パニック、略奪、集合的乱舞などを伴う。

これに対して、受動的な群集は会衆ないしオーディエンス（audience）とよばれる。劇場の観客、コンサートの聴衆、スポーツの観衆などはオーディエンスである。オーディエンスは受動的といっても一方的な受け手というわけではなく、登壇者やプレイヤーとの間で相互行為が生じることも少なくない。コンサート会場での拍手やブーイングはその例であり、オリンピックやワールドカップの観戦では会場が一体化することも珍しくない。コロナ禍の際に無観客試合を余儀なくされたファンは、地理的な意味では一か所に集まっているわけではないが、心情的には一体感が創出されており、これもある意味では、オーディエンスであろう。

群集は情緒的で非合理的な未組織集団であるが、タルド（Tarde, J. G.）は、こうした群集に対比させる意味で公衆（public）という概念を提案した。公衆は、群集とは異なり、空間的には離れて存在しているが、新聞や雑誌などのジャーナリズムの発達によって、特定の争点（イッシュー）に関して、自らの理性的な判断で情報を取捨選択して的確な判断を下すことのできる合理的な存在である。公衆の意見が世論（public opinion）である。

しかし、現代社会では、マスコミュニケーションの発達によって、かつてのような公衆の成立がむずかしくなった。このため受動的な大衆

(mass) が理性的な公衆に取って代わったと考えられることが多い。なお今日では、ポピュリズムという用語が、公衆ではなく大衆に迎合した政治家が人気を博して政治権力を握る現象を批判的に指示するものとして使われる。

## 3 集団の分類



現代人は同時に多数の集団に属し、それぞれの集団は多種多様である。このため集団の分類や類型化が多くの社会学者によって試みられてきた。フランスの社会学者ギュルヴィッチ（Gurvitch, G.）は、それらを集大成する形で、集団に関する次のような15の基準を提案した。

①集団の内容…集団が担う機能の数
②集団の規模…所属メンバー数
③集団の持続性…一時的・持続的・常在性の度合い
④集団生活の規則的なリズム…緩急
⑤集団メンバーの分散の程度…成員の集中・分散及び集合頻度
⑥集団形成の根拠…帰属の任意性ないし強制性
⑦集団への加入の様式…加入の開放性と閉鎖性
⑧外在化の程度…組織化と構造化
⑨集団の機能…集団の目的や活動内容
⑩集団の建前としての構え…分裂志向または和合志向
⑪全体社会の滲透（しんとう）に対する集団の態度…全体社会への統合を受容または拒否
⑫集団相互の両立可能性の程度…同一種類の諸集団の間の
⑬拘束様式…条件付きまたは無条件的な
⑭組織を支配する原理…支配もしくは協同に基づく
⑮統一性の程度…集権制、連邦制、連合制

これらの基準を用いて社会集団に関する無限の分類を行っていくこともできるが、そのこと自体はあまり意味のあることではない。またギュルヴィッチの分類基準も、各集団の特徴を知るための観点、あるいは「経験的研究の枠組となりうるプラグマティックな一般図式[4)]」とでも考えたほうがよく、その意味では社会集団の特徴付けを行うための指標としては有益である。とはいえ、次頁以降の集団分類は、社会学の歴史の中では比較的よく用いられてきた。

## 4 ゲマインシャフトとゲゼルシャフト

社会学者による集団分類の中では、**テンニース**（Tönnies, F.）による**ゲマインシャフト**（Gemeinschaft：共同社会）と**ゲゼルシャフト**（Gesellschaft：利益社会）の区分が最も有名であり、今日でも多くの社会学者によって用いられている。テンニースは社会を意志の所産と考え、この意志をさらに**本質意志**（Wesenwille）と**選択意志**（Kürwille）に区分した。

本質意志とは人間が自然に生まれつきもっている意志であり、この本質意志に基づいて成立するのがゲマインシャフトである。ゲマインシャフトは、気分や感情、習慣や伝統、良心や信仰を共有することによって、全人格的な融合の達成された社会集団であり、彼の言葉によれば、「あらゆる分離にもかかわらず、本質的には結合している」。家族、民族、村落共同体、自治体、中世都市などが典型的なゲマインシャフトである。

これに対して、選択意志とは人間が自分の利益のために目的をもって選択的に結び付こうとする意志であり、これに基づいて成立するのがゲゼルシャフトである。利益の相補性、制御と規則の必要性、概念や知識の客観性などがあるとき、合理的計算に基づいた作為によって形成されるのがゲゼルシャフトである。ゲゼルシャフトは不信と対立を含み、「あらゆる結合にもかかわらず、本質的には分離している」。大都市、国民国家、世界市民的知識人共和国などがゲゼルシャフトにあたる。

テンニースの所説は以上のとおりであるが、今日、ゲマインシャフトというと家族や共同体のことをさし、ゲゼルシャフトというと政府や企業などのように目的をもった組織のことをさす場合が多い。またこの2つは、後に、集団類型（実体）としてだけでなく、社会結合の方式（関係・機能）としても考えられるようになった。

ドイツの社会学者ヴェーバー（Weber, M.）は両者を集団類型としてではなく、社会関係や社会的行為の類型として再定義した。ゲマインシャフト的関係とは感情的または伝統的な共属感に基づく社会関係であり、ゲゼルシャフト的関係とは目的合理的あるいは価値合理的な利害の調整や結合に由来する社会関係である。このような観点に立てば、家族の中にゲゼルシャフト的関係を見出すことも可能であるし、企業の中にゲマインシャフト的関係を見出すことも可能となる。

# 5 コミュニティとアソシエーション

アメリカの社会学者**マッキーバー**（MacIver, R. M.）は、「**コミュニティ**」と「**アソシエーション**」という社会集団の区分を提案している。

マッキーバーによれば、コミュニティとは「村とか町、あるいは地方や国とかもっと広い範囲の共同生活のいずれかの領域[5)]」である。しかし他方で、彼は「コミュニティとは、共同生活の相互行為を十分に保証するような共同関心が、その成員によって認められているところの社会的統一体である[6)]」と述べて、コミュニティの境界が地域によって決まることを指摘した。

要するに、マッキーバーは、地域性と共同性の２つを兼ね備えた集団のことをコミュニティとよんでいるのである。現代の大都市を見ればわかるように、同じ地域に住んでいるというだけで直ちに共同性やわれわれ意識が生まれるわけではないが、地域的に近接していることが関心や利害の共同性を生み、そこから十分な相互行為が生まれる、と彼は考えた[＊5]。

これに対して、マッキーバーによればアソシエーションとは、「一つあるいはそれ以上の共通関心を追求するために明確に設立された社会生活の組織[7)]」のことであって、政治、経済、宗教、教育、文化、慈善など特定の生活関心を充たすために人為的につくられた集団である。家族、企業、労働組合、教会、学校、慈善団体、自治体、国家などがアソシエーションに含まれる（家族はゲマインシャフト、後述の第一次集団に分類されるが、マッキーバーにあってはコミュニティの一機関としてアソシエーションと分類される）。

アソシエーションはコミュニティを基盤として、コミュニティの内部につくり上げられるため、コミュニティの諸機関となっている。また「それは、全体的なコミュニティの基盤のうえに、その器官として、あるいはその内部の組織として、すなわち部分的な社会[8)]」でもある。一つのコミュニティには複数のアソシエーションが含まれる。

ゲマインシャフトとゲゼルシャフトは反対概念であったが、コミュニティとアソシエーションは反対概念ではなく、全体と部分、あるいは相互補完の関係にある概念である。

＊5
現在の社会学がコミュニティに注目するとき、それは情報コミュニティであることも少なくない。情報コミュニティとは、情報を媒介にして成立したコミュニティのことをさしており、地域性を要件としていない。このため、「地図にないコミュニティ」などといわれることもある。インターネットの発達によってサイバー空間の中に成立したバーチャルコミュニティは、その典型的な例である。情報コミュニティが注目されるのは、それが新しい現象だからであるが、他方で、現在は、人口高齢化の中で地域福祉や地域医療への注目も集まってきており、地域性を強調するマッキーバーのコミュニティ論の意義も大きい。

## 6 第一次集団と第二次集団

集団構成員間の接触の仕方によって社会集団を「**第一次集団**[*6] (primary group)」と「**第二次集団**[*7] (secondary group)」に分類したのは、アメリカの社会学者**クーリー**（Cooley, C. H.）である。

彼によると、第一次集団とは、以下のように定義される。

「顔と顔とをつきあわせている親しい結びつきと、協力とによって特徴づけられる集団なのだ。それらはいくつかの意味において第一次的であるが、主として個人の社会性と理想とを形成するうえで基本的であるという点において第一次的なのである。親しい結びつきの結果、心理学的に個性がある一つの共通した全体と、なんらかのかたちで融合するにいたるのである。したがって、個人の自我そのものが、少なくともその多くの目的にかんするかぎり、集団に共通する生活と目的と同じものになるのだ。たぶん、この全体性をもっとも簡明率直に表現すれば、それは一種の『われわれ』〔we〕ということになるだろう。それには『われわれ』の自然な表現とでもいうべき、一種の同情と相互の同一視とがふくまれている。人は全体の感情のなかに生活し、自分の意志のおもな目的をそういった感情のなかに見いだしているのだ[9)]」。

ここでいう「親しい結びつき」というのは、お互いに顔と顔を直接つき合わせるface to face（対面）の関係にあるということであるが、単に面識があるというだけで第一次集団が成立するわけではない。店員とお客の関係は対面的であるが、両者の関係は一定の限られた場面におけるものにすぎないので第一次集団とはいえない。親子、きょうだい、親類、友人、恋人、ご近所などのように全人格的な関係で接することが第一次集団の特徴である。またそこでは親密なコミュニケーションが行われ、個人はそこから満足を得ている。

第二次集団についてクーリー自身は議論を展開していないが、第一次集団の対概念として、後の社会学者がこの概念を用いるようになった。一定の目的のために意識的に組織された集団が第二次集団といわれるものであり、そこでの人間関係は非人格的である。クラブ、企業、労働組合、教会、政党、大学、国家などが第二次集団の具体例である。マッキーバーのアソシエーションと重なる部分はあるが、食い違うところもある。例えば、家族は顔と顔を直接つき合わせる親しい結び付きであるから第一次集団であって、第二次集団ではないが、共通の関心を追求するために組織されているからアソシエーションである。

＊6
アメリカの社会学者クーリーによって提起された集団概念で、顔見知り（face to face）の関係にある親しい間柄の社会集団のことをいう。互いに「われわれ」という意識をもっている。親子、きょうだい、親戚、友だち、恋人、部活の仲間、向こう三軒両隣をはじめとするご近所など。

＊7
クーリーが提起した第一次集団に対し、一定の目的のために組織された集団は第二次集団とよばれる。必ずしも顔見知りである必要はない。企業、労働組合、協同組合、教会、政党、大学、地方公共団体、国家など。ただし、第二次集団の中に第一次集団が含まれることもある。例えば、家族で教会に属しているような場合。

## 7 その他の集団類型

このほかにもよく使われる集団分類がいくつかある[*8]。例えば、自分が所属する集団は「内集団（in-group）」、それ以外の集団は「外集団（out-group）」とよばれる。人間は内集団に対する態度と外集団に対する態度が大きく異なることがあるため、この区別は人間の行動を分析する際には有用である。内集団は「所属集団」、外集団は「非所属集団」とよばれることもある。

また、個人の態度、意見、判断などに重要な影響を及ぼす集団のことを「準拠集団（reference group）」という。個人は準拠集団の価値や規範を内面化して、ものごとを判断する際の準拠枠（frame of reference）を確立し、これに基づいて自らの態度を決定する。準拠集団は所属集団であることが多いが、必ずしも所属集団に限られるわけではない。

わが国の社会学者高田保馬（たかたやすま）は、血縁や地縁のような基礎的・自然的な結合によって成立する「基礎社会（自然社会）」と、文化的類似性と利害の共通性によって成立する「派生社会（人為社会）」とを区別している。わが国の社会学の歴史の中では、この高田による分類の影響が大きい。例えば、福武（ふくたけ）　直（ただし）と日高六郎（ひだかろくろう）は、地縁や血縁に基づいて成立する集団を「基礎的社会集団：fundamental social group」とよび、国家、企業、学校などを「機能的社会集団：functional social group」とよんだ。

さらに、富永も高田を踏襲して、「特定の機能的活動によってでなく血縁や婚姻のように関係それ自身が生活上の基礎的な意味を付与されていることによってむすばれた社会集団」を「基礎集団」、これに対して、「限定された機能を達成することに目的的に特化し、そのような機能的達成のための手段たることを明確に意識して形成された社会集団」を「機能集団」とよんだ[2)]。

＊8
福武　直と日高六郎の『社会学』（光文社、1952年）は、戦後日本の社会学の発展の道筋を示す上で重要な役割を果たした教科書であり、その集団に関する索引項目には次のような用語が含まれていた。集団意識、集団的エゴイズム、集団表象、基礎的社会集団、機能的社会集団、近代的集団、血縁集団、地縁集団、少数者集団、潜在的集団、組織的集団、統計学的集団、党派集団、反社会的集団、非組織的集団、遊技集団、利害集団、輪郭集団、前近代的集団、第一次集団、第二次集団。今ではほとんど用いられない用語もあるが、当時の社会学者による集団への関心の深さがよくわかるだろう。

## 8 社会福祉との関係

社会学の集団概念は、社会福祉の世界にも応用することができる。例えば、ケアの領域では、ケアの担い手は家族のような第一次集団がよいのか、第二次集団がよいのか、あるいは両者を組み合わせるのがよいのかといったことが問われる。これはゲマインシャフト的関係とゲゼルシャフト的関係のバランスの問題である。

また、介護保険サービスはコミュニティケアの一環であるが、介護保険の事業者の多くはアソシエーションである。地域福祉はコミュニティケアの考え方を含んでいるが、コミュニティケアはもともと脱施設化運動のなかから生まれてきた理念である。かつての収容型の社会福祉施設は、コミュニティから隔離され、閉鎖的で、入所者の日常生活が完全に管理され自由が奪われる場所であった。社会学者**ゴッフマン**[*9]（Goffman, E.）は、このような特徴をもつ施設を「**全制的施設**」（total institution）とよび、刑務所、病院（とりわけ精神科病院）やアサイラム（各種保護施設や難民収容所）がこれに該当するとした。そこでは私生活が完全に管理され、基本的人権がふみにじられていた。コミュニティケアはこうした「全制的施設」をはじめとする施設ケア（institutional care）からの解放をめざして始まった。

＊9
カナダで生まれ、アメリカで活躍した社会学者。参与観察などの手法を駆使しながら、ミクロの相互行為に焦点を当てた研究を行い、多くの社会学者に影響を及ぼした。とりわけ著書『スティグマの社会学』におけるスティグマの概念は、マイノリティのアイデンティティを考える上で重要。また、『アサイラム』で提起された全制的施設の概念も、収容型施設の問題を知る上で重要。

# 第2節　組織

## 1 組織とは何か

社会集団の中で、何らかの目的を達成するために人々が集まった集団を組織という。前節で見た社会集団の分類の中でいうと、組織はゲゼルシャフト、アソシエーション、第二次集団、派生社会、機能集団に分類される。限界事例や例外は存在するが、だいたいこのような対応関係で見て大きな間違いはない。

組織に関する厳密な定義は、バーナード（Barnard, C. I.）によるものが有名である。彼による組織の抽象的な定義は「２人以上の人々の協働的活動の体系」というものである。彼によれば「協働体系とは、少なくとも一つの明確な目的のために２人以上の人々が協働することによって、特殊の体系的関係にある物的、生物的、個人的、社会的構成要素の複合体[10)]」である。抽象的でややわかりにくいが、組織の成立の必要十分条件について述べている次の部分は理解しやすい。

「組織は、①相互に意思を伝達できる人々がおり、②それらの人々は行為を貢献しようとする意欲をもって、③共通目的の達成をめざすときに、成立する。したがって、組織の要素は、①伝達（コミュニケーション）、②貢献意欲、③共通目的である。これらの要素は組織成立にあたって必要にして十分な条件であり、かようなすべての組織にみられるものである[11)]」。

このような組織を存続させるためには、有効性か能率のいずれかが必要である。有効性は組織の目的が実現される度合いを示し、能率は組織の構成員が満足する度合いを示す。組織の目的達成が危ぶまれると（すなわち有効性がないと）人々の貢献意欲は消失する。また満足より犠牲のほうが大きくなっても（すなわち能率を欠いても）貢献意欲は消失する。

バーナードが定義するような組織の中には、共通目的を欠いた相互作用が生じる。これは「非公式組織」とよばれる。組織の中に存在する非公式組織の発見に役立ったものとして、ホーソン実験が有名である。アメリカのシカゴ郊外にあるウェスタン・エレクトリック社のホーソン工場で、生産性の向上を規定する要因を突き止めるための実験が行われた。その結果、生産性に影響を及ぼすのは照明の明るさなどの作業環境というよりも、工場の中で自然に形成された非公式な組織であることがわかった。このような非公式組織と区別する意味で、通常考えられていた組織は「公式組織」とよばれるようになった。

公式組織の典型は官僚制組織である。そこで、本節の後半では官僚制組織をめぐる諸問題を取り上げることにしたい。

## 2 官僚制の由来

近代化や産業化が進み、組織が大規模化してくると、組織の管理が複雑化してくる。また組織目標の達成を合理的に遂行するためには、小規模組織とは異なった工夫が必要となる。官僚制[*10]はこのような課題を解決するために発達した組織形態である。

＊10
日常語で官僚というと、中央官庁の役人のことをさす場合が多い。また官僚的という言葉には否定的な意味合いがこめられることが多い。これに対してドイツの社会学者ヴェーバーは、近代官僚制は社会の近代化や合理化に伴って、大規模組織を効率的に運営するために必然的に生まれたものと指摘した。したがって中央官庁に限らず、都道府県や市町村、民間企業、非営利組織などにも存在することになる。

官僚制の原語は、英語ではbureaucracy、フランス語ではbureaucratieである。これらの語幹のbureauは「もともと粗末な褐色の毛織物のテーブルクロスを意味していた」が、その後「事務机を意味するようになり、やがてオフィス全体をさし、事務局をも意味するようになった[12)]」という。そして、この事務局としてのbureauに、支配という意味のフランス語のcratie、英語のcracyがついて、bureaucratie、bureaucracyという言葉がつくられた。したがって、もともとの意味は「事務局や事務官による支配」という意味である。この言葉は1745年に、ド・グルネ（de Gournay）という人物によって最初に用いられたといわれている。

官僚制という言葉は、もともとは行政組織をさすために用いられていた。現在でも日本語（の日常言語）では、官僚といえば行政官僚のことをさし、官僚制といえば行政官僚制のことをさすことが多い。しかし社会学をはじめとする社会科学の用語としては、もう少し一般化した意味をもっており、大規模な組織における近代的な組織のあり方をさすようになっている。したがって行政組織だけでなく、後に見るような要件に合致していれば、民間組織のことも官僚制組織とよぶ。この点は、営利組織（例えば株式会社）の場合も非営利組織（例えば公益社団法人や社会福祉法人）の場合も同じである。

官僚的という言葉は、お役所に対する非難の意味をこめて用いられることが多い。この言葉が用いられ始めた当初、そこには、絶対王政下における役人たちの横柄な態度を批判したり、彼らのしゃくし定規的な思考法を揶揄（やゆ）したりする意味がこめられていた。現在の日本語（の日常言語）でも、官僚的という表現が褒め言葉として用いられることはなく、もっぱらその不効率や民主主義に悖（もと）る点を非難するための意味で用いられている。

しかし官僚制組織には弊害はあるものの、伝統社会で行われていた非合理的な慣習を一掃するという役割も果たしている。例えば、江戸幕府の五代将軍徳川綱吉(とくがわつなよし)は思い付きや気まぐれから「生類憐れみの令(しょうるいあわれみのれい)」を出したが、近代官僚制の下ではこのようなことは可能ではない。また、綱吉に仕えていた側用人柳沢吉保(そばようにんやなぎさわよしやす)はその地位を利用して公然と賄賂を集めたことで知られるが、近代官僚制ではこのような不正行為を回避するための工夫が凝らされている(もちろん近代官僚制では不正行為が全くないということまでは意味しない)。また伝統社会の支配においては、役得といったものが横行しており、ローマ帝国では徴税請負人による税収の着服が公認されていたが、こうした徴税請負制は近代国家では廃止されている。また近代官僚制が成立する以前の社会では、官位の売買を公認した売官制度や、親類縁者を役職に就かせる情実人事などが横行していたが、近代官僚制の下では、これらの不正や不合理も取り除かれている。少なくとも、それが発覚した場合には厳しく処罰される。



## 3 ヴェーバーの官僚制理論

官僚制組織のもつ合理的性格に注目し、それを社会の近代化の過程で普遍的かつ必然的に生じる現象としてとらえ直し、社会科学の分析の対象として確立したのは**ヴェーバー**であった。

ヴェーバーは**官僚制の理念型(けい)**[*11]を次のような形で提示した。

①権限の原則

各官庁は法律や行政規則に明記された権限をもっている(明確な権限)。各部署には目的達成のために行うべき活動が職務上の義務として分配されている。この義務を遂行するために必要な命令権力が各部署に分配されている。そしてこの義務を遂行するための有資格者が任命されている(世襲制や売官制の排除)。

②官職階層制と審級制の原則

上級官庁が下級官庁を監督するという形のピラミッド型の組織となっている(ヒエラルヒー)。

③近代的な職務執行

職務は文書に依拠して遂行される(文書主義)。官僚の仕事は役所で行われ、公私は分離されている。組織の所有物と私物とが峻別される。言い換えると、近代以前の社会では「事務所と家計・事務上の通

＊11
理念型(Idealtypus)は、無限に多様な現実を分析するためにヴェーバーが提唱した方法概念。社会現象の中から本質的な特徴を抽出し、それらを論理的に構成したもの。理想型ともいう。これを官僚制組織に当てはめたものが「官僚制の理念型」。規則に基づく権限や文書主義などから成り立つ。

信と私信・事務財産と私的財産」の混同が見られた。

④専門的訓練

職務は専門的訓練を前提にして行われる。

⑤職務の専念

職務活動は官僚の全労働力を要求するため、「兼職的に」処理されることはない。

⑥技術学の習得

官僚は職務遂行のため法律学・行政学・経営学などを身に付ける必要がある。

以上のような特徴をもつ官僚制の下では、ヴェーバーによれば、官僚は次のような性格をもつことになる。すなわち、官僚は、「天職」であって、一定の学歴と専門試験の合格が要求される。報酬面でも官僚は「安定して与えられることと引換えに、特殊な職務誠実義務（アムツトロイエブフリツヒト）を引き受ける」ことになる[13)]。①近代国家では、官僚が支配者の個人的召使いとみなされることはなく、被支配者に対しても「常に、特に、高い『身分的』社会的評価をえようとし、また多くはこのような評価を享受している」[13)]、②官僚は被支配者による選挙ではなく、上級官庁によって任命される、③官僚の地位は終身制である、④定額の俸給と年金による老後保障がある、⑤年功や試験を通じた昇進をめざしている。

ヴェーバーは、このような官僚制組織には、これまでにない「技術的優秀性」があると考え、次のように述べている。

「官僚制的組織が進出する決定的な理由は、昔から、他のあらゆる形に比べて純技術的にみて優秀であるという点にあった。完全な発展をとげた官僚制的機構の他の形態に対する関係は、ちょうど機械が機械によらない財貨生産方法に対するごときものである。精確性・迅速性・明確性・文書に対する精通・継続性・慎重性・統一性・厳格な服従関係・摩擦の防止・物的および人的費用の節約は、一切の合議制的または名誉職的および兼職的形態に比べて、訓練された個別官僚による厳格に官僚制的な、とりわけ単一支配的な行政の場合の方が、最も理想的に高められる。複雑な任務については、有給の官僚制的な仕事の方が、形式的には無償の名誉職的な仕事よりも、単に精確であるのみならず、結果においてはしばしば安価ですらある」[14)]。

ヴェーバーは前時代の組織に比べた官僚制組織の効率と公正を強調したが、官僚制組織に伴う否定的帰結についても見逃したわけではなかった。特に官僚制組織による形式合理性の追求が実質的な非合理性に陥る可能性のある点に着目している。

第一に、官僚制はひとたび成立すると支配者にとっても被支配者にとっても「それなしではすまし得ない」装置となり、「最も打ちこわしがたい組織の一つ」となる。このため「合理的に組織された官僚体系は、敵軍がその地方を占領するとき、単に最高幹部をとり代えるだけで、引き続き敵の手中で見事に機能する[15)]」。敗戦後のわが国でも、天皇制下の官僚制が占領軍の統治機関として機能した。ワイマール共和国の官僚制組織もヒトラーの手中に落ちたが、引き続き統治機関としての機能を果たし続けた。

第二に、官僚制化は広範な経済的・社会的結果をもたらす。官僚制的な政党組織の場合には、選挙資金の提供者による金権政治が成立することがあり得るし、小市民の利害に応えた「国家社会主義的作用」を営む場合もある。官僚制が「純粋にそれ自体としては一つの精密機械」だからである。したがって「官僚制と民主化とが併行して進む」ということはあるにしても、両者が敵対物になる可能性もある。

第三に、官僚制それ自体が一つの巨大な勢力になる。それは膨大な数の官僚層が支配にとって不可欠であるからという理由によってではなく、いかなる形態であれ（立憲君主、直接選挙の大統領、議会が選出した首相)、支配者は「行政の運営を担当している訓練された管理に対しては、丁度『ディレッタント』が『専門家』に対するごとき地位にある」からである。さらに官僚は自分たちの「知識や意図を秘密にするという手段によって」、自らの優位な地位をさらに高めようとする。その意味で「官僚制的行政は、公開性を排斥する行政である[16)]」。

## 4 官僚制の逆機能

官僚制と民主制との関係については、ヴェーバー以後も引き続き社会科学的な考察が加えられた。そうしたなかで、ミヘルス（Michels, R.）の研究が有名である。彼はドイツの社会民主党に関する研究から、どんな組織もその規模が拡大するにつれて、権力が少数の支配者に集中することは避けられないと主張し、これを「寡頭制の鉄則」とよんだ。彼によると、ドイツ社会民主党は党員の平等と民主的運営を標榜していたにもかかわらず、組織構成員がある程度の規模に達すると、党内には特別な能力（演説の才能、知名度、専門知識など）をもった少数の指導者が大衆から遊離した形で成立した。やがてこれらの指導者は固定化し、そこへの決定権限の集中が始まった。少数の指導者は大衆の無関心や服従心などを利用しながら自分たちの権力拡大を図るようになり、寡頭制的な支配が完成した。ミヘルスは、寡頭制の鉄則は政党組織だけでなく、あらゆる組織に共通して見られる現象だと考えた。組織内民主主義の形骸化が指摘される今日、ミヘルスの指摘は現代的意義をもっている。

官僚制の実質的な非合理性の側面は、第二次世界大戦後のアメリカで、機能主義社会学者の**マートン**（Merton, R. K.）によって**官僚制の逆機能**の問題として論じられている。

マートンによると、官僚制は、ヴェーバーが指摘するように「正確、迅速、巧みな統制、連続、慎重、投入に対する適量の効果など[17)]」の特質を備えている。しかしそこには二面性があって、官僚制は「訓練された無能力」（「人の才能がかえって欠陥または盲点として作用するような事態のこと」であって、「訓練と技倆（ぎりょう）にもとづいてこれまでは効果のあった行為も、変化した条件の下では不適当な反応に終わることがある[18)]」ために生じる）や「職業的精神異常」（「毎日きまりきった仕事を繰り返していると、その結果人々には特別な好み、嫌悪、識別、強調の癖が発達してくる[19)]」）を伴いがちである。

このため官僚制組織では、しばしば目的と手段の転倒が生じて、組織の目標達成が阻害される。官僚には組織目標を効果的に実現するため「反応の信頼性と規程の厳守[20)]」が要求されるが、これが高じて同調過剰になると形式主義や儀礼主義がはびこるようになり、臨機応変の処置がとれなくなる[*12]。

また官僚たちは、先任順に昇進するため競争が少なく内集団としての結束が強い。このため「顧客や選挙された上役を助けるよりも、厳重に守られた自分らの利害を擁護するようになる[21)]」。例えば、気に入らない上司には情報の提供を控えたり、署名できないくらい多数の書類を届けたりする。

官僚制組織における規範は、もともと仕事を効率的に処理するための手段にすぎなかったが、それが次第に神聖なものとなっていく。その結果、官僚制の「象徴や地位に対する情緒的依存、権限と権威に対する感情的執着などを通じて、道徳的に正当だとする態度を伴った特権がそこに成立してくる[21)]」。

官僚制は「第一次的集団の基準をもってしては十分に遂行できない或る種の活動を営むために案出された、第二次的な集団構造[22)]」をもっている。このため、そこでの人間関係は非人格的（インパーソナル）なものであることが要求さ

＊12
マートンはこのような同調過剰として、次のような事例を紹介している。「ノルウェーに国籍のあるバルヘンは1927年に市民権獲得の意向を表明した。ところが、彼は合衆国に引き続き５年間在住するという条件をみたしていないといわれた。バードの南極行に加わっていたため、彼は合衆国にいなかったのである。しかし、彼はアメリカ国旗を掲げた船の上にいたし、またアメリカ人が探検し占有しているためにアメリカの領土だと主張されている地域、すなわちリットル・アメリカに彼はいたのである。帰化局は、リットル・アメリカがアメリカの国土だという想定に基づいてこの問題を処理するわけにはいかないと釈明した」。R. K. マートン、森 東吾ほか 訳『社会理論と社会構造』みすず書房、1961年、183頁。

〈図１－３－１〉官僚制の逆機能に関するモデル

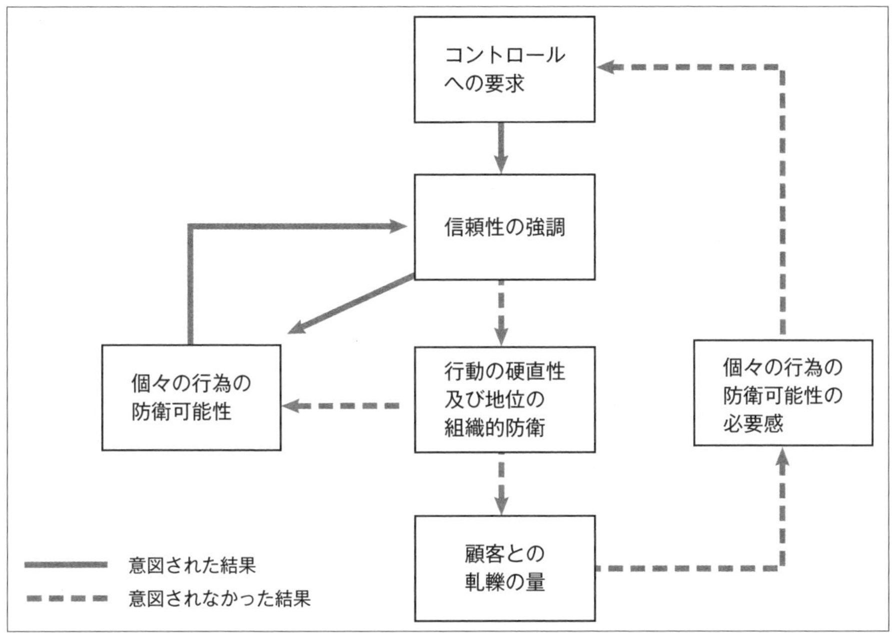


（出典）マーチ, J. G.・サイモン, H. A.、土屋守章 訳『オーガニゼーションズ』ダイヤモンド社、1977年、63頁



れる。ところが人々は個人的（パーソナル）な理由から官僚制組織を訪ねる。このため官僚から非人格的（インパーソナル）な扱いを受けたときに、「横柄」だとか「尊大」だとかの印象を受けることになるのである。マートンの議論に関しては、後にマーチとサイモン（March, J. G.& Simon, H. A.）が**図１－３－１**のような簡潔な図式に要約している。

## 5 ストリート・レベルの官僚制

日常語で官僚というとき思い浮かべられるのは、主として、中央省庁の官僚のことである。ところが私たちが官僚制組織と直接向き合うのは中央省庁というよりは、市役所・町村役場であったり行政の末端組織であったりすることのほうが多い。**リプスキー**（Lipsky, M.）は、このような行政サービスの現場の官僚制のことを**ストリート・レベルの官僚制**とよんだ。彼によれば、「仕事を通して市民と直接相互作用し、職務の遂行について実質上裁量を任されている行政サービス従事者[23)]」がストリート・レベルの官僚であり、彼ら彼女らを「その必要な労働力に応じて相当数雇っている行政サービスのための組織[23)]」がストリート・レベルの官僚制である。

リプスキーによれば、「ストリート・レベルの官僚の典型的な例は、教師、警官やその他の法の施行に携わる職員、ソーシャルワーカー、判事、弁護士や裁判所職員、保健所職員、そして政府や自治体の施策の窓口となりサービスの供給を行うその他の公務員など[24)]」であり、これらの人々は似たような状況の中に置かれている。わが国の福祉サービスに即していえば、福祉事務所や年金事務所、ハローワークの職員などが典型的なストリート・レベルの官僚に該当する。

ストリート・レベルの官僚が現代社会で決定的な役割を果たしており、政治的な論争の的となるのは次のような理由からである。

第一に、ストリート・レベルの官僚は、福祉国家[*13]における公共サービスや社会サービスの供給の中心的な担い手となっているため、「政府によるサービスの範囲や目的の適切さ」について論じるということが、結局は、彼ら彼女らの役割を論じるということになる。というのは、彼ら彼女らに対する雇用は相当な人数を数え、しかも彼ら彼女らの仕事が労働集約的であるため、公共サービスや社会サービスのための支出はほとんどが人件費に充てられているからである。

＊13
国民の福祉に責任をもつ国家が福祉国家と一般には考えられている。夜警国家との対比で用いられる。夜警とは火災や犯罪を防ぐために夜回りをすることであり、これを念頭に安全保障や国内の治安維持にその役割を限定するのが夜警国家である。これに対して、福祉国家は国民の福祉のために教育や社会保障の機能も担う。本書第2部第8章参照。

第二に、ストリート・レベルの官僚は「市民と直接相互作用を行い、市民の生活に大きな影響を及ぼ[25)]」している。例えば、ある少年を非行少年とよぶことは、その少年と他者との相互関係に影響を及ぼすだけでなく、その少年のアイデンティティにも重要な影響を与える。予言の自己成就（当初の誤った状況の定義でも、それを前提にした行為が続くことによって、結局はそれが真実になってしまうこと）によって、「不良と判定された子どもは不良としての自己像を発達させ、他の『不良』と一緒にされる[26)]」。また市民が福祉サービスを利用することができるか否かはストリート・レベルの官僚の裁量によるところもあり、彼ら彼女らが市民の生殺与奪の権を握ることになる。さらに彼ら彼女らは社会統制の機能も果たしている。

前項で見た官僚制の逆機能は、こうしたストリート・レベルの官僚制において感じられることが多い。例えば、次のような点が指摘される。

①理解不能：理解困難な表現で書かれた規則を示されて、申請者が結局従わざるを得なくなるような場合。

②しゃくし定規：ストリート・レベルの官僚から、説明なしに「規則に書いてあるからだめだ」と突っぱねられるような場合。

③冷淡：申請者が不満を述べると「私にはどうしようもない」と答えるような場合。

④たらい回し：不満をそらすために、申請者を他の部署へ回すような

場合。

⑤無能：何とかしてあげたいと思っているが、何をどうしていいかわからないような場合。

⑥お節介：文句を言いながら、小役人的にふるまうような場合。

⑦鈍感：店晒(たなざら)しにされて、反応がないような場合。

また、湯浅(ゆあさ)　誠(まこと)は『反貧困－「すべり台社会」からの脱出』の中で生活保護の申請に関して次のような事例を指摘している[27)]。「申請書すら書かせてもらえず、挙げ句の果てには『サラ金でも利用されたらいかがですか？』とまで言われた」「先日、私の母が役場に生活保護の申請をしようと出かけたのですが、軽く却下されてしまいました」「申請書は金庫に入っているが、今日はもう鍵をもった人間が帰ってしまった」等々。

このようなことは決してあってはならないことであり、仮にあったとしても、こうしたストリート・レベルの官僚制の逆機能は、福祉職の人々が仕事をしていく上で回避しなければならない点である。



**BOOK 学びの参考図書**

●湯浅　誠『反貧困－「すべり台社会」からの脱出』岩波書店、2008年。

反貧困の社会活動家でもあり、2008年のリーマンショックのとき、年越し派遣村の村長も務めた著者が、ちょっとしたきっかけで貧困に陥りかねない日本社会の落とし穴を解説。

●M. リプスキー『行政サービスのディレンマ－ストリート・レベルの官僚制』木鐸社、1998年。

一般市民が国の官僚に直接会うことはあまりないが、役場や市役所・区役所の窓口には行くことがある。また、福祉事務所や病院の窓口も同様である。これらは街角の官僚制であり、そこでの問題点を指摘している。

## 引用文献

1）青井和夫『社会学原理』サイエンス社、1987年、123頁
2）富永健一『社会学原理』岩波書店、1986年、８頁
3）L. ブルーム、今田高俊 監訳『社会学』ハーベスト社、1987年、６～７頁
4）塩原　勉「集団と組織」安田三郎・塩原　勉・富永健一・吉田民人 編『基礎社会学第Ⅲ巻 社会集団』東洋経済新報社、1981年、５頁
5）R. M. マッキーバー、中　久郎・松本通晴 監訳『コミュニティ－社会学的研究：社会生活の性質と基本法則に関する一試論』ミネルヴァ書房、1975年、46頁
6）マッキーバー、前掲書、135頁
7）マッキーバー、前掲書、22頁
8）福武　直・日高六郎『社会学－社会と文化の基礎理論』光文社、1952年、151頁
9）C. H. クーリー、大橋　幸・菊池美代志 訳『社会組織論』青木書店、1970年、24頁
10）C. I. バーナード、山本安次郎ほか 訳『経営者の役割』ダイヤモンド社、1956年、67頁
11）バーナード、前掲書、85頁
12）長谷川公一・浜　日出夫・藤村正之・町村敬志『社会学』有斐閣、2007年、110頁
13）M. ウェーバー、世良晃志郎 訳『支配の社会学Ⅰ』創文社、1960年、64頁
14）ウェーバー、前掲書、91頁
15）ウェーバー、前掲書、116頁
16）ウェーバー、前掲書、122頁
17）R. K. マートン、森　東吾ほか 訳『社会理論と社会構造』みすず書房、1961年、180頁
18）マートン、前掲書、181頁
19）マートン、前掲書、182頁
20）マートン、前掲書、184頁
21）マートン、前掲書、185頁
22）マートン、前掲書、188頁
23）M. リプスキー、田尾雅夫 訳『行政のディレンマ』木鐸社、1986年、17頁
24）リプスキー、前掲書、18頁
25）リプスキー、前掲書、23頁
26）リプスキー、前掲書、24頁
27）湯浅　誠『反貧困－「すべり台社会」からの脱出』岩波書店、2008年、133～134頁

## 参考文献

- G. ギュルヴィッチ、寿里　茂 訳『社会学の現代的課題』青木書店、1970年
- F. テンニース、杉之原寿一 訳『ゲマインシャフトとゲゼルシャフト』岩波書店、1957年
- 福武　直・日高六郎『社会学－社会と文化の基礎理論』光文社、1952年
- 船津　衛・浅川達人『現代コミュニティ論』放送大学教育振興会、2006年
- A. ギデンズ、松尾精文ほか 訳『社会学 第４版』而立書房、2004年
- M. ウェーバー、世良晃志郎 訳『支配の社会学Ⅰ』創文社、1960年
- R. ミヘルス、森　博・樋口晟子 訳『現代民主主義における政党の社会学Ⅰ』木鐸社、1973年
- 大山　博「官僚制と調整の諸問題」大山　博・武川正吾 編『社会政策と社会行政－新たな福祉の理論の展開をめざして』法律文化社、1991年
- 武川正吾『福祉社会－包摂の社会政策 新版』有斐閣、2011年

# 第4章
# 社会的システムと法、経済

## 学習のねらい

「システム」という概念を用いる社会学研究は、かつてと現在とでは大きく様相を変えている。もともとは、歴史的・因果的説明の困難な社会的現象に対して、その代替的アプローチとして機能的説明をめざした研究者が、その説明を支えるための理論として考案したのが社会的システム理論だったが、論理的な困難のために成功には至らなかった。まずは、このあたりの事情を、歴史的、論理的に理解することが重要である。

現在の社会的システム理論は、そういった説明を支える堅固な演繹理論としてではなく、むしろ具体的な社会的現象に臨んでさまざまな発見を導くための方法論的な図式として展開している。通用することが自明でないはずのものがなぜか通用しているとき、そこに「システム」の存在を見出し、それを通用させているメカニズムを解明していくのが社会的システム研究である。そうしたものの例として、何よりも規範、そして貨幣があげられる。

規範が通用することによって張られる空間の一般的性質、また規範の一種としての法の特性について、さらに貨幣が可能にする経済空間の性質について、直観的に理解しておくことが、学習をさらに進めるために有益である。

# 第1節　社会的システムの理論と歴史

## 1 社会的システムという概念

社会学者が実際に議論している内容に照らしてみると、「社会システム」という言葉は、実はけっこう意味があいまいである。この言葉から受ける印象は「社会をシステムとしてとらえる」といったものだが、実際には、社会学のシステム理論で「システムとして」とらえられているのはいわゆる「社会」だけではなく、家族や組織、法や経済、宗教、教育、芸術、さらには1回限りの短い会話など、およそ人間が複数集まってできる単位なら何でも「システムとして」とらえられている。だから、それらすべてに適用できる一般概念としての「社会的システム」(social system) と、その特殊事例としての「社会 (システム)」(society, societal system) とを区別しておくのが、混乱がなくて便利である。

さて、ではどんな対象が「社会的システム」とよばれるのだろう。社会的システムという概念の定義は何か。これを述べなければならない。ところが残念なことに、学界の定説となっているような定義は存在しない。むしろ、論者ごとに違った意味で使われているというのが本当のところだ。明確な定義なしに使われている場合もかなりある。

正直なところ、定義が明確でない概念というのは、社会学ではほかにもたくさんある。そしてこれは、社会の内部から社会を研究するのが社会学であるために、社会の中で実際に (あいまいに) 使われている概念や用語を学術用語に転用しなければならないという、社会学のスタイルそのものに由来する事情だともいえる。ただ、社会的システムの概念や理論については、そのあいまいさの背景に、社会学史として重要な事情がある。そのあたりの話を、極めて単純化して紹介しよう。

## 2 機能的説明とシステム理論

最初、社会的システムという概念に目をつけたのは機能主義の人類学者たちだった。かれらは、太平洋に浮かぶ島々など、自分たちの文化から見て「未開」の、小規模な部族社会を対象とし、その社会に入り込んで参与観察[*1]を行った。そうすると、その種の社会には合理的な説明のつ

＊1
研究対象とする社会や組織、集団などに、研究者自身がある程度の期間入り込み、そこで行われる祭祀や儀式、業務などに参与することによって、対象領域の意味世界を内部から体験的に観察する研究方法。

かない独特の風習や制度があることがわかってくる。しかし人類学者はこれを、「単に文明化が遅れているから不合理なことをするのだ」と言って済ませてしまうのではなく、そうした啓蒙主義、自民族中心主義に陥らないような説明をつけようとした。

しかし不合理な風習なので、目的／手段図式による合理的説明はできないから、原因／結果図式に基づく因果的説明を試みるしかない。「この風習は〜という原因があったためにできた」という説明だ。さて原因というのは結果から見て過去にある。過去を研究するには歴史を知ることが必要だ。ところが人類学者が対象とした社会は、多くが無文字社会だった。文字がないということは歴史もないということだ。歴史がわからないと原因を知り得ない。というわけで、あえなく因果的説明も頓挫する。

しかし人類学者たちは参与観察しているので、その風習が引き起こす結果のほうは、リアルタイムにデータとして集めることができる。するとそのうち、不合理なように見える風習に、実は部族社会それ自体の存続に貢献するような効果があることがわかってくる。例えば部族みんなで行う雨乞い踊りは、雨を降らすという目的にとっては不合理な手段選択だが、集団の結束力の強化という面では非常に有効なことがわかってくる。それならこの事実を、その風習が存在することの説明に使えないか。人類学者たちはそう考えた。

部族社会を一つの社会的システムととらえる。システムには、存続するために充足しなければならない条件がいくつか存在し、それらが充足されない場合にはシステムは消滅する。説明対象となる風習が引き起こす結果の中に、そうしたシステムの存続条件を充足するものがある場合、それを機能（function）とよぶ。このとき、その風習が果たす機能を発見することが、その風習が存在することの説明になる、そんな論理は成立しないだろうか。

このような、説明対象を一部分として含む全体（＝システム）を考え、対象がその全体の存続に貢献するという事実から、その対象が存在する必然性を示すという形式の説明を、機能的説明とよぶ。ところがこの説明は、やはりそれ自体としては、説明として論理的に成り立っていない。機能的説明は、結果から原因を説明するというものなので、通常の因果的説明の逆になっているわけだが、私たちの世界観は、そのような形式の説明を受け入れるような形にはできていないからだ。

今、世界観といった。実は、理論も世界観の一種である。理論というのは、対象世界がどのようになっているかを抽象的かつ体系的に記述した像である。私たちは日常に起こるさまざまな出来事を、自分の世界観の中にとらえて理解している。理論もまた、現象を自らの一部としてとらえることで私たちに理解を与えてくれる。違いは、多くの場合、日常的な世界観やそれによる理解が不明確で無自覚的なのに対して、理論とそれによる理解は明確で自覚的であるという点にある。理論を自覚的に適用することで現象を理解すること、それが説明である。だから説明が説明として成り立つかどうかは、それを支える理論がうまくできているかどうかによって変わってくる。

さて因果的説明が説明として成り立っているのは、この世界の因果関係を抽象的に記述した因果法則・因果理論を、私たちが妥当なものとして受け入れているからにほかならない。他方、機能的説明が説明として成り立っているように見えないのは、因果理論に対応するような理論が、機能的説明の場合には未発達だからである。機能主義人類学者たち、さらには機能主義の考え方を取り入れた社会学者たちは、そのことに気付いた。ならばやるべきことは一つ、機能的説明を成り立たせるような理論、社会的システムの理論を開発することだ。

機能的説明が成立するために、社会的システム理論はどんな理論構成になっていなければならないか。これは、大きく分けて２部構成になる。システムの機能要件理論と、システムの自己維持理論である。

システムの存続に貢献する結果を機能とよぶとして、では、どんな結果がシステムの存続に貢献するといえるか。これを知るためには、システムが存続するためにどんな条件が満たされていなければならないかがわかっていなければならない。この存続条件のことを機能要件とよぶ。機能要件には、どんなシステムにも共通のものもあれば、システムの種類によって、あるいはシステムが置かれた環境条件によって変わってくるものもあるだろう。そういったことを抽象的に、また具体的に突き止めていこうというのが、機能要件理論の目標である。

機能要件理論は、特定の条件充足が〈必要である〉ということは教えてくれる。ところが〈必要である〉からといってそれを充足するものが〈存在する〉とはいえない。必要と存在の間をつなぐための理論、つまり必要な条件がどのようにして充足されるかを記述した理論が必要だ。その候補として提出されたのが、システムの自己維持理論である。システムが自己を維持するとは、システムが自己の存続条件を充足するということであり、それはまさに、システムが自らの機能要件を充足するような結果（例：集団の結束力の強化）をもたらす原因（例：雨乞い踊り）を自ら調達する、ということにほかならない。この原因こそが機能的説明が説明しようとしていた対象なのだから、機能要件理論に基づいた自己維持理論が完成するならば、機能的説明の説明力も保証されることになるわけだ。

## 3 社会的システム理論の問題点とその後の展開

機能要件理論については、社会成員が人間として生存するための必要条件から社会的システムの存続条件を導出する人類学者マリノフスキー（Malinowski, B. K.）の理論をはじめとして、さまざまな提案がなされた。なかでも、社会学者パーソンズ[*2]（Parsons, T.）は非常に抽象的な水準で独自の機能要件理論の体系（AGIL図式[*3]）を構築した。

また、自己維持理論についても、生理学者キャノン（Cannon, W. B.）が生物有機体の自己維持を記述するために用いた「ホメオスタシス」を社会的システムに転用したモデルをはじめ、システムが自己の作動による自己及び環境の状態変化を常に監視し、両者の関係を一定に保つように作動を自動調整する「サイバネティクス」を社会的システムに転用したモデルなど、やはりさまざまな提案がなされてきた。

ところが、機能要件理論と自己維持理論で構成される社会的システム理論の開発、そしてそれに基づいた機能的説明の試み、という研究形式は、かなり以前から社会学研究の主流ではなくなっている。その主な理由として、次の３点があげられる。

第一に、実際に社会秩序が崩壊し、社会が消滅してしまうという事態はめったに起こっていないため、何が機能要件なのかがはっきりしないということがある。社会秩序の崩壊を危惧し憂う言説は常に存在するが、そのとおりになったことはほとんどないのである。

第二に、にもかかわらず機能要件理論を提示し、これが機能要件だ、これがないと社会が崩壊する、といった議論を展開することは、研究者自身の社会に対する規範的・倫理的な態度表明以上のものにならない、という危険が伴う。

第三に、仮に機能要件理論が完成し、自己維持理論の有効性が実証されたとしても、機能的等価性の問題でつまずく。大学に来るのに徒歩、自転車、電車、自動車などさまざまな選択肢があるように、一つの結果

＊2
パーソンズの議論の出発点には、功利主義的行為理論が主張するように個々人がばらばらに自分の欲求（＝目的）の合理的実現をめざして行為（＝手段）選択を行うならば、ホッブス（Hobbes, T.）のいう「万人の万人に対する戦争状態」が導かれざるを得ないという問題意識があった。『社会的行為の構造』（1937年）で「ホッブス的秩序問題」として定式化して以来、この問題を回避し得る行為理論をつくり上げることが、パーソンズの生涯をかけた理論的課題であった。

＊3
どんなシステムも、適応（Adaptation）、目標達成（Goal-attainment）、統合（Integration）、潜在的パターン維持（Latent pattern maintenance）の４つの機能を充足する必要があるという理論図式。

を引き起こす原因というのは複数あるのが普通である。社会的システム理論で説明できるのは、そのうちのどれか一つが成立しなければならないということまでであって、どれが成立するかは説明されないのである。哲学者ヘンペル（Hempel, C. G.）らが指摘したように、これは機能的説明というものの、説明形式としての不十分さを示している。

以上のような問題点が意識されてくるにしたがって、機能的説明や、それを支えるための社会的システム理論は、社会学の主流からははずれていく。とはいえ、それに代わって単一の支配的な理論が登場したわけではない。さまざまな理論的アプローチが割拠しているというのが、良くも悪くも現在に至るまで社会学を取り巻いている状況である。

ただし、共通点はある。現在の社会学における理論的アプローチに共通していえるのは、社会的な事象や制度の存在を、単一の理論によって完全に説明し切るという過大な目標設定を捨てて、一つひとつの経験的研究を通じ現実の社会から学んでいこうという姿勢である。社会とはこういうものだという前提から論理的操作によって展開していく演繹（えんえき）的な理論構築ではなく、さまざまなデータから少しずつ全体社会システムの実態をとらえ、社会を構成する個々のシステムの間の差異を発見し、そうした知見に基づいて、積み上げ方式で理論をつくっていこうという帰納的な理論構築アプローチへの転換である。だからこそ、さまざまな理論が分立しているのだともいえる。

さて、その中でも注目に値するのが、社会学者ルーマン（Luhmann, N.）の社会的システム理論である。ルーマンはパーソンズらの機能要件理論と自己維持理論を受け継ぎつつ、そこに**一般システム理論**[＊4]の知見を導入して、オートポイエーシス理論[＊5]（オートは「自己」、ポイエーシスは「生産」の意）とよばれる独自の社会的システム理論を展開した。ルーマンの議論はかなり抽象的であるため、演繹的な理論だと誤解されることが多いが、実際は、抽象的な図式に照らして現実を観察することによって、現実から多くを学び、それによって理論を構築するというつくりになっている。

ルーマンの理論の全体像の詳細についてここで紹介するのは困難だが、そのさわりだけでも見ておこう。ルーマンは、システムは内部と外部の差異（システムと環境の境界）が引かれることによって成立する、という。これだけでは確かに抽象的過ぎて近寄り難い。しかし、内部と外部の区別というのは、私たちの日常生活の中にさまざまな形で存在していることも事実である。「わが社では…」「よそはよそ、うちはうち」

＊4
物理化学、生物学、心理学、社会学など、対象の特性ごとに専門分化の進む近代科学の展開に抗し、異なる対象間に共通して見出される一般的形式としての同形性（isomorphism）に注目して各対象をそれぞれ異なる種類の「システム」ととらえ、各種システムに共通して適用できる理論を構築しようとするのが「一般システム理論」運動である。ベルタランフィ（Bertalanffy, L. v.）による提唱の後、さまざまな研究者がこれに参加し、現在に至るまで活発な議論がなされている。

＊5
システムの要素を、瞬間的に生成消滅する「出来事」としてとらえる理論。時間的に先行する要素が、次の要素の可能性の集合を用意し、その中から1つが実現することを、要素と要素の接続とみなし、この接続が継続していくことをシステムの存続とみなす。ルーマンは、このような意味での社会的システムの要素となるのは「コミュニケーション」だとして独自の理論を構築している。

「今こいつと話してるんだからお前は黙ってろ」「今はみんなの前だから、その話は帰ってからね」など、日常会話の中で、私たちはさまざまな内部と外部の区別を行っている。ルーマンは、そのすべてにおいて、さまざまに異なる社会的システムが成立していて、そのそれぞれがどれも社会学的研究の対象となる、といっているのである。それぞれにおいて、どのような形で内部と外部の区別がなされているのか、それを調べ、積み上げていくことが、社会的システム研究なのである。

ルーマンはさらに、その「内外の区別が維持されることが、システムが存続することの条件だ」という。これも、単なる機能要件理論の焼き直しではない。さまざまな社会的システムのそれぞれにおいて、どのような境界が、どのような困難をどのように乗り越えて維持されているのか、これは具体的な社会的システムを実際に調べてみなければわからない。やはり、ルーマンの理論は現実の研究の指針として使えるのである。

また、「社会的システムの要素はコミュニケーションであり、システムが存続するとは、コミュニケーションが接続され続けることである」ともいう。これも、日常会話をはじめとするコミュニケーションが、その「場」によって、つまりどのシステムの内部で生じているのかによって、極めて異なる形式をもち得ることを示しているし、逆に、それぞれのコミュニケーションを詳しく分析することによって、それがどのような内部／外部の区別に基づいて行われているかを調べることができる、ということでもある。また、コミュニケーションの接続がどうやって可能になっているかを、そのつど調べるという研究方法ともつながる。会話の継続に一定のスキルが必要なのは周知のことだが、その常識的知見を社会的システム研究とつなげていくこともできるわけである。

大切なことは、ここでは理論が、説明を支えるという役割から解放され、未知の事柄への探究を誘（いざな）うものとしての役割を、新たに与えられていることである。かつての社会的システム理論は、それが「正しい」ということを条件に、機能的説明を成り立たせていた。それに対し、ルーマンの社会的システム理論は、どれだけ未知の研究可能性を拓（ひら）くことができるか、今後の研究をどれだけ実りあるものにすることができるか、という点で評価されるべきものとなっている。

それゆえ私たちも、次節以降で、法と経済という具体的事例について、そこにどのようなシステムが成立しているのかを、具体的に考えていくことにしよう。

# 第2節　社会的システムとしての法

## 1 システム境界と規範

社会的システムの境界の内部と外部を区別するものは何か。別の言い方をすると、そこに社会的システムがある、といえるための条件は何か。社会学の創始者の一人であるデュルケーム（Durkheim, É.）をはじめとして、多くの理論社会学者が、それは規範（norm）であると考えてきた。しかし、この回答は部分的にしかあたっていない。社会的システムの境界設定を担うのは規範だけではないからだ。その点を明確にするためにも、まずは規範について正しく理解しておく必要がある。

規範とは何か。すぐに思い付くのは法規範だ。しかし、規範のすべてが法という形をとるわけではないし、法のすべてが規範としての性質をもっているわけでもない。この、法ではない規範や、規範ではない法、さらには法でも規範でもないが両者とある種の性質を共有している一種の規則、こうしたものの特徴をとらえ、その意義を理解するためにも、一度、規範というものの本質をとらえ直してみる必要があるだろう。

## 2 規範とは何か

### (1) 規範と自由

私たちの生活は完全に自由ではない。してはいけないこと、しなければならないことがたくさんある。そういったことを一般に規範とよぶ。規範のおかげで私たちは自由ではないが、しかし実は、規範が存在し得るのは私たちが自由だからこそだともいえる。

自然法則のことを考えよう。りんごが木から落ちる。自然界には引力の法則があるから、りんごは（ある程度の重さになれば）必ず落ちる。りんごに落ちない自由はない。法則があるということは自由がないということを意味する。もちろん私たち人間も自然界の存在だから、自然法則に支配されている部分についてはりんごと同じで自由はない。高いところで支えを失えば地面に落ちてしまう。法則があって自由がないということは、そうならざるを得ないということだから、してはいけないとかしなければならないといった規範が登場する余地はない。しかし逆にいえば、私たちの生活に規範があふれているということは、私たちがかなり大きな自由をもっているということを意味しているともいえる。

極端な自然法則万能主義者ならそれを否定するかもしれない。自由に思考し、自由に選択しているように思えたとしても、それを担っているのは脳という細胞のかたまりなのであって、そこで起こっているのも電気信号の伝達にすぎない。だからそれらはあくまでも自然法則の支配下にある、と。さてこの議論にどう答えていくか。これは非常におもしろい哲学的課題だが、ここでは詳しく立ち入る余裕も必要もない。仮に自由がフィクションだとしても、規範というものの存在意義が、そのフィクションのリアリティによって成り立っている、ということは事実だからである。



殺してはいけない、盗んではいけないといった規範は、私たちに殺したり盗んだりすることができ、かつ殺さなかったり盗まなかったりすることができるからこそ意味がある。弱い人を助けなければならないという規範は、助けないで放置しておくこともできるが、助けることもできるからこそ意味がある。そういう意味で、自由は規範の前提である。規範があることで私たちは不自由感を覚えることがあるが、それは私たちが、本来は自由だ（というリアリティの中で生きている）からなのである。

## （2）規範と違反

ただ、規範があることと不自由であることは同じではない。規範があっても違反することは可能だからだ。殺してはいけない、盗んではいけないと言われても、殺したり盗んだりすることができる。助けなければいけないと言われても、助けないでいられる。したがって規範には、ある種の行動（「殺す」「盗む」）や、ある種の行動以外の行動（「助けない」）を選択肢からはずすという直接的な効果はない。

しかし、規範があるとないとで何も変わらないわけではない。規範があることで、違反が生まれるからだ。殺してはいけないという規範がないとき、私たちがもっている行動の選択肢は「殺す／殺さない」である。ところが殺してはいけないという規範が登場することで、全く同じ行動選択肢に対して、殺してはいけないという規範に「従わない（＝殺す）／従う（＝殺さない）」という新しい意味が付け加わる。そして「従わない（＝殺す）」が違反とされる。

### （3）規範と価値

規範と同様に「従う／従わない」の区別をもち込み、「違反」を登場させるものに、命令がある。「殺してはいけない」という規範に対応するのは「殺すな」という命令だ。やはり、「殺す／殺さない」という行動選択肢に、「従わない／従う」という意味をかぶせ、「従わない」を違反とする。

しかし、規範と命令は同じものではない。違いは、善悪という要素が含まれているかどうかである。規範に対する違反は悪いこととみなされるのに対し、命令に対する違反は必ずしも悪いこととはみなされない（強盗の「金を出せ」という命令に違反するのは、危険ではあるが「悪い」ことではないだろう）。

もちろん、ある種の命令には、「この命令には従わなくてはならない」という規範が付随していることがあり、その場合には、命令違反は悪いこととみなされる。またある種の規範には、その命令に従うことが規範とされている絶対者からの命令であることによって規範となっているものもある（旧約聖書でモーセが神から授かる十戒は、その種の規範の典型例である）。

しかしいずれにせよ、ただの命令とは違って、規範は「従う／従わない」の区別、及び「従わない＝違反」という等式を介して、私たちの生活の中に「善／悪」の区別をもち込むのである。そういう意味で、規範は価値判断の基準としてはたらく。

### （4）規範と規範意識

「殺してはいけない」ことと、「殺してはいけないと思っている」ことは、同じではない。規範と規範意識は別のものである。意識というのは各個人のものだから、規範意識は個人のものだ。「殺してはいけない」のような規範的命題の場合、意識の内容としてしか記述できないように思うかもしれないが、しかしある規範意識をもっている個人が、それが「この場では通用しない」ことを知っていたり、その場にいる全員がその規範意識をもっており、全員がもっていること自体を全員が知っている場合でも、しかしそれがやはり「この場では通用しない」ことを知っているということがあり得る。例えば、全員が「殺してはいけないと思っている」ことを全員が知っているような戦場というものだってあり得るのである。

このように、規範意識には還元できない規範というものが存在する。

この規範は個人のものではなく、社会的システムのもつ性質である。

## 3 規則とシステム境界

規範は、それが通用する範囲内に善悪の価値判断の可能性を拓く。このように、通用する範囲内に、その外部にはないような特性を生み出す効果をもつものを、一般に規則（rule）とよぶことにするならば、規範は規則の一種だということができる。しかし、規範だけが規則ではない。規則には、哲学者のサール（Searle, J. R.）が構成的規則（constitutive rule）とよぶものがあるからだ。

例えば、野球の「三振はアウト」という規則。これは「アウトになってはいけない」とか「三振を取らなければいけない」という規則ではない。つまり規範ではない。しかし、この規則があるからこそ野球というスポーツが現在のような形で、またこの規則がない小学生の野球ごっことは異なるものとして成り立っているのは明らかである。つまり、この規則の通用する限界が、野球というシステムの境界を示している。このような規則を構成的規則とよぶ。もちろんこの構成的規則自体が、「三振とは〜」とか「アウトとは〜」のような別の構成的規則を前提としてできているのはいうまでもない。

もちろん私たちは毎日野球ばかりしているわけではない。しかし、例えば大学生活においても、「入学する」「履修する」「単位取得する」「卒業する」といったことがどういうことなのかは、それぞれに対応した構成的規則があって初めて確定するのであるし、さらに突きつめれば、「立つ」「歩く」「投げる」などの単純な行為も、実は対応する構成的規則があって初めてそれとして認識することができるともいえる。そういう意味では、私たちが自分や他人の動作を何らかの行為として認識し、その認識に基づいて生活していくことができているのも、この構成的規則が存在するからなのである。

構成的規則と規範、この２種類の規則が張る空間に、私たちは生きている。これらの規則が通用する限界に、社会的システムの境界を見出す。そしてその境界内で、規則同士がどんな関係を取り結んでいるのかを調べていく。これは社会的システム研究の一つの重要な課題である。それは同時に、従来「文化」や「生活様式」や「社会秩序」といったあいまいな言葉で扱われてきた現象に、明確な内実を与える試みだともいえるだろう。

## 4 法という規則

社会的システム理論が扱う規則は、文字で書かれたものだけではない。文字で書かれ、その文字群が存在することが、それが規則であることを保証している場合、この規則を公式規則とよび、そうではない規則を非公式規則とよぶ。いうまでもなく、私たちの生活を成り立たせている構成的規則や規範の多くは、非公式規則である。慣習や文化とよばれるものがそれにあたる。言語の文法や語用も規則であり、かつ文法書や辞書といったものが存在するが、言語の規則は文法書や辞書に書いてあるから規則として通用する、というものではない。文法書や辞書というのは、すでに通用している言語規則を文字で書いたものにすぎず、それゆえ公式規則とはいえない。

これに対して、法（正確には成文法）は、文字で書かれた条文こそが、それが規則であることの根拠になっている。法は公式規則であり、そういう意味で、六法全書と広辞苑は、見た感じは似ていても全く性格が異なる。もちろん法以外にも公式規則は存在する。生徒手帳に書いてある校則、野球のルールブック、わが家の十か条など、書かれた条文が一定の範囲内で規則として通用しているなら公式規則である。

公式規則には、非公式規則にはないいくつかの特徴がある。第一に、規則の内容の一定部分については誰にとっても明確であり、新参者や部外者でも、少なくともその規則の存在を知ることはできる。しかし第二に、規則が文字で書かれていることで逆説的に、そこに解釈の余地が生まれる。ただ第三に、規則が文字で書かれているため、解釈もまた文字の上でなされることになる。法学という学問は、まさにそうした意味での法解釈学として発達してきた。そして第四に、変更が比較的容易である。文字を書き換えればよいからだ（もちろん、法改正が国会の決議を必要とするように、一定の手続きを経る必要はある）。

法は公式規則の一種であるが、やはりほかの公式規則にはない独自の特徴がある。

第一に、法は国家の強制力と結び付いている。犯罪の容疑者になれば警察に逮捕され、裁判で有罪なら国によっては死刑まである。ただもちろん、これらの強制を含む国家制度自体が、法によって構成されているという循環的な構造があることを忘れてはならない。

第二に、法は私たちの生活の全領域を包括する。私たちは常に法が通用する社会的システム（法システム）の中で生活している。野球の試合中など、特殊な社会的システムに参加しているときも、私たちは同時に法システムにも参加しているのである。

第三に、法は他の規則に優先する。２点めで述べたように、特殊な社会的システムに参加しているときは法システムとの二重参加になるため、それぞれのシステムの規範同士が対立することがある（「裏切り者は殺さねばならない」と「人を殺してはいけない」の対立のように）。その場合、規則としては法が優先する（ただし、個人がどちらの規範に、つまりどちらの善悪判断に従うかは、また別の問題である）。

第四に、法は地図上の境界線（国境）で区切られた極めて広い範囲（領土）で通用する。このため、領土内であれば、見ず知らずの人間に対しても、法が通用することを期待することができる。

以上の解説は極めて単純化されたものである。法をはじめとする公式規則と非公式規則はそれぞれ一定の体系性を備えているとともに、互いに複雑な依存関係を形成している。それを、具体的な事例を分析することで少しずつ解きほぐしていくことが、社会的システム研究の醍醐味だといえる。

# 第3節　社会的システムとしての経済

## 1　交換と貨幣

私たちは毎日、必要な、あるいは不必要な物を手に入れ、消費している。また必要な、あるいは不必要なサービスを、他人から与えてもらっている。物のほうについても、自分でつくったり、どこかで拾ってきたりといったこともあるにはあるが、ほとんどの場合、入手先は他人である。私たちの生活は、他人から何かをもらう（してもらう）ことで成り立っている。

さて他人は、ただでくれる（ただでしてくれる）こともないわけではないが、ほとんどの場合、くれる（してくれる）のは何かと引き換えである。相手がほしいものをあげる代わりに、自分がほしいものをもらう。私たちの生活はこの交換に、大きく依存して成り立っている。

ところが交換がうまくいくためには、自分がほしいものを相手が持っており、なおかつ相手がほしいものを自分が持っていなければならない。考えてみると、これはかなり確率の低い偶然のはずである。ところが実際には、私たちは特段の困難を感じることもなく、毎日スムーズに交換を行い、それを通じて物やサービスを得ている。これはなぜだろうか。

本来成り立ちそうにないことが、なぜか成り立っている。そこにはそれを成り立たせるための仕組みがはたらいていて、それによって特殊な空間ができているのではないか。社会的システム理論はそうやって研究対象をかぎつける。私たちの交換を安定させている仕組み、それは貨幣、お金である。

貨幣は不思議な存在だ。１万円札はそれ自体としては単に模様のある紙切れにすぎず、何の役にも立たない。ところが誰もがこれをほしがる。誰もがほしがるので、私はお金と交換に、自分のほしいものをいつでも得ることができる。では、なぜ相手がお金をほしがるのかといえば、やはり誰もがお金をほしがるからである。ここには、誰もがほしがるから誰もがほしがる、という循環構造がある。つまり、誰もがお金をほしがるというある種の幻想が通用する限りで成立する特殊な空間が、ここには見出されるのだ。社会的システム理論としては、これだけですでに十分な発見である。もちろん、貨幣の価値が通用する限界が、この社会的システム（経済システム）の境界である。

さて貨幣には金額があり、相手がほしがる金額と、私が払ってもよいと感じる金額が一致したときに、商品とお金との交換（売買）がなされる。通常は、商品を提供する側が金額を提案する。それが商品の価格である。商品に価格を付けるとき、他店よりも高かったり、競合商品より高かったり、客が買う気をなくすくらい高かったりすると売れないが、安くし過ぎると売り損だ。そういった事情が複雑に組み合わさって、商品にはだいたい一定の価格がつく。この価格決定のメカニズムを抽象化してとらえたものを**市場**（market）という。



## 2 産業と労働

市場での売買が可能であるためには、売る側が商品を持っており、買う側がお金を持っていなければならない。商品の多くは人工的に大量につくられたものだが、なぜそんなことをする人がいるのか。またお金は、自分ではつくれないので、他人からもらうしかない。しかし、なぜお金をくれる人がいるのか。これらはそれほど当たり前のことではない。逆にいえば、これらを成り立たせるための仕組みがあるはずだ。

謎を解く鍵は、やはり貨幣にある。何とでも交換できるという性質のために、お金はたくさんほしい。お金をたくさん持つには、もらったお金を使わないで貯めていくという方法がある。しかし、それではなかなか貯まらないし、そもそも使えないのでは本末転倒だ。そこで、今持っているお金で機械など生産手段を買い、それを稼働させて商品を生産し、それを売って最初よりも多くのお金を儲けるという発想が出てくる。これが資本主義（capitalism）である。

商品生産を通じてよりたくさんのお金を儲けるには、生産の効率性が重要である。なるべく少ないコストで、売れる商品を大量に生産できるのがいい。生産を効率化するのに最も有効なのは分業である。分業とは作業の分割のことだが、分割された作業に携わる側から見ると、作業の専門特化である。１人が複数の作業を担うよりは、作業ごとに１人を割り当ててそれだけをさせたほうが作業効率が上がる。これは１つの工場内でも成り立つが、もっと広く、社会全般にも成り立つ。つまり、１つの企業、１つの工場にとっては、いろいろな商品を生産するよりも、１つの（あるいは同じ種類の）商品の生産に特化したほうが生産効率がいいし、専門的な経験が蓄積されて商品の改良効率も上がるだろう。こうして、商品の種類ごとにそれを専門に担う企業や工場ができていく。これが産業[*6]（industry）である。

他方、産業として大量生産を行うには、それを担う労働者も必要である。資本家は、生産のために原材料を買うのと同じように、労働者に賃金を払って雇用する。これは労働者から見ると、自分の労働を提供する代わりに、その代金として賃金を受け取っていることになる。これが、多くの場合、私たちが他人からお金をもらえるための仕組みである。

ところが、分業によって一つひとつの労働作業が単純化すると、その作業は〈誰にでもできる仕事〉になり、労働者同士の取り換えの可能性が高くなる。そうすると、生産手段を所有して労働者を雇用する側に対して、雇用される労働者の側の力が弱くなる。マルクス[*7]（Marx, K.）はこの関係を階級対立ととらえ、労働者側の団結を促して、労働者階級による政権奪取の必要を説いた。

現在の日本における労働環境は、マルクスの時代とは比較にならないくらい豊かになっている。労働者の権利や生活を守るための法整備も進んでいる。そうしたことは確かに事実であるが、しかし取り換え可能な作業しか与えられない労働者が弱い立場から抜け出せない状況は、派遣社員や契約社員、パートやフリーターなど、非正規雇用とよばれる就業形態の労働者[*8]の窮状をはじめとして、近年特に注目されるようになっている。

## 3 社会的システム相互の重なり合い

以上、貨幣によって張られる特殊な空間としての経済システムについて、極めて抽象的な水準で単純化した解説をした。しかし、例えば私たちが商品を買うのは抽象的な「市場」ではなく、スーパーや商店などである。私たちが「働く」というとき、それは作業をして賃金をもらうということにはとどまらない。「職場の人間関係」など大切なことはほかにもある。さらにいえば、私たちの経済活動には、細部に至るまで法が入り込んでいる。

このように、私たちは一つのシステムに排他的に参加するわけではない。およそ何らかのシステムに参加しているときには、必ずほかのシステムにも同時に参加している。社会学的には、経済システムや法システムそれ自体の成り立ちを解明することに加え、それらシステムの作動を、スーパーや商店など、また職場での行動を定める規範や構成的規則

＊6
産業にはさまざまなものがあり、分類の仕方もいろいろある。例えば国勢調査の産業3部門分類だと、農業・林業・漁業が第一次産業、鉱業・建設業・製造業が第二次産業、それ以外（小売業・サービス業など）が第三次産業に分類されている。

＊7
本書第1部第5章第2節2＊8参照。

＊8
非正規雇用問題に限らず、困窮するのは個人であるが、それが法制度などの構造的な問題に由来している場合、有効な対策をとるには全体的な状況を正確に把握する必要がある。そのために、失業率や求人倍率など、さまざまな統計数値に基づく社会指標が用いられる。

がどのように支えているか、どのような点で矛盾を来しているか、こういったことを具体的な事例に即して研究していくことこそが、最も重要な課題だといえるのである。



参考文献


- A. R. ラドクリフ＝ブラウン、青柳まちこ 訳『新版 未開社会における構造と機能』新泉社、2002年
- B. マリノフスキー、姫岡　勤・上子武次 訳『文化の科学的理論』岩波書店、1958年
- R. K. マートン、森　東吾ほか 訳『社会理論と社会構造』みすず書房、1961年
- N. ルーマン、村上淳一・六本佳平 訳『法社会学』岩波書店、1977年
- N. ルーマン、D. ベッカー 編、土方　透 監訳『システム理論入門』新泉社、2007年
- J. R. サール、三谷武司 訳『社会的世界の制作－人間文明の構造』勁草書房、2018年

# 第5章
# 社会変動

## 学習のねらい

本章では、時間の経過とともに変化する社会のダイナミックな側面を見ていく。それは、決して、これまで起きた歴史的事件を数え上げることを意味するのではない。ある時代の中で生じた変化が他の変化とどのように関連しているか、また、変化が国境を越えて世界的に展開する様子、さらにその変化の本質的意味や問題について理解してほしい。

そのためには、このような社会変動をとらえようと、これまで社会学者たちがつくり上げてきた概念についてよく学ぶのが効率的である。そして、産業化、近代化、また現代社会で進行する情報化とよばれる社会変動を具体的に見ていくなかで、変化する社会を鋭敏にとらえる概念の枠組みを磨いていく。

さらに、社会変動には技術の進歩がいつもかかわっているから、技術と文化の関連について、特に注意深く見る必要がある。

今ある我われの暮らしを、過去から未来に向かって変動している社会の一部としてとらえられれば、より広い視野の下に新たな展望を得ることもできるであろう。

# 第1節　社会変動の概念

## 1 変動する社会

社会が時間とともに変化することは明らかである。19世紀後半に起きた明治維新の前後で、また、20世紀なかばの第二次世界大戦の前後で、我われの社会が変貌を遂げたことは誰もが知っている。これらの例では、短い間に多方面にわたり社会が変わったので変化は鮮明だ。しかし、このような劇的な変化だけが社会変動ではない。さまざまな形と大きさの変動が、我われが暮らすこの社会の中にも見られる。

例えば、直近の国勢調査[＊1]の結果によると15歳未満の人口は、平成2（1990）年には総人口の18％であったが、令和2（2020）年には12％に減っている。つまり、四半世紀の間に、我われの社会は、子どもがより少ない社会にいくらか変化したのである。この変化は、「一人の女性が一生の間に産む子どもの数」とされる「合計特殊出生率[＊2]」という指標から読み取ることもできる。これによると、平成2（1990）年の1.54人から令和2（2020）年の1.34人へと、やはり減少が見られた（ただし、平成17〔2005〕年の1.26人からは増えている）。

このように、社会の変化は、いろいろな指標で測ればはっきりする。30歳から34歳の女性のうち未婚の女性の割合は、平成2（1990）年の14％から令和2（2020）年の39％へと増えている。同じ期間、同じ年代の未婚男性も、33％から52％へとやはり増大している。30歳から34歳の女性人口のうちの労働力人口の割合（労働力率）は、平成2（1990）年から令和2（2020）年の間に、52％から78％へと上昇している。国民所得に対する社会保障給付費[＊3]の比率は、平成2（1990）年度の14％から令和2（2020）年度の31％へとやはり上昇している。これらは、それ自体を社会の変化と考えることもできるし、背後に、人々の行動や意識や周囲の社会的環境の変化があるとも想像できる。

指標を使って社会の変化を測るとき、我われは社会変動を、量的で連続的な変化と理解している。一方で、新しい法律の可決と施行、それに基づく社会制度の創設や改変に見られるように、ある時点の前後で社会の一部が非連続的に変わるケースもある。

例えば、平成元（1989）年、消費税が税率を3％として導入され、その後、段階的に税率が引き上げられた。制度の導入や変更があった前後

＊1
日本に住むすべての人・世帯を対象に、国が5年に1度実施する最も基本的な調査。最新の調査は令和2（2020）年10月1日を基準時に実施された。

＊2
本書第2部第1章第1節2参照。

＊3
社会保障（社会保険・公的扶助・社会福祉・公衆衛生・医療）に対して支出される費用のこと。単に「社会保障費」とよばれることもある。

で我われの行動は違っているであろうし、政治意識や社会についての認識も変わった可能性がある。

また、昭和61（1986）年には、男女の機会均等と待遇の平等などを目的に「男女雇用機会均等法[＊4]」が施行され、平成12（2000）年には、それまでの努力目標を禁止規定に変えた「改正男女雇用機会均等法」が施行された。平成９（1997）年には介護保険法が制定され、平成12（2000）年から実際に公的介護保険制度が導入された。これらでも、企業や家族、個人の行動や考え方は変化したはずである。

このように、社会の「変動」は、政治・経済・家族などさまざまな側面において、連続的あるいは非連続的な変化として絶えず起きている。

＊4
「雇用の分野における男女の均等な機会及び待遇の確保等に関する法律」。

## 2 連鎖し波及する変動

上記のさまざまな「変動」のいくつかは、互いに関連し合いながら変動していると考えられる。合計特殊出生率の低下と、未婚人口割合の増大との関連は広く知られている。出生率の低下は、それぞれの夫婦が子どもをつくらなくなったから起きたというより、むしろ、結婚が減り社会に存在する夫婦の数が減ったため起きたと見るほうが実態に近い。そして、その未婚人口割合が大きくなったことは、しばしば、働く女性の増加と関連付けて議論されてきた。働く女性の増加は、男女雇用機会均等法の成立と関連しているであろう。

一方、子どもが減れば、結果として、総人口のうちの高齢者の割合は増える。それは、年金制度をはじめ社会保障制度のあり方をめぐる議論につながり、その財源としての税制の問題にも影響を与える。多方面におけるさまざまな形の変動が連鎖的に生じているのである。

平成４（1992）年度の『国民生活白書』において、合計特殊出生率の低下を念頭に、（それまで「末っ子」の意味で使われていた「少子」が転用され）「少子化」という言葉が初めて使われた。しかし、見てきたように、この合計特殊出生率の低下は社会の種々の変動と関連し合って進行してきた。それに伴い、この「少子化」も、現代社会で起きている諸変動をも暗に含めてさす意味深い言葉として用いられるようになっていったのである。

合計特殊出生率は、イギリス・ドイツ・フランス・イタリアといった先進諸国においても、1970年から1980年ごろにかけては日本と同様に低下している（ただし1980年代後半以降の各国の動向には多様性がある）。

加えて、韓国・台湾・香港・シンガポールといった東アジア・東南アジアのいわゆる新興工業国・地域でも、1970年代から1990年ごろにかけて低下が見られる。このように、ほかの工業化の進んだ国々でも合計特殊出生率の低下が見られるとすると、「少子化」はそれらの国々を中心にそこから広がっていく世界的な変動と解釈できる。

## 3 「趨勢」としての社会変動

「少子化」のように、社会の種々の変動が連鎖的に生じ、それが世界的に広がっているとき、その全体を一つの「趨勢（すうせい）」と考えるのは自然である。「趨勢」とは、「動向」とか「なりゆき」といった意味である。この章では、いくつかの社会変動を「趨勢」という枠組みでとらえ、その具体的な内容を個々の変動の連鎖と変動の波及として記述する。

なお、社会変動を記述するにあたっては、この「趨勢」と異なる、別の記述の枠組みもある。例えば、我われの多くは、概して、社会は、過去から現在、そして未来へと「進歩」すると考えている。この素朴な見方も、社会変動の記述に役立つ一つの枠組みになる。そして、その「進歩」にしても、坂道を上るように少しずつ進むと見ることもできるし、何段かの決められた階段を上るように進歩すると考えることもできる。後の節でふれるが、社会学及び周辺分野でかつてよく見られた「発展段階論」[＊5]とよばれる社会変動のとらえ方は、この後者の見方に近い。

一方で、経済において景気が、好況→後退→不況→回復→…という周期を繰り返すように、社会も循環的に変動すると見る「社会循環論」[＊6]の枠組みもある。これらのどの枠組みでも、少なくとも、これまでに生じた社会変動の一部についてうまく描き出すことはできる。

ただ、これらと、この章で用いる「趨勢」とが異なる点がある。「趨勢」以外の枠組みでは、しばしば、遠い過去から現在に至る長い歴史の全体を解釈し、さらに、遠い未来の社会まで予測しようとする傾向が見られる。しかし、社会変動を趨勢と見るときは、そのような野心はない。実は、長期の社会変動をとらえようとする種々の枠組みは、そのどれにしても、現在の社会学の主流にはなっていない。それらは、事実についての詳細な研究の積み重ねや哲学的な反駁（はんばく）によって、また我われのこれまでの歴史的経験から、その正しさが疑われてきた。それゆえ、ここでは、より控えめに、慎重に、「趨勢」という枠組みを使って社会変動を描き出そうとするのである。

＊5
後述するもの以外では、マルクス（Marx, K.）は、生産様式が、アジア的→古代的→封建的→近代ブルジョア的と移行して社会は発展するとし、その先に社会主義・共産主義社会を想定した。また、20世紀なかば、ロストウ（Rostow, W. W.）は、伝統的社会→離陸先行期→離陸（テイクオフ）→成熟期→高度大衆消費時代の段階を経るとする説を提唱した。

＊6
例として、20世紀初めの社会学の確立に大きな貢献をしたパレート（Pareto, V. F. D.）による「エリートの循環理論」があげられる。パレートは、政治的な知力にたけたキツネ型政治家と、信念と腕力をもったライオン型政治家とが交互に社会を支配するという理論を展開した。

# 第2節　産業化

## 1　産業化の起源

「産業化」はイギリスの産業革命に端を発する。18世紀のイギリスでは、1733年のケイ（Kay, J.）による織機の飛杼（とびひ）（Flying Shuttle：フライングシャトル）の発明を始まりとして木綿工業の飛躍的な発展が見られた。さらにワット（Watt, J.）による蒸気機関の改良、ダービー（Darby, A.）のコークスを燃料とする製鉄法などによって、機械工業が生じ、手工業生産から工場制生産への移行が進んでいった。19世紀初めの、フルトン（Fulton, R.）による蒸気船の発明やスティーブンソン（Stephenson, G.）による蒸気機関車の実用化も、その後に与えた影響は大きい。こうして、イギリスは、軽工業・重工業での生産性における飛躍を遂げ、国内外での人と物の移動を活性化させ、「世界の工場」の地位を獲得していったのである。

このような連続的な技術革新が生じた背景としては、次のことが考えられる。まず、イギリスは、16世紀終わりにアルマダ戦争でスペインに勝利して以降、アジアやアメリカ大陸に植民地をつくり巨大な市場をすでに得ていた。また、17世紀の清教徒革命と名誉革命によって、市民社会が形成され自由な経済活動が保障されていた。さらに、工場制手工業の中ですでに毛織物工業が発展していたことや、エンクロージャー[*7]によって貧しい農民が賃労働者として都市部に流入していったことも、付け加えることができる。

1825年にイギリスが機械製品の輸出を始めて以降、19世紀なかばにかけてはフランス・アメリカ・ドイツで、19世紀後半から終わりにかけては日本とロシアでも産業革命が起こっている。イギリス以外の国では、国が意図的に産業革命を推進した面が多かれ少なかれあり、産業化の後発国では特にそれが当てはまる。よく知られているように、わが国では、すでに産業化が進んだ欧米列強の圧力を背景に明治新政府が樹立され、その直後に、殖産興業政策がとられ、官営鉄道や官営模範工場がつくられた。「産業化」という社会変動の開始と波及は、さまざまな諸条件が組み合わされ、個人や集団のさまざまな意図がからみ合うなかで偶然に生じたところもある。しかし、国家が主導し意図的に進めた面もまた明らかにある。

＊7
「囲い込み」と訳される。放牧や燃料採取に使われていた共有地・未開墾地を石垣などで囲み、私有を明示すること。15世紀末から17世紀なかばにかけての第一次エンクロージャーと18世紀後半から19世紀前半にかけての第二次エンクロージャーがあるが、ここでは後者をさす。農業の生産性向上のために大地主が行った。

## 2 産業化の諸側面とその理解

生産技術の革新によって、生産の形態は変化し、世界的な分業体制がつくられていった。このような変化は、社会のほかの面の変化をさらに促す。それは、第一に、新たな社会階層をつくり出した。すなわち、それまでの社会で圧倒的に大きな層を成していた農民は、次第に都市に移り住み労働者となった。**マルクス**[＊8]（Marx, K.）は、早い時期からこの労働者階級の創出に注目し、資本主義体制を構成する労働者と資本家という2つの階級の台頭と、両者の対立がますます深刻になることを予想した。資本家及び労働者は次第に政治的発言力を強め、この後の社会制度をつくり出すのに大きな役割を果たすことになる。これに関連するが、生産技術と生産形態の変化は、第二に、都市化をもたらしたということができる。「都市化」とは、都市の地域が拡大するとともに、その生活様式や社会関係が拡散することをいう。それには、近隣関係の希薄化や、個人主義・コスモポリタニズムといった都市的パーソナリティの広がりも含まれている。ちなみに、日本で急激な都市の発達が見られたのは、比較的最近の1950年代なかば以降の高度経済成長期であった。

このように社会が大きな変貌を遂げるなかで、マルクスが活躍した時期の前後にも、その変化の本質を理解しようとする者はいた。サン-シモン（Saint-Simon, C. H. R.）は、19世紀初めに、人類史を「旧体制（封建体制）」から中間体制を経て「新体制（産業体制）」に移行するものと把握し、将来到来する「産業制社会」を理想社会と考えた。コント（Comte, A.）はその少し後、人間精神は「神学的状態」から「形而上学的状態」を経て「実証的な状態」へと発展すると考え、さらに、社会は、それに伴い「軍事的な状態」から「法律的な状態」を経て「産業的な状態」へ発展するという「三状態の法則」を提示した。サン-シモンやコントの主張は今日そのままの形で受け入れられることはないが、「産業化」の進行を目の当たりにしながら、「社会変動」という見方を確立した先駆として評価できる。19世紀終わりになると、**デュルケーム**（Durkheim, É.）は、変動する社会の中の社会的分業[＊9]の進行に特に注目した。彼は、この分業の社会的意味を解釈し、産業化された社会における分業の発達によって、社会成員は互いにかけがえのない者となり、そのために、近代社会には新たな独特な社会的連帯が生まれると考えた。さらにデュルケームは、産業化以前の、同質の人々が同様な活動をする中で生まれる連帯を「機械的連帯（無機的連帯）」といい、それに対し、

＊8
マルクスは19世紀ドイツの哲学者・経済学者。エンゲルス（Engels, F.）とともに書かれた『共産党宣言』などの著作を通じ確立された「マルクス主義」は、20世紀の社会主義諸国の勃興につながった。また、発展段階論やイデオロギー論を通じ社会学の展開にも大きな影響を与えた。

＊9
「技術的分業」は、1人がする作業の工程を数人で分担し、効率化するものである。これに対し、「社会的分業」とは、社会で必要とされる労働全体が各産業・各職業に振り分けられ、それらの活動が相互に依存し合っていることをさす。

この新しい形の連帯を「有機的連帯」とよんで区別した。

## 3 産業化の帰結

産業化は、その始まりを1800年前後と見ると、今日まで200年ほど続いたことになる。産業化が各国で進行すると、そこに住む人々には大きな便益がもたらされるが、一方で、さまざまな形の深刻な問題も生じ、個人と組織、政府は、そのつど対応を迫られてきたのである。そして、今日、産業化によってもたらされる問題は、かつてよりさらに広範囲な地球規模のものになったように思える。

例えば、「南北問題」そして「南南問題」は、産業化がすでに十分に進んだ国々と、いまだそのために苦闘している国々との間に、大きな格差がもたらされていることを意味する[*10]。1980年代には、NIEs（Newly Industrializing Economies）とよばれる韓国・台湾・シンガポールなどの国々が驚異的な経済成長を遂げた。また2000年代に入ってからも、BRICsとよばれたブラジル・ロシア・インド・中国など、経済発展が顕著な一部の国々が注目を集めた。これらの事例から、産業化という社会変動は、地域や国、社会体制の違いを超えて生じ得るという確信は強まった。しかし、その、たゆまぬ産業化の世界への波及も、世界の格差を消滅に向かわせるには至っていない。途上国の中でも特に経済開発が遅れていると国連が認定した後発発展途上国（Least Developed Countries：LDCs）の数は、世界の国の数のおよそ4分の1に達する。

地球規模の環境破壊も産業化の直接の帰結として理解できる。石油など化石燃料の使用で排出される二酸化炭素は、温室効果ガスの一つであるが、その急増によって地球の温暖化が進行している。温暖化の弊害はいまやよく知られているが、世界的規模で考えれば、まださらに産業化を進める必要があると考えられるからこそ、その抑制はむずかしい。

一方で、近年、ベック（Beck, U.）による「産業社会からリスク社会（危険社会）への転換」という主張も注目されている。ベックは、科学技術の発達による生産力の飛躍的増大により、富の分配の問題は以前ほど深刻でなくなったとみる。代わって問題となるのは、チョルノーブリ[*11]（チェルノブイリ）原発事故に象徴される、その発達した技術がもたらす巨大なリスク（危険）が、どのように生じ、どのように分配されるかであるとする。現代社会をリスク社会ととらえるのは興味深いが、リスク社会への「転換」それ自体も産業化の帰結の一つである点は押さえておくべきであろう。

＊10
「南北問題」は、北米や西欧など多くの先進諸国が北半球にあり、多くの発展途上国が南半球にあることから、両者の経済格差をさして名付けられた。しかし、1970年代以降は、本文にあるように、「南」とされた国の間での格差も顕著となり、それを「南南問題」とよぶようになった。

＊11
1986年、ソ連（現ウクライナ）・キーウ市（キエフ市）の北方にあったチョルノーブリ（チェルノブイリ）原子力発電所で事故が発生し、メルトダウンに伴う爆発・火災により原子炉と建物が破壊され放射性物質が上空まで吹き上げられた。30人余りの死者を出し、十数万人が周囲の村から避難する大惨事となった。放射能汚染はヨーロッパ諸国など広範囲に及んだ。

# 第3節　近代化

## 1 近代化の進行

諸国で産業革命が始まった時期に前後して、それらの国々で文字どおりの革命も生じたことは前節でふれた。17世紀なかばにはイギリスで清教徒革命が起き、18世紀後半にはアメリカ独立戦争が、続いてフランス革命が起き、19世紀なかばにはドイツで三月革命、そしてその後にわが国で明治維新が起きている。これらの国々における革命は、ときに後戻りしながらも、封建的秩序の解体と身分制の廃止、さらに議会制度が確立する契機を与えたものである。そして、そのようにして確立された議会の基盤である選挙制度も、その後、さらに変化していった。国による差はあるが、19世紀以降、次第に、財産や人種、性別にかかわらず成人となった全国民に選挙権と被選挙権とを認める普通選挙制度が普及していったのである。

また、これらの政治的変動は、新しい教育制度の創設を促した。17世紀から18世紀にかけて現れた「公教育（公権力による教育）」という考え方は、国民への「義務教育」の推進と結び付いて広がり、教育制度が創設されていった。18世紀なかばにアメリカ・マサチューセッツ州で義務教育法が制定されたのをはじめとして、19世紀後半までにはイギリス・フランス・日本でも初等教育を義務とする施策がとられた（**図1−5−1**）。

17世紀以降の各国で起きたこれらの出来事に象徴される、社会の政治的・文化的側面で生じた、互いに関連し合う変動は、「近代化」とよぶことができる。

この「近代化」は、前節の「産業化」と同じ内容をさして使われることもある。産業革命の進行は、社会の中の政治や教育、文化といった側面の変動にまで広くかかわっていた。だから、「産業化」を広い意味で理解すれば、それは「近代化」がさすものと重なる。ただ、我われが、「近代」とか「近代的」という言葉を使うとき、封建的で伝統的な思想や慣習と対比される、個人主義や合理的で自由な精神の横溢（おういつ）という意味がそこに含まれている。そこからすると、このように、政治的・文化的側面を中心とする変動として「近代化」を限定して用いるのも、自然な言葉の使い方といえよう。

〈図1－5－1〉出来事から見る各国の近代化の進行

| | イギリス（イングランド） | アメリカ合衆国 | フランス | ドイツ（プロイセン） | 日本 |
|---|---|---|---|---|---|
| 16世紀 | アルマダ戦争（1588） | | | | |
| 17世紀 | 清教徒革命（1642-1649）<br>名誉革命（1688） | | | | |
| 18世紀 | ケイ、飛杼発明（1733）<br>第二次囲い込み起こる<br>ワット、蒸気機関改良（1769） | アメリカ独立戦争起こる（1775） | フランス革命起こる（1789） | | |
| 19世紀 | スティーブンソン、蒸気機関車設計（1814）<br>義務教育開始（1870） | 産業革命始まる<br>各州で義務教育開始（1852-1918）<br>白人男子普通選挙実施（1870） | 産業革命始まる<br>男子普通選挙導入（1848）<br>義務教育開始（1882） | 産業革命始まる<br>三月革命起こる（1848）<br>男子普通選挙導入（1871） | 明治維新起こる（1868）<br>義務教育開始（1886）<br>産業革命始まる |
| 20世紀 | 男子普通選挙導入（1918）<br>普通選挙導入（1928） | 男女普通選挙導入（1920） | 普通選挙導入（1946） | 義務教育開始・普通選挙導入（1919） | 男子普通選挙導入（1925）<br>普通選挙導入（1945） |

（資料）各国の義務教育制度の開始時期については高木太郎『義務教育制度の研究』風間書房（1970年）を参考にした。
（筆者作成）

そして、そのように「近代化」を理解したときには、次にも気をつけなくてはならない。この「近代化」は、西欧諸国で最初に進行して確固たるものとなったため、その後の世界で進んだ「近代化」は、「西欧化」として理解されやすいということである。それは西欧以外の国々が西欧の価値観や制度を取り入れることと考えられるときがある。このときには、「近代化」という社会変動のうちの不可欠な部分として、特に西欧で発達した「人権」や「民主主義」といった思想と制度の浸透があると考えなければならない。

## 2 近代化の理解

前節でもふれたように、17世紀のイギリスで近代化を進めた政治的変革は、産業化を直接に意図したものとはいえない。一方で、産業革命の後発国における政治的変革やそれに続く制度の創設・政策決定は、多かれ少なかれ、集団や組織がその国の産業化を意図して行ったとみられる。意識的かどうかはともかく、いずれにせよ、近代化は産業化を促す。むろん、反対に、産業化が近代化を促す面もある。例えば、先に述べた義務教育制度であるが、これが普及したのは、選挙制度の確立により国民の政治参加が進み「教育を受ける権利」という考えが広まったことが一つの要因である。しかし、同時に、産業化がもたらした新しい生産の形態に合わせて、労働者の労働の質を高めたいという考えが強まり、教育制度がつくられたとも考えられる。つまり、産業化が、近代的な教育を必要としたのである。近代化と産業化とは互いにその進行を支え合う。

これまで、政治と選挙制度の変革・義務教育制度の創設という事実に注目して「近代化」を見てきたが、社会学においては、むしろこれらの出来事の背後にある、意識や思考の変化を変動の本質と見て重視する傾向がある。テンニース（Tönnies, F.）は、社会をゲマインシャフト（共同体）とゲゼルシャフト（利益社会）とに分類し、近代化を、共同体が利益社会へ移行する過程と考えた。そして、その変化は、人間がもともともっている「本質意志」による全人格的・感情的なつながりがすたれ、一方で、目的合理的な計算に基づく「選択意志」による結び付きが広まっていったためであると考えた。

また、ヴェーバー（Weber, M.）は、「呪術からの解放」という言い方で、先に述べたような近代化の精神的側面を表現した。彼は、当時の西洋社会を念頭に、近代社会の本質を見極めようとし、典型的な近代社会は「官僚制」に支配される社会と考えた。ヴェーバーのいう官僚制は、組織を構成する者の役割や上下関係が明確であり、公私の分離が徹底され、文書を媒介して職務が処理されるような組織である。現在の我われが、公的な組織のみならず、どこにでも見出すことができるこのような組織形態に、ヴェーバーは「合理性」や「効率性」といった、近代化とともに広まった精神が現れているとみたのである。

## 3 近代化と現代

時代区分でいえば、今は、「近代」の後に位置する「現代」にいるともいえる。しかし、この現代の各国で、緩やかにあるいは急速に進行する近代化は、計り知れない恩恵をもたらすとともに、問題・課題を日々生み出してもいる。身近なところでは、「官僚制」という言葉は、現在では、ヴェーバーがかつて考えていたような合理的な組織をさすものではなくなっている。むしろ形式や手続きに過剰にこだわる非効率な組織とイメージされることが多い。すでに前世紀なかば、マートン（Merton, R. K.）は、官僚制のもつ規則万能主義や、セクショナリズム（縄張り意識）、権威主義的傾向などの問題を指摘し、これを「官僚制の逆機能」[＊12]と表現した。国家の規模が大きくなり、官僚制組織が広く見られる現在、この官僚制の逆機能は、表面化するさまざまな社会問題の背後にしばしばひそんでいる。

そして、また、「近代化」の波がすでに世界を覆い尽くしたわけではないことにも注意すべきである。それどころか、歴史的・世界的な観点で見れば、「近代化」は、これまでも現在も、強力な挑戦を受けてきたとさえいえる。

第二次世界大戦へと向かう時期、産業化そして近代化が急速に進められたイタリア・ドイツ・日本などの国々で、まさにそれが一応の達成を見たころに、自民族の優越の主張、基本的人権の否定といった側面をもつ思想と行動が出現した。それらの思想と行動形態は、ナチズム[＊13]に典型的に見られるように、ある部分は感情的で非合理的な面もあったが、一方では効率性の重視など、近代化がもたらした理念を含んでもいた。この大戦で各国社会は大きな被害を受けたのであるが、それは、それまで希望を託して語られてきた世界の近代化の帰結であるようにも思えた。それゆえ、当時そしてその後の社会科学者や思想家は重い課題を負うことになったのである。そして、現在も、過激な民族主義や国家主義あるいは宗教原理主義の高揚の中に、近代化への抵抗や抗議という要素を見出すことができる。

しかし、他方では、1950年代以降特に先進国で、近代化・産業化という趨勢だけではもはやとらえ切れぬ様相も現れ始めた。そこで、1970年代にかけて、現代を理解するための新たな枠組みが示されていった。アメリカの経済学者ガルブレイス（Galbraith, J. K.）は、「ゆたかな社会」となった今日のアメリカでは、消費者の欲求を満たすため生産されるというより、生産する側のほうが宣伝や販売の力を使って消費者の欲望を創り出すと指摘し、欲望が生産に左右される「依存効果」という概念を提示した。また、第1節でふれたように、ロストウは、一般に、伝統的社会はやがて離陸（テイクオフ）し、高度大衆消費時代が到来すると考え、いまや先進諸国はアメリカを先頭に高度大衆消費時代に入りつつあると述べた。この時代になると、社会の関心は、供給から需要に、生産から消費に移るとされる。

＊12
マートンが活躍した時代、社会学では機能主義とよばれる立場が主流であった。機能主義では、組織や社会の目標の達成、あるいはそれの持続のために、それを成している各部分がどのような機能（はたらき・貢献）を果たしているかに注目する。「逆機能」的とは、組織や社会の中のある部分や形式が、その組織・社会がもつ本来の目的を妨げていることをいう。本書第1部第3章第2節4参照。

＊13
ヒトラーを指導者とした国家社会主義ドイツ労働者党（ナチス）の理念。ゲルマン民族至上主義と反ユダヤ主義を唱え、民主主義と共産主義に対する抑圧・排除を強く訴える。ナチスは、第二次世界大戦の前、疲弊していたドイツ経済を立ち直らせたこともあり、社会の中間層をはじめ国民の広い支持を得ていた。

これらは文脈が異なるものの、大きくまとめれば、現代を消費社会とみて、その構造を明らかにしようとしたといえる。次節では、現代社会を「情報化社会」とみたときの－それも、また、現代社会の代表的見方の一つである－変動の連鎖と波及のプロセスを見ていく。

# 第４節　情報化と国民生活

## 1 情報と情報処理

「情報」という言葉は、「ニュース」「知識」「資料」、さらには「指令」「信号」といった意味も含む幅広い内容をさす。「情報処理」とは、このような「情報」を、さまざまに操作すること－授受・記録・複製・整理・選択・表示など－のすべてを意味する。だから、我われは、近況を知らせようと友人に手紙を書くとき、新聞の経済面を開いて株価を調べるとき、海外旅行に出かけて空港係員にパスポートを見せるときなど、さまざまな場面で、始終、情報処理をしているのである。この情報処理のための科学技術は、前世紀なかばから現在までに飛躍的進歩を遂げ、電子回路を利用した計算装置＝コンピューターという形に結実した。この情報処理技術の飛躍が、「情報化」とよばれる現代社会の変動をもたらしたと考えられる。

そこで、今日の我われが「情報化」の進行を最もよく実感するのは、やはり、職場や学校、家庭に置かれているパーソナルコンピューター（パソコン）に向かったときであろう。けれども、実は、ほかのいろいろな場面でも、情報処理技術の発達は確かめられる。それは、携帯電話や電子辞書、駅の自動改札機や銀行のATMで活用されており、さらに、コンビニエンスストアでの支払いに、工場で働く産業用ロボットの中に、ハイブリッド車のエンジンの制御に、同様の技術が用いられている。我われは「情報化」のただ中で生活しているのである。



## 2 情報化と職業構造の変化

コンピューターの普及に注意を向ければ、それは、アメリカにおいて、まず、1960年代に入ってコンピューターの専門家以外の研究者にコンピューターが利用されるようになり、1960年代末からは大手企業が積極的に開発を進め始め、さらに、1970年代に入って量産と小型化が進み、そして、現在のようなパーソナルコンピューターの普及へと向かったのである。この普及の背景となったアメリカの1960年代以降の経済社会の様子は、当時のわが国と比較するとよく理解できる。

わが国の国民総生産（GNP）は、昭和43（1968）年、絶対額において、なお数倍に達する開きがあったものの、資本主義諸国の中でアメリカに次ぐ大きさとなっていた。つまり、この1960年代は、経済規模だけ見れば、わが国は西欧諸国を抜きアメリカに迫ろうとしていた時期である。

しかし、昭和35（1960）年の日米の職業構造は大きく異なっていた。「専門職・技術的従事者及び関連従事者」[*14]は、アメリカでは就業者の11%であるのに対しわが国では５%にすぎなかった。「行政的・執行及び管理的従事者」は、アメリカで８%であるのに対しわが国では２%、「書記的従事者」は、アメリカ13%に対しわが国10%である。これら３つの職業を合わせると、アメリカの32%に対しわが国はその半分ほどにすぎない（**図１－５－２**）。

＊14
このカテゴリーの中には、建築家・技師・化学者・物理学者・医師・教員・機械技術者などの職業が含まれる。また、「行政的・執行及び管理的従事者」には、政府の行政官・取締役などが、「書記的従事者」には、簿記係・速記者・タイピストなどが含まれる。

これらの職業で高度な情報処理技術の導入が望まれたことは、想像に難くない。アメリカでまず情報化が進んだ理由は、むろん、コンピューターの萌芽的研究がそこで行われたためもあろうが、情報化の大きな潜在需要が存在していたためでもある。そして、その後の世界の情報化の急速な進展は、現在にまで至る、アメリカをはじめとする先進諸国の職業構造の変化によって支えられたのである（**図１－５－３**）。

1970年代初めの時点で今日の「情報化」の一面を予見していた学者として、ベル（Bell, D.）がいる。ベルは、その著作『脱工業社会の到来』において、これまでの農業社会や工業社会では物やエネルギーが資源として重視されたが、今後はそれら以上に知識・情報・サービスが重視される「脱工業化社会（post-industrial society）」に移行する、と主

**〈図１－５－２〉1960年における就業者の職業別構成比（米・日）**

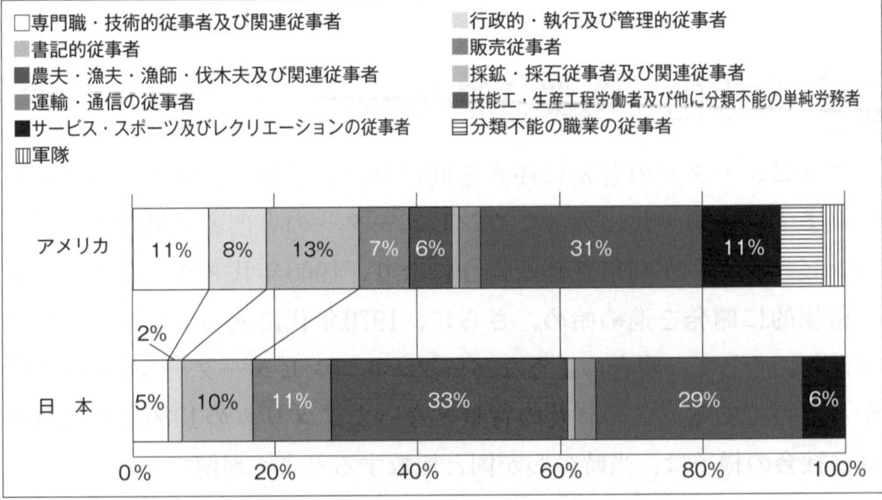


（出典）中山伊知郎 監訳 監修『国際労働統計年鑑1963』（国際労働事務局）をもとに筆者作成

〈図１－５－３〉就業者の職業別構成比の変化（米・日、2005年・2020年）

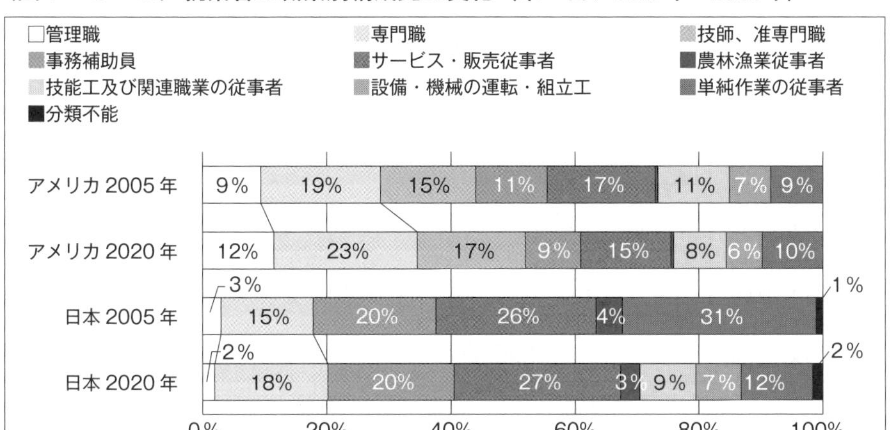


（出典）ILO"ILOSTAT Database"をもとに筆者作成。（ただし、日本の数値は日本標準職業分類〔JSCO〕の項目に基づくものを国際標準職業分類〔ISCO-08〕の項目に対応させているため、「専門職」は「技師、准専門職」を含む）



張した。また、この「脱工業化社会」では、サービス経済の発達などとともに、「専門職・技術職」の比重が高まるとも指摘していた。実際には、このような職業構造・産業構造の変化は、誰も予想できなかったほどの情報処理技術の急速な進歩を伴って進んだのである。

## 3 インターネットの発達

インターネットとは、多数のコンピューターを通信回線で互いにつないだコンピューターのネットワークのことである。それは、世界各地の個人や組織を結び付けて拡大し、その中で文字・画像・音声などの情報が互いにやりとりされている。情報処理技術の進歩の中で、検索エンジンなどの新技術が開発され、このような巨大で複雑なネットワークさえ我われは活用できるようになったのである。とはいえ、インターネットは、いまや、これまでに見た情報処理技術の飛躍的発展と、社会のほかの面の変化をつなぐ連鎖における最重要部分となっている。情報技術革命（IT革命）といえば、1990年代以降のアメリカから始まったインターネットによる社会の変化をさすほどである。

インターネットが発達した明らかな要因の一つは、グローバル化（globalization）である。今日、政治・経済・文化における国家間の結び付きはますます強まり、世界は一体化している。その中で交流する主体も、いまや、国家や地域を単位としたものだけでなく、個人やそれに近いレベルのものが増えている。インターネットの拡大は、このグロー

〈図1－5－4〉就業者の産業別構成比の変化（米・日、2000年・2020年）

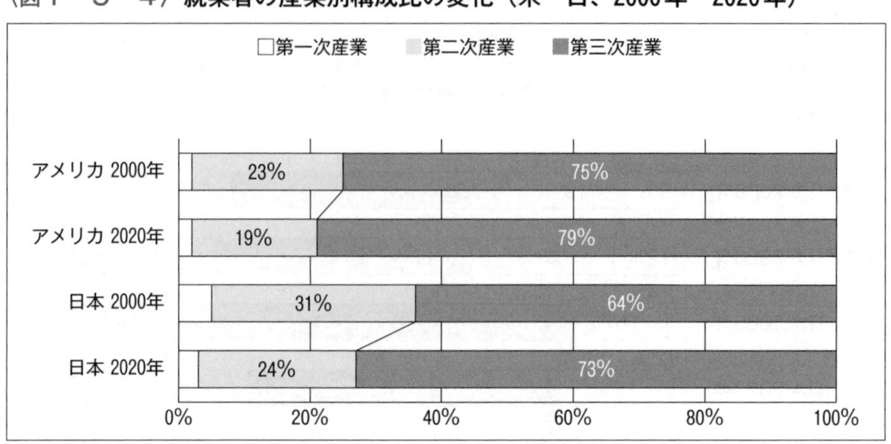


（出典）ILO"ILOSTAT Database"をもとに筆者作成。（ただし、分類における"Agriculture"・"Industry"・"Services"を、それぞれ、第一次・第二次・第三次産業としている）

バル化の進行に支えられ、また、グローバル化の進行をさらに促すものといえる。

インターネットの急速な普及には、もう一つ、（これは先のベルも指摘していたことであるが）「経済のサービス化」、言い換えれば第三次産業[*15]の発達も関連している。企業や個人を互いに結び付けるこれらの産業で、その可能性が探求されたのは当然であり、これらの産業において、インターネットを利用した新しいサービスが次々に生まれていった。そして、現在においても第三次産業の拡大は続いており、経済のサービス化に伴うインターネットの普及は今日も進行中と考えられる（**図1－5－4**）。

＊15
この第三次産業には、商業・運輸・通信・金融などの産業が含まれる。

## 4 情報化の課題

「情報化」は我われに恩恵を与えている一方で、弊害も指摘されている。「**デジタルデバイド**」とは、インターネットへの接続をはじめ、情報技術を利用できる者と利用できない者との間の格差、また、それにアクセスする機会をもつ者ともたない者との間の格差のことである。

インターネットは急速に普及しつつあるとはいえ、現在のところ、人々の性別・職業・年齢・所得、受けた教育の程度にかかわらず等しく利用できるようになってはいない。先進国と途上国との間で、また、都市と農村との間でも、利用の可能性は異なる。「情報化」が政治や経済の領域にまでかかわる変動であるなら、デジタルデバイドは、社会のさまざまな領域における格差の拡大にもつながりかねない。

また、情報の取得が容易になるなかで、逆に、膨大な情報にのみ込まれてしまう可能性も増している。そこで、情報を主体的に活用する力であるメディアリテラシーを各人が発達させることが急務となる。さらに、今日、インターネットや携帯電話を使った大小さまざまな犯罪が起きていることも懸念される。情報化が進むなか、我われのコミュニケーションのあり方も急変し、この中で道徳・価値観の混乱が起きていることは間違いない。メディアリテラシーを身に付けるとともに、変動する社会に対応した情報倫理（ネットモラル）の構築が求められているのである。

# 第5節　科学技術と文化

## 1 科学技術と文化の関係

「産業化」や「近代化」「情報化」について知るなかで、これらの変動の連鎖の重要部分に、動力機械の進歩や情報処理技術の発達という科学技術上の革新があることを見てきた。そこから、科学技術の進歩こそが個々の変動の連鎖の源と考えたくもなるが、そのような見方は単純過ぎる。産業化における技術革新は、当時のイギリスの経済的・政治的・社会的状況を背景にして起こり、その後の波及も、各国の近代化と互いに影響を及ぼしながら進んだのである。また、情報処理技術の革新も、その背景には、アメリカをはじめとする国々の産業構造・職業構造の変化があった。

しかし、もう一歩踏み込んでみよう。確かに、長期的には、科学技術の進歩と、それ以外の政治・経済など他の部分との変動とは、どちらがどちらの要因にもなる。つまり、もし「文化」という言葉を政治・経済をも含めた広い意味で使えば、それは、科学技術の進歩に歩調を合わせるよう一方的に求められるものではない。しかし、もっと狭く、我われの心の内にある価値観として「文化」を見た場合にはどうであろうか。特に今日、その変化のスピードに着目すれば、科学技術の進歩は急であり、それに比べ、この意味での「文化」は変わりにくいものに見える。

確かに、我われは、仕事を奪うものとして産業用ロボットを恐れることはないが、それでも、携帯電話やインターネットがもたらす新たな形のコミュニケーションには、とまどいや懸念を感じることもあるのではないか。我われの心の最も深い部分を形づくる文化は、今日の科学技術の急激な進歩についていけず、そのギャップから現代社会のさまざまな問題が生じているようにも思える。

実は、社会学では、すでにそのような点に注目した、オグバーン（Ogburn, W. F.）の「文化遅滞説」がある。この説では、生産技術を「物質文化」とする一方で、慣習・宗教・法・思想などを「非物質文化」としている。そして、社会の混乱は、「物質文化」の急速な進歩に「非物質文化」が対応し切れない「文化的遅滞」によって生じるという。

## 2 再生医療における生命倫理の問題

この点を考える例として、1990年代からの進歩が社会的に注目されている再生医療技術の発達について見よう。再生医療は、病気などで傷んだ組織や臓器を、患者本人の細胞を培養するなどしてつくり出し修復する医療技術で、臓器移植[*16]に代わる治療法としても注目されている。そこでは、科学技術の進歩と、我われが「文化」というなかでも最も変化しにくいと考える、生と死に関する価値観とのかかわりが問題となる。

この再生医療の分野で、当初注目されていたのはES細胞（胚性幹細胞）であった。このES細胞は「万能細胞（多能性細胞）」ともよばれ、神経や筋肉などあらゆる組織の細胞に変わる可能性をもつ細胞である。再生医療ではさまざまな組織・臓器の修復が求められる。そのため、人為的操作でどのような組織にもなる可能性を秘めたこのES細胞に、医療関係者は期待したのである。

ところで、このES細胞は、受精卵を壊してつくられる。生物が生まれる通常の過程では、受精卵が分裂して胚になり、さらにその胚がいろいろな細胞に分化して１つの生物個体が完成する。そこからすると、単に技術的な観点からすれば、万能細胞であるES細胞が、受精卵を操作してつくられるというのは理解しやすいことである。

しかし、このことについて、倫理的な問題が指摘されていた。というのも、受精卵は１つの生物個体の源であり、それ自体を生命と考えることもできる。すると、それが、医療の進歩に大きな可能性をもたらすことを考慮しても、受精卵を壊してつくるES細胞の研究は認められるべきか、我われの価値観からはむずかしい判断が求められる。それは生命というものをどう考えるかという、我われの根本的な倫理にかかわる議論を引き起こす。実際、2005年のアメリカでは、ES細胞をつくる研究の規制を緩和する法案が上院（わが国の参議院にあたる）で可決されると、大統領はこれに拒否権を発動し、世界の注目が集まった。

ところが、平成18（2006）年、多くの専門家が予想しなかったことが起きた。人間の皮膚の細胞から、ES細胞と同じような万能細胞をつくることができると発表されたのである。この、新たな「万能細胞」は、iPS細胞（人工多能性幹細胞）と名付けられたが、この成果により事態は変わった。皮膚からできるiPS細胞をつくるのに、もはや受精卵は必要ではない。そのため、これまでの倫理的問題は回避され、再生医療を進歩させる新たな道が開けた。そして、周知のように、この分野

＊16
機能不全となった心臓や腎臓や角膜などを、他者の生体あるいは遺体の臓器と置き換える治療のこと。わが国では平成９（1997）年に「臓器移植法」が成立し、いくつかの条件を満たす場合、これまでの「死」の基準であった「心臓死」に至る前に「脳死」と判定されると、それを「死」とみなして脳死者から臓器を移植することが可能となった。

は、現在では、このiPS細胞を用いた研究を軸に進展しているのである。

この例が示唆することは、「文化」を我われのもつ価値観として狭く解した場合でも、「今日の科学技術の急速な進歩、それに適応し切れない我われの文化」という単純な見方は、いつも正しいわけではないということである。急速に発達する科学技術を前に、価値観や倫理という点からそれを押しとどめるのか、あるいは、我われの心がそれに適応していくべきかという、二者択一が常に適切とは限らない。科学技術もまた文化に適応しながら発達していく可能性もある。

これは、むろん、医療分野に限ったことではない。ほかの例をあげれば、福祉の分野における日々の活動は、やはり「我われの心の奥深い部分にあり変化しにくい文化」に支えられているのであろう。だが、一方で、今日「福祉工学」「福祉情報化」といった言葉を聞き、それらが着実に進展していることを知るなら、科学技術が「文化」の必要に応えようと格闘している様子をここでも確認できるはずである。

科学技術上の個々の発明や発見が、この社会によってもたらされたというのではない。ただ、可能性を秘めたさまざまな分野のどこに物的・人的な努力が傾注されるかは、ときどきの社会の必要である程度決められる。その意味で、我われの文化も、科学技術の進歩の原動力なのである。

**参考文献**


- K. R. ポパー、久野　収・市井三郎 訳『歴史主義の貧困－社会科学の方法と実践』中央公論社、1961年
- 安田三郎・塩原　勉・富永健一・吉田民人 編『基礎社会学 第V巻 社会変動』東洋経済新報社、1981年
- U. ベック、東　廉・伊藤美登里 訳『危険社会－新しい近代への道』法政大学出版局、1998年
- 富永健一『近代化の理論－近代化における西洋と東洋』講談社、1996年
- 喜多千草『起源のインターネット』青土社、2005年
- 朝日新聞大阪本社科学医療グループ『iPS細胞とはなにか－万能細胞研究の現在』講談社、2011年

# 第2部　現代社会の諸相

## 第1章　人口の構造と変化

### 学習のねらい

現代社会の特徴は、1970年代なかばから始まる出生率低下、すなわち超低出生率社会の出現である。その一方で、戦後の日本社会は寿命革命ともよばれる長寿社会となり、男女の平均寿命は50歳台から80歳台へと延びてきた。こうした人口動態の変化は、わが国を人口減少社会へと導き、一方で人口高齢化をいっそう進行させることになった。

本章では、現代社会の基礎となる「人口の構造と変化」について学習する。第一に、人口の概念とその変化のメカニズムについてまず理解し、現代社会が人口の観点から、歴史的に見たとき過去から現在、そして将来に向かってどのような趨勢の下にあるのかを学習する。

そして、第二に、人口動態の変化に伴って生じている人口の年齢構成の変化、すなわち若年人口の減少や働き手人口の減少、また一方で深刻化する人口高齢化についての理解を深める。

第三に、人口減少や超高齢化という、人口の構造的変化をもたらしている要因の一つである少子化について、人口学的な要因とその社会経済的背景要因について学習する。そしてそれらをふまえ、人口減少社会が抱える課題について考える。

# 第1節　人口増加期から減少期へ

## 1 総人口の変化

人口の大きさやその年齢構成は、そのもとにある経済や社会の仕組みと密接に関連し、相互に影響し合いながら絶えず変化をしてきている。ここで扱う人口とは、個々の人々を集団としてとらえ、ある特定の時刻と地理的な境界範囲に存在する人の数のことである。したがって、人口という場合には必ずそれに準拠した観察時点と観察範囲に関する情報が明示的に、あるいは多くの場合は簡略化されて示されている。例えば、「2020年の日本の人口」という場合、正確には「国勢調査の観察時点である2020年10月1日の午前0時現在における日本国の領域内のすべての人口」を意味する[*1]。

このように定義される人口は、時間の経過とともに変化する。領域内で生活を営む人々は、時間の経過の中で、出会いや別れがあり、また結婚や赤ちゃんの誕生も迎える。さらに、国と国の間では人の行き来が絶えずあり、また一方では人々の死がある。このように人の数としての人口は、時間の流れの中で増減しながら変化する。このような出生と死亡、ならびに国際間の人口移動（入国と出国）は、人口数を変化させる事象として、特に人口動態とよばれている[*2]。

現代のように、少子化・長寿化という大きな人口動態の変化が進行する時代では、人口の変化が医療や年金、介護・福祉といった国民の生活を支える社会保障のさまざまな分野に影響を及ぼしてきている[*3]。そして、それらは社会保障分野にとどまらず、労働力人口の減少や、地域人口の維持存続が困難な状況とされるいわゆる**限界集落**の問題をも生じさせてきている。こうした問題も、人口動態の変化が引き起こしている人口減少と人口の年齢構成の一大変化の結果でもある。

わが国の総人口は、令和5（2023）年の総務省統計局による人口推計概算値に基づけば、同年7月1日現在約1億2,456万人であった。近年の人口動態数の動き、すなわち出生数と死亡数、ならびに国際人口移動数の動向から、わが国の人口はすでに歴史上の最大人口に達した後、人口減少期に入ったものとみられている（**図2－1－1**）。こうした、人口趨勢（すうせい）における人口増加から人口減少への大転換は、日本社会の衰退、すなわち「超少子・高齢化の進展」「経済活力の衰退」ならびに「現役

＊1
人口数は、国勢調査や住民基本台帳などの登録人口の集計によって得られ、人口学（demography）では、それらを人口静態統計とよんでいる。なお、人口の動向については、次の文献を参照されたい。京極高宣・髙橋重郷 編『日本の人口減少社会を読み解く』中央法規出版、2008年。

＊2
人口動態という場合、一般的には出生数と死亡数をさすことが多いが、人口の増減を規定する要因としては、国際人口移動数も人口動態の一つに含まれる。なお、出生数と死亡数は出生・死亡届に基づいて作成される「人口動態統計」から得られ、年間の件数として公表されている。一方、国際間の人口移動については「出入国管理統計」から得られる。

＊3
そもそも医療や年金、介護や福祉という制度は多くの場合、人口の年齢構成に依存した仕組みとして制度設計されているため、人口変化の影響を受けやすい。

〈図2－1－1〉日本の長期人口趨勢

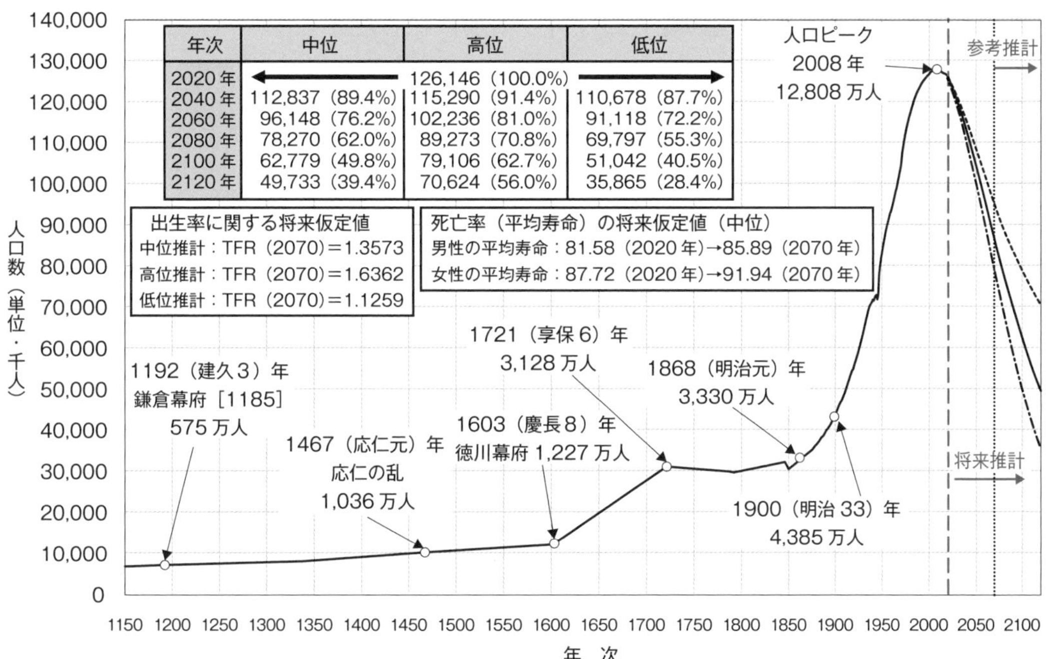


（注）：近代統計以前は、鬼頭　宏『人口から読む日本の歴史』講談社、2000年、および森田優三『人口増加の分析』日本評論社、1944年。2020年以前は総務省統計局公表資料による。2021年以降の数値は、国立社会保障・人口問題研究所「日本の将来推計人口（平成29年４月推計）」による。

（筆者作成）

世代への負担の増大」を示す兆しとして受け止められ、将来社会への不安の象徴としてみられている。

## 2 人口の歴史的変化

わが国の人口の歴史的な趨勢を見ると、中世から近世へと時代が大きく変化した時期にあたる慶長５（1600）年ごろの総人口は、およそ1,227万人であったと推定されている[＊4]。その後、江戸時代の享保６（1721）年の人口調査に基づく推定人口によると、3,128万人へと急増したことが明らかにされている。戦国時代が終わり、徳川幕藩体制が成立したことにより、近世農業社会の経済成長を促し、高い人口増加率の下、近世初期の人口は爆発的な増加を経験した。

ところが江戸中期から後期にかけて人口増加は停滞し、天候不順や世界的な寒冷化による飢饉（ききん）によって、江戸時代の中期には人口減少を示したとみられている。ただし、全国の各地域が全く同様な人口推移を示したわけではないことは、歴史人口学の研究によって明らかにされてい

＊4
歴史的な人口推移については、歴史人口学者を中心に行われた次の研究がある。社会工学研究所 編『日本列島における人口分布の長期時系列分析』社会工学研究所、1974年。また、より広く解説した文献として、鬼頭宏『人口から読む日本の歴史』講談社、2000年、がある。江戸中期から後期にかけての人口停滞の理由については、世界的な寒冷化によって発生した飢饉とする説や浅間山の噴火やアイスランドのラキ火山の噴火による日射量の低下による冷害説等がある。

る。いずれにせよわが国全体を見れば、人口停滞期を経て、江戸時代の末からわが国の総人口は再び増加に転じた。

近代的な人口統計は、明治4（1871）年の太政官布告に基づく戸籍法の施行により、翌明治5（1872）年から戸籍簿に基づく人口が調査され、同年の総人口は3,481万人であったと報告されている[*5]。わが国の総人口は、その後年平均1.5%内外の増加率で急速に増え、第1回国勢調査が実施された大正9（1920）年には5,596万人へと増加した。その後も人口増加は続き、昭和11（1936）年に総人口は7,000万人を超え、昭和23（1948）年に8,000万人台に、そして昭和42（1967）年に1億人を突破した。

このように、わが国の総人口は1970年代の後半まで人口増加率1%前後の水準で増加してきたが、その後人口増加の規模は急速に小さくなり、平成16（2004）年から平成25（2013）年の自然増加率は、死亡率の上昇もあってついにマイナスを記録した。総人口数は令和4（2022）年の人口推計に基づけば1億2,478万人で、江戸末期から続いた近代以降の人口増加は終息し、減少期を迎えている。

国際人口移動数の今後の動きは別として、増大する死亡数と縮小する出生数という人口動態数の変化は、次のメカニズムによってそれぞれ生じてきている。

すなわち、増大する死亡数は、長寿化によって死亡発生の年齢分布の中心が高年齢化し、しかも高年齢に集中化したことによって、高齢者死亡の増大がもたらされる。またそれに加えて、過去の出生数変動である1910年代前後から歴史的な出生数の増加期を経験し、戦争による出生数の増減はあるものの、1950年代まで相当大きな出生規模が維持された。そして、それらの人々が1980年代から次々と死亡頻度の高い高年齢層に入ってきたことによって死亡数の増加が起きており、今後も引き続き増加が続くことになる。

一方、出生数の縮小は、親世代が子世代と同じ規模で入れ替わる水準の出生率よりも低くなることによって、引き起こされてきている。この出生率水準は「**人口置換水準**」の出生率とよばれ、**合計特殊出生率**[*6]では2.07に相当する。合計特殊出生率には男児と女児が含まれるため、100人の親世代の女性が次世代の成人の女性に置き換わる割合を推定するには出生時の男女性比と生まれてから成人になるまでの生存確率を考慮する必要がある。

ちなみに、令和4（2022）年の合計特殊出生率（概数）1.26では、お

＊5
明治政府は明治4（1871）年に戸籍法を公布し、翌年の明治5（1872）年に戸口調査を行い戸籍簿を編纂した。そして明治5（1872）年から1月1日現在の人口数を本籍人口として公表している。

＊6
合計特殊出生率はTFRともよばれ、合計出生率と表記する場合もある。合計特殊出生率は、日本人を対象として女性の年齢別に集計された出生数を分子に、女性の年齢別人口数で除して得た年齢別出生率を15歳から49歳の範囲で足し上げた値である。本来、人々の一生は、ある年に生まれ、年次の経過とともに加齢し、ある時点で子どもを生み、その後再生産期間を終了する。そして、最終的に生んだ子どもの数が決まる。これが一生の間に生んだ世代別の平均子ども数で、コーホート合計特殊出生率とよぶ。しかしながら、このような統計の取り方では、最新の傾向を把握することがむずかしいので、通常は上記の年次単位の合計特殊出生率が作成されている。この年次単位の合計特殊出生率は、1人の女性がある年の年齢別出生率に従って出生行動をとるものと仮定したとき、平均期待子ども数を表していると見ることができる。

よそ親世代100人に対して63人程度の子世代の規模に入れ替わっているにすぎないことを意味している。したがって、今後の親世代は親世代自体が少子化世代となってしまうので、出生数はさらに減少していくことになる。

今後の総人口数の推移について、国立社会保障・人口問題研究所（社人研）が平成29（2017）年４月に公表した「日本の将来推計人口」の結果に基づいて見ることにしよう[＊7]。この将来推計人口では、将来の出生率や寿命、ならびに国際人口移動について仮定が設定され人口推計が行われている。ここでは、出生率の将来について中位（長期的に到達する出生率水準の仮定値が1.44）、高位（同1.65）、そして低位（同1.25）という３種類の仮定別に推移結果を見ることにしよう。

＊7
将来推計人口の仮定設定や推計手法については、次を参照されたい。国立社会保障・人口問題研究所「日本の将来推計人口（平成29年４月推計）」人口問題研究資料第336号、国立社会保障・人口問題研究所、2017年。

わが国の総人口は今後徐々に減少を始め、2040年には中位推計で１億1,092万人、高位推計で１億1,374万人、そして低位推計で１億833万人にそれぞれ減少するものと推計されている。このように、2030年代なかばでは１年間におよそ80～100万人の人口が減少する。言い換えれば、小規模人口県が１県ずつなくなることに等しい人口減少が毎年繰り返されることになる。そして2065年には、中位推計の人口総数が8,808万人、高位推計のそれが9,490万人、そして低位推計では8,213万人に達し、これらの人口規模は令和４（2022）年時点の66.4％から76.0％の規模に相当するものになるとみられている。

社人研の将来推計人口では、2065年以降について、2065年時点に想定される出生率や将来の死亡率（生残率）などをその後も一定として機械的に推計した参考推計の結果も示している。例えば、出生率中位仮定の下では人口減少が続き、2115年には、ちょうど今から110年前、すなわち1912（明治45）年ごろの人口規模にほぼ等しい5,055万人になるものと、推定されている。

ところが110年前の人口規模に等しいといっても、実は年齢構成が全く異なる。これから減少していく人口は、出生数の減少と死亡数の増加によってもたらされる人口減少であるから、若い年齢層の人口から減少することを意味し、110年前の人口増加期の若い人口から増加した人口の構成とは全く様相が異なるものである。

このように、明治初期の約3,500万人の総人口から、明治・大正・昭和と実に3.6倍の人口規模にまで増加した大人口増加期を経て、今人口減少に向かう平成・令和の大きな人口転換期にあり、これから向かう人口減少社会は極めて急速で、年齢構成の一大変化を伴う点に特徴がある。

# 第2節　人口の年齢構成の変化

## 1 働き手人口の変化

人口動態の変化は、総人口の減少をもたらすだけでなく、人口の年齢構成そのものを変化させる。1950年代以降の年齢構成の変化に着目してみることにしよう。**図2－1－2**は、人口を年少（0～14歳）人口、生産年齢（15～64歳）人口、高齢者（65歳以上）人口に分けてみたものである[*8]。

わが国の生産年齢人口は、1950年代以降一貫して増加してきた。昭和25（1950）年ごろの5,000万人弱であった生産年齢人口の規模は急速に増加し、昭和35（1960）年には6,000万人、昭和50（1975）年には7,500万人強にまで増大した。そして平成7（1995）年に生産年齢人口は昭和25（1950）年ごろの約1.8倍、およそ8,700万人のピークに達した。しかしながらその後、生産年齢人口は減少期に入ってきており、令和3（2021）年9月1日には7,402万人に減少した。このように生産年齢人口の規模は1990年代なかばに大きな局面変化が表れている。

〈図2－1－2〉**年齢三区分別人口の推移**

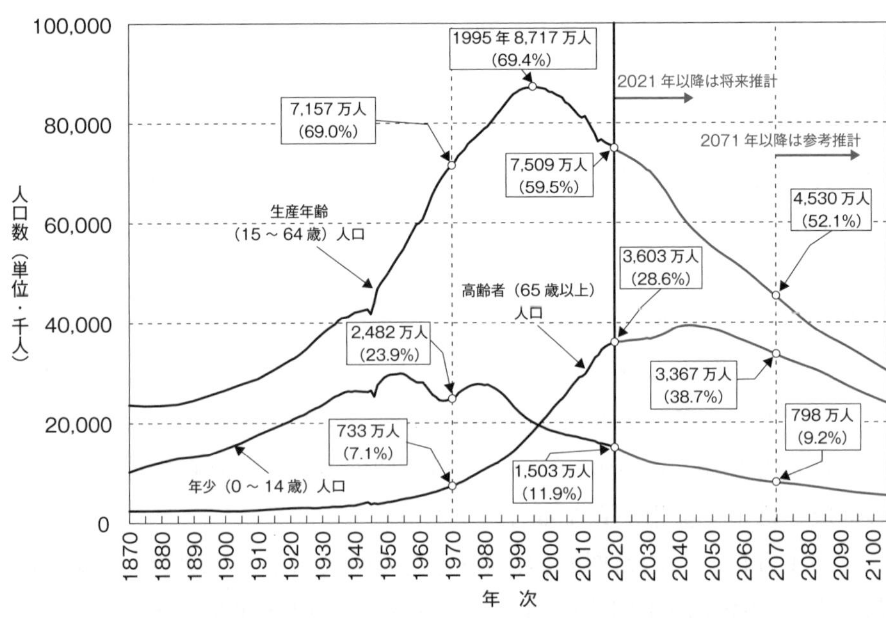


（資料）2020年以前は総務省統計局「国勢調査」、「人口推計」による10月1日現在の数値。2020年は、同局の9月15日現在推計人口。2021年以降の数値は、国立社会保障・人口問題研究所「日本の将来推計人口（平成29年4月推計）」。

（筆者作成）

＊8
年少（0～14歳）人口、生産年齢（15～64歳）人口、ならびに高齢者（65歳以上）人口という区分は、統計の便宜上の区分で、時系列比較や国際比較する際の利便上、この区分が用いられることが多い。なお、高齢者（65歳以上）人口は、人口統計では老年人口とよぶ場合が多いが、ここでは高齢者人口という表記を用いる。また特に、生産年齢人口の場合にはそれが直ちに労働力人口の規模を意味するわけではないことに注意する必要がある。現代社会では多くの人々が10歳台後半から20歳台前半にかけて仕事に就くことが多い。また結婚や出産等によって多くの女性が働くことを中断する場合もあり、経済状況によっては失業が起こり、非就業の状態に置かれるケースもある。したがって、ここで生産年齢人口という場合は、潜在的な労働力人口の供給母体となる人口規模を意味している。また、高齢者の人口についても65歳以上人口と定義する場合もあれば、国連統計では60歳以上を高齢者として扱う場合もある。

社人研の将来推計人口（出生中位・死亡中位仮定）の結果によれば、生産年齢人口は今後とも大きく減少する。すなわち、2040年に5,978万人強へと、生産年齢人口は平成7（1995）年のピーク時の68.6%規模へと縮小するとみられ、さらに2065年には約4,529万人、ピーク時の52.0%へと縮小するものと推計されている。

こうした、生産年齢人口の増加から減少への変化は、人口ピラミッドの形状の変化によって視覚的にも確認できる（**図2－1－3**）。すなわち、昭和25（1950）年の人口ピラミッドでは戦前の多産時代の若者人

〈図2－1－3〉**人口ピラミッド（男女年齢別人口）の比較：1950年と2022年**

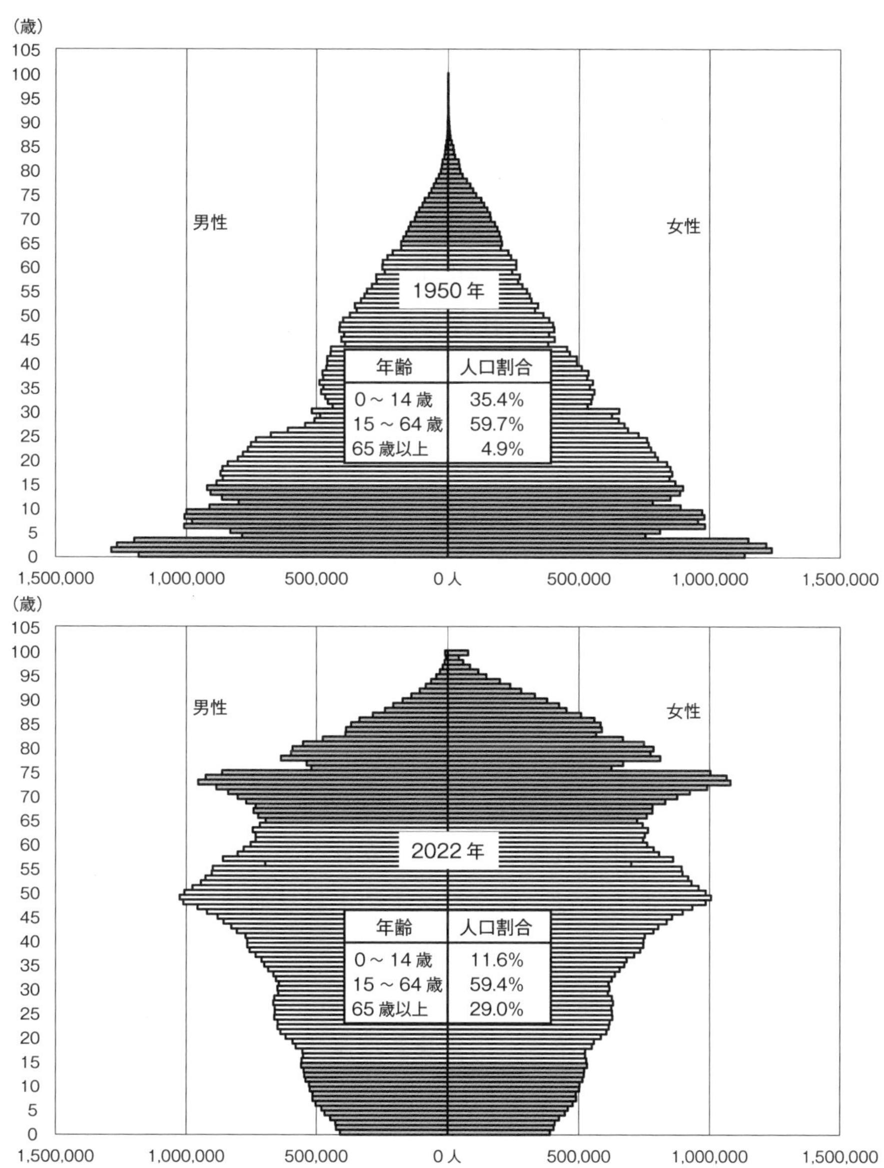


（出典）1950年は、総務省統計局「国勢調査」

口が多く、また戦後の団塊（ベビーブーム）世代もいまだ15歳未満の年少期にあった。これらの大規模出生世代は時代とともに年齢が上昇し、令和4（2022）年の人口ピラミッドでは戦前出生世代が70歳以上に達した。また団塊の世代も70歳以上になっている。そして団塊ジュニアとよばれる1970年代前半に生まれた世代が40歳台なかばにあり、そしてそれに続いて急速な出生数減少世代が40歳台よりも若い年齢層に存在している。このような世代別の人口規模の加齢によって、生産年齢人口の規模に変化がもたらされている。

生産年齢人口の歴史的な変化は、労働供給という観点から見ると、1950年代からの生産年齢人口の急増期においては、労働市場に対して働き手の供給量が毎年増加するという社会を生み出した。したがって、労働力の需給関係をとってみると、労働供給が拡大する時期には賃金コストが相対的に低下し、さらに製造業におけるコスト圧力が低下し、製品の国際競争力が強くなるという人口効果が存在した。すなわち、経済の成長にとって明らかにプラスに作用した。このように人口の年齢構成が経済や開発にとってプラスに作用することを、人口学者は特に「**人口ボーナス**（population bonus）社会」とよんでいる。

一方、平成7（1995）年をピークに生産年齢人口は減少を始めた。生産年齢人口が減少する社会では、毎年新規の若い働き手人口の供給量が減少することになる。

生産年齢人口の減少は、年少人口（0～14歳）と65歳以上の高齢者人口に対する生産年齢人口の比である「従属人口指数」を増加させることになる。この指標値の上昇は社会全体の扶養負担や負荷の増大を意味し、そのような社会を「**人口オーナス**（population onus）社会」とよんでいる。すでにふれたように、15～64歳人口のすべてが労働力化するわけではないので、生産年齢人口が減少し始めても直ちに労働力人口不足が起きるわけではない。むしろ全体の生産年齢人口の縮小に伴って、これまで労働力化されていなかった女性への労働需要が拡大することが起きる。またあるいは、賃金コストの上昇を通じて生産性を上げ、経済の成長を図ろうとする。

しかしながら生産年齢人口の規模の縮小は、賃金コスト圧力の上昇を通じて製造業の空洞化を招き、労働集約型産業の海外への移転を生じさせることになる。このような変化は実際に1980年代以降アジアでは次々と起こり、まず初めに東南アジアの国々が、そしてそれに続いて中国やインドが世界の工場としての位置を占め、世界経済を牽引してきている。そのような社会経済変化の背景には人口の年齢構成、すなわち生産年齢人口の拡大という人口現象がアジアで起き、人口ボーナス社会が次々と出現したことによる。

## 2 人口高齢化の進展

1970年代のなかばから続く少子化の下、人口高齢化が急速に進行しつつある。合計特殊出生率で見て1.3〜1.4前後というような極めて低い出生率が続くことにより、人口高齢化は相対的にも生み出される。すなわち、総人口に占める65歳以上人口の割合の上昇のうち、分母である総人口が縮小することによってもたらされる高齢化[*9]である。

もう一つの人口高齢化は、死亡率の低下と長寿化の進展によってもたらされる、高齢者数の絶対数の増加による人口高齢化である。もちろんそこには、かつて多産時代に多く生まれた世代が高齢期にさしかかったことによって生じる高齢者数の増大が含まれ、複合的な効果としても現れる。

このように人口高齢化は、①現在の超低出生率（少子化）、②死亡率の低下（長寿化）、ならびに、③かつての出生数変動（少なくとも戦前からの出生数規模の増大と縮小）、という３要素によって超高齢化現象を生み出している。

高齢者（65歳以上）人口は、1950年代から徐々に増加してきた。昭和22（1947）年の国勢調査に基づけば、374万人で、総人口の4.8%にしかすぎなかった。その後徐々に高齢者人口は増加し、昭和35（1960）年に500万人強へと増加したものの、高齢化水準を表す全人口に占める65歳以上人口の割合は、5.7%にとどまっていた。ところが昭和45（1970）年の国勢調査で、この高齢化水準を示す割合が人口統計史上初めて７%を超え、65歳以上の高齢者人口数も700万人強に達した。

このころから人口高齢化は急速に進み始める。昭和54（1979）年に高齢者人口は1,000万人を突破し、65歳以上人口の割合、すなわち高齢化率は8.9%に達した。そしておよそ20年後の平成10（1998）年には高齢者人口は2,000万人へと倍増し、高齢化率は16.2%を示した。さらに、その後も急ピッチで高齢者人口数の増加が続いており、令和５（2023）年８月１日現在の推計人口によれば、65歳以上の人口は3,623万人に達し、高齢化率は29.1%に達した。このように1970年代から本格化した人口高齢化は、65歳以上人口の規模の増大と高齢化率の上昇という両

＊9
高齢化とは、総人口に占める65歳以上人口の割合の上昇をさす。これは、ただ単に高齢者数の増加を意味せず、人口全体に対する相対的な高齢者の割合の大きさを表し、現代のように出生数の減少、すなわち総人口の減少によっても高齢化が進む。

〈図2－1－4〉高齢者（65歳以上）人口割合の推移

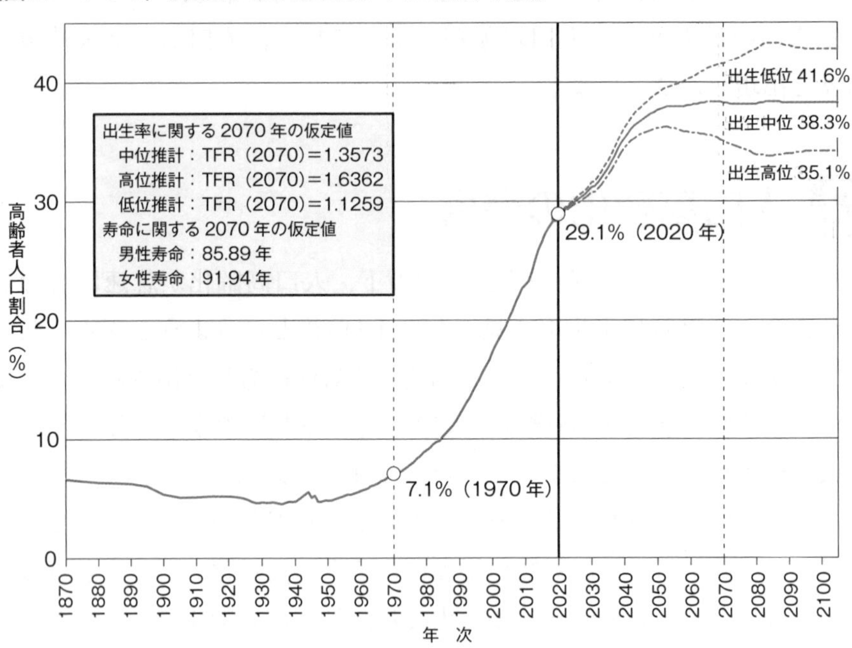


（資料）総務省統計局「国勢調査」及び同「人口推計」。2020年は9月15日現在の推計値。
2021年以降の数値は、国立社会保障・人口問題研究所「日本の将来推計人口（平成29年4月推計）」による。
（筆者作成）

面をもっている。

今後の高齢者数の推移を社人研の将来推計人口（出生中位・死亡中位の仮定に基づく推計結果）から見ると、65歳以上の高齢者人口数は今後も急速に増加し、**団塊の世代**である1947～1949年生まれの人々が70歳に入り切る令和元（2019）年に、3,588万人に達する。そして、その後増加は次第に緩やかになり、2040年代に入ると高齢者人口数自体も緩やかな減少傾向に入る。このように、65歳以上の高齢者数の増加は2020年代に向けて急ピッチで進むが、その後の増加は停滞する。

一方、高齢化の水準を表す総人口に占める高齢者人口の割合、すなわち高齢化率の趨勢は異なる（**図2－1－4**）。令和2（2020）年に29.1％を示した高齢者（65歳以上）人口割合は、2020年代に入ると、将来推計の出生率仮定値の違いによって率の上昇に違いが生じるが、同将来推計の推計期間の最終年である2070年へ向けていずれも上昇を続ける。

出生率仮定が最も低く想定された低位推計（長期的に合計特殊出生率が2070年に1.26へと推移すると仮定された推計）では、2065年の高齢者人口割合は42.0％に達し、実に2.4人に1人が65歳以上の高齢者であることを示している。中位推計（同様に2070年に1.36へと推移する仮定）では同年の割合は38.7％で、2.6人に1人が高齢者である。また、高位推計（同様に2070年に1.64へと推移する仮定）では、35.3％の水準に達し、2.8人に１人が高齢者であると推計されている。

このように、2020年から2030年ごろまでの高齢化は、将来の出生率の動向にはほとんど関係なく、同じように進んでいる。その理由は、このころ高齢者になる人々はすでに生まれており、言い換えれば、団塊の世代とそれに続く過去の大規模出生世代が65歳に入り切るころまで、人口高齢化の規模（高齢者数の絶対数の増加）と高齢化の進展（高齢化率の上昇）は、現代の少子化の動きによって大きく左右されることがほとんどないことを意味している。

ところが、これからのわが国の出生率水準がどうなるかによって、2030年以降のわが国の高齢化の水準には大きな違いが表れる。2030〜2040年で高齢者となる現在49〜52歳（1971〜74年生まれ）の人々、いわゆる団塊ジュニア（第二次ベビーブーマー）世代の人々が60歳台に入り、65歳以上の高齢者になる時期に相当する。この世代の人々ではこれまで未婚化が大きく進行しており、また結婚した人々の夫婦の生む子ども数にも縮小傾向が見られる。したがって、高齢者人口数の規模の増加は小さくなるのに対して、高齢化率の上昇が引き起こされてしまうのである。

# 第3節　少子化の進展とその社会経済的背景要因

## 1 少子化の人口学的要因

人口減少と人口の急速な高齢化をもたらす主要な要因の一つが出生率の低下、すなわち少子化である。出生数と合計特殊出生率の年次推移を見ると、昭和48（1973）年に209万人を記録した出生数はその後持続的に減少し、現在は100万人を下回り、令和4（2022）年では77.1万人という出生数水準にある（**図2－1－5**）。もちろん、昭和48（1973）年は、昭和22（1947）～昭和24（1949）年に生まれた団塊の世代が結婚し、数年にわたり出生ブームの最中にあり、特異な出生数規模を生み出していた。その後出生数は、戦後の出生数の減少に伴って、そのエコー効果として長期の減少期に入った。出生力という人口が示す自己再生産力を測る指標の一つとして、合計特殊出生率がある。[*10]

この合計特殊出生率は、昭和48（1973）年に2.14を記録した後、その翌年には2.05、昭和56（1981）年に1.74と急低下した。その後、合計特殊出生率はわずかに上昇を示したが、再び低下を示した。平成2（1990）年に公表された前年の合計特殊出生率が、人口動態統計史上最低であった昭和41（1966）年の「丙午（ひのえうま）」年の1.58を下回

＊10
合計特殊出生率については、＊6を参照。人口の自己再生産力を示す指標である理由は、この指標の水準によって人口がどのような水準で世代間の置き換わりが起きているかを示していることにある。合計特殊出生率は一人の女性が平均的に生んでいる子の数を表し、男女児合計の出生率である。男女児は出生頻度が異なり、日本の場合は女児100人に対して男児が105～106人である。したがって親世代の女性が同数の次の親の世代の女性を再生産するためには合計特殊出生率で2.07～2.08必要である。この基準に照らしてみると、合計特殊出生率が1.4前後であることは、100人の親世代に対して次の親の世代をおよそ69％程度の再生産状態にあることを意味している。この水準の出生率が続いていけば、時間の経過とともに人口減少が引き起こされていくことを示唆している。

〈図2－1－5〉出生数及び合計特殊出生率の推移

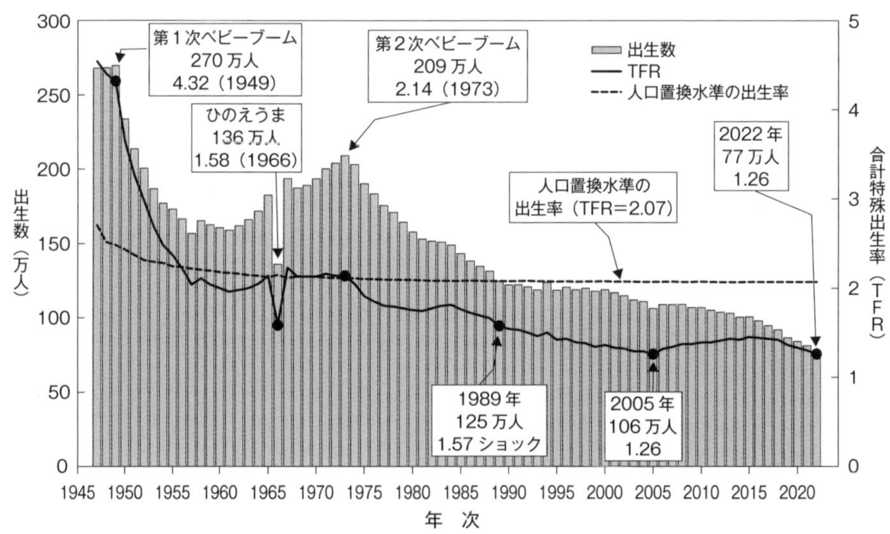


（出典）厚生労働省「令和3年（2021）人口動態統計（確定数）」

り1.57に低下し、日本社会に強い衝撃を与えた。合計特殊出生率はその後も低下を続け、平成9（1997）年に1.39、さらに平成17（2005）年には1.26まで低下するがその後上昇し、平成27（2015）年には1.45まで達するが令和4（2022）年（概数）では、1.26の水準にある。

それでは、人口学的に見て出生率はどのように低下したのであろうか。それを見るために、昭和45（1970）年、平成2（1990）年、ならびに令和3（2021）年の時点の年齢別出生率を比較してみよう（**図2－1－6**）。昭和45（1970）年当時、女性の年齢別に見た出生率は25歳の頻度が最も高く、しかも20歳台のなかばからやや後半に集中していた。ところが平成2（1990）年では、20歳台前半からなかばの出生率が大幅に失われ、それに伴って出生率のピーク年齢が28歳へ上昇し、また30歳台の出生率も上昇した。そして令和3（2021）年になると、20歳台の出生率はいちだんと縮小し、出生率のピーク年齢は29歳から30歳となり、30歳台の出生率が上昇したが、20歳台で失われた出生率は、後半の年齢では取り戻せていない状態にある。

ところで、このような出生率低下を生み出す人口学的な要因は、結婚の変化と結婚後の夫婦出生行動の変化である。日本社会では出生に占める非嫡出子（法的な婚姻関係をもたない女性からの出生。婚外子ともいう）の割合が小さいことが知られている。令和2（2020）年の人口動態統計によれば、その割合は出生全体の2.4％である。このことは、合計特殊出生率に関連して次のような意味をもっている。すなわち、女性全

〈図2－1－6〉 女性の年齢別出生率の年次比較

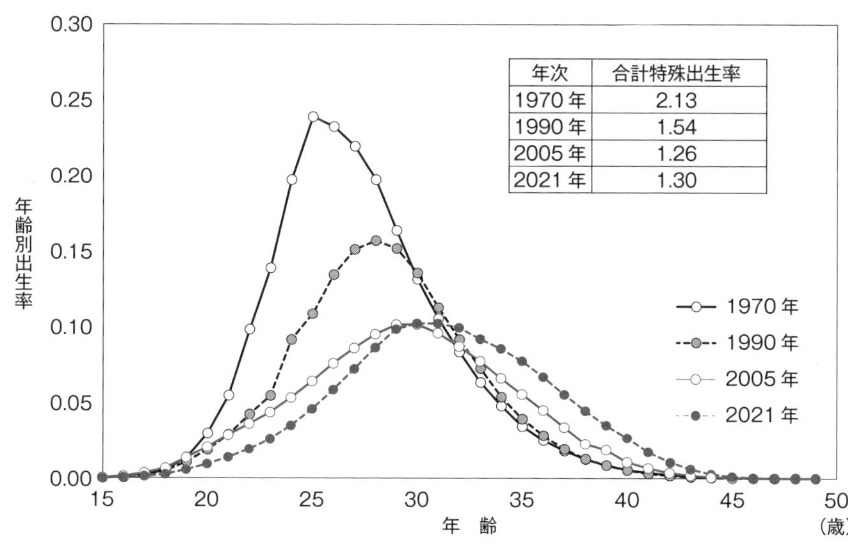


| 年次 | 合計特殊出生率 |
|---|---|
| 1970年 | 2.13 |
| 1990年 | 1.54 |
| 2005年 | 1.26 |
| 2021年 | 1.30 |

（出典）国立社会保障・人口問題研究所「人口統計資料集」

体を分母として計算される合計特殊出生率は、分母である女性人口の未婚化が進行していけば、既婚者の減少を招き、既婚者の出生行動が変わらなくても合計特殊出生率が低下した可能性を示唆している。

結婚の変化を女性の年齢階層別の未婚率によって見ると、昭和30（1955）年から1970年代なかばまで未婚率は安定的に推移し、20歳台前半でおよそ7割、20歳台後半でおよそ2割の水準で推移し、ほとんどの人が結婚するという皆婚社会であった。ところが、1970年代なかば以降20歳台の未婚率の上昇が始まり、特に20歳台後半の未婚率は1980年代のなかばに3割を超え、昭和60（1985）年から平成2（1990）年の6年間に10ポイントの上昇を見せ4割に達した。その後も上昇が続き、平成27（2015）年には6割に達している。また30歳台以上の未婚率もやや遅れて上昇してきている。

結婚の変化を示す指標として「生涯未婚率」がある。生涯未婚率はほぼ出産の上限年齢に近い50歳時の未婚率として統計的に把握される。日本のような98％の女性が結婚（婚姻）後に出産するような社会では、この指標の上昇は出生率低下に大きく影響する。ちなみに、女性の生涯未婚率（50歳時未婚率）は昭和45（1970）年の3.3％から平成27（2015）年には14.1％に上昇してきている。

この結婚の変化を、昭和50（1975）年、平成7（1995）年、そして令和2（2020）年の時点の年齢別有配偶者割合の比較によって見てみよう（**図2－1－7**）。昭和50（1975）年当時、25歳人口に占める女性の

〈図2－1－7〉**女性の有配偶者割合の年次比較**

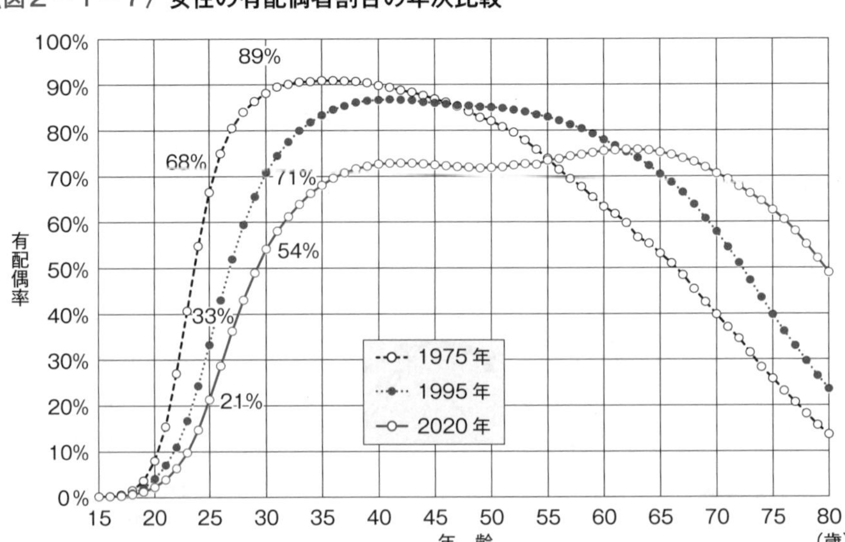


（出典）総務省統計局「国勢調査」2020年

有配偶者の割合は68%であったが、平成7（1995）年には33%、そして令和2（2020）年に21%へと減少した。30歳時点の有配偶者割合も同様で、昭和50（1975）年の89%から平成7（1995）年に71%、そして令和2（2020）年に54%へと減少した。このように、20歳台前半から30歳台後半までの有配偶者割合が全体的に大きく縮小してしまった。出生の98%が有配偶者の中から生じる日本社会では、このような有配偶者割合の大きな変化が合計特殊出生率の低下を生み出すことになった。

一方、夫婦の出生行動に変化は起きているのであろうか。それを社人研「出生動向基本調査」によって見ることにしよう（**表2－1－1**）。結婚後15～19年を経過した夫婦の出生子ども数を、出生行動をほぼ終えた夫婦の子ども数としてとらえ、完結出生児数とよぶ。この水準は昭和52（1977）年に2.19人を記録し、25年を経過した平成14（2002）年調査でも2.23人を示し、夫婦の子ども数は安定した状態で推移してきた。

しかし、平成17（2005）年調査では初めて低下傾向を示し、令和3（2021）年調査では1.90人と、夫婦の子ども数が2人を切った。令和3（2021）年調査で結婚15～19年を経過した夫婦は平成14（2002）～平成18（2006）年にかけて結婚した夫婦で、おおよそ1970年代前半に生まれた女性たちである。したがって、1990年代以降に結婚し、出生行動に入った人々では、夫婦の子どもの生み方にも縮小傾向が現れてきていることを示している。

以上のことから、1970年代のなかばから始まる出生率低下の人口学的な要因として、①結婚の変化、すなわち晩婚化・未婚化現象が大きく影響し、出生のほとんどを担う有配偶者人口割合が20歳台前半から30

〈表2－1－1〉**調査別に見た出生子ども数分布の推移（結婚持続期間15～19年）**

| 調査年次 | 0人 | 1人 | 2人 | 3人 | 4人以上 | 完結出生児数 | (標本数) |
|---|---|---|---|---|---|---|---|
| 第7回調査(1977年) | 3.0% | 11.0 | 57.0 | 23.8 | 5.1 | 2.19人 | (1,427) |
| 第8回調査(1982年) | 3.1 | 9.1 | 55.4 | 27.4 | 5.0 | 2.23 | (1,429) |
| 第9回調査(1987年) | 2.7 | 9.6 | 57.8 | 25.9 | 3.9 | 2.19 | (1,755) |
| 第10回調査(1992年) | 3.1 | 9.3 | 56.4 | 26.5 | 4.8 | 2.21 | (1,849) |
| 第11回調査(1997年) | 3.7 | 9.8 | 53.6 | 27.9 | 5.0 | 2.21 | (1,334) |
| 第12回調査(2002年) | 3.4 | 8.9 | 53.2 | 30.2 | 4.2 | 2.23 | (1,257) |
| 第13回調査(2005年) | 5.6 | 11.7 | 56.0 | 22.4 | 4.3 | 2.09 | (1,078) |
| 第14回調査(2010年) | 6.4 | 15.9 | 56.2 | 19.4 | 4.2 | 1.96 | (1,385) |
| 第15回調査(2015年) | 6.2 | 18.6 | 54.1 | 17.8 | 3.3 | 1.94 | (1,233) |
| 第16回調査(2021年) | 7.7 | 19.7 | 50.8 | 18.6 | 3.2 | 1.90 | (948) |

（出典）国立社会保障・人口問題研究所「第16回出生動向基本調査（夫婦調査の結果概要）」2021年

歳台後半にかけて大きく縮小したことがあげられる。そしてそれに加えて、②夫婦の子どもの生み方の変化も生じており、1960年代に生まれ、1980年代後半以降に結婚し出生行動に入った人々で、夫婦出生力の低下傾向が見られるようになったといえる。

## 2 少子化の社会経済的背景要因

出生率の低下をもたらした結婚行動の変化や夫婦の出生行動の変化には、その背後に社会経済的な変化が存在している。また、変化が起きる前の時代には、その時代に形成された価値規範や経済社会の下ででき上がった就業構造、ならびにさまざまな社会制度や仕組み、社会慣行が存在する。そのなかでも人々の働き方の変化は、結婚行動や出生行動に大きな影響を及ぼす。

昭和48（1973）年、世界は第四次中東戦争によるオイルクライシスとよばれる経済危機に直面した。わが国ではオイルショックとよばれ、これを契機に製造業を中心とする戦後の高度経済成長期は終わり、低成長期へと入った。またそのころからわが国では、第二次産業中心の経済から第三次産業中心の経済への構造転換が徐々に始まり、そして日本経済は、1980年代なかばの円高不況を乗り越え、内需主導型の経済成長が進んだ[*11]。その結果、経済のサービス化が進展し、女性の就業化・雇用労働力化が大きく進展した。

高度経済成長が始まったころからの産業構造と就業人口の変化を、**図2－1－8**によって見てみよう。出生率安定期でもあった昭和30(1955)年当時の産業別の就業者数は、41%が第一次産業、23%が第二次産業、そして36%が第三次産業の就業者によって構成されていた。そして、この就業者を男女別に見ると、第一次産業に占める割合は、男女とも20%程度とほぼ等しい規模であった。一方、第二次産業では男性17.6%、女性5.8%で構成されており、男性優位の就業構成であった。また男女の構成は第三次産業も同様である。

このように高度経済成長が開始した時期には、第一次産業を除き、就業者は男性を主体とする男性優位の就業構造が存在していた。その後、高度経済成長期の末期に近い昭和45（1970）年では、第一次産業就業者の規模は大きく縮小し、第二次・第三次産業就業者の割合が拡大したが、高度経済成長期を通じて、男性優位の就業構造は維持されたままであったことを示している。

＊11
昭和60（1985）年の先進五か国蔵相・中央銀行総裁会議の「プラザ合意」によって、円の対ドル交換レートが急速に円高へと向かった。この変化が日本の製造業にとって円高不況を招いたが、輸出主導型の経済から内需主導型経済への構造転換のきっかけとなった。詳しくは、三橋規宏・内田茂男『昭和経済史(下)』日本経済新聞社、2001年。

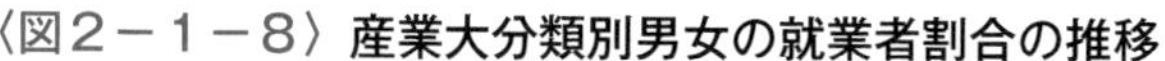
〈図２－１－８〉産業大分類別男女の就業者割合の推移

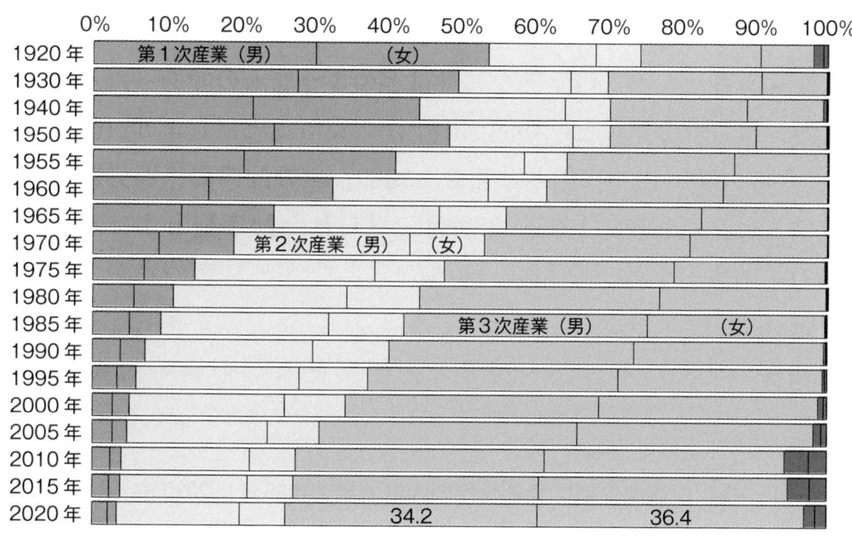


（出典）総務省統計局「国勢調査」2020年

ところが、昭和50（1975）年以降、第一次産業が大きく縮小するなかで、第二次産業の就業者数も緩やかに縮小し、第三次産業が大きく拡大した。令和２（2020）年現在の産業別就業者の割合は、第一次産業が3.2%、第二次産業が23.4%で、そのうち男性が17.1%、女性6.3%と男性優位の就業構造を維持しながら縮小した。一方、第三次産業の就業者は70.6%を占め、男性34.2%、女性36.4%と男女間の就業者数の差を大きく縮小しながら拡大してきた。第三次産業就業者の男女比（男性を100とする比率）は昭和45（1970）年の67.1%から106.4%へと大きく上昇した。

このように、かつての出生率安定期に存在した男性優位の就業構造は、男性を主たる稼ぎ手とする性別役割分業社会を強固に生み出す背景となったが、オイルショック後の経済変化は、特に1980年代から進んだ経済のグローバル化と国内経済のサービス化の進展に伴って、第三次産業における女性の就業機会の増加をもたらした。またそれに加えて、非正規就業に見られる非典型雇用とよばれる多様な働き方も増えてきた。このように、就業構造の変化とときを同じくして、わが国の出生率低下と晩婚化・未婚化現象が起きてきたのである。

# 3 就業女性の人口学的属性の変化

女性就業者たちの人口学的な属性はどのようなものであったろうか。女性の労働力率を年齢と配偶関係の上から見ることにしよう（**図2－1－9**）。昭和60（1985）年と令和2（2020）年の配偶関係別労働力率を比較すると、昭和60（1985）年当時に見られた**M字型**[*12]とよばれる労働力率の年齢カーブは、令和2（2020）年になるとM字の底が上昇してきている[*13]。

昭和60（1985）年の25～29歳の配偶関係不詳を含む労働力率は

＊12
「M字型就労」とは、女性の労働力率が、かつて夫は仕事・妻は家庭へと性別役割分業によって結婚前の年齢層の労働力率が高く、結婚後の出産・子育て期に労働力率が低くなり、40歳台で再び高くなる傾向がみられ、これを「M字型就労」とよんだ。

＊13
この「M字型就労」が変化してきており、20～30歳台の未婚労働者の増加によって労働力率のフラット化が生じている。

〈図2－1－9〉**配偶関係別に見る女性の労働力率：1985年と2020年**

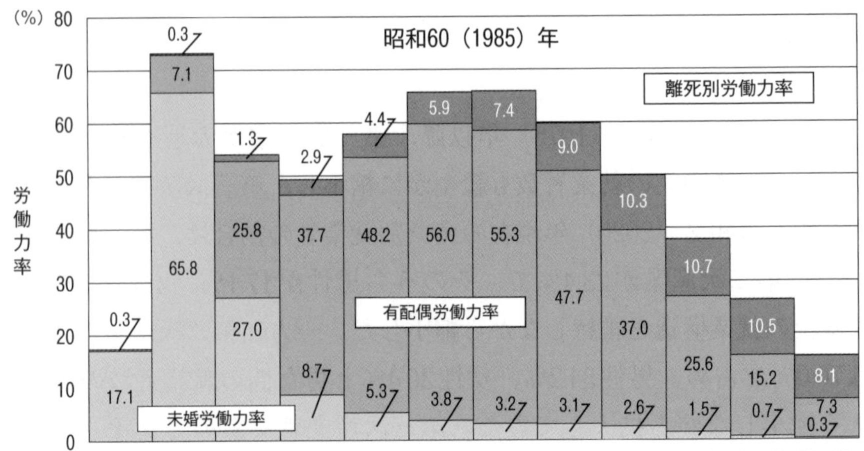


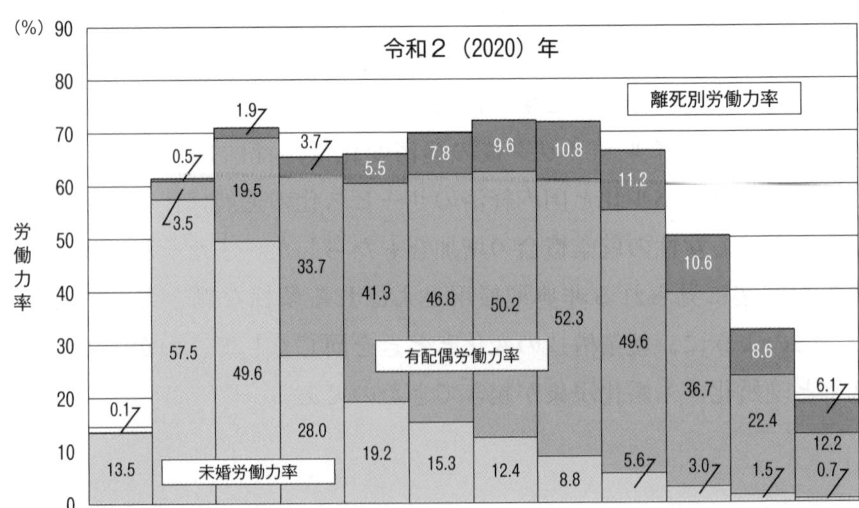


※ただし、配偶関係「不詳」を含む。
（出典）総務省統計局「国勢調査」をもとに筆者作成

54.1％であったが、令和２（2020）年には71.0％へと16.9ポイント上昇した。すなわち20歳台後半女性の労働力化である。

そして配偶関係別に労働力率を見ると、女性の未婚労働力率は昭和60（1985）年の27.0％から49.6％へとおよそ２倍近く増えた。一方、有配偶労働力率は25.8％から19.5％へと低下し、女性労働力に未婚化現象がみられる。このような傾向は、30歳台・40歳台でもみられ、女性労働力率上昇には未婚女性の就業化と就業の長期化が起きており、それが20歳台後半ならびに30歳台の未婚率上昇と密接に結び付いている。

性別役割分業が強固に存在した高度経済成長期には、女性にとって結婚は、「親の家計」から「夫の家計」への移行であり、その意味で結婚行動は家計の点から見ると経済合理性をもっていた。

社人研の最新の出生動向基本調査によれば、結婚を希望する独身男女は９割前後と多い。それにもかかわらず未婚化傾向が続いているのは、学卒後に就業する世代の女性たちは自ら所得を得ており、この世代の女性たちにとって結婚のもつ意味が変容し、結婚は恋愛を通じて達成される自己実現の一つとなった。それだけに結婚のタイミングや結婚そのものの選択に多様性が見られるようになったことが大きいものと考えることができる[*14]。

一方、結婚した夫婦の子どもの生み方は、1960年代以降に生まれた世代で明らかに遅れが見られ、生涯に生む平均的な子ども数は減少傾向にある。1990年代前半に出産を控えていた夫婦は、その後のバブル経済の崩壊などで日本社会の先行きの不安感は深刻さを増し、家族の形成過程に影響を与えてきたとみられている。

就業と子育ての両立についても厳しい状況が続いてきた。**図２－１－10**は、第１子の出生年別にその母親の就業経歴を調べたものである。昭和60（1985）～平成元（1989）年に生まれた第１子の母親で最も多い就業経歴は出産退職の37.4％であった。続いて妊娠前から無職であったものが35.3％、就業継続が23.9％である。ただし、就業継続の中の育児休業利用者が5.5％、育児休業利用なしが18.4％であった。既婚女性の就業経歴は平成22（2010）～平成26（2014）年になって大きく変化してきている。出産退職は31.1％へ減少し、妊娠前から無職も21.2％へと減少している。女性就業化の進展の効果とも考えられるが、一方で就業継続は42.4％へと５年前より11.1ポイント増加した。仕事と出産・子育ての両立支援を掲げた少子化対策は保育ニーズを高め、待機児童問題を深刻化させてきた。就業継続者の拡大がこの５年間に急速に進んでい

＊14
結婚変動や出生行動変化に関する仮説については、髙橋重郷「結婚・家族形成の変容と少子化」大淵 寛・髙橋重郷編著『少子化の人口学』原書房、2004年、を参照されたい。また、夫婦の出生行動の変化については、国立社会保障・人口問題研究所「わが国夫婦の結婚過程と出生力-第14回出生動向基本調査」厚生労働統計協会、2012年、に詳しく解説されている。

〈図2－1－10〉第1子出生年別、第1子出産前後の妻の就業経歴

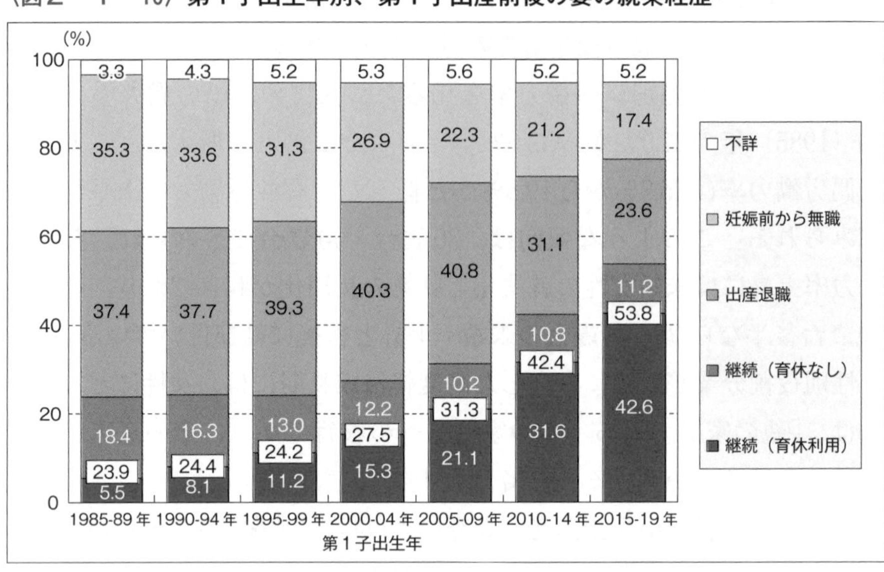


（出典）国立社会保障・人口問題研究所「第16回出生動向基本調査（夫婦調査の結果概要）」2021年

るように見られる。さらに、就業継続者の中で、育児休業制度を利用する人々は着実に増加してきている。

働く女性の増加、すなわち労働参加率と賃金水準の上昇は、子育ての機会費用[*15]（そのまま働き続けていたら稼げていた所得＝逸失利益）の上昇をもたらしている。このことは、子育て支援が不十分で母親にとって仕事と育児の両立が困難な場合であるほど子どもをもとうとする意欲を減じさせている可能性がある。

＊15
結婚・出産後も正規就業で働き続けるという選択をしていたら、稼ぐことができたであろう潜在的な利益・所得のこと。

現実の子育て期の女性の就業形態と所得の実態について見ることにしよう。**図2－1－11**は、平成29（2017）年の「就業構造基本調査」から得られた、男女別就業形態別年間所得階層別に見た35～49歳の就業者数である。男性の所得分布は「正規の職員・従業員」によって構成され、年間所得400～499万円を中心に正規分布に近い形をしている。

それに対して女性の所得分布には2つの山が見られ、1つは正規の職員・従業員の300～399万円をピークとする山であり、もう1つが50～99万円をピークとする非正規のパート・アルバイト等の第2の山である。女性の就業形態は「正規の職員・従業員」が女性有業者の41.4％を占め、残りの56.5％が非正規の就業形態である。また非正規就業者のうち45.7％が100万円未満の所得である。また、非正規就業者のうち73.3％が150万円未満である。

以上のように、多くの女性たちの働き方が、所得税の課税最低限度額の103万円や第三号被保険者の所得の資格要件である130万円以内に抑

〈図2－1－11〉雇用者の就業形態別年間所得階層別有業者数

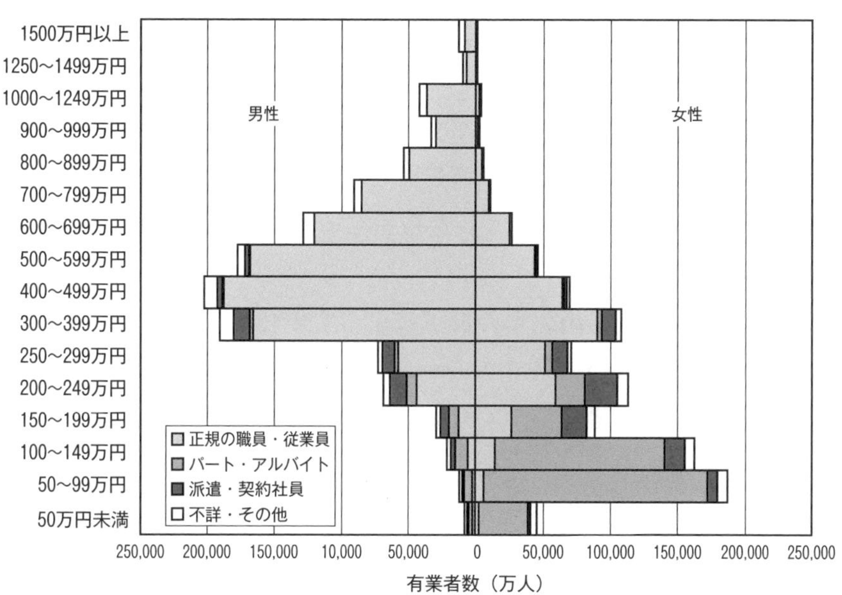


（出典）総務省統計局「平成29年就業構造基本調査」2017年

えた働き方に調整されている姿が明らかである。このことは結婚後の女性就業が極めて高い逸失所得[*16]、すなわち機会費用を生じ、就業行動を抑制しているかを示唆している。このことはまた、未婚就業者にとって見ると、未婚状態から結婚へのライフステージの移行に高い機会費用を伴うものであることを示している。

＊16
結婚・出産後、再び働きに出ても多くの女性が正規就業よりもパート・アルバイトなどの非正規就業者となり、収入が減り失う所得が生じること。

# 4 人口減少社会の課題

少子化・長寿化という人口動態の一大変化は、長期的にわが国の総人口の減少と急速で極めて高い水準の人口高齢社会を生み出す。高齢期の生活の援助や人々が病気や失業などさまざまな理由から社会的援助を必要とするときのため、どのような社会においても、程度の差はあれ社会保障などのセーフティネットが用意されている。わが国では医療保険、社会保険、介護保険、あるいは雇用保険といった仕組みがつくられ運営されてきている。また社会福祉の領域では、生活保護制度や児童手当制度といったさまざまな仕組みも用意されてきた。しかしながら、急速な勢いで進む超高齢化社会の進行は、日本社会のセーフティネットの仕組みを根底から揺るがしかねない問題としてある。

1970年代のなかばから始まったわが国の出生率低下は、合計特殊出生率で見て1.4前後という、先進諸国の中でも極めて低い部類に入る低出生率社会を出現させた。このような極めて低い出生率は、短期的には緩やかな人口減少を生み出すが、出生率が回復しない限り、長期的に大規模な人口減少を生じさせてしまうことになる。たとえ出生率回復が起きたとしても、出生率が2.07未満にとどまる限り、人口減少のスピードを減速させるが、「超低出生率」から生じる相対的な高齢化の問題を若干緩和するにしかすぎない。

未婚率の上昇や夫婦出生率の低下による少子化現象は、わが国に暮らす人々の自由な選択の結果であるから、人口減少社会を受け入れ、それに向けた社会へと仕組みをつくり替えていくべきという考え方がある。また一方、未婚率の上昇や夫婦出生率の低下は、むしろ現実に存在するさまざまな制度や仕組みが、人々の希望する生き方や人生の選択を困難にさせる不自由な選択へと導いていることによっているかもしれない。

世界の国々の出生率動向は多様で、北欧やフランスをはじめOECD諸国の合計特殊出生率は1.3から1.9の水準にある[*17]。出生率は、人々の働き方や社会制度、ならびに労働市場の改革を通じて、いまや多様な水準にある。こうした諸外国の経験や動向を見たとき、少子化の問題やそれによってもたらされる人口減少と高齢化問題は、優れて社会の制度や社会の仕組み・社会慣習と「人間の再生産システム」の不整合から生じているのではないかと考えられ、それらの問題に向き合って対処することが現代社会の課題であろう。

＊17
OECD（経済協力開発機構）加盟38か国の出生率の動向は、OECD家族データベースによって入手可能である。データベースには現在、①家族の構造、②家族の労働市場での地位、③家族と子どものための公共政策、④子どもの成果、という４つのテーマで統計指標がまとめられ、提供されている。

**BOOK 学びの参考図書**

●京極髙宣・髙橋重郷 編『日本の人口減少社会を読み解く－最新データからみる少子高齢化』中央法規出版、2008年。

日本の人口減少を人口統計に基づいて解説し、少子化の背景要因や長寿化がもたらされた要因を解説する。人口動態の変化によってもたらされる日本の将来の人口動向と社会経済的な課題について論述している。

●山崎史郎『人口減少と社会保障－孤立と縮小を乗り越える』中央公論新社、2017年。

人口減少と少子高齢化について、実際の社会政策を担った経験者の立場から、全世代型社会保障の課題について論じている。

**参考文献**

● P. マクドナルド、佐々井　司 訳「非常に低い出生率：その結果、原因、及び政策アプローチ」国立社会保障・人口問題研究所『人口問題研究』第64巻２号（2008年）、（財）厚生統計協会

# 第2部　現代社会の諸相

# 第2章

# 健康と社会

**学習のねらい**

本章では、健康と社会との関係について理解する。

日本において健康という概念が学術的に用いられるようになったのは比較的最近のことである。1946年のWHO憲章で提示された、「健康とは単に病気でない、虚弱でないというのみならず、身体的、精神的、そして社会的に完全に良好な状態を指す」という健康の定義は広く知られているが、個人の健康状態の把握には、病気か健康かといった二分法の健康と、健康破綻と健康との連続体上に位置するという連続体の健康という立場があることを示す。そして、近年、慢性疾患を抱えつつも社会生活を送る人々が増加していることなどから、健康が人々の生活や人生に近づきつつあることを示す。

健康は、社会的要因によって影響を受ける。疾病の自己責任論に陥らないよう注意する必要があるが、ライフスタイルが健康に与える影響が注目されるにつれて、人々が自らの健康をコントロールし、改善できるようにする過程として「ヘルスプロモーション」が登場した。また、社会経済的な地位と健康とが相関関係を示していることから、健康格差にも注意が必要である。アルコールや薬物への依存症は、社会と健康との関係を示す一例である。日本の薬物依存症対策は司法モデルであり、セルフヘルプグループ活動への参加によって当事者の行動変容を促すことで実現される回復支援や治療への支援も必要である。そうした支援過程においてソーシャルワークの果たす役割が大きいことも理解してほしい。

# 第1節　健康論

## 1「健康」の由来

「健康」は古来日本語にあった用語ではなく、江戸時代後期から明治初期に英語「health」の訳として導入されたといわれている。当時は客観的に医学生物学的に良好な状態をさしたとされ、学術用語であった。西欧においては『健康（健全)』にあたる概念は、哲学・美学・道徳などに共通した概念で、その意味するところは『全体性の調和』という規範的な意味で[1)]、現代の意味とはやや異なる。その後日本では、「衛生」や「保健」という用語が20世紀になり学問分野の名称として登場するが、「健康」という用語は1970年代の医学事典にも登場していない。

日本においては、1970年代以前から「健康」や「健康増進」という用語が法令文中には登場していた。しかし、学術の領域で盛んに用いられるようになったのはこの数十年の間である。世界保健機関（WHO）が1979年に採択した[＊1]アルマ・アタ宣言とよばれる宣言文の中で「すべての人々に健康を（health for all)」がスローガンとして提示された。その後、WHOが1986年に**ヘルスプロモーション**のためのオタワ憲章を制定したことで、ヘルスプロモーション・ムーブメントとよばれる学術界での国際的な動きが見られた。ヘルスプロモーションは「健康推進」（あるいは「健康増進」）と訳された。こうした国際的な動きを受けて1980年代後半から90年代のあたりから「健康」という用語が日本国内の学術領域で登場する頻度が増えてきた。

＊1
ソビエト連邦アルマ・アタで開催された第一回プライマリヘルスケアに関する国際会議（WHO、UNICEF主催）で出された。

## 2 健康言説と健康の定義

では、「健康」の意味について見ていこう。現代では「健康」は語る人（主体）によりさまざまな意味をもつ。つまり「健康」は言説である[＊2]、ともいわれている。ここでは、一般市民と医療専門家と大きく二つの視点で見ていく。まず、一般市民はどのように「健康」をとらえているのだろうか。平成26（2014）年に厚生労働省が行った健康意識調査の結果を見てみよう。「あなたはふだん、健康だと感じていますか」という質問に対して、自分を「非常に健康だと思う」と答えた人は7.3%、「健康なほうだと思う」と答えた人は66.4%おり、合わせて73.7%の人

＊2
この言説の主体は、医療専門家、メディア、素人の三者に分けることができる（引用文献2)。

が自分を健康だと考えていた。また、この「健康」の判断において重視した事項は「病気がないこと」が63.8％で最も多く、次いで「美味しく飲食できること」が40.6％、「身体が丈夫なこと」が40.3％、「ぐっすりと眠れること」が27.6％、「不安や悩みがないこと」が19.1％であった。

では、医療専門家はどのように「健康」をとらえているのだろうか。ここでよく登場するのが「健康の定義」である。1946年にWHO憲章において提示された健康の定義は次である。

> 「健康とは単に病気でない、虚弱でないというのみならず、身体的、精神的そして社会的に完全に良好な状態を指す」（Health is a state of complete physical, mental and social well-being and not merely the absence of disease or infirmity.）

これは、健康を「病気」や「虚弱」という否定的な状態の否定という軸でとらえるものではなく、「ウェルビーイング（well-being）」という肯定的な状態の軸でとらえることを示している。そしてウェルビーイングには身体、精神、社会の３領域があることを意味している。これは「WHOの健康の定義」として、医学系専門職のテキストにもたびたび登場する。

しかし医療専門家が「健康」という用語を使うとき、必ずしもこの定義に則（のっと）った使われ方をしていないことに注意する必要がある。基礎医学や臨床医学、予防医学、社会医学の各領域では、疾患の原因に着眼しそれを探求し、除去するという観点で研究・実践が行われる。健康は疾患が除去された状態を意味する。これは疾患－健康の二分法の健康観とされ、こうした見方をする学問的立場は疾病生成論（pathogenesis）とよばれている。病気の原因は危険因子（risk factor）とよばれる。

他方、極めて良好な状態と極めて悪い状態は直線上の両端にあり、個人の健康状態はその中間のどこかに位置付けられるとする見方は連続体の健康観とされ、こうした見方をする学問的立場は**健康生成論**[*3]（saluto-genesis）とよばれている。このとき、健康の原因は健康要因（salutary factor）とよばれている（**図２－２－１**）。

＊3
本双書第11巻第４章第３節参照。

健康社会学者のアーロン・アントノフスキー（Antonovsky, A.）は、この二分法の健康観と連続体の健康観の双方が同時に存在していることを提唱した。さらに、医学をはじめ多くの関連学問分野では疾病生成論が圧倒的に優勢で後者の健康生成論は後れをとっていること、しかし両者は相互補完的な関係をもちつつ発展していく必要があることを示唆し

〈図2－2－1〉二分法の健康と連続体の健康

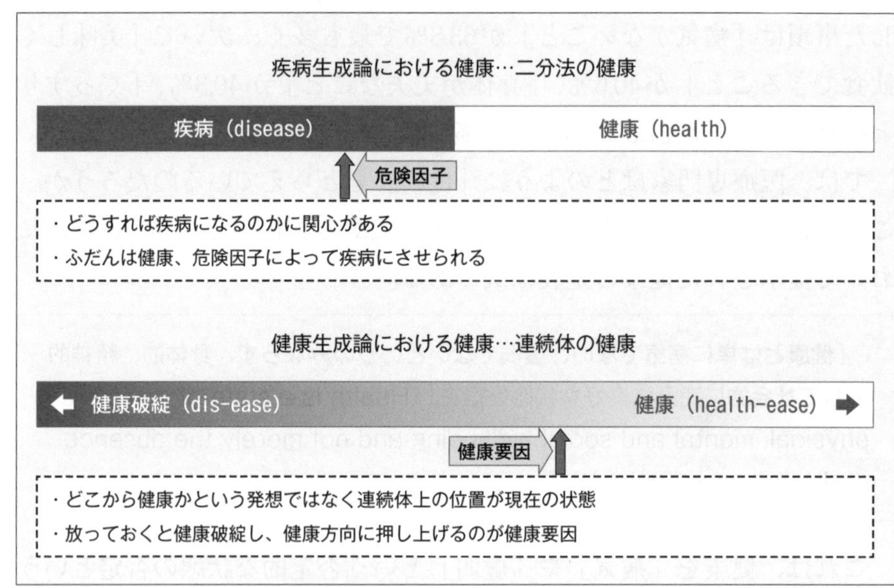


（出典）アントノフスキーの理論をもとに筆者が図案化

た。

近年では高齢者医療において、「**フレイル**（Fraility）」という状態に注目が集まっている。フレイルは「虚弱」や「脆弱」の意味で、疾患や障害が発生する前の虚弱状態をさす。このフレイルという状態を医学的に診断し治療する、あるいは予防することが課題といわれている[＊4]。同様に、「**未病**」という中国医学の用語にも注目が集まっている。これも病気の一つ手前の意味で、検査値に異常はないが自覚症状がある状態、または自覚症状はないが検査値に異常がある状態をさす[＊5]。フレイルと同じく未病を診断し治療すること、または予防することが課題とされている。これらの考え方は一見すると二分法の健康の考え方とは異なるように見える。しかし治療や予防の対象であり、疾患や障害はなく、フレイルや未病でもない状態が健康という位置付けであることから健康生成論とはやや異なる立場といえる。むしろ疾病生成論における疾病の自然史[＊6]の考え方に近いといえるだろう。

＊4
日本老年医学会ホームページ「フレイルに関する日本老年医学会からのステートメント」。

＊5
日本未病学会ホームページ「未病とは？」。

＊6
疾病がたどる経過に関する疫学概念。疾病と全く関係がない時期（感受性期）、その後何らかの理由で異常が発生するが臨床症状がない時期（前臨床期、感染症の場合は潜伏期）、臨床症状が出現して疾病と診断される時期（臨床期）から成る。

## 3 WHOの健康の定義を超えて

WHOの健康の定義は提示された当時としては前衛的なものであったが、その後さまざまな批判が生じた。フーバー（Huber, M.）らは批判の整理を行い「完全に良好な状態」と「完全に」がある点が多くの批判を引き起こしていると指摘した。[3)] 完全な健康を求めることは、医療専門家だけでなく医療技術産業への依存が大きくなる。例えば、血圧を考えてみよう。深刻でない程度の値でも異常値と判定するような新たな血圧計が人気を博したり、以前は病気とはしていなかったレベルの人のために使う薬やサプリメントが人気になったりするなどがあげられる。[*7]

また、20世紀後半以降は、慢性疾患が増加した。**図2－2－2**に主な死因別の死亡率の年次推移を示す。昭和22（1947）年には感染症である結核と肺炎が第一位、第二位の死因であった。しかし栄養状態や住環境の改善、治療法の進歩によりその後急激に結核と肺炎は死亡率が減少した。そして、1980年代以降は悪性新生物（がん・悪性腫瘍）が、次いで平成12（2000）年ごろからは心疾患（心筋梗塞など）といった慢性疾患が主な死因になっている。慢性疾患は一過性で完治する急性疾患と異なり、長期間の治療を継続し、疾患とともに生活をしていくことが必要な疾患である。健康を「完全に良好な状態」とすると、慢性疾患をもちつつも、いきいきと社会生活を送っている人の状況を過少に評価してしまうことになる。

また、過去にもWHOの定義は動的（dynamic）でなく静的（static）であると批判されてもいた。例えば、直面するさまざまな出来事を乗り越えていく力をもっていることや、生まれてから死ぬまでさまざまな人生のステージでうまく生きていくこともまた、健康といえるのではないだろうか。こうしたことを加味して、フーバーらは健康を「適応し、セ

＊7
こうした、かつては医療の対象でなかった現象が医療の対象となることは医療化（medicalization）とよばれている。妊娠・出産やアルコール依存症、近年の発達障害などが該当する。

〈図2－2－2〉主な死因別の死亡率の年次推移

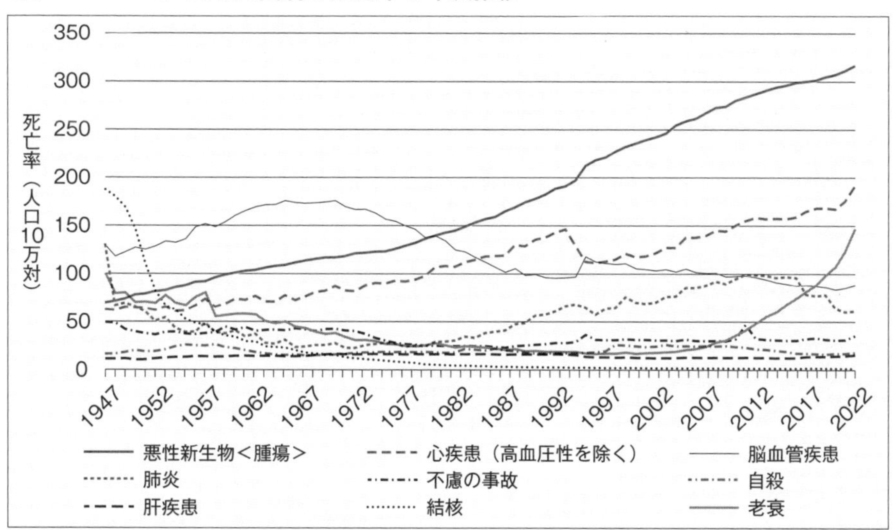


（出典）厚生労働省「令和4（2022）年人口動態統計月報年計（概数）」より筆者作成

ルフマネージメントする力（ability）」とすることを提案した[3)]。この定義に基づけば、健康とは社会的には、病気や障害があってもうまく自己管理をして、ある程度独立した人生を送ることができ、通学したり、仕事をしたり、社会生活に参加できる状況をさすことになる。

この観点は、「健康」が人の生活や人生に極めて近づいたものといえる。健康は「目的」なのか「手段」なのかという議論がある。完全に良好な状態をめざすためさまざまな努力をすることが人生目的となってしまう状態（しばしば「ヘルシズム（healthism）」とよばれる）を批判し、健康はあくまで「手段」とみなす必要があるともいわれる。しかしこの観点は、学業や仕事上の目標達成のために健康を犠牲にして心身の不良や過労死を引き起こしたり、障害や病気のために思うように社会参加ができない人を劣っているとする見方を引き起こしたりする危険もある。「生活・人生」が満たされた状態に近い意味での「健康」は手段であると同時に目的であるといってよいだろう。

# 第2節　健康の社会的決定要因

## 1 ヘルスプロモーション

1974年に、カナダ保健相マーク・ラロンドが発表したラロンド・レポートとよばれる報告書が欧米各国に大きなインパクトを与えた。このレポートではカナダ国民の死亡を左右する要因について、人間生物学（遺伝・老化など）、環境（物理的・化学的・生物学的）、ライフスタイル（喫煙、運動不足、薬物乱用など）、保健医療（医療、看護、病院、クリニック、薬局、地域保健サービスなど）の４つに整理した。さらに、これら４要因対策の予算措置を比較した場合、圧倒的に保健医療への投資が大きい（ライフスタイルの100倍以上）一方で、死亡にかかわる要因の50％以上がライフスタイルであり、保健医療は10％に満たないことが示された[4)]。

この流れを受けて1986年にWHOとカナダ政府が合同で開催した第１回ヘルスプロモーション国際会議において「ヘルスプロモーションのためのオタワ憲章」[＊8]が制定された。ここでヘルスプロモーション（健康推進・健康増進）を「人々が自らの健康をコントロールし、改善することができるようにする過程」と定義し、健康のためのアドボカシー[＊9]、能力付与（enabling）、調停（mediating）の３つの戦略が示された。さらに、健康のための必要条件として、平和、住居、教育、食物、収入等をあげ、その整備の必要性を説いた。

WHOのヘルスプロモーションは健康を決定する要因とそれらをコントロールする力に着眼している点で、ラロンド・レポートより深化している。健康の要因として個人のライフスタイルに着眼すると、健康に悪い生活をしてる人が悪いという「疾病の自己責任論」に陥るが、WHOのヘルスプロモーションでは、これを避け、健康の要因を社会的要因とし、組織・地域・政策として取り組む必要性を説いた。

## 2 健康の社会経済的不平等

昨今、**健康格差**[＊10]という用語が用いられるが、古くは健康の不平等（health inequality）という用語で研究が行われてきた。格差が単純な差を意味することに対し、不平等には価値が加わり、人には健康に生き

＊8
本双書第14巻第１部第７章第１節１（２）参照。

＊9
権利擁護、唱道などと訳され、健康推進に向け弱者や当事者の置かれた状況の回復に向け社会や政治にはたらきかける活動を意味している。

＊10
理想的な健康水準よりも、そこから上位または下位にどのくらい離れているのか社会的に格付けされた差をさす。平成25（2013）年に健康日本21（第二次）の目標の一つに（都道府県間の）健康格差の縮小が掲げられ、社会的に認知されるようになった。

る権利があって優劣があってはならないとする背景がある。

社会経済的地位[*11]と健康との関係についての探索は、18世紀の産業革命以降社会が階級化した西欧諸国において行われてきた。古くは1842年に英国の社会改革者チャドウィックが、イングランド国内住民を貴族・専門職階級、商業者階級、肉体労働者階級と大きく三者に分け、労働者階級では、貴族階級の実に2.5倍乳幼児死亡率が高かったことを報告している。20世紀に入ると、社会学領域で健康の社会階層間格差・不平等研究が盛んとなった。同時に先進国では感染症から慢性疾患の疾病構造の転換が生じたが、健康の不平等の存在が明らかになり警鐘が鳴らされ続けてきた。1980年に英国保健社会保障省が提出したブラックレポートでは、出生時体重や周産期死亡、慢性疾患罹患率、平均寿命などに社会経済的不平等があることを英国内外に知らしめることとなった。

## 3 健康の決定要因対策へ

1990年代から2000年代にかけ、健康の社会経済的格差・不平等に関する調査研究が蓄積され、健康の社会経済的決定要因への関心が高くなった。そこで、各国におけるヘルスプロモーション政策立案の根拠とするためにWHO都市保健センターが中心となり2003年までに実施された数千件に上る実証研究成果を整理し「[*12]Social determinant of health：Solid facts（健康の社会的決定要因－確かな事実）」というレポートが作成された。このなかでは、社会的格差（social gradient）を含む10の健康の社会的決定要因に関する事実と対策[*13]が整理された。

2005年にバンコクで行われた世界ヘルスプロモーション会議では、健康格差縮小を政策的に実施する必要性を盛り込んだバンコク憲章が採択された。バンコク憲章では「人々が自らの健康とその健康決定要因をコントロールする能力を高め、それによって自らの健康を改善できるようになるプロセス」と改訂され、各国で健康決定要因対策への意識が高まっている。

＊11
社会経済的地位の高低とは、社会的資源（所得、財産、権力、権限、周囲からの称賛や尊重、知識、技術等）所持量の大小を意味する。同等の社会経済的地位の集団（例えば管理職集団、自営業集団、年収1,000万円以上の集団など）は社会階層とよばれている。社会学や経済学では社会経済的地位及び社会階層として収入、職業、教育を取り上げることが多い。

＊12
①社会格差、②ストレス、③幼少期（母子の健康や健全な成長発達につながる社会経済的資源の整備）、④社会的排除（貧困、差別、マイノリティグループの孤立や排除からの保護）、⑤労働（健康と生産性の両立、職場環境の整備）、⑥失業、⑦社会的支援（社会関係の構築、社会参加が可能な地域づくり）、⑧薬物依存（飲酒、喫煙も含む）、⑨食品（食事内容の偏りの改善、民主的で透明性の高い安全基準の設定など）、⑩交通（公共交通の増加と自動車交通量の低減により、運動量の増加、死亡事故の減少、社会との結びつきの深まり、大気汚染の減少）である。

＊13
本双書第14巻第1部第7章第1節2参照。

# 第3節 社会とかかわりが深い健康事象

## 1 薬物依存症と司法モデル

アルコールやニコチンを含むさまざまな物質について社会的な許容範囲から逸脱した方法や目的で使用を繰り返すと中枢神経系（大脳や中脳）の報酬系とよばれる神経回路に異常が生じる。こうした状態を薬物依存症という[*14]。飲酒や喫煙によるアルコールやニコチンの摂取は社会的に許容されているが、わが国では覚醒剤やコカイン、モルヒネや大麻などは、法律により摂取が規制されている。覚醒剤取締法違反の検挙者数は平成18（2006）年以降おおむね横ばいであるが毎年１万人を超える状況が続いている。大麻取締法違反の検挙者は平成26（2014）年以降急増しており令和４（2022）年では5,546人に上った[*15]。

ニコチン依存については治療薬の開発が進み、保険適用による治療が行われている。しかし今のところ、それ以外の依存には決定的な治療薬がなく、セルフヘルプグループ[*16]とよばれる当事者同士の行動変容をめざしたグループ活動に参加し続けることで回復をめざすことになる。依存症のセルフヘルプグループは歴史が古く、1930年代に米国でアルコホーリクス・アノニマス（AA：匿名のアルコール依存症たち）が設立され、そこから派生する形でナルコティクス・アノニマス（NA：匿名の薬物依存症者たち）が設立された。日本でもAA、NAの活動は展開しているが、AAを参考に日本独自の断酒会という会も設立され全国的な活動も行われている。AA、NAには保健医療の専門家は基本的に関与せず、司会者の進行の下独自のプログラムで定期的に例会が行われている。また、日本の薬物依存症者にはダルク[*17]（DARC）という組織の活動も回復に役割を果たしている。ダルクは依存症者同士が共同生活し、あるいは通所し、地域のNAと連携しつつグループミーティングなど回復のプログラムを毎日あるいは週に数回開催するという施設である。

日本の薬物依存症対策のあり方は「司法モデル」といわれている[5)]。つまり、徹底して法律により取り締まることで、薬物使用者数を抑え、薬物使用の抑止に効果を見せてきた。しかし、昨今では危険ドラッグ、あるいは合法ドラッグなどとよばれる新たな合成薬物が次々と出回っている。違法薬物として新たに指定されると、さらに新たな薬物が登場す

＊14
依存症については、本双書第11巻第４章第４節４参照。

＊15
厚生労働省「全薬物事犯検挙人数」。

＊16
共通の経験や問題を抱えている複数名から成り、相互援助を通じてメンバーの問題を改善し、より効果的な生活や人生を実現していく目的のグループをさす。主にさまざまな疾患や障害の当事者や家族を中心に組織され、専門家は補助的に入ることもあるが主体にはならない。

＊17
Drug Addiction Rehabilitation Center：薬物依存リハビリテーションセンター。

る、といった形で、まさに「いたちごっこ」となっている。

さらに、薬物依存は依存状況が極度に進行した「底つき」とよばれる破綻した状況（逮捕・失業・離婚など）に陥らないと断酒や断薬につながらない、逆にこうした状況に陥ることで初めて助けを求めるケースが多いことが知られている。また、薬物使用による逮捕者は極めて再犯が多いことも知られている[*18]。このことは司法による取り締まりに極めて多くのエネルギーを投じているものの、依存症からの回復支援や治療への対策が弱いことを意味している。実際に先ほどのダルクやAA、NAは寄付金（一部は助成金）を中心に運営する民間組織である。

近年司法による薬物使用の取り締まりを緩めることで（少量の所持や個人使用については取り締まらない）薬物依存症者の減少に成功した国が出ている。こうした国や地域では、依存症者に対しては医師による処方を通じて徐々に薬物の使用を減らす治療や、薬物の自己注射にあたって清潔使用を支援する取り組みなどが行われている。こうした取り組みは「ハームリダクション（harm reduction）」とよばれ、世界的に注目されている。

＊18
「令和３年版犯罪白書」によると、覚醒剤取締法違反で検挙された者のうち、同一罪名再犯者は近年上昇傾向にあり、70.1%に上る。

## 2 自殺と社会

令和３（2021）年の人口動態統計によると、[*19]自殺による死亡者数は21,007人である。男性は13,939人、女性は7,068人と男性は女性の２倍以上の数になる。WHOの統計による先進国（Ｇ７）の中では日本は最も高く、世界でも６番目に高い[*20]。**図２－２－３**に年代別の死亡率を示し

＊19
犯罪を想起させ差別偏見を助長させる可能性に配慮し、一部の自治体では、すべて「自殺」でなく「自死」と表現するなどの動きがある。本書ではNPO法人全国自死遺族総合支援センターの「『自死・自殺』の表現に関するガイドライン」に基づき、行為表現としての「自殺」を用いた。
本双書第11巻第４章第４節５参照。

＊20
厚生労働省『令和４年版 自殺対策白書』、2022年、31～33頁。

**〈図２－２－３〉令和３（2021）年の年代別自殺死亡率**

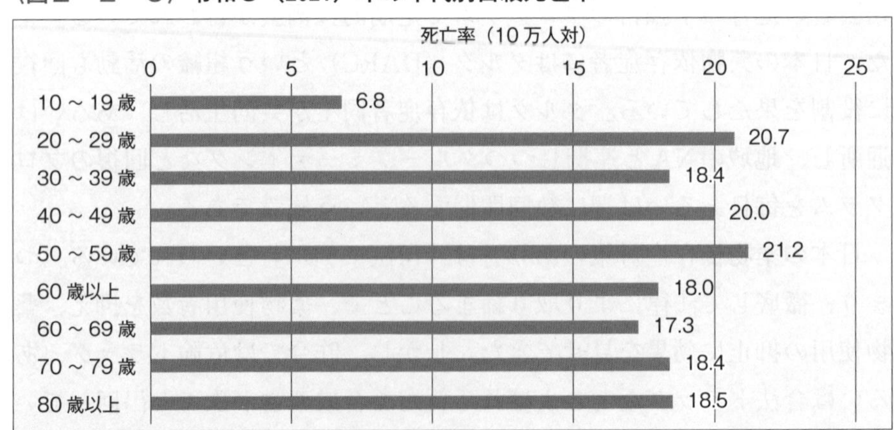


（出典）厚生労働省『令和４年版 自殺対策白書』より筆者作成

〈表2－2－1〉原因・動機特定者の原因動機別自殺者数

（単位：人）

| | 原因・動機特定者の原因・動機別 | | | | | | |
|---|---|---|---|---|---|---|---|
| | 家庭問題 | 健康問題 | 経済・生活問題 | 勤務問題 | 男女問題 | 学校問題 | その他 |
| 令和3年 | 3,200 | 9,860 | 3,376 | 1,935 | 797 | 370 | 1,302 |
| 令和2年 | 3,128 | 10,195 | 3,216 | 1,918 | 799 | 405 | 1,221 |
| 令和元年 | 3,039 | 9,861 | 3,395 | 1,949 | 726 | 355 | 1,056 |
| 平成30年 | 3,147 | 10,423 | 3,432 | 2,018 | 715 | 354 | 1,081 |
| 平成29年 | 3,179 | 10,778 | 3,464 | 1,991 | 768 | 329 | 1,172 |

注：自殺の多くは多様かつ複合的な原因及び背景を有しており、様々な要因が連鎖する中で起きている。遺書等の自殺を裏付ける資料により明らかに推定できる原因・動機を自殺者一人につき3つまで計上可能としているため、原因・動機特定者の原因・動機別の和と原因・動機特定者数とは一致しない。
（出典）厚生労働省『令和4年版 自殺対策白書』

た。これを見ると50歳台が最も多く、次いで20歳台、40歳台と続いている。自殺の要因の内訳をみると（**表2－2－1**）、最も多い要因が健康問題であり、次いで経済・生活問題、家庭問題が続いている。

年齢や性別を考慮しても自殺は精神疾患患者において高い頻度で生じていることがわかっている。特に関係が深いといわれている疾患がうつ病と双極性障害である。また、薬物やアルコール摂取との関連も指摘され、自殺企図者（自殺未遂者も含む）の約30％は企図前にアルコールを摂取しており、その半数は酩酊状態であったこともわかっている。

このように精神疾患と自殺は大きくかかわるが、社会的な要因が大きくかかわることもわかっている。19世紀後半の社会学者のデュルケーム（Durkheim, É.）は著書『自殺論』で自殺を「社会的事実」として位置付け、個人に影響する力が社会に存在していることを明確に示した。このなかでは、社会的統合（社会と個人あるいは個人と個人とのつながりの強さ）と社会的規制（社会が個人の願望や欲望に干渉する程度）という２種類の社会との絆（きずな）の様式を用いて次に示す４つの自殺の類型化が行われた。

第一が自己本位的自殺であり、これは社会的統合度が極めて弱い場合に生じる。これはカトリック教徒のほうがプロテスタント教徒より自殺率が低い理由はカトリック教徒の強い共同体や、プロテスタントの教義の自由さゆえの孤立があり、統合度が低いことから説明されている。第二がアノミー的自殺であり、社会的規制が低い場合に生じる。社会の不安定さにより規範が失われる状況を「**アノミー**」とよび、こうした状況下では、人々の欲求と状況とがちぐはぐになる。例えば、急激に経済不況になったときや、逆に急激に好況になったときに人々の欲求が満たされなくなり、自殺につながる。

第三が集団本位的自殺で、社会的統合度が極めて高いときに生じる自殺である。伝統社会において生じるケースが多く、病気や障害を負ったことによる自殺、後追い自殺、殉死などがその例とされる。社会的統合が強い場合に個人の生命よりも集団や社会に高い価値が置かれ、その場合に生じる自殺である。第四が宿命的自殺で、社会的規制が極めて高いときに生じる自殺である。極端に物質的・精神的に抑圧された状況下の自殺で、例としては奴隷の自殺が相当するといわれている。

このように明確に社会的な様式の下で類型化できるとしたデュルケームの自殺論はその後いくつかの批判はあるものの、社会的なつながりと自殺あるいは健康事象との関係は、今日に至るまで各方面で極めて高い意義と関心がもたれ続けている[*21]。

＊21
本書第１部第２章第４節１参照。

### BOOK 学びの参考図書

- 山崎喜比古 監修、朝倉隆司 編『新・生き方としての健康科学』有信堂高文社、2017年。
  「健康に生きること」をキーワードに学生向けに、健康を、その定義に始まり、日常生活、生誕から死亡に至るライフコースの観点、グローバルな地球規模の観点から整理した書。

- 松本俊彦『薬物依存症』筑摩書房、2018年。
  薬物依存症者への先入観や誤解を解くことを目標とし、自己責任論と刑罰により薬物使用をコントロールする社会を批判し、依存症を「孤立の病」と位置付け、依存症者に向き合った医療や支援の必要性を説いた書。

### 引用文献


1）佐藤純一「『生活習慣病』の作られ方－健康言説の構築過程」野村一男 編『健康論の誘惑』文化書房博文社、2000年、103～146頁

2）野村一男「健康クリーシェ論－折込広告における健康言説の諸類型と培養型ナヴィゲート構造の構築」野村一男 編『健康論の誘惑』文化書房博文社、2000年、27～92頁

3）Huber, M., Knottneurus, J. A., Green, L., Horst, H., Jadad, A. R., et al. (2011) 'How should we define health ? ' *BMJ*, Vol. 343, No. d4163.

4）Green, L. W. & Ottoson, J. M. (1999) *Community and Population Health eighth edition*, New York, McGraw-Hill, p. 34.

5）和田　清「薬物依存を理解する－司法モデルから医療モデルへ－」『こころのりんしょう à・la・carte』第29巻1号（2010年3月）、星和書店、73～78頁


### 参考文献


- Antonovsky, A. (1987) *Unraveling the mystery of health: How people manage stress and stay well,* San Francisco: Jossey-Bass.（山崎喜比古・吉井清子 監訳『健康の謎を解く－ストレス対処と健康保持のメカニズム』有信堂高文社、2001年）
- Durkheim, É. (1897) *Le suicide: Étude de sociologie*, Fèlix Alcan.（宮島　喬 訳『自殺論』中央公論新社、2018年）
- 園田恭一『社会的健康論』東信堂、2010年
- Work group on suicidal behaviors. (2010) *Practical guideline for the assessment and treatment ofpatients with suicidal behaviors*, American Psychiatric Association.

# 第3章

# 家族とジェンダー

## 学習のねらい

本章の目的は、現在の家族、今後の家族のあり方を考えるための視点を得ることである。

「家族」は歴史的に大きく変化してきた。私たちがイメージする家族のあり方は、およそ血縁関係に基づいた、ごく私的で親密な関係を伴うものといったものだが、これは決して普遍的なものではない。現在では家族を定義することすらむずかしくなっている。

一方で、家族を考える際にはジェンダーの視点が不可欠である。本章では、日本における家族の変容を、ジェンダーの視点を交えつつ概観する。高度経済成長期に、愛情を基礎として性別役割分業を営む近代家族の形態が一般化したが、この家族を支える規範が揺らいできている。離婚や結婚についての規範が変化し、個人にとっての選択肢が増大していることは、家族の関係自体の選択あるいは解消を促し、結果的に家族のあり方に大きく影響を与えていることを見る。

さらに、子どもの世話や介護などの、ケアという行為と家族・ジェンダーに焦点化する。ケアと家族をめぐって今、どのような事態が生じているのかを見ることは、現代社会における家族をめぐる問題、そして家族の今後のあり方について、再考することになるだろう。

# 第1節　家族を定義することは可能か

## 1 「大切なもの」としての家族

家族は私たちにとって「大切なもの」である。当たり前のことだと思われるだろうか。しかし、私たちが家族に高い価値を置くようになったのは、それほど遠い昔のことではない。

「あなたにとって一番大切なものは何か」という質問がある[*1]。昭和33（1958）年には「家族」と回答する人の割合は12%にすぎなかったが、1970年代に入ると次第に多くなり、近年では「愛情・精神」「生命・健康・自分」以下を大きく引き離している。そのほかの項目が、軒並み停滞あるいは減少傾向を示しているなかで、「家族」の増加は際立っている（**図2－3－1**）。なぜ人々の間における家族の価値が年々上昇しているのか。現代を生きる私たちにとって「家族が一番大切」という言葉が、なぜ当たり前に響くのか。これについては本章第4節1項で詳しく述べることにする。

＊1
統計数理研究所による「日本人の国民性調査」。「あなたにとって一番大切と思うものは何ですか」という問いに対する自由回答を分類している。平成25（2013）年調査の回答者は20歳以上85歳未満。標本数3,170、回収率50%。

**〈図2－3－1〉「一番大切なもの」の推移**

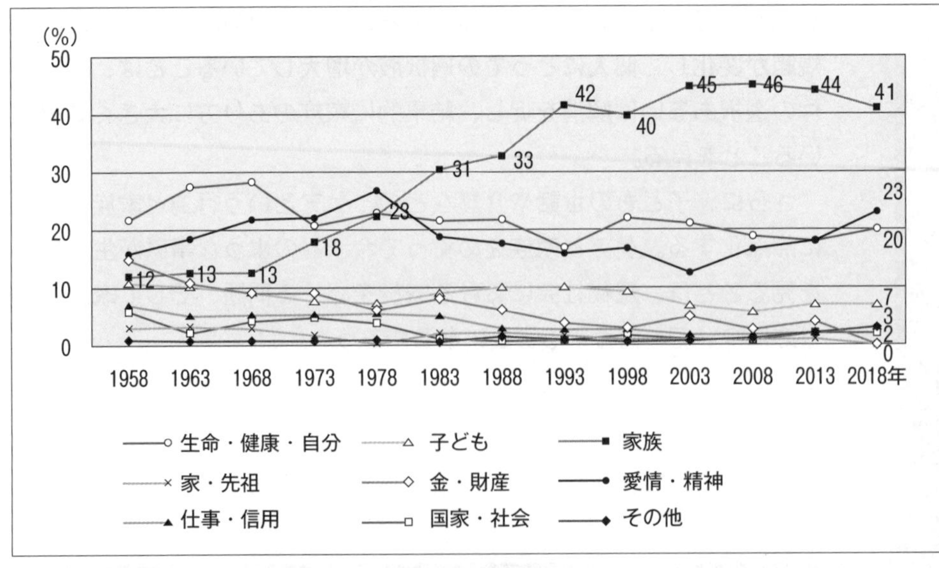


（出典）統計数理研究所「日本人の国民性調査」2018年をもとに筆者作成

## 2 「家族」イメージ

私たちは「家族」という言葉に一定の了解をもっている。「親がいて子どもがいる。血がつながっている。一緒にごはんを食べる。何でも話し合える。大事に思う人たち」などの家族イメージは、**核家族**[＊2]に代表される家族の形態もさることながら、情緒的関係が重要な位置を占めている。

家族には「**定位家族**」と「**生殖家族**」がある。前者は生まれ落ちた家族であり、後者は前者から出て新たにつくる家族のことであると定義される（後者について、生殖を前提としている点については異論もある）。家族のイメージは個々人の定位家族と生殖家族の間を循環する。

ところで、「家族」という言葉が定着したのは明治以降と新しい。もっとも「family」の翻訳語としてこの言葉が使われ始めたころには、雇われて家事、雑用などをする非親族の人物も含められていたように、現在とはやや隔たりがある。

また、家族法や調査単位としては、「家族」は登場しない。民法では家族という用語ではなく、「血族」や「姻族」「親族」という言葉が用いられている。これは、明治民法が「家」を中心として構成され、家構成員に対して大きな拘束力をもっていたのに対し、戦後の民法は夫婦や親子の「関係」を基本とし、家族を積極的に規定しないことによって、「家」制度の廃止、ならびに家父長的な性格の除去をめざしていたことによる。さらに、日本では５年ごとに行われる国勢調査の基本単位は「家族」ではなく「世帯」であり、これは「居住及びあるいは生計を共にする社会の生活単位」を意味している。

＊2
マードック（Murdock, G. P.）は、核家族（nuclear family）を典型的には一組の夫婦とその子どもたちから成るとし、単独であっても、複合形態の基礎単位であっても、人間の普遍的な社会集合であり、性的・経済的・生殖的・教育的機能をもっているとした。



## 3 「家族」定義のむずかしさ

では、「家族」はどのように定義されるのか。そもそも家族を、客観的に定義することは可能なのだろうか。以下では家族研究における家族をとらえる枠組みの転換を概観する。

1980年代後半から、家族研究においては家族をある自明の集団としてとらえることに対する批判が展開されてきた。例えば「両親と子どもなどの血縁関係者を中心とする、情緒的な集団」ととらえることに対しては、家族を規範的にとらえる見方であると指摘された。そもそも従来の家族概念は、西欧社会における中産階級の家族を主たるモデルとしたものであったという。

こうした家族が「平等」で「民主的」であることを前提とした研究が行われてきたことに対し、とりわけフェミニズム[＊3]の側から批判が行われた。**フェミニズム**は、家族の中に権力の差異が存在し、女性に家事・育児役割を不本意に選択させる状況があること、家族の存在自体が女性に対する抑圧装置として機能していることを暴いてみせ、先の「理想の家族」を前提とする研究においては、これらのことが隠蔽（いんぺい）されてしまうとした。

またこうした視角は、研究者が自明としてきた「家族」の形が、実は近代という時代に特殊なものであることも明らかにした。そして、この近代における家族は、「情緒的関係」（愛情）で結合しており再生産（生殖・育児・家事・介護）を担う場とされるが、愛情自体が不安定であること、家族自体が孤立しているために、再生産過程も不安定にならざるを得ないことが指摘され、近代家族[＊4]の構造自体も不安定であることが示された[＊5]。

これに加えて近年、家族が多様化したことにより、従来の画一的な、夫婦とその子どもを中心とした、血縁に基づく集団、住まいや生計をともにする集団といった家族の定義は、ますます不適切なものとなりつつある。

例えば、離婚の増加に伴うひとり親家族、**ステップファミリー**（子連れ再婚家族）などは、後に見るように、決して例外ではない。また単身赴任の夫と、住まいを別にし生計も都合上分けている妻とその子どもを「家族」ではない、と断定する人は少ないだろう。家族は、もはやある特定の形態をもって定義することはできないのである。家族をとらえるためには、人々によって生きられる家族の実態をとらえていくことが必要である。

＊3
フェミニズム（Feminism）とは、性差に起因する差別や不平等に反対し、その撤廃をめざす思想・運動などの総称。近代の自由・平等思想の流れの一環として誕生した。性差別が社会制度のみならず、女性を含む人々の意識に組み込まれている点をも指摘した。

＊4
近代を特徴付ける代表的・典型的な家族のあり方をさす。公的領域と私的領域の分離、性別役割分業、強い情緒的関係を基盤とするなどの特徴があるとされる。

＊5
家族はしばしば機能の面からもとらえられる。かつて家族は経済、教育、保護、生殖、情緒安定等の機能を期待されていた。しかし家族の社会的機能は近年、縮小していることが指摘されている。例えば、生産単位としての経済機能はほぼ喪失し、教育・保護機能は専門機関等にとって代わられている。

# 第２節　家族の形態の変化

ここではやや長期的なスパンにおける家族の形態の変化を見ていこう。

## 1 世帯人数の減少

日本では大正９（1920）年から５年ごとに国勢調査が行われており、これによりおおまかな家族形態の変化を見ることができる。

平均世帯人員を見ると、普通世帯[＊6]に関しては、昭和15（1940）年の4.99人をピークとして、戦後の昭和25（1950）年から昭和50（1975）年までは急激に減っていき、それ以降はなだらかに減少している（**図２－３－２**）。１つの世帯における人数が戦後、急激に減ったことがわかる。これは日本だけではなく、近代化を遂げた先進国に共通の現象である。

急激な変化の要因の一つは、戦後の人口抑制政策によって、生まれてくる子どもの数自体が減少したことがある。これは昭和23（1948）年に制定された優生保護法による人工妊娠中絶の合法化と、避妊技術の普及によるところが大きい。その後のなだらかな減少は、合計特殊出生率の低下を示している。また、近年は人口の高齢化に伴う夫婦のみ世帯、単身世帯の増加も、世帯人員の減少に影響を与えている。

＊6
普通世帯とは、一般世帯（住居と生計をともにしている人の集まり、一戸を構えて住んでいる単身者、または住居をともにし、別に生計を維持している間借り、下宿などの単身者及び会社・団体・商店・官公庁などの寄宿舎や独身寮などに居住している単身者）から一戸を構えて住んでいる以外の単身者を除いたものをいう。なお、昭和60（1985）年以降の国勢調査では世帯を上記の「一般世帯」と「施設等の世帯」（寮・寄宿舎の学生・生徒、病院等の入院者、社会福祉施設等の入所者、自衛隊営舎内居住者、矯正施設の入所者等）に区分している。

〈図２－３－２〉平均世帯人員（普通世帯）の推移

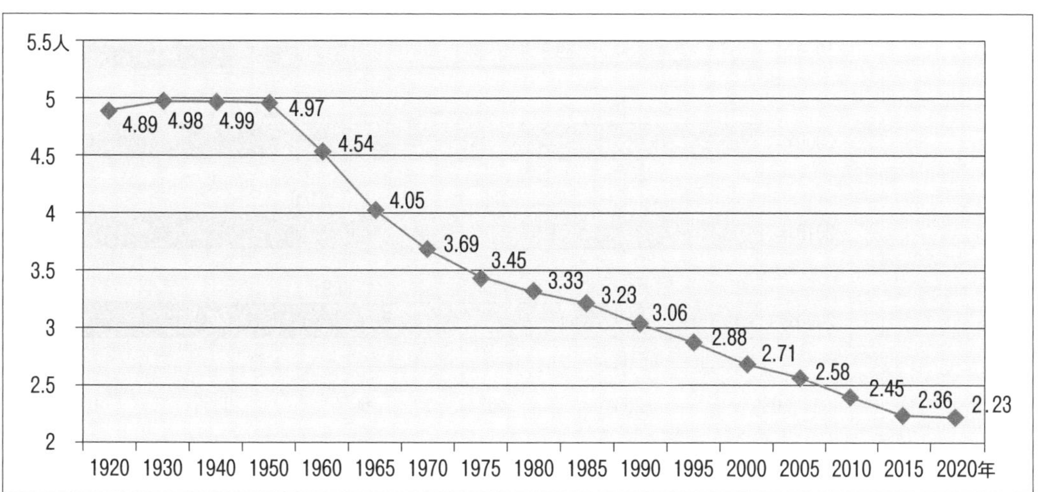


（出典）国立社会保障・人口問題研究所「世帯の種類別平均世帯人員：1920～2020年」をもとに筆者作成

## 2 三世代世帯、夫婦と子ども世帯の減少

家族類型別割合の推移を見ていこう（**図2－3－3**）。核家族世帯の数は年々増えてはいるものの、全体の中における割合は、この50年余りでそれほど変化しておらず、昭和45（1970）年は56.7%、令和2（2020）年は54.1%とほぼ横ばいである。単独世帯の割合は、昭和45（1970）年の20.3%から令和2（2020）年の38.0%に増えており、「その他の親族世帯」、いわゆる三世代世帯は、昭和45（1970）年の22.7%から令和2（2020）年の6.8%に減少している。

単独世帯の増加と三世代世帯の減少については、高齢化が進むなかでの高齢者のライフスタイルの変化が現れている。比較的若い高齢者や、配偶者が生存している高齢者らは「夫婦のみ」で暮らしているが、配偶者を亡くして単独世帯となり、身の回りの世話が必要になった時点で子ども家族と同居する「中途同居」の形が増えている。このため、相対的に三世代で暮らす割合が減っている。

核家族世帯の内実はどのように変化しているのか（**図2－3－4**）。実は核家族としてイメージされる「夫婦と子ども」世帯は年々減少し、令和2（2020）年現在では、全世帯の中の25.0%を占めているにすぎない。代わって増えているのは、高齢の夫婦のみ世帯、父子世帯・母子世

〈図2－3－3〉**家族類型別割合の推移**

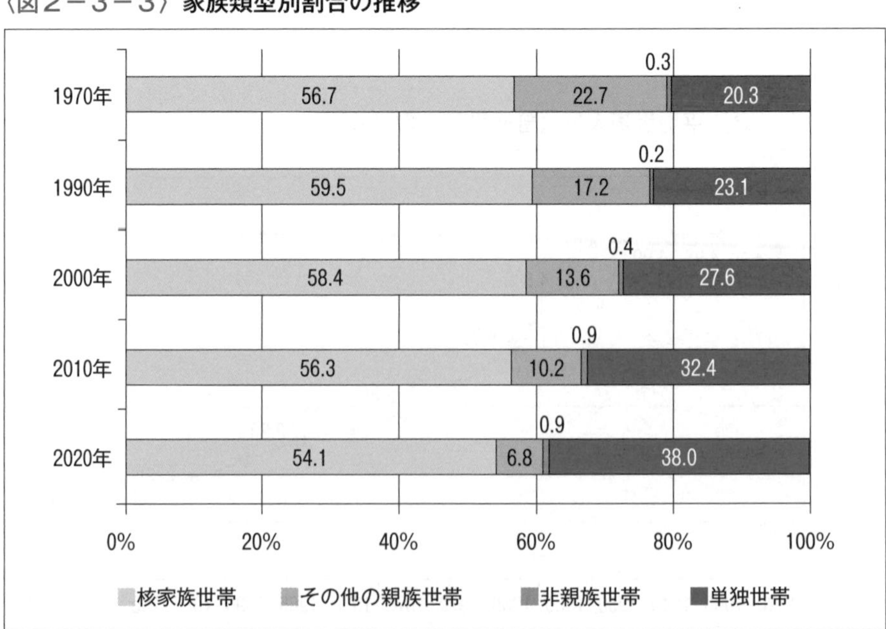


（出典）国立社会保障・人口問題研究所「家族類型別一般世帯数および割合：1970～2020年」をもとに筆者作成

〈図2－3－4〉 核家族世帯の内実の推移

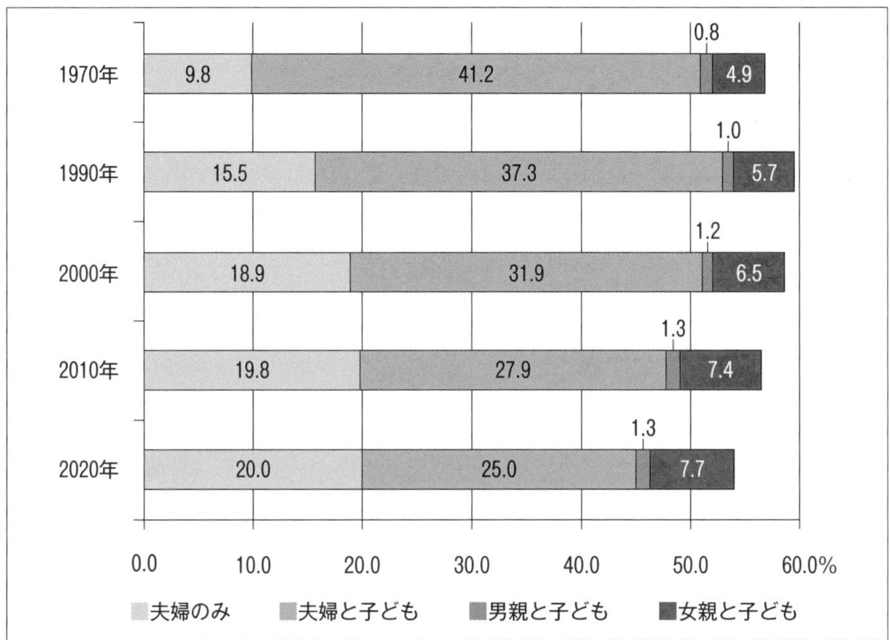


（出典）国立社会保障・人口問題研究所「家族類型別一般世帯数および割合：1970～2020年」をもとに筆者作成

帯などのひとり親世帯である。ひとり親世帯は合わせて全世帯の9.0%を占めており、もはや少数の例外世帯であるとはいえない。[＊7]

＊7
母子世帯になった理由としては離婚が最も多く、令和3（2021）年には79.5%を占めている（厚生労働省「令和3年度全国ひとり親世帯等調査」）。

# 第3節　多様化する家族とジェンダー

＊8
本書第１部第１章第１節２参照。

次に家族をめぐる近年の変化について、ジェンダー[＊8]の視点を取り入れながら見ていこう。特に家族の「脱制度化」の状況について述べていく。

## 1 未婚化・晩婚化

＊9
人生における個人・家族・社会にかかわるさまざまな出来事のこと。人間の発達段階に対応して経験するライフステージとも深いかかわりがある。乳幼児期・児童期においては誕生、入学、進学などが、青年・初期成人期においては学卒、初職、離家などが、成人期・成熟期には結婚、子の誕生・子育て、職場での昇進・異動、介護などが、壮年期・老年期においては介護や死別などがある。人生の変わりめとなり、対処にエネルギーを要する場合もある。

まず、結婚に関する変化について見る。長期的な変化としては、いわゆる「結婚適齢期」にあるといわれていた若い人々が、婚姻というライフイベント[＊9]を行わなくなっているか、先送りにしていることがある。

厚生労働省の「人口動態統計」によると、夫・妻の平均初婚年齢（全婚姻から再婚を除く人の結婚年齢）は、昭和45（1970）年から右肩上がりとなっており、令和３（2021）年は、男性31.0歳、女性29.5歳である。昭和45（1970）年の数値から男性は4.1歳、女性は5.3歳伸びており、男性と比べて女性の伸びが大きい。

50歳時の未婚率（「生涯未婚率」）については、男性の数値の上昇が顕著である。昭和45（1970）年には男性1.70％、女性3.33％であったが、令和２（2020）年になると男性28.25％、女性17.81％と、男性では約３割の人が50歳時で一度も結婚していないことになる。

結婚の意思をもたない人も2000年代に入って増加傾向が続いている。令和３（2021）年時点の18～34歳の未婚者で「一生結婚するつもりはない」と答えているのは、男性17.3％、女性14.6％である。

## 2 未婚化の要因

なぜ、未婚化が進んでいるのか。結婚の意思をもたない人は増加しているが、一方で80％以上の人は「いずれ結婚するつもり」と回答している。多くの人は結婚の可能性を視野に入れつつ年齢を重ねているという見方が妥当だろう。

これまで未婚化の要因として、高学歴化、女性の就業機会の増大、それによる稼得能力の高まりが指摘されてきた。これに加えて、結婚に関する価値観の変化（結婚しなくても幸せになれると考える人の増加）、単身生活を支える外食産業等、サービス産業の拡大が考えられるだろう。

さらに近年注目を集めている要因としては、結婚に望むものと、現実とのギャップがある。内閣府がまとめた「結婚・家族形成に関する意識調査報告書」（平成27〔2015〕年）では、結婚相手に求める条件について言及している。全体では「価値観が近いこと」が最も高いが、注目すべきは女性が結婚相手となる男性に「経済力があること」を求めており、男性が女性に「家事や家計をまかせられること」を求めているということである。ここから、男性も女性も、本章第４節で詳しくふれる旧来的な性別役割分業観の下に、結婚相手を想定していることが推し測られる。男性と女性の賃金格差が依然として大きく、さらには女性は出産等により退職を余儀なくされることもあるという現状を鑑みれば、こうした志向は当たり前であるかもしれない。

しかし現実としては、非正規雇用者は増加傾向にある。また、終身雇用制度や年功序列制度が確固として存在した時代とは異なり、正社員であっても十分な給与を手にできない男性、リストラにおびえる男性も多い。この理想と現実のギャップの下に、それぞれの立場から結婚が回避されている。

10歳台、20歳台前半の妊娠先行型結婚[*10]が増える一方、相対的に見ると初婚年齢は男女ともに上昇している。これが少子化につながるといわれている。なぜなら日本では、法律的な関係を取り結んだ男女の関係において、子どもをもつべきであるという規範が－妊娠が先行して後に取り繕う形になったとしても－非常に強い。「子どもをもつこと」と「結婚」は不可分であるため、未婚化・晩婚化[*11]は、必然的に出産年齢を遅らせるか出産を回避させ、その結果、少子化が導かれることになる。

## 3 離婚と再婚をめぐる変化

離婚件数については、平成14（2002）年には約29万件と過去最大件数を記録したが、平成15（2003）年以降は減少傾向にあり、令和３（2021）年は18万4,384件、人口1,000人当たりの離婚件数を示す離婚率は、近年は微減傾向にあるものの、昭和45（1970）年の0.93に比べ令和３（2021）年は1.50と高い傾向にある（**図２－３－５**）。

この理由の１つとして、離婚に対する抵抗感の薄れがある。前出の「日本人の国民性調査」によると、離婚に関する意見のうち「ひどい場合には、離婚してもよい」と考える人が46％で約半数、次に「二人の合意があれば離婚してもよい」が続き、「離婚すべきでない」と考える

＊10
妊娠先行型結婚とは妊娠が先行する状態で婚姻関係を結んだものをいう。厚生労働省資料「人口動態統計特殊報告」（2010年）によると、全出生数に占める「嫡出第１子出生数のうち妊娠期間よりも結婚期間の方が短い」割合は、昭和55（1980）年には12.6％だったものが平成21（2009）年には25.3％と、約30年間で倍増している。また20～24歳では63.6％、15～19歳では81.5％と世代が若くなるほど高い。

＊11
未婚化とは結婚する人が少なくなり、生涯独身で暮らす人が増えることをいい、晩婚化とは、結婚する年齢が遅くなることをいう。前者は非婚化と言い換えられることもある。

〈図2－3－5〉離婚件数および離婚率の推移

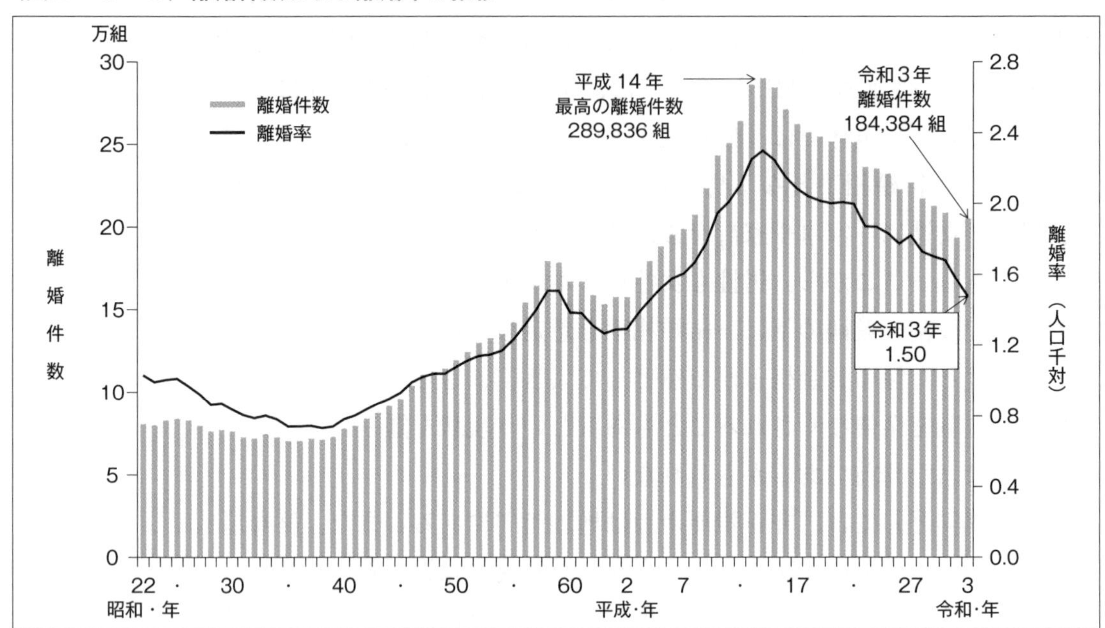


（出典）厚生労働省「令和2年（2020）人口動態統計（確定数）の概況」より筆者作成

人は減少傾向にある。ただし、ジェンダーと年齢階層により差が見られる。「離婚すべきでない」と回答した人は、若い世代よりも60歳以上の人に多く、また女性（20%）よりも男性（31%）と、男性のほうに離婚に対する抵抗感をもつ人が多い。

ただし、人々の意見のみならず、経済状況、人口学的要因、制度の改変など、多様な側面から考えることが重要である。

〈図2－3－6〉夫婦の初婚－再婚の組み合わせ別構成割合の推移

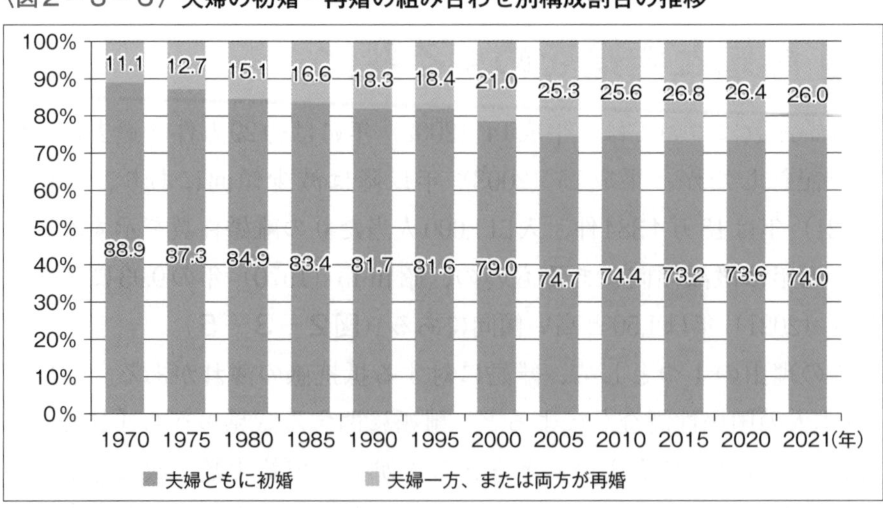


（出典）厚生労働省「人口動態統計」をもとに筆者作成

一方、近年結婚における再婚者の占める割合も増えている。結婚したカップルのうち「夫婦一方または、両方が再婚」の割合は、昭和50（1975）年では12.7%（11万9,246組）であったが、令和3（2021）年では26.0%（13万227組）であった（**図2－3－6**）。離婚が容認されるなかで結婚のリスタートである再婚のハードルも下がっているのだろう。

夫妻が親権を行う子どものいる夫婦の離婚件数は、令和3（2021）年で10万5,318件であり、離婚件数のうちの57.1%を占めている。再婚の割合が増えていることから、ステップファミリー（子連れ再婚家族）の割合も増えていることが推測される。



## 4 脱制度化－価値観の多様化

これまで述べてきたように、家族のあり方は時代とともに急激な変化を遂げてきた。特に「結婚」という制度に入らない人々、「結婚」という制度から脱する人々が増えている。日本の家族は男性と女性の婚姻関係を基本としており、これがなければ制度上は「家族」として成立しない。すなわち現代日本では、戦後に成立した「家族」の脱制度化が進んでいるといえるだろう。

家族の脱制度化の動きは、若年者や女性の意識・家族についての価値観の変化を基軸にしているようだ。少し前の調査だが、内閣府「男女共同参画社会に関する世論調査」（平成21〔2009〕年）によると、「結婚は個人の自由であるから、結婚してもしなくてもどちらでもよい」という考え方について、肯定的な回答をした人の割合は、全体では70.0%であるが、男性よりも女性に多い。また年齢層が低いほど肯定的な意見をもつ傾向が見られる。またすでに見たように、離婚に対しても男性よりも女性が許容する割合が高い。男女の意識差は、家族が社会におけるジェンダーをめぐる構造と密接な関係にあることを顕著に示している。

離婚や結婚に関する規範が変化し、個人にとっての選択肢が増大していることは、家族の関係自体の選択や解消を促し、結果的に家族のあり方に大きく影響を与えているといえる。ただし、それが必ずしも「選択」ではないことにも注意を向ける必要があるだろう。近年、パートナーシップ関係を結びたいと願いながらもかなわない同性愛カップルや、経済的な理由で結婚を希望しながらも結婚できない状況にある男性、子どもをもつことを選択できないカップルの例は、繰り返し指摘されているところでもある。

# 第4節　家族とケア

ここでは、家族とケアについて考えていく。家族内部において、ごく幼い子どもの世話をしたり、手助けが必要な家族メンバーの介護をしたりする場面は、家族における「問題」が顕在化しやすい。家族とケアについて考えることで、現代家族についての考察を深めていくことにしたい。

## 1 性別役割分業と近代家族を支えるイデオロギー

近代社会においては、公的領域と私的領域が分離され、家族は後者に位置付けられるようになった。同時に、男性は公的領域で有償労働を行い女性は私的領域で家事・ケア（育児・介護等）の無償労働を行うという性別役割分業が成立した。日本では戦後、資本主義経済原理が浸透するにしたがい、この分業体制が急速に広まっていった。一方で、1960年代後半から1970年代には、夫婦の間の愛情、親子の間の愛情、家庭内における愛情に基づく家族が理想である、という考え方が浸透していき、近代家族を支える基盤となった。本章冒頭で取り上げた「家族が一番大切」という感覚が根付くのは、この時代以降のことになる。

一方で、好きになった人と結婚し、その人との間で性行為を行い子どもをもつという、「愛情」と「結婚」と「性・生殖」が一体になったロマンティックラブ・イデオロギーは、性別役割分業体制がもたらす権力構造を、愛の名の下に覆い隠すことになった[*12]。

また、女性が愛情をもって子どもを育てるべきであるという母性愛イデオロギーは、戦後の女性の主婦化を後押しした。さらに「3歳までは母の手で」という3歳児神話も、母性愛イデオロギーを強化した。この時期「母原病（ぼげんびょう）」という言葉が流行し、子どもがうまく育たないことが、母親の責任とみなされていくのは象徴的である。これと呼応するかのように、家族は子どもを中心とし、子どものためなら親は何でもするべきであるとする、子ども中心主義が浸透していく。

現代社会においては、性別役割分業は、もはや古い考え方のようにも思われる。すでに20年以上前に施行された「男女共同参画社会基本法」（平成11〔1999〕年）は、男女共同参画社会の形成についての基本理念

＊12
権力構造が、家族間の暴力の一つとして顕在化するのがDV（ドメスティック・バイオレンス：Domestic Violence）である。DVとは「配偶者や恋人など親密な関係にある、またはあった者から振るわれる暴力」であるとされ、権力や社会的な地位、影響力、経済力、体力などの力が一般的に男性に偏り、女性が従属的な地位に置かれるという、社会の性差別構造が基礎にある。

の一つとして、「性別における固定的な役割分担等」（第４条）にとらわれない「家庭生活における活動と他の活動の両立」（第６条）を掲げている。男性も女性も家族としての責任を担うことが求められているのだ。しかし現実には、家族における家事やケアは変わらず女性が担うことが多く、ケア、なかでも乳幼児期の育児に関しては女性が責任を負うという意識が根強くある。

## 2 ケアと虐待

介護・育児などのケアは「ケアを行う」側と「ケアを受け取る」側の二者関係により成り立つ。このケア関係は、ケアを受ける側からみれば「他者から介護や支援を受けるという受動性が孕む暴力性」に曝されている。

こうして、権力関係が非対称な場である介護や育児などにおいては、「暴力」（＝「虐待」）が生じやすい。虐待とは英語ではabuseであり、「乱用」や「濫用」という意味をもつ。では誰が、何を「濫用」するのか。ケアの場では、親や介護者である家族が、子どもや要介護者（高齢者／障害者）に対して、「権力」を濫用するということになる。

児童相談所による児童虐待相談対応件数は、増加傾向にあり、令和３(2021）年度は20万7,660件となっている。一方で、家族であると推測される養護者による高齢者虐待の相談・通報件数は３万6,378件（虐待判断件数は１万6,426件）で、ともに増加傾向にある。[*13]

そもそも近代以降の家族は閉鎖的な空間であるという特徴をもち、家族メンバーによりケアが担われているがゆえに暴力が生じやすい場であることを忘れてはならない。これが近年になって増加したというよりは、「家族の間で起こるはずがない」ものとして見過ごされていたものが顕在化したと見るほうが妥当であろう。ケアの性質を理解した上で、家族に閉じない支援・サポート体制をより整備していくことが求められる。[*14]

## 3 子育て・介護は誰が担っているのか

### （1）子育て

現代社会においても、女性は、私的領域における無償労働の多くを引き受けている。**図２−３−７**は、６歳未満の子どもをもつ夫婦それぞれが、１日当たりどのくらい家事や育児に時間をかけているのかを示した

＊13
「令和３年度『高齢者虐待の防止、高齢者の養護者に対する支援等に関する法律』に基づく対応状況等に関する調査結果」によると、要介護施設従事者による高齢者虐待相談・通報件数は2,390件（虐待判断件数は739件）である。障害者施設も含め、閉鎖的な施設において生起する虐待も、ケアの性質と大きく関連しているだろう。本双書第３巻第５章第３節、及び第４巻第２部第６章、及び第５巻第２部第６章参照。

＊14
家族のケアを行っている人の中には、18歳未満の子どもも含まれる。近年、彼らは「ヤングケアラー」として、ようやく目を向けられつつある。ヤングケアラーとは「家族にケアを要する人がいる場合に、大人が担うようなケア責任を引き受け、家事や家族の世話、介護、感情面のサポートなどを行っている18歳未満の子ども」と定義されている（澁谷2018)。厚生労働省と文部科学省は、令和３（2021）年３月、ヤングケアラーの支援に向けた福祉・介護・医療・教育の連携プロジェクトチームを設置し、具体的な取り組みの数々を報告書として取りまとめた。今後の支援体制の整備について早急な検討が必要である。

〈図2－3－7〉 6歳未満の子どもをもつ夫婦の家事・育児関連時間（1日当たり、国際比較）

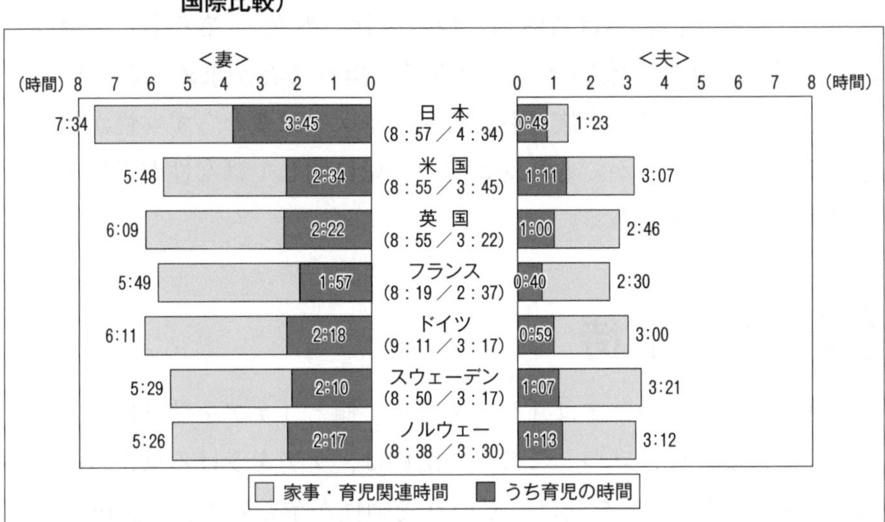


（備考）1．総務省「社会生活基本調査」（平成28年）、Bureau of Labor Statistics of the U.S. "American Time Use Survey" (2018) 及びEurostat "How Europeans Spend Their Time Everyday Life of Women and Men" (2004) より作成。
2．日本の値は、「夫婦と子供の世帯」に限定した夫と妻の１日当たりの「家事」「介護・看護」「育児」及び「買い物」の合計時間（週全体平均）。
3．国名の下に記載している時間は、左側が「家事・育児関連時間」の夫と妻の時間を合わせた時間。右側が「うち育児の時間」の夫と妻の時間を合わせた時間。

（出典）内閣府『令和２年版 男女共同参画白書』2020年

ものである。それによると夫は1時間23分（うち育児時間が49分）、妻が7時間34分（うち育児時間は3時間45分）であり、大きな差がある。他の先進国と比較すると、男性の家事・育児関連時間は際立って少ない。

さらに、他の先進国と比較して女性の育児の時間が長いこと、また前回調査と比較して、家事関連時間は男女とも減少しているが、30～34歳の男女については、育児時間が男性で５分、女性では20分増加していることに注目したい。近代家族を支える「子どものためイデオロギー」は、とりわけ女性に対して、近年より強まっているようにすら思われる。

この背景には、すでにふれた性別役割分業がある。国立社会保障・人口問題研究所「第16回出生動向基本調査（夫婦調査）」（令和３〔2021〕年）によると、第１子出産前に就業していた女性で、出産を機に離職した者の割合は30.5％である。この時点では「ワーク・ライフ・バランス」を実現していない、あるいはできていない女性が少なからずいることになる。ただし、子どもの年齢が上がるにつれ復職する女性が増え、末子の年齢が６歳時点での就業率は72.6％となる（「国民生活基礎調査の概況」令和元〔2019〕年）。ここで注意すべきなのは、そのうち正社員の割合が25.0％であることだ。アルバイト・パートなどの非正規雇用や短時間労働者として働く多くの女性たちは、男性の長時間労働を支え、家事や育児役割を引き受けていることが推測される。

また、就業を継続する男女について、育児休業取得率は、女性が80.2%、男性が17.13%と開きがあるが、男性の取得率は近年上昇傾向にある[*15]。ただし、「育児休業取得期間別割合」を見ると、女性は１年弱以上が大多数である。これに対して、男性では２週間未満が５割を超える[*15]など、女性に比して短期間の取得となっていることは、男性の育児時間を減少させる要因であろう。

＊15
厚生労働省「令和４年度 雇用均等基本調査」。



## （2）介護

**図２－３－８**を見ると、要介護者を主にケア（介護）している人のうち、54.4%が同居している家族であり、13.6%が別居している家族である。「事業者」が12.1%であるのは、公的介護保険法の施行後、「介護の社会化」が徐々に進んできていることを示している。介護する、同居している家族のジェンダー比は男性35.0%、女性が65.0%となっており、女性（妻・娘・嫁）が多く担っている。また、要介護度が高くなるほど、介護時間も増え、要介護度３以上では「ほとんど終日」介護している人の割合が最も多く、その負担の重さが垣間みえる[*16]。

＊16
高齢者をケアする家族の支援については、本双書第３巻第５章第４節参照。

女性が介護を担う理由として、子育てと同様、性別役割分業を基本とした社会構造がある。介護・看護を理由として過去１年以内に離職した人は、令和４（2022）年には10.6万人となっており、その内訳は女性

〈図２－３－８〉要介護者から見た主な介護者の続柄

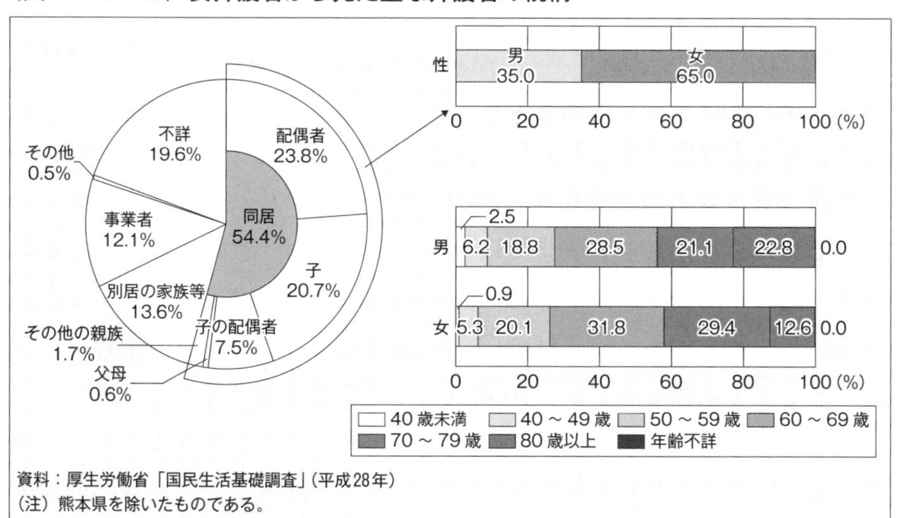

資料：厚生労働省「国民生活基礎調査」（平成28年）
（注）熊本県を除いたものである。

（出典）内閣府『令和５年版 高齢社会白書』2023年

8.0万人、男性2.6万人と女性が７割以上を占める[*17]。

また、配偶者間介護の場合に、妻が夫の介護を担う理由として、夫婦の年齢差のほか介護を受ける側の意識もあるようだ。「必要になった場合の介護を依頼したい人」として、男性は50.8％が「配偶者」をあげており、最も多い。これに対して女性は「ヘルパーなど介護サービスの人」が58.0％で最も多く、次いで「子」が19.0％、「配偶者」は12.5％となっている[*18]。

一方で、子が親を介護する場合、長年ひきこもっていた50代の子どもが80代の親をケアする、いわゆる「8050問題」が顕在化してきており、要介護者がいる世帯の孤立も指摘されている。

＊17
総務省「就業構造基本調査（詳細集計）」。

＊18
内閣府「高齢者の健康に関する調査」令和４（2022）年。

## 4 ケア意識：誰がケアを「すべき」であるとみなされるのか

実態としては子育てや介護の多くを女性が担っていることを見てきた。では、子育てや介護などのケアに関する役割意識はどのようになっているのだろうか。

まず、小学校入学前の子どもの育児における夫・妻の役割について見てみよう（**図２－３－９**）。日本では、「主に妻が行うが、夫も手伝う」が49.9％で約半数、「妻も夫も同じように行う」は40.5％であった。各国の結果を比較すると、フランスでは「妻も夫も同じように行う」の割合は60.9％であり、スウェーデンでは94.5％と特に高くなっている。つまり、先進国に比べ、日本では育児は基本的には「妻が行う」ものとされる傾向にあることがわかる。

実際に子育てを担う女性はどのように考えているのか。「結婚経験のある女性」を対象とした調査では「子どもが３歳くらいまでは、母親は仕事をもたず育児に専念したほうがよい」に「賛成」とする割合は、減少傾向にあるものの、令和４（2022）年では61.0％の人が賛成の意向を示しており、女性も「３歳までは母の手で」という意識が強いことがわかる（**図２－３－10**）。年齢層が高いほどこの意識が強く、「まったく賛成」と「どちらかといえば賛成」の割合をあわせた賛成の割合は、30代以下では４割強であるが、70歳以上では７割を超える。

では、高齢者のケアについてはどうか。上記と同じ調査によると、調査対象が同様に「結婚経験のある女性」のみではあるが、老親への援助についての考え方について、以下のような結果が出ている。「年をとっ

〈図2－3－9〉就学前の子どもの育児における夫・妻の役割

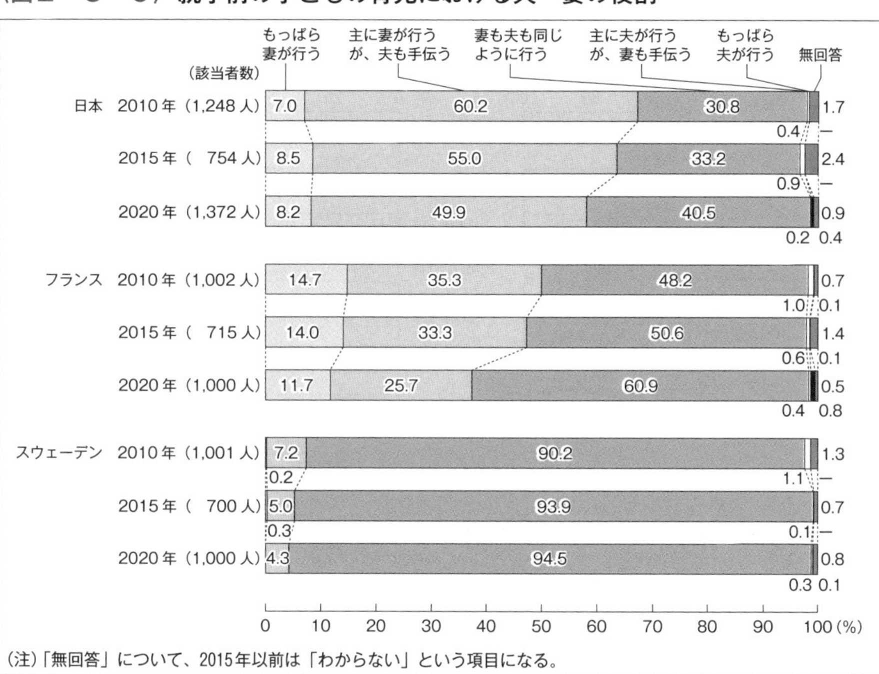


（注）「無回答」について、2015年以前は「わからない」という項目になる。

（出典）内閣府「令和２年度 少子化社会に関する国際意識調査報告書」2021年

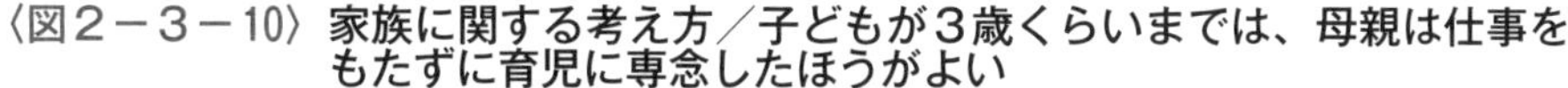

〈図2－3－10〉家族に関する考え方／子どもが３歳くらいまでは、母親は仕事をもたずに育児に専念したほうがよい

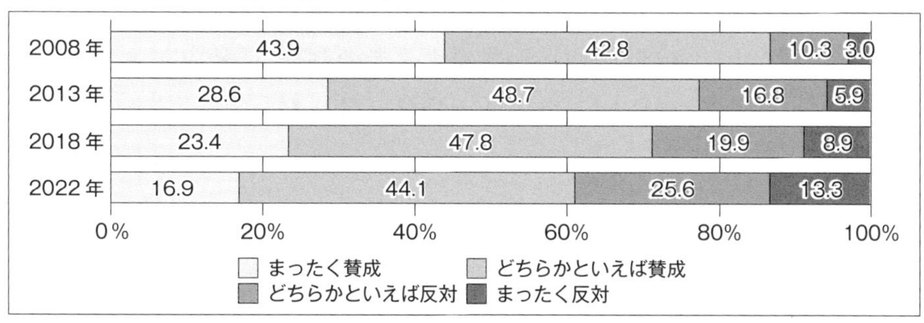


（出典）国立社会保障・人口問題研究所「第７回全国家庭動向調査報告書」2022年より筆者作成

た親は子ども夫婦と一緒に暮らすべきだ」「年老いた親の介護は家族が担うべきだ」への賛成割合はともに低下傾向にあり、前者が26.5%、後者が38.9%であった。一方で、高齢者の経済支援についての考え方を示す「高齢者への経済的援助は、公的機関より家族が行うべきだ」への賛成割合は20.6%であった。これらから少なくとも女性の老親扶養意識は、全体的には弱まっているが、経済的援助に比べ身辺的な援助（介護・ケア）については、家族が行うべきとの考え方は強い。

最後に、性別役割分業についての意識を見ていこう。伝統的な「夫は外で働き、妻は家庭を守るべきである」という考え方に反対する者の割

〈図２－３－11〉「夫は外で働き、妻は家庭を守るべきである」という考え方に関する意識の変化

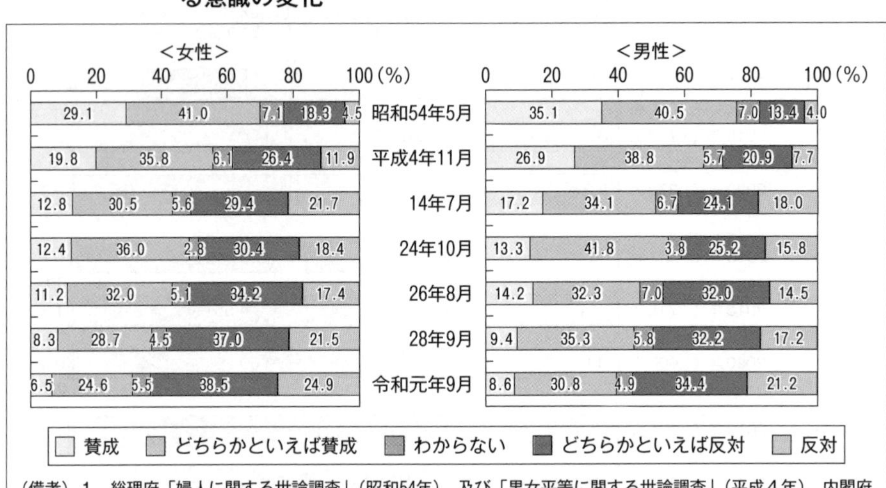


（備考）１．総理府「婦人に関する世論調査」（昭和54年），及び「男女平等に関する世論調査」（平成４年），内閣府「男女共同参画社会に関する世論調査」（平成14年，24年，28年，令和元年）及び「女性の活躍推進に関する世論調査」（平成26年）より作成。
２．平成26年以前の調査は20歳以上の者が対象。平成28年及び令和元年の調査は，18歳以上の者が対象。

（出典）内閣府『令和３年版 男女共同参画白書』2021年

合（「反対」＋「どちらかといえば反対」）は、男女とも長期的に増加傾向にあり、令和元（2019）年の調査では、反対する者の割合（「反対」＋「どちらかといえば反対」）が賛成する者の割合（「賛成」＋「どちらかといえば賛成」）を上回っている（**図２－３－11**）。

## 5 家族のこれから：ケアを通して見えてきたこと

家族とケアについて、ジェンダーの視点から見てきた。「男女共同参画基本法」施行以降、「ワーク・ライフ・バランス」が声高に叫ばれているが、日本においてはすでに昭和61（1986）年に「男女雇用機会均等法」が施行され、幾度かの改正を経て、出産・育児などによる不利益取扱に対する禁止規定が制定されてきた歴史がある。

しかしながら実態としては、介護や育児といったケアワークを、女性が男性よりも多くを担っていた。女性は「仕事も家事も」というように、二重の負担を担っていることになる。平成28（2016）年には、女性が職業生活において活躍することを目的とした「女性活躍推進法」が施行され、女性の市場における労働者数は増加したが、その大部分は、パート・アルバイト等の非正規雇用者の増加によるものであることが指

摘されている。多くの女性は、非正規雇用という不安定な立場で仕事時間をセーブしつつ、男性の長時間労働を支え、家事・ケア労働もこなすという、危うい「バランス」の中に生きている。一方で、とりわけごく幼い子どもの世話については、女性自身も「母親がすべき」という意識を強く有していることを確認した。しかし、閉鎖された空間におけるケアは、その性質から力の強い者から弱い者への暴力が生じやすいことを鑑みれば、現在報じられている子どもへの、あるいは高齢者／障害者への虐待は氷山の一角であると見ることができるだろう。

「なぜ、自分の子どもや親を大事に思うことができないのか」と批判の目を向けるだけでは問題の本質を見失ってしまう。本章第１節で指摘したように、家族の構造そのものが不安定である上に、近代家族という空間が孤立しやすく、それゆえに再生産（ケア）過程も不安定になりやすい。こうしたことを鑑みれば、今後は、家族の変容という現実を受け入れつつ、親密性をどのように維持するかという課題とともに、家族における女性が担ってきた再生産労働を、社会全体がどのように支援するのかあるいは、どのようにシェアしていくのかが重要な課題となってくるだろう。



COLUMN

### ◉8050問題とは

親が幼少期のみならず、成人後も未婚の場合には子どもをケア・扶養し続けることは、日本ではめずらしくはない。親と同居の壮年未婚者（35～44歳）数は、令和２（2020）年には249万人で35～44歳人口の約16.6%を占める。これは若者の雇用が不安定化しており「自立」が困難であることも影響しているだろう。しかし、子どもが壮年期に突入し、親が高齢化すればそれがむずかしくなる。最近特に指摘されている**8050問題**とは、80代の高齢の親が、50代の無職やひきこもり状態の子どもと同居し、経済的な困窮や社会的孤立に至る世帯が増えていることをさす。家に入った親の介護関係者が、長年ひきこもっていた子どもの存在を知ったという例もある。学齢期には学校等教育機関から、39歳以下であれば国からの支援があるが、40代以上の人への支援は途絶されることが多く、新たな支援体制の充実が求められている。

BOOK 学びの参考図書

●落合恵美子『21世紀家族へ－家族の戦後体制の見かた・超えかた 第4版』有斐閣、2019年。
　女性学・家族史・歴史人口学の観点を用いつつ、家族に対する「常識」をわかりやすい語り口でくつがえす、家族社会学の基本書である。

●筒井淳也『結婚と家族のこれから－共働き社会の限界』光文社、2016年。
　バランスのとれた広い学術的な視野から、雇用、家事・育児、所得格差などの諸問題を分析した上で、「結婚と家族のみらいのかたち」について考える本。

参考文献


- A. ギデンズ、松尾精文・松川昭子 訳『親密性の変容－近代社会におけるセクシュアリティ、愛情、エロティシズム』而立書房、1995年
- G. P. マードック、内藤莞爾 監訳『社会構造－核家族の社会人類学 新装版』新泉社、1986年
- 天田城介『老い衰えゆくことの発見』角川学芸出版、2011年
- 岩間暁子・大和礼子・田間泰子『問いからはじめる家族社会学－多様化する家族の包摂に向けて』有斐閣、2015年
- 牟田和恵『戦略としての家族－近代日本の国民国家形成と女性』新曜社、1996年
- 落合恵美子『21世紀家族へ－家族の戦後体制の見かた・超えかた 第4版』有斐閣、2019年
- 澁谷智子『ヤングケアラー－介護を担う子ども・若者の現実』中央公論新社、2018年
- 千田有紀「家族規範の成立と変容」土屋　葉 編『これからの家族関係学』角川書店、2003年
- 利谷信義『家族の法』有斐閣、1996年
- 上野加代子『児童虐待の社会学』世界思想社、1996年
- 山田昌弘『近代家族のゆくえ－家族と愛情のパラドックス』新曜社、1994年
- 山田昌弘『迷走する家族－戦後家族モデルの形成と解体』有斐閣、2005年

# 第4章
# 生活とライフコース

## 学習のねらい

「生活」をとらえる概念や方法を学ぶことが、本章での主たる目的である。私たちが、日ごろ意識することなく送っている日常生活や日々の経験は、そこにある人々の価値観や選択の反映であると同時に、階層やジェンダー、世代差など社会的影響の下にもある。

私たちの「生活」や「人生」は、個人的なものであり、また社会的なものでもある。そこには、構造的拘束やそれに抗する人々の戦略、葛藤といったダイナミズムを見出すことができる。その際に、生活や人生を継時的に見るライフコースという視点と、生活を共時的に見るライフスタイルという概念を鍵としながら、私たちの日常生活や人生、生涯を社会学的に分析する手法を学ぶ。このことを通して、自らにとって、取るにたらない繰り返しにうつっていた“日常”が、極めて社会的な営みであることが浮かび上がってくるだろう。

長寿社会を生きる私たちにとって、「いかに生きるか」は重要なテーマである。こうした現代社会の課題についても、ライフコースやライフスタイルから学習する。社会福祉は現代社会の多様性にどう対応していくべきなのか。そのことを考えるために、人々の生活や人生、それに対する意味付けをとらえることはより重要性を増している。

# 第1節　「生活」「人生」をとらえる

## 1 日常生活から考える

私たちはふだん、とりたてて意識することなく日常生活を送っている。その生活は、何か特別の事件や出来事でも起こらない限り、ルーティンワークの繰り返しで取るにたらないものにも見える。しかし、今ここで営まれている日常は、誰と出会うか、誰と話すか、何をするかによってわずかであっても昨日とは異なっている。そして、そうした出来事の積み重ねが、人々の生涯を形づくっているということができる。

この日常生活は、どのような場所で、どのような時代で、どのような価値観で営まれるかによって、異なったものになる。大きな出来事を経験することによって、ただの繰り返しに見えた日常生活が異なったものとして受け止められることもある。人々の生活や人生は、こうして見ると単に機械的に日々過ぎていくだけではなくて、さまざまな事象をさまざまに経験することによって成り立っていることがわかる。

本章では、こうした人々の日常生活や人生、生涯をとらえるための概念と、その概念によって私たちの人生や生活を分析する手法を学ぶ。まずは、人々の人生を継時的にとらえるライフコースの考え方を、次に生活を横断的にとらえるライフスタイルの考え方を紹介する。

## 2 ライフコースとライフスタイル

**ライフコース**とは、人々の生活や人生を時間軸で見る継時的な概念である。継時的とは、ここでは人々の誕生から死までのプロセス（＝生涯）を、長期的視点から、生まれた時代やさまざまな出来事（event）に関連付けてとらえる視点をいう。

他方、ライフスタイルとは、その一人ひとりの人生の横断面に見られる生活の様式や構造、価値観をとらえるための概念である。ライフコースが継時的視点に立つのに対し、ライフスタイルは共時的視点に立って、人々の生活や意識に着目する。

両概念の視点は対照的だが、現実には切り離せないほど深くかかわっている。例えば日常生活に現れる人々の価値観は、これまでその人が生きてきた人生の中で培われてきたものである。しかし価値観は一生を通じて不変であるとは限らない。何かの出来事を経験することによって変化するかもしれないし、加齢に伴って、若いころとは違った価値観をもつこともあり得る。

つまり、日々の生活における出来事や他者との出会いといった経験によって、これまで（過去）とこれから（将来）の意識は変化し得るのである。このように、ライフコースとライフスタイルという概念は、時間軸と生活の横断面から人々の生活をダイナミックにとらえるための両輪となる概念である。

人々の生活をダイナミックにとらえることは、あるべき福祉を探求する際にも重要である。時代によっても、求められる豊かさや幸せの像は異なっている。そうした変化や多様性を、ときにマクロに世代や時代の特徴として、ときにミクロにその人の人生や価値観に照らして考えることは、人を支えるにはどうしたらよいかという福祉の視点と連なっているのである。

# 第2節　歴史的時間と生涯

## 1 ライフコースとコーホート

まず、長期的時間という軸から、私たちの生活をとらえてみよう。ライフコースとは、人々がさまざまな出来事を経つつたどる人生経路をいう。そして出来事を同時に経験した人々の集団を**コーホート**とよぶ。例えば、昭和45（1970）年出生コーホートとは、昭和45（1970）年に生まれた人の集団をさし、昭和55（1980）年結婚コーホートとは、昭和55（1980）年に結婚した人の集団をさす。

出生コーホートは年齢集団と実際には重なるが、年齢集団がある時点で何歳であるかによってまとめられる共時的概念であるのに対して、コーホートは観察時点にかかわらず同じ集団となる。例えば、平成20（2008）年時点の60歳の人々は、平成30（2018）年には70歳の集団となるが、昭和23（1948）年出生コーホートは、平成20（2008）年でも平成30（2018）年でも同じである。

コーホートは、世代とも近い概念である。例えば、団塊の世代をコーホートで言い換えると、1947〜1949年出生コーホートとなる[*1]。

＊1
ただし、団塊の世代を、この3年間に生まれた人のみをさしてよぶ場合と、広義に戦後のベビーブーム時期に生まれた人を含めてよぶ場合がある。

## 2 ライフサイクル

ライフコースは、さまざまな出来事と人々の生涯を重ねて考察する方法である。ライフコース論と同様に、個人あるいは家族や世帯など生活をともにする集団に着目して、継時的に変化をとらえようとする**ライフサイクル**という方法がある。

私たち一人ひとりの人生は、一度きりであり不可逆的である。しかしながら私たちが属している集団や社会は、一人ひとりの人生に先立って存在し、私たちの人生を超えて続いていく。例えば、家族関係は、一人の人生の誕生の前から存在し、一人の死を超えて次世代へと続いていくという連鎖、循環（サイクル）の上に成り立っている。私たちの現在を規定する過去は、個々人の人生に先んじた歴史の上にあり、私たちの生活は、次世代の生活へと連なっている。

ライフサイクル概念の代表的な提唱者は、エリクソン（Erikson, E. H.）である。エリクソンは、個人は、乳児期、幼児前期、遊戯期（幼児後期)、学童期、青年期、成人期、壮年期、老年期という8つの発展段階において、それぞれの段階の発達課題（心理社会的危機）を克服することで生涯にわたって発達していくとした。この生涯発達という考え方は、人は、成人期以降も新しい発達課題に直面するとした点に特徴があり、生涯発達心理学の領域にとどまらず、家族発達論的研究やライフコース論にも通じる視点である。

次に、生活の周期や循環に着目するライフサイクル論、特に家族の周期に着目する家族周期論を取り上げ、家族という集団を例にとって家族のステージごとの家計の構造や直面する課題に注目する。集団としての家族は、その構成やライフステージによって異なった局面を経験する。これが生活周期とも訳されるライフサイクルの考えである。



## 3 ライフステージと人生設計

家族周期の段階ごとに家計構造は異なっており、メンバーの年齢段階によって異なった課題をもつ。核家族を例にとると、新婚期、養育期（就学前、義務教育、高校・大学）、独立期（空(から)の巣期）、老齢期の各段階のうち、まず家計を圧迫するのは子どもの養育期である。子どものステージによって、かかってくる家計負担額が異なってくる。自分のライフステージや収入の見込みと子どもの学齢期の重なりによって、収支のバランスを考えた生活設計が必要となる。女性の労働力曲線がM字型就労[*2]というカーブを描くのも、2つめの再就職の山に教育費の捻出という家計補助的目的が要因の一つとしてはたらくからである。

古くは、「総領の十五は貧乏の峠、末子の十五は栄華の峠」という諺(ことわざ)があり、鈴木榮太郎(すずきえいたろう)や森岡清美(もりおかきよみ)の研究によって実証されている。最初の子どもが15歳になるまで、養育費の負担は上昇していき、それ以降は子どもが次々働き手となって家計や労働を支えるため、負担は減少していくという周期を表している。

現代は、労働力や稼ぎ手として子どもを見込むというよりも、養育費、教育費をそそぐ対象としての子どもという意味合いが強い。子どもの未婚期間が長期化し、親元でその長い未婚期を過ごす子どもがパラサイトシングルとして注目を集めて久しい。親から子どもへの支援が長期化していることが現代の特徴であり、親元を離れた子どもも親の支援を受け続けている場合が少なくない。

また、ライフサイクルという発想で、今日の高齢社会を見ると、子ど

＊2
女性の年齢別労働力率のグラフがM字の曲線を描くこと。20歳台前後に女性の労働力率の最初のピークがある。これは、学卒後、フルタイムの初職に就く女性が多いことを表している。そして30歳台に一度労働力率は低下し、40歳台に再び上昇し2つめの緩やかな山となる。＊4に、M字型就労の曲線の解釈について記載。

もが結婚独立後、夫婦のみで過ごす時期（空の巣期）が長期化しているのも特徴である。退職後の夫婦２人の時期をどう過ごすかも、ライフサイクルから家族設計を考えるときの一つの今日的課題である。

このように家族周期論は、家族という集団を単位として家族の段階ごとに現れる特徴や課題をとらえるものである。しかし、すべての人が結婚するとは限らないし、子どもをもうけるともいえない。個人を単位として見ると、集団として家族を見ただけではとらえられない人の生涯が見えてくる。むしろ現代社会にあっては、集団としての家族を分析単位に置くのではなく、個々人を単位として、その生涯における家族経験を、その他の出来事と合わせて問うライフコースアプローチが、家族研究においても有力である。

もちろん、家計構造を問題とする場合など、集団単位の見方が意味をもたなくなったわけではない。家族にかかわる個々人の意識や行動と集団としての性格を合わせた、ダイナミックな分析が求められている。この背景には、晩婚化や未婚化、離婚・再婚など人々の家族経験が多様化していること、家族という集団を分析の出発点とすると、家族集団内の個人の自律性や多様性が見失われてしまうとする考え方が一方にある。他方で、生活の拠点を家族に置いている人も多くいるため、生計に関しては、集団単位の分析が有効な場合もある。

今日、個人の生涯も家族関係も多様で、ライフサイクルの標準モデルを設定することは容易ではないし、またそうした単一モデルを想定すること自体の是非もある。しかし福祉政策的観点から考えると、ライフステージごとの課題やリスクを把握し、適切な支援をしていくことは重要である。家族周期論の意義は、時間の中で変化していく家族の動的な側面、継時的側面をとらえたという点にある。個人の人生と同様に、家族関係も日々刻々と変化していて、新しい局面を経験しているのである。

## 4 ライフヒストリーと世代

ライフコースは、コーホートを同じくする人々が、どのような価値意識をもち、どんな生涯をたどっているかにかかわる概念である。そこには、同時期に同じ出来事を経験した人には、意識や行動にある程度共通のパターンが見出されるという認識がある。

個々人が自分自身の人生をどのように経験しているか、その個別性や記憶、語りから描かれる個人史をライフヒストリーとよぶ。生活史ともよばれるこの概念は、コーホートのような集団としての経験を前提とせず、個人個人の語りにそって、その主観的現実、経験から、個人の人生、そしてそこから社会を描き出そうとするものである。

人々が出来事をどのように経験したかに注目するライフコースやライフヒストリー研究は、同じ出来事でも世代によって異なった意味をもつという現実を重視する。出来事を経験するタイミングが、人々の人生にも影響をもっていると考える。その際に、より個人に即して明らかにしようとするのが、ライフヒストリー研究である。ライフコースが人々の生涯を標準化された尺度で数量的にとらえようとするのに対し、生活史は、個人の人生を聞き取りなどの方法で追うことにより、少数の人の人生から、時代や社会意識、世相を描き出そうとするものである。



## 5 ライフコースとジェンダー

さて、ライフコースは、出来事を経験するタイミングに注目して動向を追う方法であるが、コーホートを同じくする集団でも、その属性によって受けるインパクトは異なっている。ジェンダーがその代表的な例である。**ジェンダー**[＊3]とは、生物学的性別に対して、社会的文化的性別のことをさす。ジェンダーにかかわる差別を解消するためにさまざまな取り組みがなされ、人々の意識も平等志向へと向かっているが、現実には社会や人々の人生が、さまざまな局面でジェンダー化されている。

例えば結婚や子どもの誕生を例にとってみよう。女性（妻、母）であるか男性（夫、父）であるかによって、本人にとってのインパクトが異なっている。男性のライフコースは結婚や子どもの出生によって大きく変化することは少ない。一方、女性の場合、結婚や出産による退職は減少傾向にあるものの、こうしたライフイベントを機に何らかの変更や調整が必要となる度合いは男性より高い（本書第２部第１章第３節**図２－１－10**参照）。

子どもが小さいうちは育児に専念したほうがよいという社会規範はいまだ強いし、働き続けるにしても、育児との何らかの調整が必要になる。昨今、育児に積極的に参加したいという意識をもつ男性は増えてはいるが、育児休業制度を利用する男性はまだまだ少ない。育児負担は、依然、圧倒的に女性が負っているのが現状である。他方で、男性の肩には、長時間労働の負担が重くのしかかっている。

＊3
ここでは性別にのみ着目しているが、性に関する差異やそれに伴う差別の問題は、「男と女」の間の問題だけではない。性的少数者（セクシャルマイノリティ）の人々が、さまざまな偏見や差別に直面しているという現実もある。生物学的性差をある程度医学的に変え得る現在、生物学的性差と社会的文化的性差の境界や関係をめぐって議論は続いている。

## 6 個人の人生と社会変動

人々がどのようなライフコースを生きるかは、時代によっても異なっている。そしてそのライフコースを生きる意味も同様である。例えば、「主婦になる」という経験を考えてみよう。女性が人生の中で最も専業主婦になりやすい時期は、育児期の子どもがいる時期である。結婚や出産までは働いていた女性が、出産を機に仕事を辞めることで主婦になる（主婦化する）のである。

しかし、いったん主婦になった女性が、その後の人生でずっと主婦であり続けるとは限らない。少なくない数の女性が、子育てが一段落した後、再び労働市場へ参入していく。年齢別労働力率で見ると、30歳台の女性の労働力率が低くなるが、これはこの年齢に、子育て期の女性が多く含まれるからである[＊4]。

＊4
ただし、M字型就労の曲線の解釈には注意が必要である。M字型就労の曲線には未婚の女性や、既婚で子どもがいない女性も含まれている。晩婚化、晩産化が進めば、それだけ未婚の女性や、既婚で子どもがいない女性が多く含まれることになり、M字の谷は浅くなる。育児期の女性が、結婚、出産後も働き続けているのか、未婚の女性や、既婚で子どもがいない女性が働き続けているのかを判断することはできない。

女性のライフコースは、主婦転換型、就労継続型、再就職型といった典型的なパターンは見出されるものの、細かく見ると、何度も退職、再就職を繰り返していたり、就労形態が正規雇用から派遣やパートへ移行していたりと、かなり多様であることも留意すべき点である。

同時代的なライフコースに加えて、より長期的視点で「主婦になること」の意味をとらえると、今とは少し異なる位置付けが見えてくる。明治・大正期に観点を向けてみると、この時期に主婦であることは厳しい労働からの解放を意味し、限られた層にのみ可能になるステータスであった。女性の主婦化は、戦前社会にあっては、かなり階層的に限られた層にのみ実現したのである。他方、戦後、特に高度経済成長期以降は、主婦になることは一般化、大衆化し、特別なことではなくなった。時代によって「主婦になること」のもつ社会的意味は異なっているのである。

## 7 長寿社会のライフコース－多様化と個人化

人生100年といわれる現在では、長期化した高齢期をどう生きるかが、ライフコース上の一つの大きなテーマとなる。

人間が他者とのかかわり合いを通して、規範や役割を身に付け、社会に適応していく過程を社会化とよぶが、現在は、子どもだけでなく成人後の社会化も重要な課題となる。人生のさまざまな局面において、人々は新しい役割や規範への適応を必要とする。例えば退職後の人生において、仕事以外に生活の重点を移す際、「再社会化」が必要となる。職業生活にアイデンティティを求めてきた人にとって、仕事以外での自分の居場所を見つけることは容易ではない。生活時間の中心もその他の領域に移さざるを得なくなり、このことが、家族関係に危機をもたらす場合もある。

エリクソン[*5]の生涯発達論が指摘するように、人々は生涯にわたってさまざまな課題に直面し、それに対処、適応することが求められる。長寿社会、そして複雑な現代社会にあっては、人々は、複数の新しい役割を生きる必要に迫られるし、その局面によって新たな葛藤を経験することになる。

人々は、高齢期になると、職業生活、家庭生活の変化、親しい人との死別など、人生や生活における大きな変化に直面する。老後の生活設計が重要であることは論をまたないが、経済的なことだけではなく、生活の変化に伴うリスクや不安、喪失感は予想し難いものでもある。個人個人のライフコースが多様化している今日、生活基盤が弱体化しがちな高齢者層にあって、より格差が広がることが懸念されている。標準化されたライフコースに基づいた施策だけではなく、そこからはずれたライフコースを生きる人々の多様な生活実態に対して、求められる福祉ニーズも多様化していくと考えられる。

＊5
本双書第11巻第3章第3節2参照。

# 第3節　ライフスタイル

## 1 生活時間

次に、人生の横断面に現れる日々の生活に着目して生活をとらえてみよう。

**ライフスタイル**とは、私たちの生活や生きることにかかわる様式、方法であり、そこにある価値観である。具体的な生活の局面に多岐にわたって現れる。ここには個々人の価値観、倫理観、社会意識が表れている。同時に、個々人を規定する社会構造の影響も色濃く反映されている。ライフステージによっても変化し得る。

ここでは、まず、生活時間という切り口から職業生活と私的生活・家族生活のバランスの問題について見てみよう。生活時間とは、1日あるいは、1週間という単位で、人々が1日や1週間をどのように過ごすかを見る指標である。いうまでもないことだが、1日はすべての人に平等に24時間である。その24時間を何に割り振るか、そこにどのような違い（ライフスタイル）が見出されるかがテーマとなる。例えば、家事・育児関連時間では、日本の男性は、欧米社会に比べて育児や家事にかける時間が少ない[*6]ことがわかる。

＊6
本書第2部第3章第4節**図2－3－7**参照。

女性が家事にかける時間は、一般的に男性より長い。NHK放送文化研究所が5年に1度実施している「国民生活時間調査」によると、女性の家事時間は、ほぼ横ばいであり、日曜日は増加傾向にある。男性の家事時間は、女性に比べると圧倒的に少ないが、増加傾向にはある（**図2－4－1**）。

多くの場合、平日と休日の過ごし方は異なっている。特に仕事でふだん家族との時間をもてない男性の家事時間は、休日には増加する。休日の過ごし方からも、生活に対する意識を読み取ることができる。休暇の過ごし方もライフスタイルの重要な要素である。生活時間には、人々の属性、家族構成、職業、経済状況に加えて、どんな価値観をもっているかが反映されている。どれくらい便利になったかだけではなく、日々の過ごし方（ライフスタイル）の理想が反映されている。

家事や育児にかかる時間は、電化製品や冷凍技術などテクノロジーの進歩を考えれば、減っていいはずである。炊事時間の減少からはそうした傾向を読み取ることもできるが、他方で、家や庭をきれいに整える、

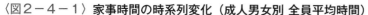

〈図2－4－1〉家事時間の時系列変化（成人男女別 全員平均時間）

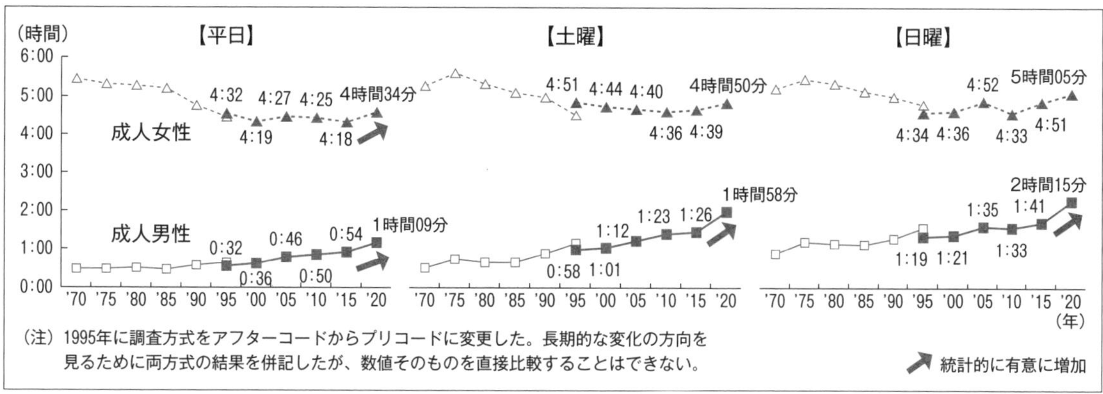


（注）1995年に調査方式をアフターコードからプリコードに変更した。長期的な変化の方向を見るために両方式の結果を併記したが、数値そのものを直接比較することはできない。

（出典）「国民生活時間調査報告書2020」NHK放送文化研究所（世論調査部）2021年、12頁



あるいは洗濯を頻繁にするなど、生活を清潔に衛生的に過ごすことは、以前にも増して重視されている。

育児の時間の増加も、子どもの数が減少していることや便利な育児グッズの存在を考えると不思議であるが、子どもと過ごすこと、子どものために手をかけることに価値を見出していると考えれば、納得がいく。

## 2 ライフスタイルとジェンダー

ライフスタイルは個人の選好の反映であるという視点に立てば、その選択の幅が広がりつつある現代にあって、男だから、女だからという明白な区分は見えにくくなるはずである。しかしながら現実には、ライフスタイルのさまざまな局面において、ジェンダーによる差異は存在する。

ワーク・ライフ・バランス[＊7]を例にとって考えてみよう。これまで子育て支援は、現実には女性を支援することに焦点が当てられてきた。しかし、女性だけが仕事と生活の調整を図るのでは、結局女性の二重負担になる。男女問わず、仕事と生活の調和を図ることが模索されているのがワーク・ライフ・バランス政策の新しい点である。

ここで焦点になるのは、男性の働き方をいかに是正していくかである。最近は若い世代を中心に、育児や教育に熱心な父親が増えている。教育パパという表現も目新しいものではなくなりつつある。もっと家庭生活を重視したいという意識が男性自身からも出てきている（**図2－4－2**）。だからといって、男性が早く帰宅できるわけではないのが問題である。

両者のバランスは、何割の比率ならよいと一概に決まるものではな

＊7
ワーク・ライフ・バランスとは、「仕事と生活の調和」という意味で、仕事と生活のバランスをとることにより、働き過ぎの社会を見直し、仕事も生活も充実できるよう、調和を図ろうとする動きである。この施策を進めることは、企業にとっても有益であるという理解が浸透し、取り組みが進みつつある。

〈図2－4－2〉仕事と生活の調和に関する希望と現実（男女別）

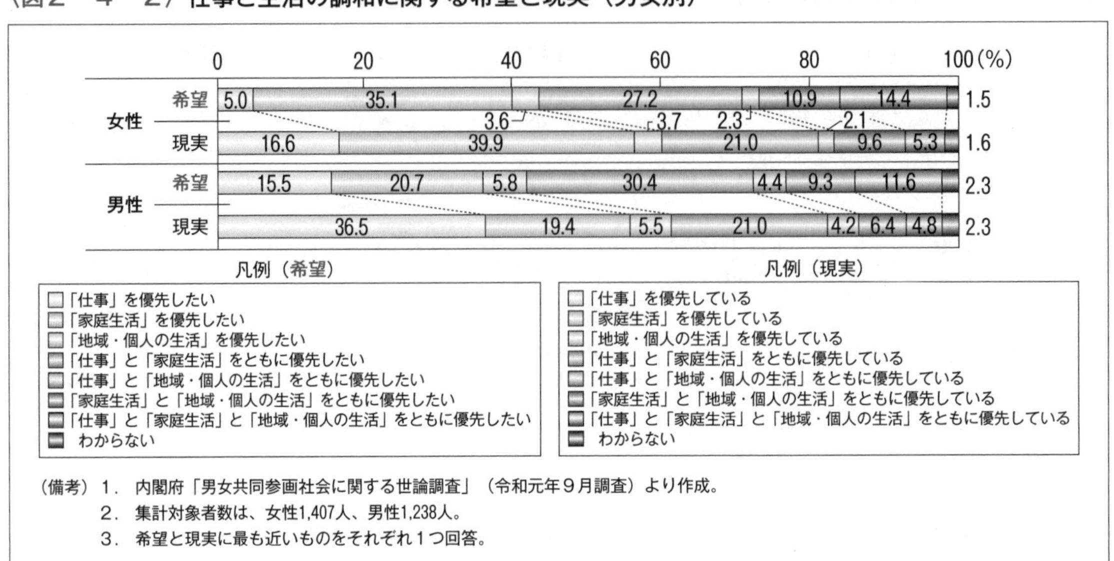


（出典）内閣府政府広報室「男女共同参画社会に関する世論調査」概略版、2019年、22～23頁

い。家族や子どものいる生活を大前提とするものでもないし、仕事一筋の生き方を直ちに否定するものでもない。しかしながら、長寿社会にあって退職後の人生が長期化していることを考えれば、職業生活以外の自分の居場所やアイデンティティのよりどころ、オルターナティブな生き方を視野に入れた人生設計は必要になってくる。

## 3 消費に見るライフスタイル

次に、視点を消費にかかわる部分に移してみよう。ここにも、趣味や余暇の過ごし方など多様なものが含まれる。ライフスタイルは現代社会にあっては、程度の差こそあれ選択的なもので、個人の趣味、嗜好の反映であり、個人的、私的なものと考えられがちである。

しかし、ライフスタイルは全く個人的なものと言い切ることができるだろうか。例えば趣味としての旅行を考えてみよう。海外旅行に行く人と、一度も行ったことがない人にはどのような違いがあるだろうか。海外旅行によく行く人はお金持ちであるに違いないとか、ゆっくり休みが取れる恵まれた職場環境にある人かもしれないとか、いろいろなことが思い浮かぶだろう。

ブランド品を多く身に着けている人と、そうではない人の違いはどこにあるだろうか。買えるだけのお金を持っているかどうかだろうか。しかし、現代の日本においてブランド品を持っているのはお金持ちというわけではない。“上流階級”であるとは必ずしも思わないだろう。流行だから、人に見せたいから、などさまざまな思惑も見えてくる。私たちが消費しているのは、ブランド品というモノではなく、ブランドという記号である。

このように、ライフスタイルの一端を垣間みただけでも、さまざまな要素がからんでいることがわかる。人々がどのような価値観をもっているか、他者に自分をどう見せたいか、どのような資本をもっているかといった社会的意味が見出せる。私たちのライフスタイルは、こうした社会的な意味を見出す宝庫でもある。

ある程度経済的な豊かさを獲得した社会において、人々は生きるための基本的な欲求を満たすのみならず、社会的、文化的な豊かさを目的として消費行動を行うようになる。今日は、「消費」が、人々のライフスタイルをとらえる上で重要な意味をもっている。このように社会的、文化的な意味での消費がもつ意味が大きい社会を消費社会とよび、そうした視点から社会を見る視点を消費社会論とよぶ。

いわゆる一流ブランドのバッグを持つ人は、モノを入れて持ち運ぶという目的のためにそのバッグを購入するのでは必ずしもない。もちろん、一流の商品は丈夫で長持ちするといった購入目的をあげる人もいるだろうが、実際は、そのブランド品のバッグがもっている記号を消費している人は少なくない。ボードリヤール（Baudrillard, J.）の『消費社会の神話と構造』（フランス語の初版は1970年）は、記号としての消費に着目した代表的な研究である。ここからは、ライフスタイルの差異化や階層という視点が浮かび上がってくる。

## 4 消費の階層性－差異化の手段としてのライフスタイル

ライフスタイルには階層による違いもある。特に消費に現れるライフスタイルには、階層差が反映されている。

ライフスタイルを他者に自分を見せる手段、他者と自分を区別する差異化の手段として考える視点がある。古典的には、ヴェブレン（Veblen, T.）の「誇示的消費」概念をあげることができるだろう。1899年に刊行された『有閑階級の理論』は、消費行動を、消費すること自体が自己目的化したものとしてとらえた。特にそうした消費行動が特徴的な有閑階級の特質を鋭く描き出した古典である。ヴェブレンは、人々が上流階級に属していることを示すためにする自己目的化した消費をさして、「誇示的消費」とよんだのである。他人に見せるための消費である。

ジンメル（Simmel, G.）は、流行という現象について「同調性への欲求」と「差別化の欲求」の２概念から説明を試みた。階層がより下位にあるものはより上位のものを模倣し、同調しようとする。これに対して上位の者は模倣されることによって、より新しい差別化を試みて流行を生み出していくとする。

ライフスタイルは、しばしば社会の中の上層がより上層であることを誇示するための手段になり、またあるときは、より上層に上昇しようとする者にとっての手段となる。またあるときには、親から子へと継承されることでより上位のものを上位にとどまらせ、それ以外のものを差異化する手段となる。ボードリヤールもまた、消費社会が人々に均質にモノの記号化をもたらすのではなく、ヴェブレンが1899年に指摘した階層的秩序と密接に結び付いた消費とは異なる形での、新たな差異化を生むことを指摘している。

したがってライフスタイルは、経済資本のような「客観的」な指標ではない。例えば、世帯ごとの年間所得や資産状況のように、どちらが上とか下とか一律に決めることはできない。また同じ経済階層の人が同じライフスタイルをもっているわけでもない。自身の経済階層や社会的地位とは「つり合わない」趣味をもつことは可能だし、それを他者に誇示することから自分の階層的地位を高く見せようとすることもある。

所有の有無ではなく、誰に所有されるかによってモノの象徴的意味は変わってしまう。例えば「クラスブランド」とよばれるようなヨーロッパの高級ブランド品は、ヨーロッパではそれなりの階級の人が身に着けるものとされてきた。他方日本では、若い女性が高級ブランド品を持っていることも珍しくない。この現象を分不相応だという人もいるが、社会によって、モノのもつ意味が変わってしまうことの好例として見れば興味深い。

限られた人が、自分たちをほかの人から差異化するための指標は、それを模倣し、同調する人たちによってその意味を変えていく。しかしそれで終わりではない。そこには絶えず新しく差異化しようとする人々と、それに同調し模倣しようとする人々のせめぎ合いがある。

## 5 ライフスタイルに見る戦略と再生産

**ブルデュー**（Bourdieu, P.）は、親から子へと伝えられていくものは物的な財だけではなく、象徴的な財、文化的な資本も含まれるとする。例えば、言葉遣いや趣味など象徴的、文化的な財を子どもは親から受け取る。それらの財によって、子どもは、それらの財をもたない子どもよりも、より容易に社会上昇し、高い社会的地位にとどまることができる。ふるまいや言葉遣い、趣味が親から子どもへと継承されることによって社会の階層性は再生産されていくのである。親のライフスタイルは子どもにとっての文化資本[*8]となる。

家族は、ライフスタイルを再生産していく媒体である。衣食住にかかわるちょっとしたことから、趣味や教養のような文化的なもの、生活にかかわる価値観や嗜好など、さまざまな有形無形の資本を子どもは親から受け継いでいく。ブルデューは、親から子へと受け継がれ、身体化、慣習化された行動をハビトゥス（habitus）とよんでいる。社会的威信の高い資本をもつ親のもとに生まれた子は、より優位な文化資本を親から受け継ぐことができる。より“自然に”洗練されたライフスタイルを身に付けることができるのである。

他方で、ライフスタイルに見られる階層は、学歴や職業などを尺度としてとらえられる社会階層と、必ずしも一致するわけではない。趣味や価値観は、模倣や新規参入のしやすいものでもある。そこには構造的拘束と個人の選好や戦略が拮抗している。

＊8
階層上層や再生産に文化的要因がはたらいていることを説明するための概念。趣味や立ち居ふるまい、言葉遣いなどの身体化された慣習、書物や絵画などの客体化された形態、学歴や資格など制度化された形態の総称。



## 6 生活の質

生活や人生に関する価値観を生活の質（Quality Of Life：QOL）とよぶ。個々人にとっての生活の充実や福祉は、単に量的、物的な問題ではなく、質の問題である。この問題は、ある程度の物的な豊かさを多くの人が手に入れた日本社会にあって、心の豊かさは何かという問いかけと重なる。根底には、よりよく生きるとはどういうことかという深い問いかけがある。生きることのみならず、どう死ぬかといった生と死にかかわる問いかけである。医療の場でQOLの議論が盛んなことからも、生活の質がまさに「生命」の問題と密接不可分であることがうかがえる。

ライフスタイルは、一方で趣味や余暇の過ごし方など消費に深くかかわるが、他方で、生活全般、いかに生きるかということにも及んでいるのである。介護や看護が必要になったときに誰にどのような援助を求めるのか、どんな治療をどこまで求めるのかといったことも、ライフスタイルとかかわってくる。

治療や介護・看護にそれほど選択肢がなかった時代には、個々人のライフスタイルとこれらの要素を結び付けることは現実的ではなかっただろう。しかし、今日、誰が介護するのか、どのような援助、どこまでの治療を求めるのかは、程度の差こそあれ、選べる時代になった。

ライフスタイル概念は、まさに生き方を選べる時代になった今、あらためてその重要性が増している。物的な豊かさに代わって、精神的な豊かさを模索する時代にあって、どのような人生を送るのかについての人々の意識や動向が凝縮されているのが、ライフスタイルであるともいえる。

ライフスタイルを考えることは、人々に対してどのような支援が必要であり、また可能であるか、を考える手がかりを与えてくれるだろう。

# 第４節　しごと（仕事）

## 1 人生における労働

現代社会において、働くことは日々の生活においても人の生涯（ライフコース）においても大きな比重を占めている。例えば、内閣府が実施している「男女共同参画社会に関する世論調査」によると、女性は子どもができても働き続けるほうがよいと考えている人は令和４年度調査では約６割である（**図２－４－３**）。

また、何歳ごろまで収入を伴う仕事をしたいかを60歳以上を対象に聞いた調査[*9]からは、収入のある仕事をしている人は、その約４割が「働けるうちはいつまでも」と回答している。加えて70歳くらいまたはそれ以上と答えた人も５割程度いて、働き続けることを希望している高齢者が多いことがわかる。また、年齢別に聞いた調査（働きたいか、働きたかったか）の結果は、**図２－４－４**のとおりであった。現代社会におい

＊9
内閣府「高齢者の経済生活に関する意識調査」（令和元年）。



〈図２－４－３〉**女性が職業をもつことに対する意識**

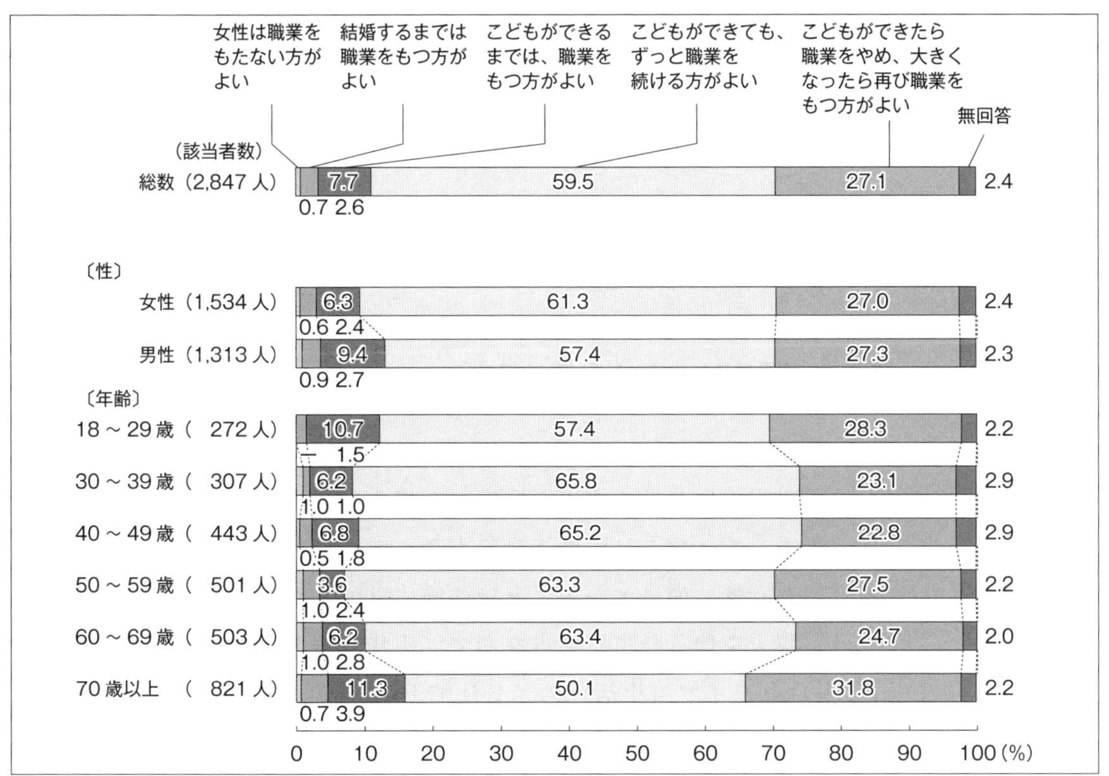


（出典）内閣府「男女共同参画社会に関する世論調査」2022年

〈図２−４−４〉何歳ごろまで収入を伴う仕事をしたいか（就業状況別、性・年齢別）

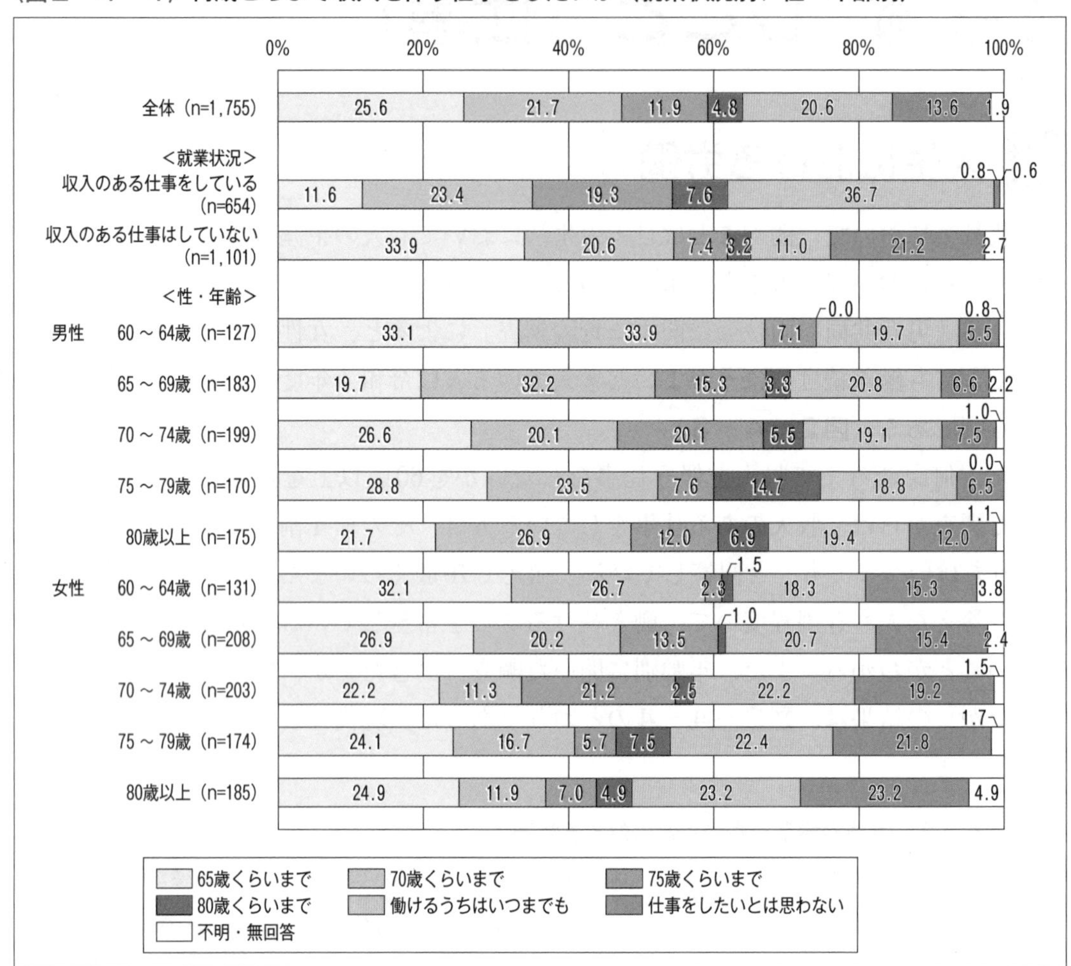


（出典）内閣府『令和５年版 高齢社会白書』2023年、23頁及び内閣府「高齢者の経済生活に関する調査（令和元年度）」より作成

て、少なくない高齢者が働き続けることを望んでいる様子がうかがえる。

## 2 雇用における格差

ところで働くということは、単に、賃金を得る労働（賃労働）だけでなく、家庭内における育児や家事、介護などの支払われない労働、さらに、ボランティアとしての活動等も含めて広く考える必要がある。家事や育児が女性に偏っていることは前節で見てきたとおりである。この節では、収入を伴う仕事に焦点をあてて現状と課題を整理するが、ワーク（仕事）とライフ（生活）の二分法でとらえきれない多様な活動があることは前提として押さえておきたい。

雇用されている労働に限定しても働き方は多様であり、現代社会において解決すべきさまざまな課題がある。例えば、同じ労働をしていても待遇や賃金に格差があることが問題になっている。「同一労働同一賃金」という表現の下に知られてきた問題であるが、今日、雇用の流動化の状況の下、正規雇用と非正規雇用[*10]の賃金格差としてクローズアップされている。令和4（2022）年時点で、役員を除く雇用者全体の36.9%が非正規雇用労働者であり、65歳以上においてその割合が76.4%と高い。正社員として働く機会がなく非正規雇用で働いている不本意非正規雇用の割合は非正規雇用労働者全体の10.3%を占めること、非正規雇用者の賃金が正規雇用者に比べて低いことが課題である。[*11]

＊10
非正規雇用労働者とは、勤め先での呼称が「パート」「アルバイト」「労働者派遣事業所の派遣社員」「契約社員」「嘱託」「その他」である者。

＊11
総務省「労働力調査（詳細集計）2022年（令和4年）平均」令和5（2023）年より。



## 3 ジェンダーや世代による差異

ジェンダーや世代によって非正規雇用労働者の比率は異なっている。男女で比較すると女性に高く、高齢世代に高い。

平成27（2015）年に「女性の職業生活における活躍の推進に関する法

〈図2－4－5〉年齢階級別非正規雇用労働者の割合の推移

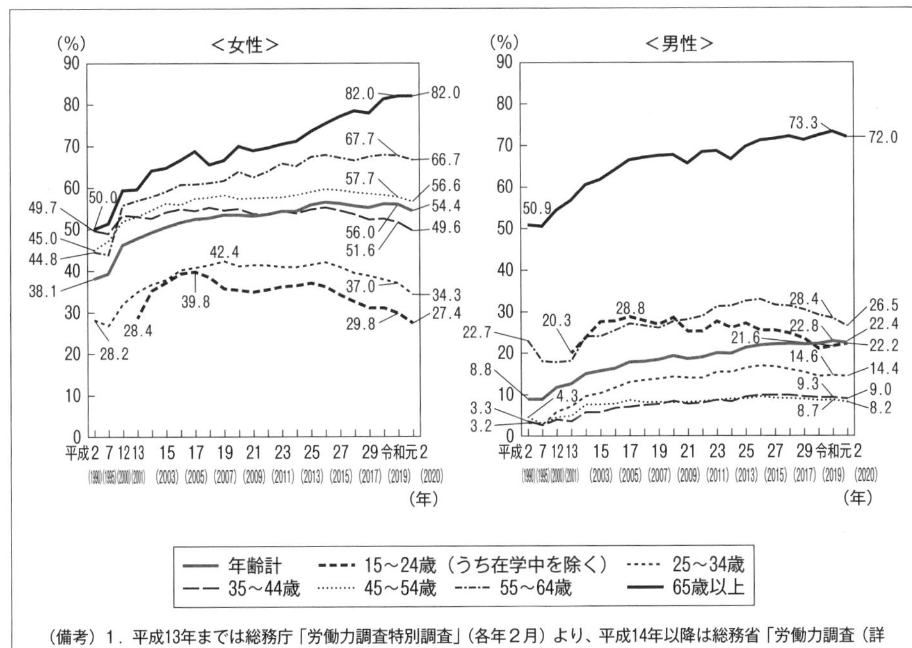


（備考）1．平成13年までは総務庁「労働力調査特別調査」（各年2月）より、平成14年以降は総務省「労働力調査（詳細集計）」（年平均）より作成。「労働力調査特別調査」と「労働力調査（詳細集計）」とでは、調査方法、調査月等が相違することから、時系列比較には注意を要する。
2．「非正規の職員・従業員」は、平成20年までは「パート・アルバイト」、「労働者派遣事務所の派遣社員」、「契約社員・嘱託」及び「その他」の合計、平成21年以降は、新たにこの項目を設けて集計した値。
3．非正規雇用労働者の割合は、「非正規の職員・従業員」／（「正規の職員・従業員」＋「非正規の職員・従業員」）×100。
4．平成23年値は、岩手県、宮城県及び福島県について総務省が補完的に推計した値。

（出典）内閣府『令和3年版 男女共同参画白書』

〈図2－4－6〉就業者及び管理的職業従事者に占める女性の割合（国際比較）

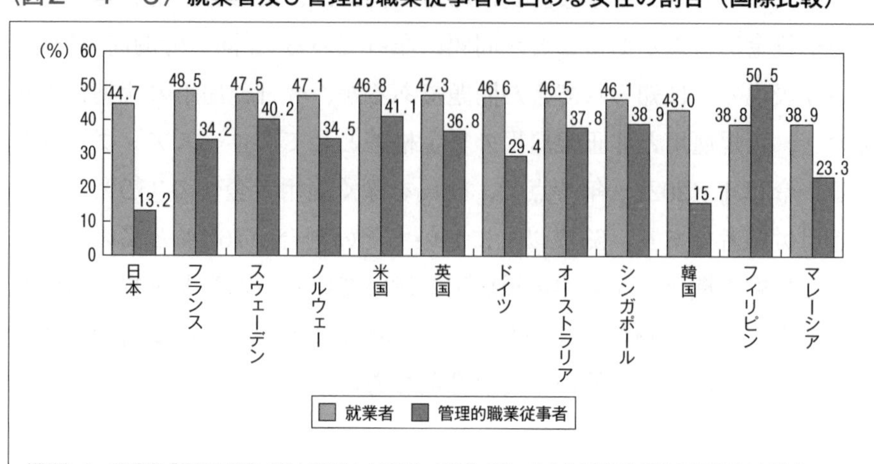


（備考）1．総務省「労働力調査（基本集計）」（令和３（2021）年）、その他の国はILO"ILOSTAT"より作成。
2．日本は令和３（2021）年、米国、韓国は令和２（2020）年、オーストラリアは平成30（2018）年、その他の国は令和元（2019）年の値。
3．総務省「労働力調査」では、「管理的職業従事者」とは、就業者のうち、会社役員、企業の課長相当職以上、管理的公務員等。また、「管理的職業従事者」の定義は国によって異なる。

（出典）内閣府『令和４年版 男女共同参画白書』

律（女性の活躍推進法）」が施行され、各企業は女性の活躍を推進することが求められている。生産年齢人口における就業率は女性において近年増加傾向にあるが、**図2－4－5**にあるように、男性と比較すると非正規雇用者の比率が高く、国際比較でも管理職の比率が低い（**図2－4－6**）。

## 4 働き方の多様性とワークライフバランス

日本社会には働きすぎの問題もある。平成26（2014）年には、議員立法により「過労死等防止対策推進法」が成立した。この法律に基づいて公表されている『過労死等防止対策白書』では分析の一環として長時間労働の推移がまとめられている。令和４年版の同白書によると週60時間以上働く雇用者の割合は減少傾向にあるものの、30～40歳台の男性が特に高い傾向にある（**図2－4－7**）。働くことに関して見られる世代やジェンダー差は、多様な働き方をめざしながらも、依然として、日本社会が性別役割分業に基づいた男性稼ぎ手モデルから脱することができていないことをうかがわせる。

平成30（2018）年７月に公布された「働き方改革を推進するための関係法律の整備に関する法律」（働き方改革関連法）では、多様で柔軟な働き方を選択できる社会をめざしており、「労働時間法制の見直し」や「雇用形態に関わらない公正な待遇の確保」がポイントとして示され

〈図２－４－７〉月末１週間の就業時間が60時間以上の雇用者の割合（性・年齢層別）

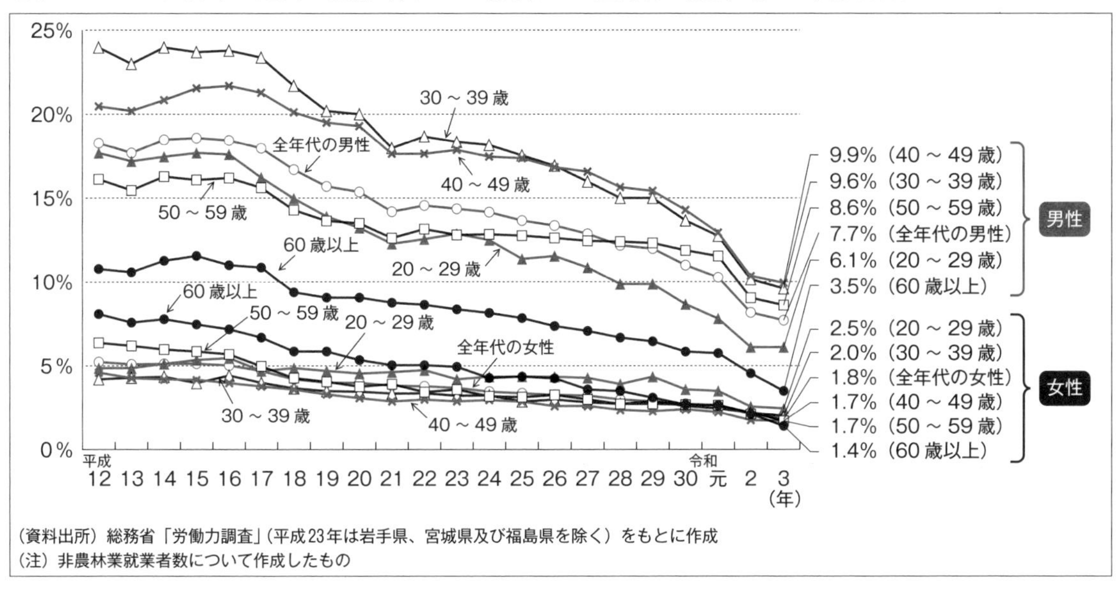

（資料出所）総務省「労働力調査」（平成23年は岩手県、宮城県及び福島県を除く）をもとに作成
（注）非農林業就業者数について作成したもの

（出典）厚生労働省『令和４年版 過労死等防止対策白書』

ている[*12]。働き過ぎを防ぐこと、企業内の正規・非正規雇用間の待遇の格差をなくすことが政策課題となっている。

労働環境を整備することも重要であるが、育児や介護との両立が容易でない現状もあり、生活（ライフ）をどう送るかにかかわる支援や社会保障の仕組みがともにあることが欠かせない。現代社会を生きる人々の価値観もまた多様であるべきである。多様で柔軟な働き方の実現には課題が山積している。

＊12
厚生労働省ホームページ参照。

## 5 これからの仕事（ワーク）と生活（ライフ）

仕事にも生活にも選択性が増大し、さまざまな生き方を模索できる時代になった。しかしその選択肢は、人々に同じように開かれているわけではない。社会における個人化と多様化の流れは、ある人にはより自由で自律的な生活をもたらし、ある人には不安定な生活をもたらしている。

社会は、働き方の見直し、仕事以外の人生、あるいは退職後の人生をあらためて考える時期に来ている。ワーク（仕事）とライフ（生活）のバランスを考えるということは、一時点での両者のバランスを考えるというだけではない。長い生涯の中で、仕事や私生活を自分の人生にどのように位置付けるのか、ライフコースの中でのワークとライフのバランスを考えることでもある。そして、自分自身だけで調和を図るだけではなく、他者とどう分担していくかという問題にもつながるものである。

BOOK 学びの参考図書

●西野理子・米村千代 編著『よくわかる家族社会学』ミネルヴァ書房、2019年。
家族社会学における理論や概念、家族にかかわる諸問題へのアプローチを紹介している。日常的な問題をとらえるための視点や分析方法を知ることができる。

参考文献


- 森岡清美『家族周期論』培風館、1973年
- 落合恵美子『21世紀家族へ－家族の戦後体制の見かた・超えかた 第4版』有斐閣、2019年
- 山田昌弘『パラサイト・シングルの時代』筑摩書房、1999年
- J. ボードリヤール、今村仁司・塚原　史 訳『消費社会の神話と構造』紀伊國屋書店、1979年
- P. ブルデュー、石井洋二郎 訳『ディスタンクシオン－社会的判断力批判Ⅰ・Ⅱ』藤原書店、1990年

# 第2部　現代社会の諸相

# 第5章
# 災害と復興

## 学習のねらい

頻発する自然災害への対応が求められているが、本章では、災害時に適切なソーシャルワーク機能を発揮するために、災害をめぐる現状と課題を理解することを目的としている。

まず、日本の災害対策の概要を確認した上で、災害被害そのものをなくすことをめざす「防災概念」と、災害被害を前提として、できるだけその影響の抑制をめざす「減災概念」との関係を確認する。

災害による生活破壊は、社会的に弱い立場にある人々により強く影響する。そうした人々が災害時に円滑に避難するためには、避難行動要支援者名簿を作成し、地域社会での共有と個別避難計画の策定などとともに、ふだんからの地域社会での関係形成を図っておく必要がある。そこで、災害からの復興、復旧の過程で起こる地域差に影響するレジリエンス概念とソーシャルキャピタルとの関係を確認する。また、災害ボランティア活動の実際も紹介する。

これらをふまえ、災害が社会現象としての性格をもつことを理解してほしい。

# 第1節　大規模災害と社会

＊1
気候変動の要因には、太陽活動の変動、火山噴火などの自然要因と、人の活動による人為的要因がある。石油などの化石燃料の大量使用に伴う二酸化炭素などの温室効果ガスの発生に起因する地球温暖化は、まさに人為的要因によって進行している。そこで、2015年9月の国連サミットで採択されたSDGs（持続可能な開発目標）では「気候変動及びその影響を軽減するための緊急対策を講じる」(SDGs13) ことを求めている。

## 1 頻発する災害

日本各地では、毎年のように台風や豪雨による被害が起きている。また、夏季には気温35度を上回る猛暑日が続くこともまれではない。これらは、地球温暖化といった気候変動[＊1]の影響といえる。また、小規模な地震は日常的に起こり、大震災にも幾度か見舞われてきた（**表２－５－１**）。

災害の被害は防がなければならない。これまで、自然科学的な災害研究の知見に基づく災害予測をめざし、防災の取り組みが行われてきたが、残念ながら、いまだ完全な災害被害予測等は実現されていない。このため、自然科学的な災害研究に加えて、災害がもたらす影響を人々の生活の視点からとらえる社会学的な災害研究も必要となる。例えば豪雨

〈表２－５－１〉日本における平成元（1989）年以降の主な自然災害の状況

| 年 月 日 | 災害名 | 主な被災地 | 死者・行方不明者数 |
|---|---|---|---|
| 平成　2.11.17～ 7. 6. 3 | 平成３年（1991年）雲仙岳噴火 | 長崎県 | 44人 |
| 5. 7.12 | 平成５年（1993年）北海道南西沖地震（M7.8） | 北海道 | 230人 |
| 7.31～　8. 7 | 平成５年８月豪雨 | 全国 | 79人 |
| 7. 1.17 | 阪神・淡路大震災（M7.3） | 兵庫県 | 6,437人 |
| 12. 3.31～13. 6.28 | 平成12年（2000年）有珠山噴火 | 北海道 | ― |
| 6.25～17. 3.31 | 平成12年三宅島噴火及び新島・神津島近海地震（M6.5） | 東京都 | 1人 |
| 16.10.20～　21 | 平成16年（2004年）台風第23号 | 全国 | 98人 |
| 10.23 | 平成16年（2004年）新潟県中越地震（M6.8） | 新潟県 | 68人 |
| 17.12～18. 3 | 平成18年豪雪 | 北陸地方を中心とする日本海側 | 152人 |
| 19. 7.16 | 平成19年（2007年）新潟県中越沖地震（M6.8） | 新潟県 | 15人 |
| 20. 6.14 | 平成20年（2008年）岩手・宮城内陸地震（M7.2） | 東北（特に宮城、岩手） | 23人 |
| 22.11～　23. 3 | 平成22年の大雪等 | 北日本から西日本にかけての日本海側 | 131人 |
| 23. 3.11 | 東日本大震災（Mw9.0） | 東日本（特に宮城、岩手、福島） | 22,318人 |
| 23. 8.30～23. 9. 5 | 平成23年台風第12号 | 近畿、四国 | 98人 |
| 23.11～　24. 3 | 平成23年の大雪等 | 北日本から西日本にかけての日本海側 | 133人 |
| 24.11～　25. 3 | 平成24年11月からの大雪等 | 北日本から西日本にかけての日本海側 | 104人 |
| 25.11～　26. 3 | 平成25年の大雪等 | 北日本から関東甲信越地方（特に山梨） | 95人 |
| 26. 8.20 | 平成26年８月豪雨（広島土砂災害） | 広島県 | 77人 |
| 26. 9.27 | 平成26年（2014年）御嶽山噴火 | 長野県、岐阜県 | 63人 |
| 28. 4.14及び　4.16 | 平成28年（2016年）熊本地震（M7.3） | 九州地方 | 273人 |
| 30. 6.28～　7. 8 | 平成30年（2018年）７月豪雨 | 全国（特に広島、岡山、愛媛） | 271人 |
| 30. 9. 6 | 平成30年北海道胆振東部地震（M6.7） | 北海道 | 43人 |
| 令和　1.10.10～ 1.10.13 | 令和元年東日本台風 | 関東、東北地方 | 108人 |
| 2. 7. 3～2. 7.31 | 令和２年（2020年）７月豪雨 | 全国（特に九州地方） | 88人 |
| 3. 7. 1～3. 7.14 | 令和３年（2021年）７月１日からの大雨 | 全国（特に静岡） | 29人 |
| 3. 8. 7～3. 8.23 | 令和３年（2021年）８月の大雨 | 全国（特に長野、広島、長崎） | 13人 |
| 4. 9.17～4. 9.20 | 令和４年台風第14号 | 九州、中国、四国地方 | 5人 |

注）１．死者・行方不明者について、風水害は500人以上、雪害は100人以上、地震・津波・火山噴火は10人以上のもののほか、「災害対策基本法」による非常災害対策本部等政府の対策本部が設置されたもの。死者・行方不明者数は令和５年３月末時点のもの。
２．気象年鑑、理科年表、警察庁資料、消防庁資料、緊急災害対策本部資料、非常災害対策本部資料、兵庫県資料をもとに内閣府作成。
（出典）内閣府『令和５年版 防災白書』2023年、附－１頁

の際に、避難準備、避難指示などが発出され、避難の必要性が示されたとしても、実際にはすべての人が避難できるとは限らない。足が不自由で歩行に不安を抱えているひとり暮らし高齢者は、もし近所の人の手助けがなければ、大雨の中で避難するよりも自宅に留まったほうが安全だと思うかもしれない。しかしそのために、不幸にして被害に巻き込まれてしまうことも起こり得る。災害被害の影響は、人々が置かれている状態や、意識、行動にかかっているともいえる。だからこそ、例えば、災害時に支援が必要な人々を事前に把握し、あらかじめ避難体制を整えておくなど社会的な議論が求められることになる。

このように、自然現象としてのハザード（hazard）と、社会現象としてのディザスター（disaster）を区別しながら[1)]、本章では災害を社会的な現象としてとらえる視点を中心に検討したい。



## 2 日本の災害対策

日本では災害対策と防災対策[＊2]とは厳密に区別されているわけではないが、ここでは災害対策を防災対策を含めた、より広義の概念としてとらえておきたい。

まず、日本の災害対策の基本法である災害対策基本法では、「災害」を「暴風、竜巻、豪雨、豪雪、洪水、崖崩れ、土石流、高潮、地震、津波、噴火、地滑りその他の異常な自然現象又は大規模な火事若しくは爆発」（第２条）などから生ずる被害としている。そして、防災を「災害を未然に防止し、災害が発生した場合における被害の拡大を防ぎ、及び災害の復旧を図ること」とする。さらに、災害対策は「災害の発生を常に想定するとともに、災害が発生した場合における被害の最小化及びその迅速な回復を図ること」として、「住民一人一人が自ら行う防災活動及び自主防災組織（住民の隣保協同の精神に基づく自発的な防災組織をいう。）その他の地域における多様な主体が自発的に行う防災活動を促進すること」（第２条の２）を必要とする。

ここで強調されているのは、自然災害の被害を予防し、できるだけなくすことをめざす防災の立場である。これに加えて、東日本大震災の教訓から、災害が起こることを前提として、被害軽減のための住民の行動や意識のあり方を考えるべきとする減災概念が広く取り入れられるようになった。このことは、災害リスクをなくせないのであれば、災害とどのように向き合い、つき合うのか、その工夫や知恵を住民の生活環境か

＊2
防災は、災害被害を出さないように、あらかじめ対策を行うことである。しかし、完全な被害予測が実現できない現状では、災害被害が起こることを前提として、被害を最小限にとどめるための対策を実施する。これが減災である。例えば、災害発生に備えてハザードマップを確認するといった減災行動をとることが地域住民に求められている。

ら再考すべきとの主張にもつながる。[2)]

災害の発生から復旧・復興、そして次の災害に備えていくための諸活動を総体としてとらえる「災害サイクル論」がある。発災直後の人命救助などの被害の拡大を防ぐ「災害応急対応」、地域社会の復興や生活再建を図る「復旧・復興」、その上で、災害被害の発生を予防する「減災」、ある程度の被害を容認しつつも、可能な限り被害の軽減を図る「被害軽減・事前準備」の４段階が設定されるが[3)]、減災への取り組みは、こうした災害のさまざまな局面に応じた形で検討されなければならない。

## 3 災害による生活破壊

ハリケーン・カトリーナ[＊3]（2005年）による大規模な被災によって、アメリカでの災害研究が拡大したように、日本では、阪神・淡路大震災（平成７〔1995〕年）を契機として、自然科学だけでなく、多くの社会科学からの災害研究が行われ、災害被害と人々の社会階層的不平等との関連にも注目が集まった[4)]。阪神・淡路大震災では、被害がインナーエリア[＊4]（inner area）の高齢低所得層やエスニックマイノリティ[＊5]（ethnic minority）に集中した。経済的に豊かにみえた大都市で、災害時に被害をより強く受ける人々の存在が明らかになったのである。要配慮者（災害弱者）への支援の必要性は、その後、実践的な場面でも強調されることになる。

新潟県中越地震（平成16〔2004〕年）、東日本大震災（平成23〔2011〕年）などの被災を経て、災害対策基本法の一部改正（平成25〔2013〕年）が行われ、高齢者、障害者、乳幼児などの、災害時に特に配慮を要する人を要配慮者とし、そのなかで災害発生時の避難等に特に支援を要する人の名簿（避難行動要支援者名簿）の作成が義務化された[＊6]。また、この改正を受け、避難行動要支援者名簿の作成・活用に関する具体的手順等が示された「避難行動要支援者の避難行動支援に関する取組指針」が策定された。

災害時に適切な避難につなぐ体制が整えられつつあるが、名簿作成時に本人の意思確認方法として、制度の周知を図った上で、避難行動要支援者自身の希望を受けて名簿登載を行う「手上げ方式」、福祉関係者などが避難行動要支援者に直接はたらきかけて情報収集し名簿登載する「同意方式」に加え、本人の意思にかかわらず関係機関内で情報共有する「関係機関共有方式」が想定されている[5)]。

＊3
2005年８月末にアメリカ合衆国南東部に上陸した大型のハリケーン。ニューオーリンズなどで浸水被害が広域に広がり、死者数も2,000人近くに達した。

＊4
大都市の中心業務地区の周辺に隣接する都市内部地域。工業地域などであった地域が、工場等の郊外移転に伴い労働者も移動し、高齢層などが残存する。外国人労働者の集住、住宅の老朽化、犯罪率の増加といった生活環境の悪化のなかで、ジェントリフィケーション政策等の対策がとられる場合もある。

＊5
複数の民族集団から構成される国民国家において、より少数の民族集団をさしている。日本では在日韓国・朝鮮人の人々（オールドカマー）に加え、1980年代以降には、外国人労働者などとして滞在している人々（ニューカマー）も増加している。本書第２部第９章第２節参照。

＊6
令和５（2023）年１月１日現在で調査対象市町村（1,741市町村）のうち100.0％（1,741市町村）が作成済みである。消防庁「避難行動要支援者名簿及び個別避難計画の作成等に係る取組状況の調査結果」令和５（2023）年より。

しかし、名簿作成が進んでいるにもかかわらず、避難行動要支援者の名簿登載率は必ずしも高くはない実態がある。その背景には、そもそも自身が災害時に要支援者となる可能性が高いことに気付いていない人にとって手上げ方式は意味をもたず、同意方式では同意を得るための時間や負担がかかることなどがある。また、関係機関共有方式は、個人情報保護の観点から慎重となる自治体も少なくない。いずれにせよ、災害時に適切な避難行動につなぐために、要支援者の理解を得て名簿登載を促す活動が続けられている。

また、名簿情報を共有して避難訓練などを実施するためには、消防署、消防団、警察署、民生委員・児童委員、社会福祉協議会、自主防災組織、自治会・町内会などが連携して取り組まなければならない。しかし、十分な連携活動に至っていない場合もあり、支援者間で支援の必要性を話し合う機会をもち、見守り活動などを行って要支援者と支援者との関係を日常から維持しておくこと、さらに、支援関係者間で事前にどのような支援を行うのかを検討し、個別避難計画を作成しておくことなどが求められている。



## 4 災害対応と地域社会

避難行動要支援者名簿の活用に加え、自主防災組織をはじめとして、災害時の相互支援体制を地域社会で準備しておくためには、平時から地域住民同士での関係形成を進めておくことが必要とされてきた。

実際に、災害時に備えてどのように取り組むかについて、近所づきあいの程度別に比較すると（**図２－５－１**）、近所づきあいの程度が高い層で「自ら取り組む」とする人の割合が高いことがわかる。また、近所づきあいの程度が低い層では「特に対応しない」の回答割合が高くなってもいた。災害時という非日常的な状況での住民同士の支え合いが、日常の近所づきあいと密接に関連していることがわかる。しかし、流動化が進むコミュニティでは、近所づきあいは弱体化している。そうしたなかで、近隣関係の重要性を強調するだけでは、実態を伴わない単なるかけ声にとどまる可能性が高い。災害時の住民相互の支援活動を実施するためには、人々の生活構造の変化をふまえた慎重な検討が必要である[6)]。

また、災害被害からの生活再建過程において「連携した働きかけと協力し合って行う行動を通じて、災害などの危機を切り抜け、効果的で効率的な復興[*7]に取り組むための地域が持つ潜在力[7)]」である**レジリエンス**[*8]

＊7
広義には、被災後に社会機能が回復し、被災前と比較して安全性と生活環境が向上することと並んで産業振興、地域振興も実現されることであるが、復興のあり方は時代や社会によって大きく異なる。

＊8
病やストレスなどからの心理的な回復力から転じて、災害時に被害を乗り越え復活する能力を意味する。災害サイクルの各過程で機能する地域社会のもつ潜在的な力としてもとらえられる。

〈図2－5－1〉 近所づきあいの程度別災害時要支援者への支援態度

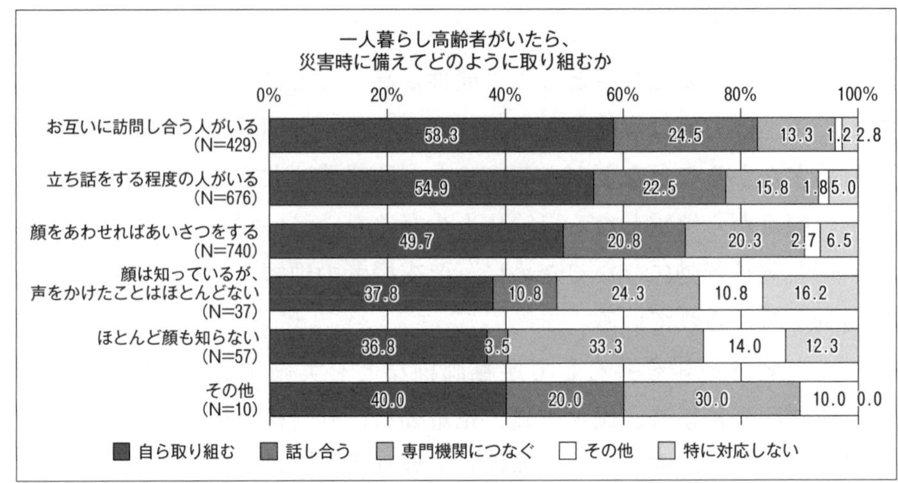


（出典）高野和良・井上智史「災害時における相互支援への態度と地域意識ー山口県社会福祉協議会「2018年度福祉に関する県民意識調査」から」『人間科学共生社会学』九州大学大学院人間環境学研究院 編、第10号（2020年）、13～27頁

(resilience) 概念が注目されている。

災害が起こった際に、被害が拡大していく地域と、そうではない地域といった地域差が生まれることがある。それは、単なる被害規模の差なのだろうか、それとも行政や支援機関の支援能力の違いが、被害の拡大に影響しているのか。レジリエンス論では、その要因として、**ソーシャルキャピタル**[*9] (social capital) を重視する。災害時には、お互いの信頼関係や社会的ネットワークが大きな支えとなり、災害への対応にあたって、大きな役割を果たすのである。例えば、避難所や仮設住宅では、被災以前の集落、地域ごとに集まることが推奨されるようになった。これは阪神・淡路大震災後の仮設住宅で起こったひとり暮らし高齢者の孤立死問題への対応から、被災以前の近隣関係を維持したほうが孤立や不安の軽減につながるとして行われるようになったものである。先に示したふだんからの地域社会での関係形成や、被災後の生活での近隣関係維持の必要性をレジリエンス論の視点からとらえると、ソーシャルキャピタルを日常的に形成し、災害後にいかに維持していくのかということでもある。

さて、産業化の進行によって発達した科学技術が巨大なリスク（危険）をもたらすことをふまえ、20世紀をリスク社会（危険社会）への転換期として位置付けたのはベック (Beck, U.) であった[*10]。平成23 (2011) 年3月11日の東日本大震災では、自然災害としての地震と津波による大きな被害に、大量の放射性物質が漏洩した原子力発電所事故が

＊9
人々がもつ社会関係に根ざした社会全体の資本である（本書第1部第2章第4節参照）。住民相互の信頼関係や、相互扶助活動のような互酬的な関係を基盤として、ボランティア活動の活性化、積極的な寄付や地域組織への参加が促されていくとされる。

＊10
本書第1部第5章第2節参照。ベックは、産業社会に存在した家族や職業集団といったリスクの影響を抑制するシステムが十分に機能を果たせなくなり、直接、個人にリスクの影響が及ぼされる状況を「個人化」としてもとらえている。

重なるという未曽有の大災害（ディザスター）となったが、現代社会が産業社会の帰結として大規模なリスク（危険）と隣り合わせていることが明らかとなった。

また令和2（2020）年には、グローバル化する社会において国際的な人の移動が拡大するなか、新たな感染症（COVID-19）のパンデミック[*11]も起こった。こうした災害の大規模化、影響の世界的拡大にも注意が必要である。

## 5 災害ボランティアの展開

阪神・淡路大震災時には、多くのボランティアが個人として被災地に向かい、手探りの活動が積み重ねられていった。「災害ボランティア」という言葉も用いられ、「ボランティア元年」とも呼ばれることになった。しかし、多数のボランティアが被災地に集うことで、実際の活動を行うまでに時間がかかるなど、さまざまな混乱も同時に起こった。そこで、個人としてのボランティアを効率よく支援につなぐために、「災害ボランティアセンター」を設置し、ボランティアと被災者とをコーディネートする取り組みが広がった[*12]。

災害ボランティア活動は、おおよそ次のような展開をたどる。災害発生を受けて、行政や社会福祉協議会が調整を行い、災害ボランティアセンターが開設される。各地の災害NPOからの支援も受けつつ、活動が開始される。現地の情報は、マスコミの報道、社会福祉協議会などのウェブサイト、SNSなどを用いて発信される。それを受けて、被災地外からのボランティアが活動を行うために現地に向かう。災害ボランティアセンターでは、ボランティアを受け付けて、がれきの片付けや支援物資配布支援などに円滑に参加できるようにコーディネートを行う。こうした活動が一定期間続き、活動にめどがついたところで、災害ボランティアは現地から離れ、災害ボランティアセンターも閉鎖される[8)]。

活動者としてのボランティアには、現地での活動が可能かどうかといった正確な情報を入手し、十分な準備を行い、ボランティアとして識別できる服装で活動を行うこと、また、ボランティア活動保険への加入も必要である。また、ボランティア活動だけではなく、募金も被災地への支援につながるとされる。

しかし、効率性の重視が、ボランティア活動が本来もっているはずの柔軟性の発揮を抑えることになっているのではないかという指摘もあ

＊11
感染症の感染が世界的な規模に拡大した状態をいう。主なものとして、14世紀ヨーロッパでのペスト、19世紀から20世紀にかけてのコレラ、1918年から1920年のスペイン風邪、2020年から続く新型コロナウイルス感染症（COVID-19）などがある。本書第2部第9章第2節4参照。

＊12
本双書第8巻第2部第3章第2節参照。

る[8]。災害時のボランティア活動の目的は何かという点は、常に意識しておく必要があるだろう。

## 6 災害と地域福祉社会学

阪神・淡路大震災後の混乱した状況の中であっても、地域福祉活動の基本理念は揺るがず、むしろその重要性が確認されたという[9]。被災直後は行政機能も機能不全に陥る場合があり、行政機能を補完する住民活動のあり方が問われ、公私協働としてのサービス供給体制の検討の必要性が大きくなる。そうした活動がどれほど展開できるのかによって、災害応急対応や復旧・復興過程の状態が左右されるのである。さらに減災は、災害応急対応だけにとどまるのではなく、次の災害に備えるための態勢構築も重要な課題であり、中長期の時間軸のなかで考える必要がある。災害の記憶を継承することによって、人々が減災を常に意識し、災害に向き合うことができるような行動変容のための方法論を編み出すことも求められている。

また、地方小都市や農山村地域では、災害被害を受けた鉄道などの社会的インフラの復旧が断念される場合が少なくない。結果として、災害被害は乗り越えることができたとしても、地域社会で生活の継続がむずかしくなり、生活のあり方が大きく変化してしまう場合がある。災害後の復旧・復興過程では、中長期的な生活変容の影響も視野に入れておかなければならず、また、そうした生活変容は地域住民に一律にもたらされるのではなく、社会的に弱い立場にある人々に、より色濃く現れることを忘れてはならない。

BOOK 学びの参考図書

- 土屋　葉・岩永理恵・井口高志・田宮遊子『被災経験の聴きとりから考える－東日本大震災後の日常生活と公的支援』生活書院、2018年。
　東日本大震災後に、障害者、高齢者、母子世帯といった社会的弱者とされる人々の声をていねいにとらえ、被害の中長期的な影響をすくい上げている。

- 田中重好・黒田由彦・横田尚俊・大矢根淳 編著『防災と支援－成熟した市民社会に向けて』有斐閣、2019年。
　東日本大震災の実証研究をふまえ、今後の防災対策と災害支援のめざすべき方向性を一体的に学ぶことができる。


## 引用文献

1）田中重好「『想定外』の社会学」田中重好・舩橋晴俊・正村俊之 編著『東日本大震災と社会学－大災害を生み出した社会』ミネルヴァ書房、2013年、276頁
2）金菱　清『災害社会学』放送大学教育振興会、2020年、13頁
3）大矢根淳「ポスト3.11・原発防災パラダイムの再構築に向けて－制度的瑕疵の例証と原発防災レジリエンス醸成のみちすじ」田中重好・黒田由彦・横田尚俊・大矢根淳 編著『防災と支援－成熟した市民社会に向けて』有斐閣、2019年、160～161頁
4）室井研二「方法としての災害社会学－理論的系譜の再検討」『西日本社会学会年報』18号（2020年）、7～19頁
5）災害時要援護者の避難対策に関する検討会『災害時要援護者の避難支援ガイドライン』、2006年、6頁
6）高野和良・井上智史「災害時における相互支援への態度と地域意識－山口県社会福祉協議会『2018年度福祉に関する県民意識調査』から」『人間科学共生社会学』第10号（2020年）、13～27頁
7）D. P. アルドリッチ、石田　祐・藤澤由和 訳『災害復興におけるソーシャル・キャピタルの役割とは何か－地域再建とレジリエンスの構築』ミネルヴァ書房、2015年、9頁
8）渥美公秀『災害ボランティア－新しい社会へのグループ・ダイナミックス』弘文堂、2014年、118頁
9）高田眞治「大震災と住民生活－『地域福祉』の再検討」黒田展之・津金澤聰廣『震災の社会学－阪神・淡路大震災と民衆意識』世界思想社、1999年、128～132頁

## 参考文献

- 宮垣　元『その後のボランティア元年－NPO・25年の検証』晃洋書房、2020年
- 内閣府『令和5年版 防災白書（令和3年度において防災に関してとった措置の概況 令和5年度の防災に関する計画）』、2023年
- 土屋　葉・岩永理恵・井口高志・田宮遊子 編著『被災経験の聴きとりから考える－東日本大震災後の日常生活と公的支援』生活書院、2018年
- 山口県社会福祉協議会「2018年度福祉に関する県民意識調査」、2019年
- 山下祐介・菅磨志保『震災ボランティアの社会学－<ボランティア＝NPO>社会の可能性』ミネルヴァ書房、2002年
- A. ゾッリ・A. M. ヒーリー、須川綾子 訳『レジリエンス 復活力－あらゆるシステムの破綻と回復を分けるものは何か』ダイヤモンド社、2013年

# 第6章
# 地域社会とその変容

## 学習のねらい

人は必ず地域に居を定め、特定の地域を拠点に生活を営むが、「地域社会」及び関連して「コミュニティ」というのは、日常よく使われる割には明確に定義しにくい概念である。そこで第１節では地域社会をめぐる諸概念（特に原型としてのムラやマチの姿）を整理し、一方、地域社会の構成や歴史的経緯を知るために、第２節では地域社会における集団・組織のあり方、特に自治会・町内会とボランタリー・アソシエーションそれぞれの特質を考える。第３節において、わが国では高度経済成長によってもたらされた都市化社会の特質を都市的生活様式というキーワードを軸に学習する。第４節では、このような都市化社会に対応するため普及したコミュニティ概念とコミュニティ行政を検討する。第５節では、都市化の裏面としてもたらされた過疎の問題と、過疎によって存続の危機に陥ったコミュニティが再生するにはどうすればよいのか、という現代的課題についても考察してみよう。

# 第1節　地域の概念

## 1 原型としてのムラ・マチ

地域社会は近代化・都市化の波に洗われて現在のように、人々の日常的な社会流動や激しい社会移動を前提にした姿へと変貌してきた。しかし前近代においては、わが国に限らず人々の生活が一定の空間的範域の中でほぼ完結しているような範囲と生活実態があった。それをわが国の場合には、ムラやマチとよんでいる[*1]。

前近代のムラは生産力の低い段階にあり、多品種栽培や小規模畜産による自給的農業が、イエと呼ばれる地縁血縁団体を軸に営まれていた。イエとは血縁でつながる直系三世代（親世代・子世代・孫世代）のみならず傍系親族や必要に応じて養子縁組で迎え入れられた家族員等が同居し協働するような、生産の共同体である（後述するマチの商家などのイエの場合には、これに丁稚や奉公人なども加わる[*2]）。生産力の低い段階ではイエは単独で存立できず、生産・消費活動は、こうしたイエの連合体（家連合）によって共同で担われてきた。いわゆる本家－分家関係は、このような家連合秩序のパターンの一つである[*3]。

ムラの共同関係はそれだけにとどまらない。ムラは薪炭・材木などの供給源としての林野を共有地（入会地）としてもつことが多く、用水や堰など水利・灌漑（かんがい）施設もムラの共有であることが多い（漁村の場合には、入浜権とよばれる漁業権の一部や河口の葦原の利用の権利などが共有化されていることがある）。さらに共同体としてのムラに必要な事業や、個々の家連合だけではまかないきれない臨時の大規模な事業については、「結（ユイ）」「手間替（てまがえ）」などとよばれる（よび方は地域によって異なる）労働交換も組み込まれていた。道普請（みちぶしん）（公共事業）、屋根普請（特に茅屋根などの場合に必要になる定期的な葺き替え）、葬式・祭礼などはすべて、このようなムラの共同作業によって初めて可能になる一大事業であった。このようなムラの仕組み・掟から逃れて生活することは困難であり、ムラの掟を侵犯した場合に科せられる「ムラ八分」（上記したような共同作業のうち消火活動など最低限必要な２割以外の８割の付き合いを断つという意味）は重大な罰則となった。人間は共同体としてのムラに埋没し、ムラがあってこそ生活が成り立っていた。貨幣経済の浸透も限定的であり、現物交換（物々交換）や相互扶助が日常生活を支えていた。

＊1
「ムラ」「マチ」は口語でも使われる日常用語だが、学術的に表現するときにはカタカナで表記する。後出の「イエ」も同様。

＊2
中野　卓『商家同族団の研究』御茶の水書房（1981年）は、このような前近代の商家のイエ継承のダイナミズムを文献資料等に基づいて詳細に明らかにした研究である。

＊3
家連合という概念は有賀喜左衛門によって提起された。これを受け継いだ福武 直によれば、東日本地域では本家－分家の系譜関係に基づく「同族型家連合」がよく観察されるのに対し、西日本では平等な親族や講・葬式組などを基準とする、より水平的な「講組型家連合」が多いとする。

このような強い統合の成立したムラのありようを、鈴木榮太郎（すずきえいたろう）は「自然村」[*4]とよんだ。空間的まとまり（範域）と人々の社会的統合（社会が一定の秩序の下に置かれている状態）の範囲とが一致している状態である。なお、明治期及び昭和期の大合併（後述）によって、これら自然村を複数包含した大規模な市町村が成立した[*5]ので、鈴木はこのように人々の日常の社会的統合を越えて成立している地方自治体としての村を「行政村」とよんで区別している。

なお都市においてもマチ（学問的には町内社会ともいわれる）とよばれる社会的統合が存在し、ムラと同様に相互扶助も行われていたことはいうまでもない。冠婚葬祭、防犯防火、衛生活動などは地域を単位にした組織によって営まれていた。ただしムラと比較すると商人・職人などの職業分化が進んでいるため貨幣経済が浸透し、マチが一つの経済圏として機能した。また土地所有者のみが一人前のマチの成員とみなされ、借家人・店子は意思決定や共同作業にかかわれないことがあった。

## 2 地域社会の概念

以上見てきたムラやマチのような原型をふまえると、「地域社会」の概念を、次のようにまとめることができよう。

第一に地域社会は、人々の社会的活動が一定の空間的な広がりを伴って展開している、空間性（近隣性）と密接に関連した概念である。職住の場が明確に分離しておらず、住民の生活の大部分が一定の空間的な広がりの中で営まれていた歴史的段階、つまり前近代の農業社会に、このような性格の典型を見てとることができた。

第二に、その空間の中で人々は共同生活を送っている。これは住民による相互扶助活動や各種の集団が地域社会を単位として成立していることに具体的に表現されている。また政治的意思決定や経済活動もその単位に準拠して行われる。すなわち、空間的単位が社会的統合の単位ともなっている。

第三に、こうして地域社会は人々の共同生活を支える制度・仕組みを備えている。共同生活を支え実現する集団や組織、それを運営する制度、あるいは共有地のような資源を含め、物的・制度的基盤が存在している。

第四に、内部－外部の境界や意思決定機能をもった統合体である。一定の社会的統合として機能する地域社会は、寄合などの仕組みにより合意形成や資源配分を行う。外部者に対しては防御的にふるまうこともあ

＊4
『日本農村社会学原理』（社会評論社、1940年）における鈴木の説明によれば、農民生活は（少なくとも戦前期においては）小字・組とよばれる近隣（第一社会地区）、自然発生的な村落（第二社会地区）、人為的に制定された行政村（第三社会地区、地方自治体としての村）の３つのレベルが区別されながら営まれていた。鈴木によれば農民を取り巻く社会関係・集団は第二社会地区のレベルに集中・集積している。この第二社会地区を鈴木は自然村と呼んだが、この自然村こそがこの時点における農民生活の実体であり、社会統合の単位であるということになる。

＊5
明治の大合併により市町村の数は日本全国で1万程度、昭和の合併により3,300程度にまで減らされた。さらに平成13年前後から国が推進した「平成の大合併」により、令和５（2023）年現在の市町村数は1,718となっており、人々の日常生活の範囲をはるかに超えた広大な市域をもつ市町村も多い。政令指定都市などに多い、人口数十万人を越えるような巨大自治体においては、行政・議会と住民との距離が遠くなるため、自治体内分権をどのように進めるかが課題となっている。平成合併の評価については、今井照『「平成大合併」の政治学』（公人社、2008年）が参考になる。

るし歓待することもあるが、いずれにしても地域社会に認められた構成員（ウチ）と外部者（ヨソ者、新参者）は明確に区別される。

ただし、以上見てきたような地域社会の諸特徴は時代が変化すると弱まったり変容したりする。その変容の様子を、特に本章第３節以下で見ていくことにしよう。

## 3 地域社会の現代的意味

空間的まとまりと人々の社会的統合を現代社会において曲がりなりにも提供しているのは、地方自治体である。かつてムラやマチが相互扶助によって実現していたサービスのかなりの部分は自治体が担うようになり（防犯・防災、道路・港湾・交通、上下水道、廃棄物処理、環境・衛生、住宅・都市計画、文化・体育など）、国から委託された事務（法定受託事務[*6]）も多い（年金・生活保護などの社会保障、保育・教育、医療・福祉など）。このようにマチやムラの相互扶助が専門分化し制度化され、専門機関として成立したものが地方自治体であるという理解も可能であり、実際住民が日常生活の課題や困りごとを行政に相談し依存する度合いは高度成長期以降高まった。一方で地域社会における集団が完全に不要になったわけではなかった。21世紀に入り自治体が巨大化・広域化し財政的にも逼迫するなかで、行政依存を止めて、かつてのムラやマチの範囲で相談・協働しながら住民が相互扶助しなければならない切迫した状況も増えているように思われる。また地域福祉や地域包括ケア等の考え方が定着するにつれて、子育て支援センター・地域包括支援センター等に典型的に見られるように、地域社会の諸集団と協働なしには成立しないような（準）行政機関も多い。

今日、情報・交通手段の発達により空間的制約を超えた友人・親族等の付き合いネットワークも人々の日常に深く入り込んでいるが（選択縁または選択的ネットワークなどとよばれる）、かといって隣近所や地域集団を完全に無視した生活はリスクを伴う。地域社会は利害とかかわらない対面的な接触の場であり、「遠くの親戚より近くの他人」といわれるように、いざ災害が起きたときの相互扶助の必要性などから、人が特定の場所に居を定めて生活する限り、地域社会や地縁は無視することのできない単位である。

＊6
地方分権推進一括法（平成11〔1999〕年成立）により新たに提起された概念。それまで、国の指揮命令のもとに、地方自治体が機関として受託してきた行政事務（教育・社会保障などの分野に多い）の法的位置付けを改め、自治体が法律に基づいて、国と対等な立場で国から受託して（補助金付きで）執行する事務のこと。しかし、実態としては機関委任事務時代と変わっていないともいわれる。

# 第2節　地域社会の集団と組織

## 1 地域集団

地域社会の住民としての生活にかかわる集団で、地縁を基盤とするものを地域集団という。日本において典型的なのは自治会[*7]・町内会、青年団、婦人会、老人会、子ども会などである。また、**図2−6−1**にあるように、これら地域集団と密接に関連する組織（アソシエーション、本章第4節2で説明）として防犯協会・青少年育成協会（呼称や種類は自治体によってバリエーションがある）などが存在することも一般的であり、これらの集団はしばしば自治体行政の末端の実働機能を担う。

その他の地域集団としてよく例にあがるのは、農業生産組織（農業協同組合など）や商店会（商店街振興組合）、地域を基盤にした趣味・スポーツ団体などである。神社を支える氏子組織や町内のお祭りを支える

＊7
日本の自治体には必ず存在する地域自治組織である。次頁で解説するように、江戸時代の「隣組」に由来するともいわれるが、制度としては昭和期より普及した。消防・衛生・社会福祉など多面的な相互扶助機能と、行政に対する意見集約、行政からの広報広聴機能も担い、今日の地方自治の草の根を担う存在である。



〈図2−6−1〉自治会・町内会とその関連組織の一例（越智昇が作図した横浜市の例）

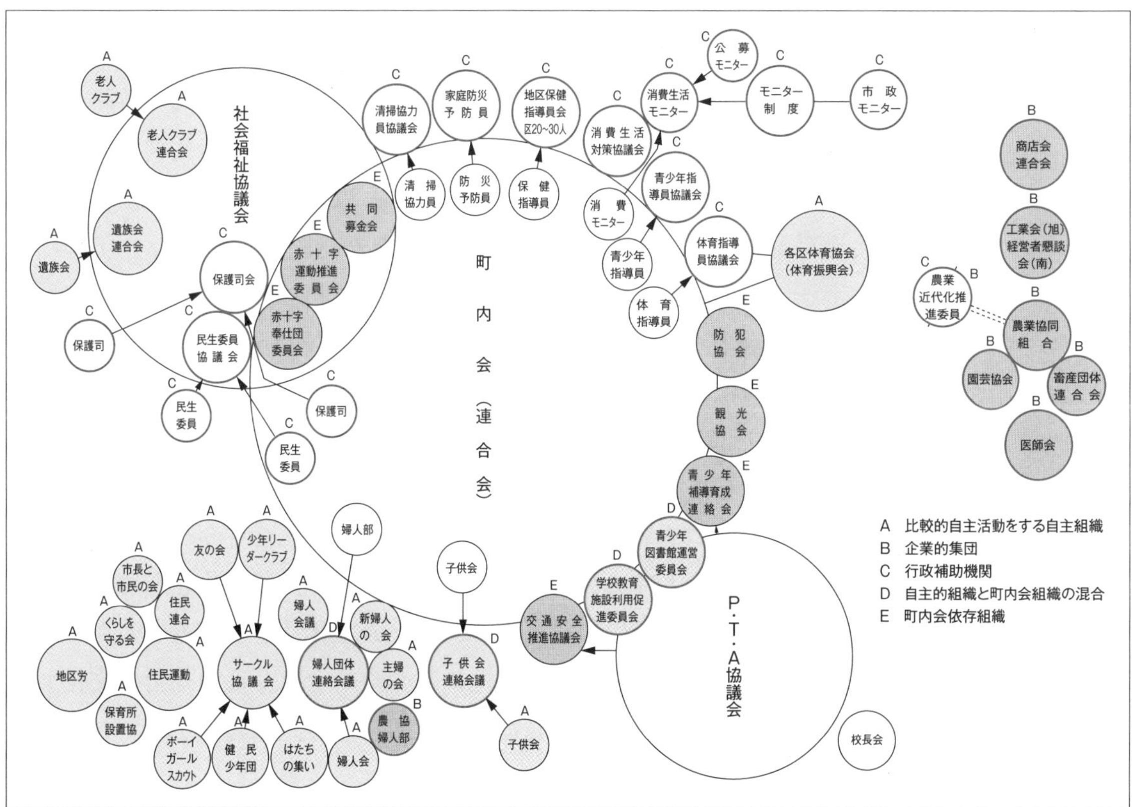


（出典）蓮見音彦・奥田道大 編『地域社会論』有斐閣、1980年、352頁を一部改変

実行委員会なども、町内会とほとんど同じ実体であることも多い。なお、他国の類似集団として、他国では教会を基盤にしたパリッシュ（英国）や農村共同体に由来するコミューン（フランス）、居民委員会（中国の都市部）等があるといわれる[*8]が、以下にあげるような日本の町内会の諸特徴を完備しているものは、なかなか他国には見つからない。

自治会・町内会の特徴として通説的に指摘されてきたのは以下の諸点である。第一に個人ではなく世帯を単位とした加入であること。第二に、町内の全戸加入を建前・原則としていること。ただし近年ではこの原則を維持できず、組織率が低迷している町内会も多い。第三点は第二点から導かれる特徴として、一つの地域に一つの自治会という「排他的独占」の組織であり、例えば既存町内会に批判的な人たちが「第二自治会」をつくるような事態は生じないということである。第四に、町内社会の維持にかかわる包括的な機能を果たしているということである。ここから町内自治の担い手という評価も可能だが、行政の末端下請け的な機能を果たしているという評価もできる。農村的な社会ではこれら包括機能を果たし続けている場合が多い一方、大都市になるほど、町内会がこうした包括的な機能を失い、行政や専門機関（ライフラインや各種の生活関連サービスを提供する企業・業者など）に依存する傾向が高まるということも一般的にいえる（この点は、本章第３節でも再論）。

町内会が形成されてきた歴史的経緯としては、封建時代の隣組や部落会に由来するともいわれる。近隣相互扶助によって村落共同体の機能を維持してきたわけである。昭和期に入り、東京市主導で市域全体に町内会を整備することが奨励されるようになり（昭和13〔1938〕年には東京市長告諭として「町会規準」「町会規準準則」が出された）、戦時期に至って内務省令（部落会町内会整備要領、昭和15〔1940〕年）で全国的・画一的に導入された歴史がある。そのような事情もあって、第二次世界大戦後に日本に進駐してきた連合国軍総司令部（GHQ）は、自治会・町内会を軍国主義の基盤とみなして解散を命じたことがある[*9]が、サンフランシスコ講和条約締結によってGHQが撤退すると町内会は何事もなかったかのように復活した。これについて、民主化を進める観点から封建遺制（封建時代の残存物で、人々の主体性を妨げるもの）とみなして批判した奥田道大（おくだみちひろ）と、地域性に基づく結合は「日本社会の文化型」であるとして町内会を擁護した中村八朗（なかむらはちろう）らとの間で論争が行われたこともある（町内会論争[*10]）。

＊8
これら、世界の地域集団と日本の自治会の比較については、中田実『世界の住民組織』（自治体研究社、2000年）が参考になる。

＊9
「政令第15号」昭和22（1947）年。

＊10
奥田道大「旧中間層を主体とする都市町内会」『社会学評論』14巻３号、1964年、及び中村八朗「都市町内会論の再検討」『都市問題』56巻5号、1965年など。

## 2 ボランタリー・アソシエーション

町内会論争での奥田の立場に象徴されるように、全戸加入・包括型の基礎集団である自治会・町内会よりも、個々人の自発性や主体性（ボランタリーな意思）に基づいて選択的に結成されるアソシエーション（ボランタリー・アソシエーション）[*11]のほうが地域社会の担い手として機動的であり、民主主義や地域自治の担い手たり得るという考え方も有力である。

確かに高度成長期後半以降には、住民自治の担い手としてボランタリー・アソシエーションが注目されるようになった。公害や住環境悪化に対して問題提起し、ときに道路計画や開発事業への反対運動を展開した住民運動が、このようなボランタリー・アソシエーションの出発点になったケースがある。当座の目的を達成した（しなかった）後も、環境問題や地域福祉といった特定のテーマに関する学習活動や政策提言などを行う組織が派生・連動する場合が見られたのである[*12]。1980年代には、地域でのボランタリー・アソシエーションの蓄積は広範な分野に及び、上記した環境・福祉のみならず都市農村交流、地域防犯、都市計画・まちづくり、文化、消費生活など多様な分野にわたるようになった[*13]。

こうした基盤の上に平成10（1998）年に制定された特定非営利活動促進法（NPO法）により法人格の取得が可能になったNPO（Non Profit Organization）法人は、特定のミッション（使命）を掲げたボランタリー・アソシエーションとして急速に普及した。法律制定から25年、全国的には５万強のNPO法人が認証を受けている[*14]が、もちろんNPO法人として認証を受けなくても、NPO法人と変わらない活動をしている団体も数多く存在する（社会福祉法人・一般社団法人などの法人格を取得している場合もあれば、任意団体として活動する場合もある）。なおNGO（Non Governmental Organization）の概念はあいまいであるが、一般的には国際貢献などのグローバルなミッションを掲げて活動する団体を特にNGOとよぶことが多い（したがって、NPO法人格を取得しているが通常NGOとよばれているような団体もある）。これら、行政・企業ではなくミッションを掲げ社会課題解決のために活動している組織一般をさして、「サード・セクター」とかNon Profit Institutions（NPI）、あるいは市民社会組織（Civil Society Organizations：CSO）などとよぶこともある。

すでに見たように自治会・町内会の組織率が低迷している今日、また

＊11
佐藤慶幸によるボランタリー・アソシエーションの定義を紹介しておこう。「人々が自由・対等の資格で、かつ自由意思に基づいてボランタリー（自発的）に共通目的のために結集する非営利・非政府の民主的協同組織（アソシエーション）」。佐藤慶幸『現代社会学講義』有斐閣、1999年、166～167頁。

＊12
例えば、渋川智明『福祉NPO』（岩波新書、2001年）には、ボランタリー・アソシエーションとして誕生して試行錯誤を積み重ね、交流や政策提言を重ねて日本を代表する福祉サービス組織となったいくつかの先進例（後に社会福祉法人格やNPO法人格を取得した団体も含む）が紹介されている。

＊13
そのような広がりを概観できるものとして、本章末の参考文献に提示した蓮見音彦編『地域社会学』（サイエンス社、1991年）の第３章などを参照。

＊14
認証する官庁は、原則として、主たる事務所が所在する都道府県知事で、一つの指定都市の区域内のみに事務所が所在する場合は指定都市の長である。団体の認証状況はそれぞれの都道府県・市のホームページで確認できる。なお、平成24（2012）年にNPO法が改正され、単なるNPO法人としての認証からさらに進んで、免税措置が受けられる「認定NPO法人」

というカテゴリーが生まれた。令和5（2023）年時点で、認定NPO法人も1,200を超えている。

環境問題・災害・少子高齢化など多くの地域課題が降りかかってくる21世紀において、特定のミッションを掲げて機動的に動けるNPI/CSO／ボランタリー・アソシエーションの役割は増大こそすれ、不必要になることはないと考えられる。地方自治体も、こうしたアソシエーションの育成やコーディネーションに力を入れ、担当部局を設置している場合が多い。

# 第3節　都市化と地域社会

## 1 地域社会の拡散と重層化

ムラやマチとしての社会的統合が実体を伴っていた地域社会は、近代化・都市化の波に洗われて拡散し、重層化していく。

第一に、前近代から近代工業社会への移行と職業構成の変化により、人々の職場と家庭とが分離する（職住分離）ことが一般化し、人々は居住地と勤務地との間を移動（通勤）するようになる（社会流動）。すなわち働き手は日常的にムラやマチの外に出て行き、モノや情報も広い圏域で流通するとともに、貨幣経済が浸透し、従来の現物交換経済や結などの相互扶助の役割が縮小してくる。交通・通信手段の発達により、流動性はますます高まっていく傾向にある。

このような変動は地域社会の概念をあいまいにする。住居には寝に帰るだけ（このような人口が多い地域社会はベッドタウンといわれる）という人も現れるし、地域内での人の出入りも激しくなる。人々の共同生活の実態は見えにくいものとなり、共同生活を支えてきた物的・組織的基盤も弛緩する。町内会の組織率が落ち込むのはその一つの現れである。こうしてかつて存在していた、家連合から近隣、ムラやマチ（自然村）、市町村（行政村）へと広がるような同心円的な構造はあいまいとなる。すなわち鈴木榮太郎の時代とは異なり、同心円上のどの層が社会集団や社会関係の結節点であるのか、不明確となる。人々の社会的統合や日常生活の範囲が、これら同心円のいずれとも重ならなくなるどころか、極端な場合にはほとんど接点をもたなくなったのである。

## 2 都市化と都市的生活様式

地域社会が大きく変動し、とりわけムラやマチのような社会的統合が崩壊していった時代として、わが国で高度経済成長期（おおむね、昭和30〔1955〕年から昭和48〔1973〕年をさす）がもつ意味は大きい。この短い期間に就業構造は第一次産業中心から第二次・第三次産業を軸にしたものへと変容し[*15]、わが国は農業社会から工業社会・都市型社会へと急転換した。それに伴い人口は三大都市圏に集中した。人口移動・流動を支える手段としてモータリゼーションが進展し、道路網や新幹線、産

＊15
昭和21（1946）年の段階では、日本の総人口約８千万人弱のうち3,142万人は農家人口に分類されていた。ちなみに平成31（2019）年時点では農家人口（398万人）が総人口に占める比率は3.2％である（農林水産省「農村の現状に関する統計」）。国勢調査データから産業別就業者比率を見ても、昭和25（1950）年段階では50％弱を第一次産業就業者が占めていたが、昭和45（1970）年にはその比率は20％を切り、昭和60（1985）年には10％を切った。

〈写真2－6－1〉『都市の日本人』表紙に描かれた団地

（出典）R. P. ドーア、青井和夫・塚本哲人 訳『都市の日本人』岩波書店、1962年

業基盤整備などの地域開発によって国土の姿も変貌した。

社会移動による都市化現象は、後に本章第5節で見る過密と過疎という問題を生んだ。三大都市圏（東京圏・近畿圏・中京圏）では人口の社会増（転入）により人口密度が高まり、転入者への住宅供給が課題となったので、「団地」とよばれる画一的な間取りの大規模居住施設が高度経済成長期に集中的に造成された（**写真2－6－1**、本章第5節で再論）。団地供給の主役となったのは、国が100％出資した外郭団体である住宅・都市整備公団[*16]（現在のUR都市機構）であったが、都道府県・市町村が建設・運営した公営団地も多く存在する。

一方、都市化という概念には、社会や生活の変化というとらえ方もある。「都市的生活様式[*17]」が普及していく過程を都市化ととらえるのである。具体的には、農村においても都市的な専門機関・専門家が普及して共同による相互扶助の機能が弱まったり、結節機関[*18]とよばれる人々の交流する施設が多く建設されたり、職業構成が都市のそれに近づくことである。すでに本章第1節で見たように、ムラでは相互扶助的に課題を解決していた。いわば村落的生活様式が主流であった。しかし都市化が進むとそのような相互扶助は廃れ、防犯・防火から始まり冠婚葬祭・土木事業や家屋の修理なども、行政を含む専門家や専門機関によって代替されていく傾向にある。村落では自家処理できたようなゴミ処理・飲料水確保などもこうした専門機関の仕事となる。一方では大都市と同等の機能や規模を備えたホール・集会所・娯楽施設・商業施設・教育施設などが農村的地域に立地するようにもなっていく。情報通信・メディアや移動のネットワークも整備される。こうして日本社会が成熟するにしたが

＊16
「住都公団」と略称されることが多いが、何度か正式組織名が変わっている。昭和30（1955）年に日本住宅公団として設立された後、昭和56（1981）年には住宅・都市整備公団、平成11（1999）年に都市基盤整備公団と名称変更、平成16（2004）年にはUR都市機構へと再編された。現在は住宅分譲事業から撤退し、既存の賃貸住宅の管理と都市基盤の造成のみを役割としている。

＊17
以下、本文で説明しているように、職業構成が都市らしい多様・異質なものに変化していくこと（ムラのように農業単一ではなくなっていくこと）、また行政・学校・商業集積など都市的施設が多く立地し、それに依存した生活スタイルになることをいう。ゴミ処理（衛生）や冠婚葬祭などムラが担っていた伝統的相互扶助機能が、行政を筆頭とする専門機関による処理に置き換わっていくことは、その典型的な現れである。

＊18
これは鈴木榮太郎が提起した概念である。モノ、技術、知識、情報などの交流・交換の場を提供する場所であり、行政機関や公共施設・商業施設はもちろん、学校や企業なども重要な結節機関である。このような結節機関の集積こそが都市を都市たらしめているというのが鈴木による「都市」の定義である（鈴木榮太郎『都市社会学原理』有斐閣、1957年）。

い、仮に居住する自治体が「村」であっても、機能的には大都市と同等の社会生活を営めるようになってきたのである。こうなれば、ものの考え方やライフスタイルも、大都市と中山間地との間で根本的な差はなくなり、第一次的接触はおろか第二次的接触も減少して「隣は何をする人ぞ」というように近隣や地域社会と没交渉となる状況は農村的地域でも一般的となる。

## 3 都市化社会の成立と地域社会の変容

都市的生活様式が大都市のみならず中小都市や農村にも普及する過程を、全般的都市化という。全般的都市化の普及がひととおり完了した社会が都市化（都市型）社会である。

都市化社会の特徴は次のようなものである。第一に、繰り返しになるが、都市的生活様式の普及等によりムラやマチに見られた強固な社会的統合や相互扶助の仕組みが弱体化・弛緩して、個人化が進展した。第二に、都市体系ともよばれる、都市間のピラミッド構造が発達した。行政は国を頂点とし都道府県を媒介して市町村に至る指揮命令系統の影響を受けやすくなる。学校や商業機関・事業所も全国レベルに組織され、本社や本庁のある東京を頂点とする法的・人事的・財政的統制を受けやすくなる。こうした事態が進展すると、地方都市はどこでも「ミニ東京」化して、「目隠しされて駅を降りたら、どの都市かわからない」ともいわれるように、全国的な画一化が進む。この現象は高度経済成長期に著しかった。その後1990年代から、日本の地域社会はグローバリゼーションの影響を受け、地域の経済基盤を提供していた産業・工場が突然撤退する（地域産業の空洞化）など、さらなる変容を迫られている。

# 第4節　コミュニティの概念

## 1 都市的社会関係

都市という社会的環境は、そこに生活する人々の間にどのような社会関係をつくり出すのだろうか。アメリカの社会学者ワース（Wirth, L.）は、第二次的接触の優位と第一次的接触の衰退・弛緩がそこに現れると答える。こうした点を含めて、都市特有のパーソナリティや態度のことを「**アーバニズム**[*19]」という。

＊19
ワースは都市を人口の三要素（人口規模・密度・異質性）から定義し、そこには特有の社会構造・社会関係・パーソナリティが現れるとする。彼によれば都市とは「社会的に異質的な諸個人の、相対的に大きい・密度のある・永続的な集落」である。出典はL.ワース、高橋勇悦訳「生活様式としてのアーバニズム」鈴木広編『都市化の社会学（増補）』誠信書房、1978年。

ワースのいう「第一次的接触」とは、よく知られたクーリー（Cooley, C. H.）の「第一次集団」の概念をふまえたものである。家族・近隣・地域集団、子どもの遊び仲間など、人間がその成長過程で最初に出会い、社会性を身に付ける集団がクーリーのいう第一次集団であった。ここに見られる対面的で親密な関係を第一次的接触とよぶ。

これに対して、ワースのいう第二次的接触とは、商取引の際の売り手と顧客との関係（市場関係）にその典型が見られるようなものである。お互いを固有名詞で呼び合う必要はなく（非人格的）、うわべだけの関係で（皮相的）、その場限り（一時的）の、お互い損のない取引をめざす（合理的）ような人と人との接触が、第二次的接触である。本章第3節で見たように、都市的生活様式が普及すると、第二次的接触によって提供されるサービスが増加する。

都市化社会において人々が第二次的接触を追求していくと、最終的には「人間関係の省略」に至ると考える学者もいる。先ほどの商取引がさらに合理化されていけば究極的には自動販売機、さらにはインターネットを媒介した通信販売という形態になり、もはや人と人との接触すら必要がなくなる。このように都市化に伴って地域社会内の接触が減り、共同性が弱まっていくという考え方を、「コミュニティ解体論」という。ワースの考え方を延長していくと解体論になるのだが、隣戸で孤独死や児童虐待が起きても気付かない「無縁社会」が深刻な社会問題になった現代日本を見ると、先見の明があったともいえる。ここに登場した「コミュニティ」とはどのような概念であろうか。

## 2 コミュニティの概念

ある社会学者が94に及ぶコミュニティの定義を集めて分析したところでは、この概念の重要な要素とは地域性と共同性であった。だからコミュニティにあたる概念は日本語では「地域社会」である。しかし地域社会という言葉から、日常的には共同性という要素を想起しにくいので、共同性の契機を強調したいときにコミュニティという言葉がよく使われる。

社会学において古典的なコミュニティ研究者としてあげられるのは**マッキーバー**（MacIver, R. M.）である。彼によれば、空間的な広がりを伴って自然発生的な共同生活が行われる社会が**コミュニティ**であり、コミュニティを基盤にしながら特定の目的や関心を達成するために別途形成される集団が**アソシエーション**である。

これを日本に置き換えれば、本章第2節の**図2－6－1**に小さな円で示されている多様な集団がアソシエーションであり、その基盤となっている自治会・町内会あるいは地域社会がコミュニティであるということになろう。ここではコミュニティは、それがなければ派生組織も生まれないような、いわば「基礎社会」として位置付けられている。

さて、先ほどコミュニティ解体論を紹介したが、都市化の下でコミュニティが衰退・解体していくと理解する立場のほかに、都市化に代表される社会変化を被りながらもコミュニティは存続するという考え方（コミュニティ存続論）もある。近隣コミュニティの存続を実証的に示したアクセルロッド（Axelrod, R. M.）の研究や、都市においても人々は選択的に出入り自由なコミュニティを構成しているとするジャノビッツ（Janowitz, M.）の「有限責任のコミュニティ論」などが存続論に分類される。

さらに、コミュニティの概念から地域性（近隣性）という要素を除外・解放する（コミュニティ解放論）ことを提唱したのがウェルマン（Wellman, B.）である。共同性を「親密な絆（きずな）としてのネットワーク」としてとらえれば、地域を越える共同性を想定できることになり、地域コミュニティだけがコミュニティではなくなる。都市化社会においては、別の都市・地域に住んでいる親族や友人とのネットワークによって日常生活が支えられることも起きる。

このようなコミュニティ解放論の立場に依拠し、都市では社会的ネットワークの形成と分化に基づいて、多様な下位文化（サブカルチャー）

が成立しているとして、それらの様相を描き出してみせたのがフィッシャー（Fischer, C. S.）である。[*20]

＊20
アクセルロッドやジャノビッツを含めて、ここで論じられたようなコミュニティ論の展開を概観するには、松本康「現代都市の変容とコミュニティ、ネットワーク」松本康ほか編『増殖するネットワーク』勁草書房、1995年が便利である。

## 3 コミュニティ形成の取り組み

昭和44（1969）年に刊行された国民生活審議会調査部会コミュニティ問題小委員会報告書『コミュニティ－生活の場における人間性の回復』は、日本においてこの概念を論じるとき、必ず引き合いに出される文書である。このような文書を高度経済成長期に国が出した背景として、都市的生活様式が深化し第二次的接触が広まって、地域社会の統合が弱体化したという問題意識があったようである。都市化に伴う人々の孤独感が強まるなかで、新たな基礎集団としての「コミュニティ」（地域性に基づく共同性）を形成することが目標として提起された。それを受けた具体的政策として自治省（現・総務省）は「モデル・コミュニティ事業」を準備し、各都道府県において指定が行われた。コミュニティ施設（コミュニティセンター・自治会館・生活館など呼称はさまざまである）を建設し、それを地域住民が管理運営するという手法で、新たな連帯感を醸成しようとするものである。しかし一方で、当時はコミュニティという言葉が耳慣れず、さらに旧来の自治会・町内会を否定する政策ではないかという抵抗も見られたようである。

コミュニティ行政においては、住民が地域社会への関心を高め、地域課題への解決に取り組むと同時に行政への住民参加の新たなルートをつくることが期待された。しかし実際には、一部（特に大都市近郊）地域で親睦的な共同性をつくることができたにとどまるという評価もある。また非大都市圏では、実際には旧来の自治会・町内会がそのままコミュニティ行政の担い手となった場合も多い。

こうして狭い意味でのコミュニティ行政は高度経済成長期にいったん収束したのであるが、平成期に入ってから各種政策文書にコミュニティ概念は再びよく登場することになった。このように（地域）コミュニティへの関心が再度高まってくる背景には次のような事情があると考えられる。

第一は、1990年代中葉から進展した地方分権政策及び「分権の受け皿」としての市町村合併政策[*21]の展開により、地域社会の自律・自立に対する関心が高まり、その担い手としてのコミュニティへの期待が高まった。

＊21
本章第1節＊5参照。

第二に、高齢化や個人化（無縁社会ともいわれる状況）が進展するなかで、介護や健康維持といった課題に社会的に（個々人や家族に任せるのではなく）取り組む必要が生まれたが、それらは地域で受け止めるしかない課題だということである。

第三に、低成長期に入るなかで自治体の財政状況が悪化し、さまざまな地域課題に対して自治体のみで対応することができず、行政と住民との協働（コラボレーション）が強調されるようになったということがある。ここでは行政と住民が対等な関係（パートナーシップ）を築きながら地域課題に取り組み、新たな公共的サービスを提供していくことが求められているが、対等な関係を真に構築するためには、住民の意思決定や適切な資源配分の仕組みを含め、未解決の課題も多い。

# 第5節　過疎化と地域社会

## 1　高度経済成長下の地域社会

＊22
おおむね1970（昭和45）年ごろまで、三大都市圏以外の中学・高校の新卒者が集団で都市部に移動し、決められた就職先に春先にやってくる現象が見られた。最盛期には貸切の「集団就職列車」が運行された。高度成長期の旺盛な労働力需要から、これら新卒者は「金の卵」ともよばれた。加瀬和俊『集団就職の時代』（青木書店、1997年）などを参照。

地域社会に変化をもたらした大きな原因は、大規模な人口移動である。集団就職[＊22]という現象が象徴するように、戦後日本は不足しがちな労働力を、太平洋ベルト地帯以外の地域から供給させる方法で補った（欧州では国境を越えた移民でまかなった労働力を国内で調達した）。その移動の様子は、社会学者たちが多摩ニュータウンへの入居者の移動経路を調査して図にした**図2－6－2**からよくわかる。**図2－6－3**の人口動態統計を見ても（都道府県レベルの移動統計であるため、最近になるほど実態を正確に反映していないが）、非大都市圏から大都市圏への移動がおおむね1970年代まで続いていたことがわかる。

都市に流入した人口は、何の絆もない土地で新しい生活を始めること

**〈図2－6－2〉高度成長期の典型的なニュータウン都市（東京都多摩市）に人々が移動してきた経路**

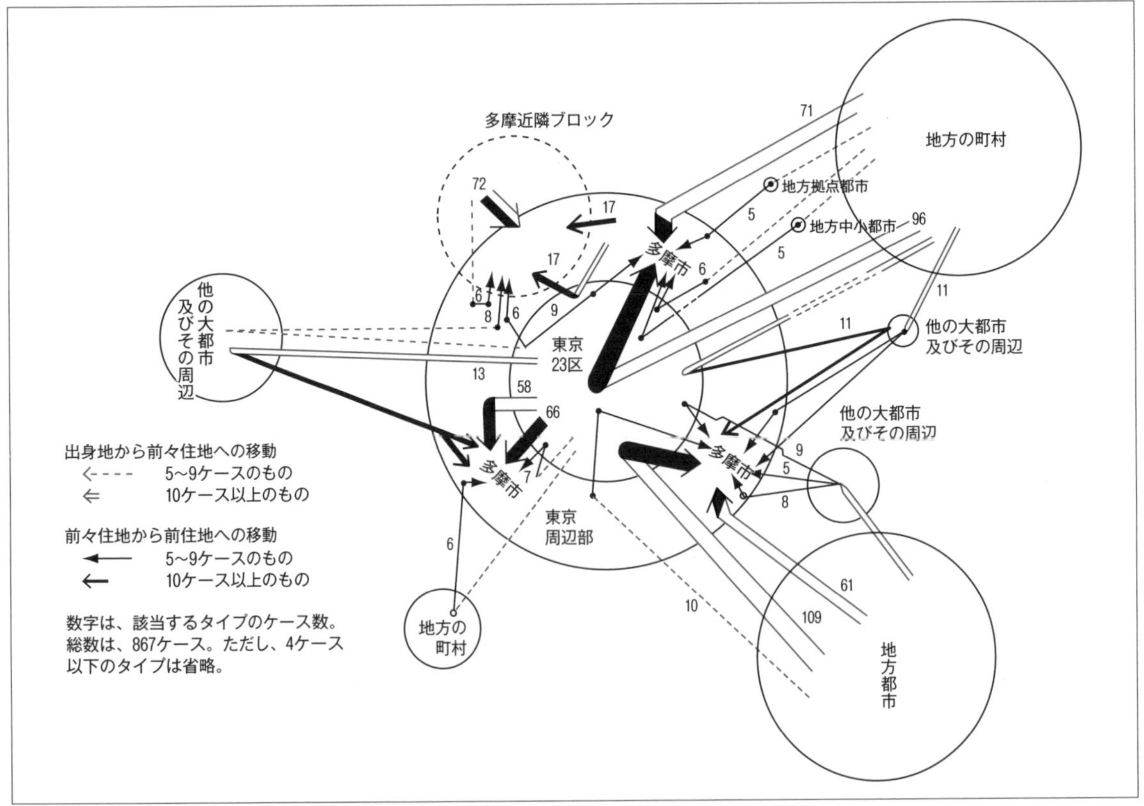


（出典）小林茂・浦野正樹・寺門征男・店田廣文 編著『都市化と居住環境の変容』早稲田大学出版部、1987年、219頁をもとに一部改変

〈図２－６－３〉都道府県間の人口移動数（大都市圏・非大都市圏別）

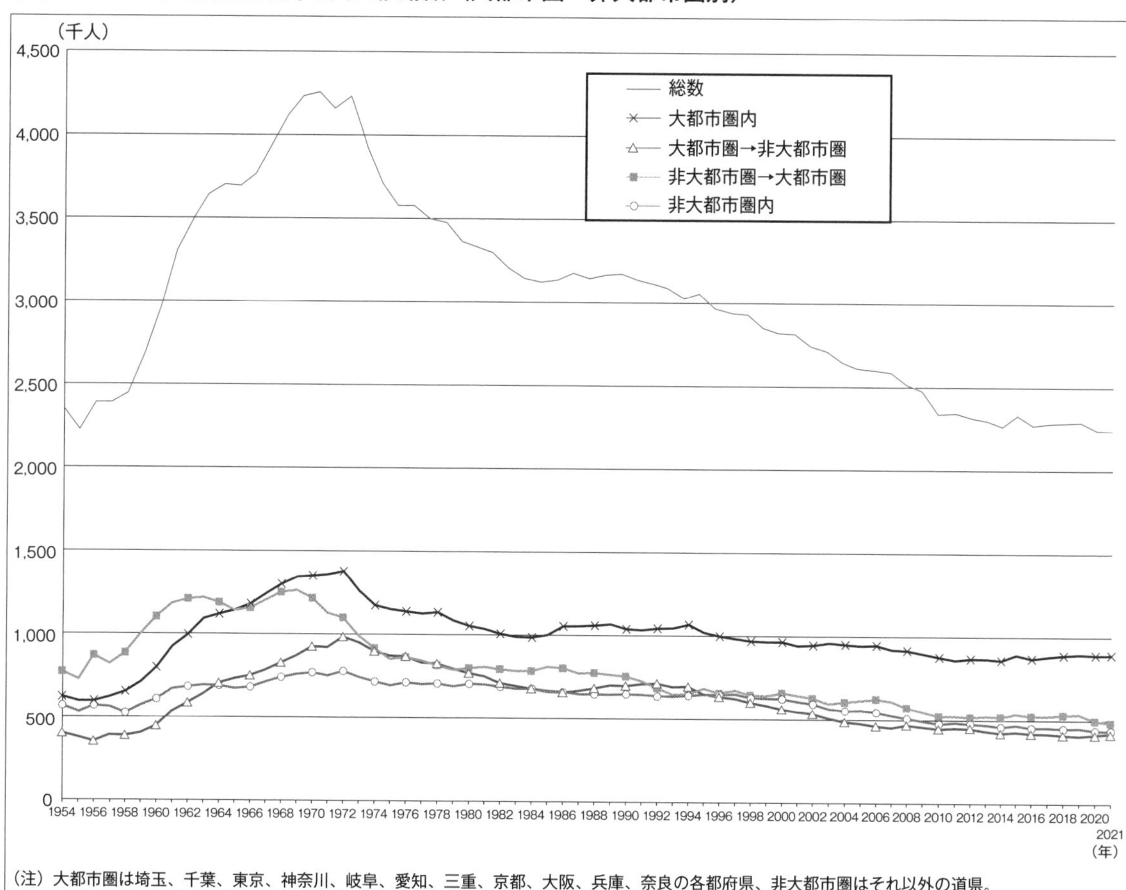


（注）大都市圏は埼玉、千葉、東京、神奈川、岐阜、愛知、三重、京都、大阪、兵庫、奈良の各都府県、非大都市圏はそれ以外の道県。

（出典）総務省統計局「住民基本台帳人口移動報告年報」（各年版）

になった。そのような人々を受け入れる郊外住宅地として、典型的には「団地」があった。国の外郭団体である住都公団も、新住宅市街地開発法などに裏付けられて大規模な住宅団地開発を行い、そのいくつかは計画人口数十万人を擁して「ニュータウン」とよばれた。民間資本が開発した戸建住宅地も鉄道沿線に多く建設された。これはムラ的な地域社会に対して圧倒的なマジョリティとして新住民が流入する（混住）ことを意味する。これら「新住民」「団地族」とよばれた人々や、彼らがもち込む文化・ライフスタイルが、旧来のムラ的秩序の中に生きる住民とコンフリクトを起こすこともあった。

このような高度成長期の時代状況を背景にしつつ「国土の均衡ある発展」をめざすという旗印の下に国土総合開発法、さらにそれに基づく全国総合開発計画（全総）が５次にわたって立案されたのが戦後日本の大きな特徴である。その概要は**表２－６－１**にまとめたとおりである。なお、平成26（2014）年に国土交通省が発表した「国土のグランドデザイン2050」は、全総という名前ではないが、国の投資政策に大きな影響を与えるという点で機能が似ているので、**表2－6－1**の最後に加えている。

しかし、この大規模な国家プロジェクトとしての国土総合開発については、その初期から批判があった。いくつかの拠点開発の実態を調査した社会学者の福武（ふくたけ）直（ただし）らによれば、国民経済的観点（国家としての高度経済成長にとっては集中的配置が望ましい）と地域住民の福祉・厚生とは、しばしば二律背反するのに、そのような相克を見せないようにして地方住民の期待を吸い上げるような計画の「欺瞞（ぎまん）」が当初からあったという。自治体の期待と膨大な投資が裏切られるのではないかという疑問は、その後の太平洋ベルト地帯や三大都市圏への産業投資の集中を見ると、当たってしまった面がある。「均衡ある発展」として国土にまんべんなく投資をするという建前自体が、低成長期に入ると維持できなくなってきたのである。高齢化の進展やグローバリゼーションによる地域産業の空洞化と相まって、過疎問題があらためてクローズアップされてくる。そのなかで、**表2－6－1**の末尾に記述したように、国は地方に対する投資を縮小する傾向にあるが、そのようななかでコミュニティの

〈表2－6－1〉 5つの全国総合開発計画と「国土のグランドデザイン2050」

| 計画名 | 発表年 | 内閣 | 特徴 |
|---|---|---|---|
| 全総 | 昭和37年（1962年） | 池田内閣 | 重化学工業や発電所の立地に適した臨海部に重点的に投資する拠点開発方式。その拠点指定を誘致すべく各自治体が競って陳情を行い、結果として新産業都市15か所、工業整備特別地域6か所が指定された。 |
| 新全総 | 昭和44年（1969年） | 佐藤内閣 | 工業開発の目玉はむつ・苫小牧東部・秋田・志布志など周辺地域。一方で日本列島を網羅する交通通信網を整備するとされ、列島内の機能分担論が盛り込まれる。 |
| 三全総 | 昭和52年（1977年） | 大平内閣 | 大平首相急死により未達成のまま終了。「定住圏構想」による地方核都市の整備が主眼。後に高度情報化への投資を謳（うた）う「テクノポリス構想」が追加される。 |
| 四全総 | 昭和62年（1987年） | 中曽根内閣 | 多極分散型国土を謳いながらも、結果は民間投資による東京再開発に重点。後にリゾート法が追加され、都市再開発とあわせてバブル経済の呼び水となった。 |
| 五全総 | 平成10年（1998年） | 橋本内閣 | 正式名称は「21世紀の国土のグランドデザイン」。おおまかな国土構想を示したのみで投資計画は盛り込まれなかったため、話題性を欠いた。 |
| 国土のグランドデザイン2050 | 平成26年（2014年） | 安倍内閣 | 投資計画を盛り込まなかった点は五全総と同じだが、三大都市圏をリニア新幹線などで結び「メガ・リージョン」と称して経済成長の軸に位置付ける一方、地方・中山間地への投資を縮小するニュアンスが読み取れる。また国境離島を「現代の防人」と位置付けている。 |

（筆者作成）

再生を図れるのだろうか。この点は現在進行形の社会課題といえる。

## 2 過疎化とコミュニティの再生

高度経済成長の裏面として、太平洋ベルト地帯以外の地域では過疎化といわれる問題が早くから表面化していた。過疎問題とは、急激な人口流出により地域社会の産業及び社会生活が停滞・衰退して地域社会としての機能が低下することである。人口流出は高度成長期日本の場合、教育や雇用の機会を求めた若年層の都市への流出という形をとる。したがって「中山間地」とよばれる生産や交通に不利な農山漁村や離島においては、高齢化が加速する。死亡数が出生数を上回る状況は、もはや人口の再生産が困難な「自然減」といわれる状態であり（**図２－６－４**）、この状態が続けば地域社会の消滅に至る。1990年代後半から、高齢者が人口の半分を超える集落も出現し「**限界集落**[*23]」（社会としての存続が限界に近づいているという意味）とよばれるようになった。ただし数字として高齢化率を見るだけでは不十分で、生きがい・働きがいをもつ高齢者がどの程度か、子ども世代が近くに住むかどうか、豪雪・離島などの自然的・地理的不利条件をどのくらいもつか等の条件によって、地域社会の見通しは大きく異なる。

いずれにせよ過疎化・高齢化が進む中山間地や離島に対して、どのような振興策を講じるかは高度経済成長後期以来、地域政策の大きなテーマであった。法律としては、過疎地域対策緊急措置法（昭和45〔1970〕

＊23
この言葉をつくった社会学者の大野 晃は「65歳以上の人口が半数を超え、高齢化で集落の自治機能が急速に低下し、社会的共同生活の維持が困難な状態にある集落」と定義している。大野 晃『限界集落と地域再生』信濃毎日新聞社、2008年。ただし、近年ではこの言葉がもつ強い響きや、大野が1990年代につくった定義を機械的に適用することに対する違和感がさまざまな現場で表明されている。なお、農林水産政策研究所は集落人口９人以下でかつ、高齢化率50％以上の集落を「存続危機集落」とよんでいる。



〈図２－６－４〉過疎地域における人口動態

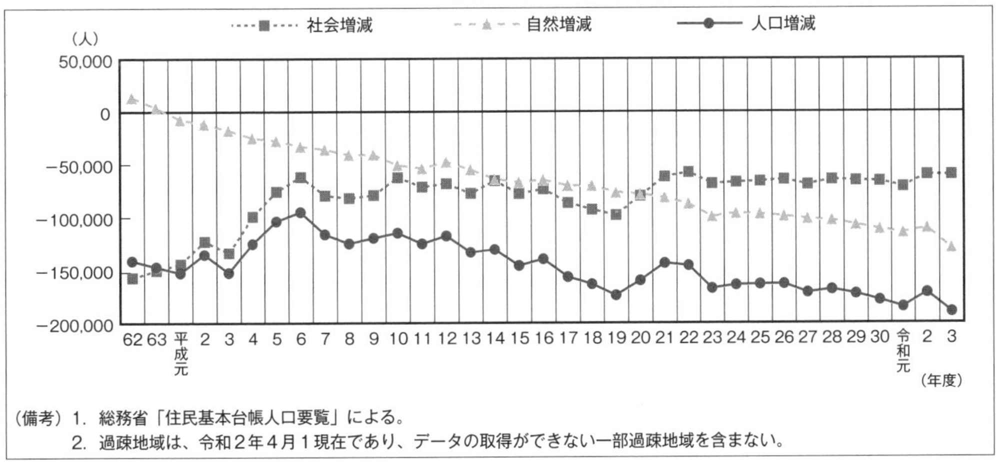


（備考）1．総務省「住民基本台帳人口要覧」による。
2．過疎地域は、令和２年４月１現在であり、データの取得ができない一部過疎地域を含まない。

（出典）総務省「令和３年度版 過疎対策の現況」

年)、過疎地域振興特別措置法（昭和55〔1980〕年)、過疎地域活性化特別措置法（平成２〔1990〕年)、過疎地域自立促進特別措置法（平成12〔2000〕年)、過疎地域の持続的発展の支援に関する特別措置法（令和３〔2021〕年)、と切れめなく立法され、さまざまな財政的優遇措置がとられてきた。また、平成31（2019）年には森林環境税法が制定され「森林環境税・森林環境贈与税」が水源・上流の過疎地域に手当てされることになった。

平成期に入ってからは、外部財源導入・誘導政策というよりは、地域の中小企業や生産者グループの内発的努力に着目する政策が増加している。例えば、農林漁業の**六次産業化**（農商工連携）をめざす取り組みである。農林漁業者が付加価値の小さい第一次産業から生産・加工・流通までをデザインする、換言すれば第二次・第三次産業と連携して地域ブランドの創出や新たな地域ビジネス起業をめざすものである。

このような試みの先がけとして、例えば、ゆずという単一産品をブランド化して飲料や化粧品へと生産品を高度化し、交通の不便な人口1,000人弱の村で年商30億円以上を稼ぎ出す高知県馬路村の例が有名である。付加価値を高めて生産者の所得を増加させて地域の持続性につなげる戦略である。

社会福祉分野でも「農福連携」や「ひきこもり状態にある人への就労支援」など、多様な住民の力をまちづくりにつなげようとする「福祉のまちづくり」の実践が各地に見られる。

このように「むらおこし」「まちづくり」と総称されるような地域資源の再発見や都市・地域間連携の模索も多くの地域で、多様に取り組まれるようになった。こうした取り組みを「コミュニティ再生」の成功例と呼んでもよい[*24]。例えば、豪雪・過疎で知られる新潟県十日町地域において住民を巻き込む形でアート・プロジェクトを点在させ、ひと夏に50万人を誘客するイベントに育て上げた「越後妻有・大地の芸術祭」は先駆的な例であった。この事例が象徴するように、過疎対策のために外部から大規模な財源を誘致するのではなく、外からの刺激をきっかけとした地域住民の内発的取り組みがポイントであることは、平成期の常識となった。

政策展開においても、「集落支援員」や「地域おこし協力隊」など若者・よそ者を地域のコーディネーターとして養成する事業は一定の効果をあげたと評価されている。これら外部の人材が定住には至らなくても、特定地域と濃密な関係を維持する「関係人口」を増やしていくこと

＊24
多様なまちづくりの取り組みの入門書として、石原武政・西村幸夫『まちづくりを学ぶ』有斐閣、2010年、本間義人『地域再生の条件』岩波新書、2007年、大江正章『地域の力』岩波新書、2008年、田中輝美『関係人口の社会学』大阪大学出版会、2021年などがある。

が大事という指摘もある。あるいは、地域経済の域内循環に着目し、外貨を稼ぐことよりも域内からの漏出を防ぐことに取り組もうという提案もされていて、その先進例として北海道下川町などがあげられる。

ただし、これらの新機軸によって「限界集落化」に根本的な歯止めがかかったわけではなく、そもそも数少ない担い手が高齢化・疲弊しているような地域で外部からアイデアだけをもち込んで「がんばれ、がんばれ」と言い続けることには無理がある。山間地など地理的条件の厳しいところでは、最後に残った高齢者世帯が都市の子どもと同居するために山を下り、文字どおり集落が消滅する事例も報告されるようになった(「消滅集落」「むらおさめ」等とよぶ)。このような最悪のケースを避けるためには、地域の人口を維持する取り組みが欠かせない。2010年代に展開された「地方創生」政策はこのような観点をもっていたが、大きな予算を伴わない一過性の国家政策となり、地方自治体の自主的取り組みに下駄を預けてしまった印象が強い。

福祉国家の施策として過疎・過密の是正をめざす政策をあきらめず、地域資源の再発見や地域の誇りの回復をめざす内発的な取り組みを支援することは、日本の豊かな自然資源・国土と多様性を維持することに直結する。コミュニティを維持するという意味での「福祉」について、あらためて歴史から学ぶべきではないか。

### BOOK 学びの参考図書

●町村敬志『都市に聴け－アーバン・スタディーズから読み解く東京』有斐閣、2020年。
　都市社会学の入門書としてお薦めできる。都市のさまざまな側面を、初学者・生活者の視点から整理し、読書前とは異なった視点で都市を眺めることができるようになる本である。学びを深めるため（本章で論じてきた内容を掘り下げるため）には、４章「一極集中のオモテとウラ」、７章「都市に出来事を取り戻す」などが有用である。

●森岡清志 編『地域の社会学』有斐閣アルマ、2008年。
　地域社会学の入門書の出版点数は少ないが、その最新のものの一つ。第３章「地域を枠づける制度と組織」、第４章「地域に生きる集団とネットワーク」が、本章で論じてきた内容と密接にかかわり、最も重要である。また、第10章「高齢化と地域社会」も、やや内容が古くはなってしまったが、社会福祉を志す読者にとって有用だろう。

### 参考文献


● 福武　直 編『地域開発の構想と現実』東京大学出版会、1965年
● 藤山　浩『田園回帰１％戦略－地元に人と仕事を取り戻す』農山漁村文化協会、2015年
● 蓮見音彦・奥田道大 編『地域社会論－住民生活と地域組織』有斐閣、1980年
● 蓮見音彦 編『地域社会学』サイエンス社、1991年
● 小林　茂・寺門征男・浦野正樹・店田廣文 編著『都市化と居住環境の変容』早稲田大学出版部、1987年
● 松本　康 編『都市社会学セレクション１ 近代アーバニズム』日本評論社、2011年
● 中澤秀雄「地方と中央」小熊英二ほか 著『平成史』河出書房新社、2013年
● 小田切徳美『農山村再生－「限界集落」問題を超えて』岩波書店、2009年
● R. P. ドーア、青井和夫・塚本哲人 訳『都市の日本人』岩波書店、1962年

# 第2部　現代社会の諸相

# 第7章
# 社会問題とマイノリティ

学習のねらい

幅広く新たな福祉ニーズが浮上するなかで、実践的な対応能力を備えたソーシャルワーク機能への期待が高まっている。そこで、本章では、福祉ニーズが生起する背景としても存在する社会問題を読み解くための諸概念を理解し、現代社会における社会問題の実態把握を行った上で、社会問題をとらえる視点の確立をめざす。

まず第１節では、社会問題が生じる社会的条件を、社会的統合の弱体化とする社会解体論、欲望の無規制状態とするアノミー論や、社会のもつ文化的目標が共有されているにもかかわらず、その達成に必要な制度的手段を利用できない状況に求める立場などから整理し、さらに逸脱行動論から派生した諸理論を示す。また、ある行動に社会的に逸脱のラベルが貼られることで逸脱行動として認識されるとするラベリング論をふまえ、機能主義と社会構築主義との関係を説明する。

第２節では、現代社会における社会問題の具体例を提示する。異性愛中心主義的な社会的価値観のなかで暮らす性的マイノリティ、根拠のないヘイトスピーチにさらされている人種的・民族的マイノリティ、障害の社会モデルが採用され合理的配慮が求められるにもかかわらずさまざまな社会的障壁に向き合わざるを得ない障害者など、多様な存在である社会的マイノリティが直面している諸課題を理解する。また、児童虐待やドメスティック・バイオレンスといった家族や恋人間の親密な関係のなかで潜在化している社会問題にも注意を要することを理解する。

# 第1節　社会問題を読み解くための視点の概観

「社会問題」と聞いてどのような事象を頭に浮かべるだろうか。例えば、本章でもこの後取り上げていく児童虐待やDV、障害者差別といったことを頭に浮かべるであろうか。

社会学は社会問題を対象として分析する学問、すなわち「社会問題の学である」と指摘されることがある[1)]。この指摘に完全に同意するかどうかは別としても、社会問題といわれるような諸事象を分析すること、あるいはそもそも社会問題とは何かを問うことが、社会学の主要な関心の1つであったことは確かであろう。この章では、社会学が社会問題をどのように考えようとしてきたのか、まず社会問題を読み解くための視点を概観し、その後現代社会において考えるべき具体的な社会問題をいくつか取り上げていくこととしたい。

社会学で扱われる社会問題は多岐にわたる。他の巻も含めて言及されてきた「少子化」や「高齢化」、あるいは「格差」や「ジェンダー」等、社会学は多くの社会問題を対象としてきた。こうしたことが、社会学が社会問題の学といわれるゆえんでもあろう。このような性格をもつ学問領域である社会学の中でも、とりわけ「社会問題の社会学（sociology of social problems）」あるいは「社会病理学（social pathology）」とよばれる分野においては、社会問題に特化した研究が蓄積されてきた。ここからは、社会学において、社会問題がどのように読み解かれてきたのか、代表的な視点を紹介していく。

## 1　社会病理学と社会有機体説

社会問題の社会学はまだしも、社会病理学という分野名にはあまり耳なじみがなく、なかなかイメージができない読者もいるかもしれない。「社会」が付かない一般的な「病理学」というのは、病気になった原因を病んだ組織や細胞の検査をもとにして明らかにする学問領域である。このことをふまえると、社会病理学というのは要するに、社会が、何かしらの病的な問題状態にあるととらえ、社会が病んだ原因を、病んでいる部分に注目して明らかにしていく学問領域であると考えられよう。

また、そのように社会が何かしらの病的な状態にあるととらえることの前提には、社会を人間や動物のような一つの有機体としてとらえる「社会有機体説」があることも押さえておきたい。すなわち、社会というものはまるで一人の人間のような有機体であり、それを構成するさまざまな組織や集団があたかも人間の器官や細胞のように相互に連関し合いながら、からだ全体を支えている。しかし器官や細胞の調子が悪くなれば人間も体調を崩すように、社会の中のさまざまな組織や集団の一部が変調をきたすと社会も調子を崩してしまう。このように、社会を一つの有機体と見なし、社会問題を、そうした有機体としての社会の中の病気、すなわち社会病理としてとらえる立場が社会病理学である。

さて、ここまで比喩も用いながら社会病理学とその前提となる社会有機体説を説明してきたが、一つ留意しておきたいことがある。それは、社会病理学は、社会学一般と同様に、社会問題が生じた原因を個人には求めないということである。

ここで、児童虐待を一つの社会問題の事例とみなしてもう少し説明しよう。保護者による児童虐待が起きたことが新聞等で報じられた際、多くの人が「何とひどい保護者であろう」と、保護者個々の性質を問題視し、保護者を責めることがしばしばある。

しかしながら、社会病理学的に児童虐待という社会問題を考えるならば、虐待をしてしまった保護者個々の性質やひどさよりも重要なことがある。具体的には、「児童虐待といわれるようなことをしてしまう人々を生んだ社会状況は何なのか」といったことを問う。したがって、社会問題としての児童虐待を社会病理学的に考えるならば、児童虐待が起こってしまったことの理由として、虐待をしてしまった保護者個々の問題ではなく、「虐待といわれるような行為をしてしまう保護者を生んだのは、社会的な統制力が緩んでいるからではないか」、あるいは「保護者は虐待のひどさをわかった上で、それでも何かしらの社会的な力が保護者を虐待に走らせてしまったのではないか」といったことに重点を置いて注目していくこととなろう。

ただし、社会病理学が、「問題の原因は個人には全くない」と主張するわけではないことにも注意してほしい。個人に原因があろうとなかろうと、問題の発生した社会的な原因を中心に追求するのが社会病理学である。またそれは社会病理学に限らず、社会問題の社会学も含めた社会学全般にも共通することである。

## 2 社会解体論

ここからは社会問題を読み解くための代表的な社会学的視点をいくつか具体的に紹介していきたい。まずは「どのような社会から社会問題は発生するのか」という問いへの解答のヒントを提供してくれそうな視点を順に見ていくこととする。つまりは、社会問題はどのような社会状況から生じると考えられてきたのか、社会学における代表的な視点を見ていきたい。

まずあげられるのが「社会解体論（social disorganization approach）」である。社会解体論というのは、何かしらの社会問題が発生する原因を、社会的な統制力の解体に求める論である。社会を構成する人々は、ふだんさまざまなルールを守りながら、何かしらの集団をつくって生活している。ルールを破れば社会が保たれなくなるため、ルール破りに対しては集団から罰則が科されたり、集団のほかのメンバーから非難されたりする。そのため人々は「ルールを守らなければいけない」と考え実際に守るわけであるが、もし人々が属する集団の力が弱まり、罰則や非難が薄まればどうなるか。人々は徐々にルールを守らなくなり、結果として社会問題が発生してくることになる。このように、人々を統制する社会的な力が弱まっていく状況が、社会解体である。

それでは社会的な統制力はなぜ弱まるのか。社会の大変動に際して、統制力が弱まることがしばしばある。それは例えば、トーマス（Thomas, William, I.）とズナニエツキ（Znaniecki, Florian）によるポーランド移民の研究からも示されよう。彼らは、ポーランドからアメリカに渡ってきた移民が、母国での生活スタイルとアメリカでの生活スタイルとの差に大きなとまどいを覚えていたことや、同じ移民でも世代によって生活スタイルが異なるために葛藤が生じていたことを実証的に明らかにした。さらに彼らは、そこから移民集団の結びつきが徐々に薄れていき、さまざまな対立という社会問題が発生していった様子を描いている。つまりポーランド移民の社会においては、移住に起因するさまざまな環境の変化が移民社会の解体を生み、そこから社会問題が発生していったというわけである。

## 3 アノミー論

続いては「アノミー論」を取り上げる。「**アノミー**[*1]」とはもともと、

＊1
「アノミー」とは、無規制状態のことをさす。人々を縛る社会的な規制が薄れ、結果として人々が「自分はどう生きればいいのかわからない」となるような社会状況こそが「アノミー」である。
本書第1部第1章第2節2参照。

法が存在しない無法状態を意味する語である。

アノミーという概念を用いた社会学者としてはデュルケーム（Durkheim, É.）が有名である。デュルケームは『社会分業論』において、個人がそれぞれの役割を果たそうと自律的に生きると同時に、相互に支え合う分業状態が発展していくメカニズムを考察した。デュルケームによると、同質的な人々による「機械的連帯」から、異質な人々の役割分業に基づく「有機的連帯」へと社会的分業は形態を進化させるものであるとされる[2)]。

またデュルケームは、分業が機能不全を起こすような分業の異常形態にも注目し、その一つとしてアノミー的分業をあげた。デュルケームによると、専門分化が進みすぎ、一連の仕事の内で他人と分業を担っているという感覚が薄れていくことによって連帯はむしろ崩壊してしまう。例えば工場で、自分がどれだけ何に貢献しているのかわからないが、流れのままに何かの部品をつくっているという状態では、仕事全体を他人と分業して担っている感覚は消えてしまい、同じ仕事の一部を担っている他人との連帯は消失してしまう。こうした分業の異常形態をアノミー的分業とデュルケームは位置付けた[3)]。

さらにデュルケームは、『自殺論』という著書の中で、自殺の類型の一つにアノミー的自殺というものがあると指摘している。これは、経済発展期に自殺件数が増大することに注目したデュルケームによって類型化されたものである。デュルケームはこの種の自殺を、社会による統制が薄れた状況で人々の欲望が際限なく膨れ上がることで人々が苦しめられ生じるものとした[4)]。

以上のように、デュルケームの論で示されたアノミーとはすなわち、社会的な統制が薄れたなかで、人々が自分の欲望との調和を取れない状況をさすものであるといえよう。

さて、こうしたデュルケームのアノミーを社会問題の発生原因にまで普遍化して考えようとしたのがマートン（Merton, Robert, K.）である。マートンは、アノミーを、際限のない欲求拡大から生じるものとしてではなく、社会のなかで文化的に求められる「文化的目標」と、それを達成するための正当な手段である「制度的手段」とがかみ合わない場合に生じるものとしてとらえた。その上で、文化的目標と制度的手段との組み合わせパターンを元に、人々が見せる適応行動と不適応行動について、「同調」「革新」「儀礼主義」「逃避主義」「反抗」の５つに類型化した。

「同調」とは、文化的目標にも、その目標を達成するために社会的に推奨される制度的手段にも沿うような行動を意味する。例えば「児童虐待を防止するために、子育ての方法を学び直す」といったものが該当するだろう。「児童虐待を防止すべき」とする文化的目標にそい、「子育ての方法を学び直す」といった制度的手段を採用している点でもこれは適応的なものといえる。社会が安定している状態において広く見られるものである。

「革新」とは文化的目標にはそう一方、社会的に推奨される制度的手段にはそわない行動をさす。例えば、「児童虐待を防止すべきとは思うが、自分自身が子育ての方法を学び直そうとはしない」といったものだと、「児童虐待を防止すべき」とする文化的目標にはそっていても、実際に表に出てくる行動としては制度的手段にはそっていない。

「儀礼主義」とは、文化的目標に内面では従っていないものの、制度的手段には表向き沿う行動をさす。例えば、「児童虐待を防止すべきとは思っていないが、周りに従って子育ての方法を学び直す」といったものが該当する。

「逃避主義」とは、文化的目標にも制度的手段にもそわない行動のことである。例えば、「児童虐待を防止すべきとは思っていないので、子育ての方法を学び直すこともしない」といったものとなるだろう。

「反抗」は、既存の文化的目標にも制度的手段とも異なる価値観に基づくような新しい行動をさす。これは例示がむずかしいが、「『児童虐待』と言って周囲が子育てのやり方にあれこれ口を出すこと自体が間違っているので、子育ては独自の方法で行う」といったものになるだろうか。

人々の行動をこのように類型化した上でマートンは、既存の文化的目標と制度的手段とが葛藤を起こしている状況、すなわち上記の同調以外のものが多発するような状況をアノミー状況と位置付けた。既存の文化的目標や推奨される制度的手段に人々が従わない状況をアノミー状況というわけである。またマートンは、こうしたアノミー状況も含めて、既存の文化的目標と制度的手段とが葛藤を起こしている状況において生じる行動（つまりは５類型の内の同調以外のもの）を「逸脱行動（deviant behavior）」とみなした[5)]。

＊２
ルールや法などの社会規範から外れた行動を「逸脱行動」といい、そうした行動をする人のことを「逸脱者」とよぶ。ただし、何が逸脱行動で誰が逸脱者なのかは、社会によって変わることに注意が必要である。

## 4 逸脱行動論

さて、前項でも少し出てきた概念だが、ルールや法などからなる社会規範から外れた行動を「逸脱行動[＊2]（deviant behavior）」とよぶ。

ここまでは、社会解体論とアノミー論という、「どのような社会から社会問題は発生するのか」というややマクロなことを問うための視点を見てきた。一方でこの項で取り上げる「逸脱行動論（deviant behavior theory）」は、「どのような人々のどのような行動から社会問題は発生するのか」といったややミクロなところから社会問題の発生過程を考えようとする視点である。この逸脱行動論には、いくつかの種類がある。

まず、社会的に何かしらの抑圧状況に置かれた人々が、犯罪等の逸脱行動を起こし、そこから社会問題が発生するという「緊張理論（strain theory）」があげられる。例えば、1960年代末に日本で殺人事件等を犯し有名となった永山則夫（ながやまのりお）という人物がいた。彼は貧困の中で育ち、東京に集団就職した後も挫折が続いた結果殺人を含む複数の事件を起こした。永山はまさに、自身が置かれた抑圧状況に耐えかねて犯罪に走った人物とも考えられ、彼が犯罪に至る経緯はまさにこの理論を通して理解しやすいものである[6)]。

また、「分化的接触理論（differential association theory）」という理論もある。これは、逸脱行動は社会的な学習から生じるものとする理論である。つまりは、逸脱行動が身近に存在するような世界で育ってきた人々は、逸脱行動をある種当たり前の生活様式として習得し、成長した後に自らも逸脱行動をするといった理論である。

緊張理論と分化的接触理論とを融合させた理論が「非行的下位文化論（delinquent subculture theory）」である。この理論では、分化的接触理論が注目した、逸脱が身近に存在するような世界を「下位文化」ととらえ、下位文化は社会的緊張から生じると考える。つまり、社会的な抑圧によって、社会から疎外された集団が生じ、逸脱的な下位文化を形成していく。そうした下位文化にふれながら育ってきた人々が、逸脱行動を起こしやすくなり、さらにはまた次の世代を、下位文化を通して再生産していくという理論である。

一方、「どのような人々のどのような行動から社会問題は発生するのか」という問いを逆転させ、「どうすれば社会問題を抑えることができるのか」と考えるのが「統制理論（control theory）」である。この理論では、社会問題の抑制に主眼が置かれ、そのため主に教育や社会的なつながりの強化等を通して、逸脱行動やそれを再生産する下位文化の力を減少させていこうとするための方策が探られてきた。

加えて、別種の逸脱行動論としては「**ラベリング論**（labeling theory）」もある。これは、ある行動に対して「それは逸脱だ」とラベルが貼られることによって、その行動が逸脱として認識されていくという理論である。ある行動を逸脱とみなすラベルは社会的な規則から生み出されるものであり、ラベルが貼られることによって、逸脱行動をする本人にすら「これは逸脱なのだ」と理解されていくとされる。

この理論の要点は2つある。1つは、同じ行動であっても、その行動が実践される社会によっては、逸脱とされることもあればそうでないこともあるということである。すなわち、ラベルは社会によって変化するのである。例えば、大麻の所持は、現在の日本では罰せられるが、罰せられない国もある。もう1つは、貼られたラベルが、逸脱行動をする本人にも受け入れられるということである。つまり、「あなたのその行動は逸脱だ／あなたは逸脱者だ」というラベルが一方的に貼られるだけではなく、そのラベルを貼られた側も「自分の行動は逸脱なのだ／自分は逸脱者なのだ」と受け入れていく。こうした、ラベルを貼る側と貼られる側の相互作用から、逸脱行動がより確固としたものとなっていく。

## 5 社会問題の機能主義的視点

ここまでは、社会問題の起こるメカニズム、すなわち「どのように社会問題は発生するのか」という問いにかかわる視点を紹介してきた。ここからはやや問いを変えて、「社会問題とはそもそも何なのか」という問いとかかわる視点をいくつか紹介していきたい。

社会問題の性質そのものを検討する理論や立場としてまずあげられるのが「**機能主義**（functionalism）」である。機能主義とは、社会の維持において、社会問題がある種の機能を果たしていると見る立場である。つまりは、社会問題にも存在意義があるということである。

ややわかりにくいかもしれないが、このことを考えるために、先にも紹介したデュルケームが犯罪について述べたことを紹介したい。デュルケームは『社会分業論』[*3]の中で、犯罪等の何かの逸脱行為は、それが犯罪であると社会的に非難されることによって犯罪と周知されるようになるのであり、社会的な非難がなされる前から犯罪として皆が共通認識をもっているわけではないと述べた。言うならば、「これは犯罪だ」と誰かが指摘することで初めてある行為が犯罪として認識されるのである。[7)]

＊3
本書第1部第5章第2節2参照。

ではなぜある行為が社会的に非難されるのか。それは、ある行為が犯罪であるとされ禁止されることは、その対極に存在する、犯罪ではない正しい行為も同時に確定させることになるからである。平易にいえば、

「あれはダメなことだ」と指摘することは、同時に、その逆の「ダメじゃない、推奨される行為」もさし示すことになる。そうすることによって人々はダメな行為から遠ざかったり、あるいは他者のダメな行為を取り締まったり、さらには推奨される行為を積極的に行うようになっていくということである。その結果、推奨される行為が社会に蔓延すると同時に、ダメな行為は減ることとなり、社会の秩序が維持される。これも児童虐待を例にとると、「児童虐待」という概念が社会的な啓発とともに広まっていくにつれて、虐待やそれに類するような子育てが非難され、子育てのあるべき姿が徐々に共有されていった経緯がある。虐待やそれに類するような子育てが問題と位置付けられ非難されることで、虐待とは異なるあるべき形の子育てが社会に共有され、子どもを保護しながら育てるための社会秩序がつくられていったということである。このように機能主義においては、社会問題は、逆説的に社会の秩序維持機能を果たすものとみなされるのである。

ただし注意しなければならないのは、社会問題として非難された行為が、社会秩序の維持だけではなく、結果的に社会秩序の変革を導くこともあるということである。つまり、「あれはダメなことだ」とされた行為が元となって、世の中のありようが変わることもある。先にアノミー論の項でマートンによる５類型を示したが、５番目の類型である反抗を思い出してもらいたい。ある時・ある場所では「ダメなことだ」とみなされるような行為が、実は全く新しい秩序を導くこともある。

例えばアメリカにおける公民権運動のきっかけの一つともなった出来事として、「モンゴメリー・バス・ボイコット事件」というものがある。ローザ・パークスという黒人女性がバスに乗っていた際、後から乗車してきた白人に席を譲るよう運転手から言われ従わず逮捕されたという事件である。当時は「白人に席を譲らない」ということは社会的に許されない行為であったわけである。しかしそうした、社会的に許されない行為を、別の価値観に基づいてあえて行うことがきっかけで、今ではそうした行為を問題とみなす価値観は大きく衰退した。このように、ある秩序において非難されるような行為の蓄積が、別種の新たな秩序を生むことになる可能性にも、注意を払う必要がある。



## 6 社会問題の社会構築主義的視点

前項で見たように、社会問題を機能主義的にとらえる視点においては、社会問題が社会的に果たしている機能に注目がなされる。この立場においては、それが人々に「問題だ」と認識されていようといまいと、すでに社会問題は社会に実在しており、何かしらの機能を果たしていると考えられる[*4]。

一方、社会問題がどういう機能を果たしているのかといったことよりも、「それはそもそもどのように社会問題とされてきたのか」といった、社会問題化のプロセスに注意を払う視点もある。それが「社会構築主義(social constructionism)」である。

社会構築主義は、先に逸脱行動論の項でふれたラベリング論をさらに突き詰め、「人々が『これは問題だ』とみなすことによって初めて問題は生まれる」と指摘する。したがって、この視点においては、機能主義のように社会問題が実在するとは考えない。社会構築主義においては、社会問題が「問題」として社会的に認識されることによって初めてその存在を得ることになると考える。

ややわかりにくいことかもしれないので、ここでも児童虐待を例に解説しよう。例えば現在、児童虐待は社会的に大きな問題として認識されている。児童虐待の相談対応件数は毎年増加しており、平成2（1990）年度が1,101件であったのが、令和4（2022）年度には22万件近くにまで増大している[*5]。この数字だけを見れば児童虐待は激増しており、日本は年々子育て環境が悪化していると理解されるだろう。

しかしながら、社会構築主義の視点に立つとそういう理解は導かれない。この視点からは、児童虐待をめぐる人々の認識が変化したことを件数増加の理由と考え、児童虐待の実態が変化したとは考えない。つまり、児童虐待が社会問題として周知され人々がそれに気付き始めたことが、件数激増の理由として妥当だと考える。実際にこうした視点に立つと、児童虐待をめぐる認識が変化したことが、件数を増やしてきた可能性も見えてくる。具体的には、「しつけ」という名目で理解されていた暴力が、徐々に虐待として認識されていったことや、ドメスティック・バイオレンスが起きている家庭に暮らす児童が「心理的虐待」の被害者としてみなされるようになったことが、児童虐待をめぐる認識を変え、件数を増やした背景にあることは資料からも読み取れる。

このように、社会構築主義の視点に立つと、ある事象が社会的に問題として認識されることによって社会問題となっていく側面や、ある事象の認識が変化することで、社会問題としての位置付けが変化していく側面もあることがわかる。

＊4
社会問題には、一般にすでに認識されている「顕在的問題」と、一般には認識されていない「潜在的問題」とがあり、後者を発見しそれに注目することも重要となる。

＊5
こども家庭庁「令和4年度児童相談所での児童虐待相談対応件数（速報値）」2023年。

## 7 批判的実在論

では社会問題は実態として実在するのか、それとも実在するかどうかとは別に社会的な認識によってその姿を得たり消したりするのか。機能主義も含めた前者を実証主義的視点とし、社会構築主義も含めた後者の視点を解釈主義的視点と言い換えるならば、社会問題を考える上ではどちらがより正しいのだろうか。そうした、二者択一的な立場を乗り越えようとするさらなる別の視点として「批判的実在論」が提唱されている。

批判的実在論は、実証主義と解釈主義を調停的に統合するような視点であるといえる。この論においては、社会問題はそれが社会的に問題だと認識されていようといまいと、まず実在するという前提がある。例えば「子どもをたたくことは児童虐待という社会問題である」とする認識が社会的に広く受け入れられていようといまいと、子どもをたたく行為自体は存在し、たたいた者とたたかれた者も存在する。

ただし、こうした実証主義的な視点を前提としながら、批判的実在論は解釈主義的視点の有用な部分についても取り入れていく。すなわち、たたく行為自体は実在するのだが、それへのとらえ方は、社会的な認識のあり方の変化に応じて変わることもあり得る。このように批判的実在論は、どのように社会問題が認識され、それによって社会問題のとらえ方がどう変わったか、という解釈主義的視点において注目される部分にも目配りしながら、実在する実態としての社会問題がどのようにして生じるのかといったことに注目していくこととなる。

ここでも前項に続いて児童虐待を例にとって考えてみよう。児童虐待という行為自体は世の中に実在し、その加害者も被害者も存在するというのが前提となる。しかし、虐待とは何か、虐待としつけの違いは何かといったことについては、社会的な認識によって変化する側面がある。こうした、社会的な認識に基づく社会問題のとらえられ方の変化についても考慮をしつつ、その上で児童虐待を生じさせやすい社会背景は何か、児童虐待はどういった社会的メカニズムから生じるのかといったことを検討していくことが重要となる。このように、解釈主義的視点の有効なところも取り入れて社会問題の実態を考えていくものが批判的実在論である。

# 第2節　現代社会における社会問題

前節では、社会問題を読み解くためのいくつかの視点を紹介してきた。この節では、マイノリティをはじめとした特定の人々をめぐる社会問題や、特定の場面において生じているいくつかの社会問題を、具体的な例をあげながら見ていきたい。

なおマイノリティとは、日本語で少数者と表現されることが多いが、単なる数の多寡のみで考えることにはやや問題がある。マイノリティを考える上で重要なのは、力や権利の大小である。該当する人々がある程度の人数存在しようとも、力や権利の面で他の人々よりも弱い位置に置かれている場合、その人々はマイノリティとみなされる。その意味でマイノリティとは少数者であることに加えて、社会的に弱い位置に置かれた者と考えるべき存在である。このことも付言しておきたい。

## 1　性的マイノリティをめぐる社会問題

性的マイノリティをめぐる社会問題をまずは取り上げてみたい。性的マイノリティは、レズビアン、ゲイ、バイセクシュアル、トランスジェンダーの頭文字を取った「LGBT」と総称されることや、あるいは Sexual Orientation and Gender Identityの頭文字を取った「SOGI」と総称されることがある[*6]。その上で、そうした性的マイノリティが日々経験している差別や困難が明らかにされ、その解消が求められることも多い。

では実際に、性的マイノリティはどのような差別や困難に日々直面しているのか。それを考えるための傍証として、性的マイノリティをめぐる大規模調査の結果をまずは見てみたい。釜野(かまの)さおりらが行った調査によると、男性から女性へ、あるいは女性から男性へと性を移行することに対して、回答者の約４割が嫌悪感をもっている。また、同性愛・両性愛については、同性・両性へ恋愛感情をもつことにやはり４割程度が嫌悪感をもっており、性行為については６割以上の人々が嫌悪感をもっていた[*7]。これは、性的マイノリティに対する周囲の人々の認識を明らかにするための調査であり、性的マイノリティが日々直面している差別や困難を直接に明らかにしたものではない。とはいえ、これだけの割合で性的マイノリティが嫌悪感をもたれているということは考慮すべきであろう。

＊6
ただしこれはあくまでも総称であり、しかも性的指向と性同一性が混ざったものである。個々の人々にそのまま適用して考えるのは乱暴であることに注意しなければならない。

＊7
釜野さおり・石田　仁・風間　孝・吉仲　崇・河口和也「性的マイノリティについての意識－2015年全国調査報告書」科学研究費助成事業「日本におけるクィア・スタディーズの構築」研究グループ（研究代表者 広島修道大学 河口和也）編、2016年、13～14頁。

また、嫌悪感にとどまらず実際に性的マイノリティに対する攻撃がなされることもある。例えば、東京都立府中青年の家で平成２（1990）年に起きた、同施設宿泊者と職員による同性愛者差別事件がある。近年でも、平成28（2016）年には、同性愛者であることを周囲に広められた男性が自殺したという事件も起きている。

このように、性的マイノリティに対する嫌悪感は嫌悪感にとどまらず実際に差別的な行為として表に出てくることもあり、そうした行為に性的マイノリティは脅かされながら暮らさざるを得ない現状が今もある。こうした状況を生んでいる背景には、社会の中の多数派である異性愛者こそが当然の姿であるとする、異性愛中心主義的な社会的価値観があるのであり、こうした状況は解決されるべき社会問題であるといえよう。

## 2 人種・民族と社会問題

続いて、人種・民族的マイノリティをめぐる社会問題を見ることとしたい。

日本政府観光局（独立行政法人国際観光振興機構）の統計によると、令和４（2022）年の１年間に日本を訪れた外国人の数（訪日外客数）は約383万人であり、平成31／令和元（2019）年の約3,188万人の12％程度の水準にとどまった。しかし、令和５（2023）年は７月末時点ですでに約1,303万人の外国人が日本を訪問していると推計され、コロナ禍以前の状態が徐々に戻りつつある[*8]。

また、日本に居住している外国人も多い。法務省によると、令和４（2022）年末時点で日本には在留外国人が約308万人おり、前年よりも31万人以上増加した。相当数の外国人が日本に在住している[*9]。とはいえ、こうした傾向は近年になって生じたものではなく、元来日本には在日コリアン等の在日外国人も多数おり、日本という国は歴史的にも多人種・多民族によって構成されてきた。

そうした状況下にある日本であるのだが、人種・民族的マイノリティに対する差別は今も残存している。この、人種・民族的マイノリティに対する差別をここで社会問題として取り上げて考えてみることにしたい。

平成28（2016）年に、「本邦外出身者に対する不当な差別的言動の解消に向けた取組の推進に関する法律」（ヘイトスピーチ解消法）が施行された。この法律においては、「本邦外出身者に対する不当な差別的言動」（同法第一章第一条総則より）すなわち「ヘイトスピーチ」を解消

＊8
日本政府観光局(JNTO)「国籍／月別訪日外客数(2003年～2023年)」2023年。

＊9
出入国在留管理庁「令和４年末現在における在留外国人数について」2023年。

し、さらにはそうした言動がまかり通る社会を改善していくことが求められた。

ヘイトスピーチ解消法が施行されたのは、現在の日本においてヘイトスピーチがいたるところで目にされるからである。例えば令和元(2019)年10月には、愛知県の施設において「犯罪はいつも朝鮮人」と書かれたカルタ等を展示する催しが行われ、愛知県弁護士会が抗議の声明を出した。またほかにも、令和２（2020）年１月、神奈川県川崎市の多文化交流施設に、在日コリアンを脅迫する年賀はがきが届き、法務大臣が国会で「断固許さない」と答弁したのも記憶に新しい。このように、この１年前後だけをとっても、日本国内におけるヘイトスピーチが生じている。また、インターネット上でも人種・民族的マイノリティに対するヘイトスピーチを目にすることも多い。

ただし、こうしたヘイトスピーチも含めた人種・民族的マイノリティに対する差別は、最近新たに登場したものではないことは注意しておきたい。例えば「外国人お断り」のような張り紙を目にしたことがある人もいるかもしれないが、こうした張り紙も人種・民族的差別の一つである。またほかにも、例えば在日コリアンに対する差別に関しては、やや古いデータではあるが直接的な被差別体験を多少なりとも受けたことのある者が４割ほどおり、また、自分に対する偏見や差別的感情を意識する者が６割以上いるという調査もある[8)]。

このように、日本においては人種・民族的マイノリティに対する差別という社会問題が脈々と存在しており、さまざまな形態をもって当事者に対して噴出しているのである。

## 3 障害者をめぐる社会問題

続いては、障害者と、障害者をめぐる社会問題、とりわけ障害者差別について取り上げる。

平成28（2016）年に「障害を理由とする差別の解消の推進に関する法律」（障害者差別解消法）が施行された。この法律においては、障害の原因を、障害者を取り巻く社会にあるとする「障害の社会モデル」が採用され、そこから障害者に対する「合理的配慮」が求められることとなった。

合理的配慮とは、この法律の施行に際して内閣府が発行したリーフレットにおいては、以下のように述べられている。

> 障害のある人は、社会の中にあるバリアによって生活しづらい場合があります。この法律では、役所や事業者に対して、障害のある人から、社会の中にあるバリアを取り除くために何らかの対応を必要としているとの意思が伝えられたときに、負担が重すぎない範囲で対応すること（事業者においては、対応に努めること）を求めています。[9)]

つまりは、障害者に対して不利を与えているバリアを、一定範囲で取り除くことが合理的配慮であるといえる。

また、障害の社会モデルというのは、社会学等の立場から障害と障害者のことを考える「障害学」から生まれた枠組みである。これは端的にいえば、障害者が日々直面するさまざまな不利を生み出しているのは社会であり、社会によって障害者は不利を負わされていると考えるモデルである。つまりは、障害者を苦しめているのは、手や足が動かないといった身体的な部分でのものだけではなく、社会が障害者に大変なバリアを押し付けているからである、ということである。

さて、こうした法律がつくられたのは、現在も世の中に無数のバリアが存在し、それによって障害者が社会的な不利を被っているからである。先のヘイトスピーチ解消法にふれて述べたことと同様、障害者が不利を被っているという社会問題は、この法律ができて解決したわけではなく、むしろこの法律を下敷きにして今後解決されていくべき問題であるといえよう。

そこでここからは、実際に社会が障害者に対して押し付けているバリアを２つほど取り上げて、障害者をめぐる社会問題を考えてみたい。

まず見てみたいのは、障害者の生活にとって、物質的なバリアとなっているものの存在である。**写真２－７－１**を見てもらいたい。

ある公的施設の通用門の写真である。自転車の入構を防止するための木製建築物が設置されているのがわかるだろうか。この建築物は、歩行ができる者であれば問題なく入構できるようデザインされているものであるが、仮に車いすに乗った障害者が入構したい場合はどうだろうか。車いすの種類によっては何とか入構できるかもしれないが、大きめの車いすだと入構は不可能であろう。もちろん、この施設の正門にはこうした建築物はなく段差もないため、この通用門からしばらく移動して正門に回れば車いすでも入構は問題なく可能である。しかしながら、「だから問題ない」と言ってしまっていいのだろうか。

これは非常に小さな、大したことのないバリアであると考える読者も

〈写真2－7－1〉

（筆者撮影）

いるかもしれない。だが、「ちりも積もれば山となる」である。障害者は、こうした小さなバリアが無数に存在する社会で暮らしている。小さなものであっても積み重なれば巨大なものになることにも想像力をはたらかせることが必要であろう。またそもそも、たとえどれだけ小さいものであっても、特定の人々に対してのみバリアが存在すること自体がおかしいことでもある。

障害者差別解消法が施行され、合理的配慮が求められているのは、こうした、障害者に不利益を与え、にもかかわらず健常者は全く不利益を被っていないし認識もしないような社会が今も強固に残っているからである。そうした社会において、障害者が不利益を被っているようなさまざまなものの問題点に気付き、それを解消していくことが、この法律の下で生きている我われには求められている[*10]。

＊10
こうしたことに気付かせてくれるという点で、「バリアフリー」という概念は非常に有効である。ただし、そこから派生した「心のバリアフリー」という概念については、その重要性も認めつつ、若干の危惧があることも述べておきたい。本文中でも見たように、バリアをつくっているのは社会であり、個々人の「心」の問題として還元できるものではない。障害をめぐる問題を、社会全体のこととして考えることが重要であろう。

続いては、「累犯障害者」という事象を例として障害者をめぐる社会問題を考えてみたい。これは、障害が理由で経済的にも人間関係的にも生活を続けていくことが困難になり、どうにか生活するために軽犯罪を繰り返し、何度も刑務所に収監される障害者をさす語である。この語を広く知らしめた山本譲司によると、刑務所に収監されている受刑者の中には何かしらの障害があると思われる者が非常に多い。またさらに、そうした受刑者の中には、刑務所から出所してもどのように生活をしてよいかわからず、生きるために再度犯罪を犯し、刑務所に入ることで生き延びているような人々も一定程度いる。つまり、生きるために犯罪を繰り返さざるを得ない障害者が、日本にも存在しているということである。なお気を付けなければならないのは、こうした事態をもって、「障害者は犯罪を犯しやすい」と理解すべきではないということである。そうではなく、累犯障害者の姿からは、「犯罪を犯すことでしか生きていけないような状況に障害者を追いやっている社会」の問題性を見て取るべきであろう。

以上の２つの事例からも示唆されるように、障害者に対する厳しいバリアが、物質面でも制度面でも社会には存在しており、それによって障害者は困難を抱えながら生きているといえる。こうした状況は、やはり解決されるべき社会問題であると考えられよう。

## 4 病気をめぐる社会問題

### (1) 病気と差別

続いては、病気をめぐる社会問題について考えてみたい。病気をめぐって生じているさまざまな事象も、現代社会における社会問題の一例として上げられる。

例えば、感染症等の病気が起こす地域差別という社会問題がある。この典型例としては、病気を特定の地域と結び付けて理解し、その地域の人々を排斥するような風潮が上げられる。中東呼吸器症候群（MERS）という、2012年９月ごろ中東地域を中心に発生した呼吸器感染症がある。この感染症は、その名称に「中東」と地域名を含んでいたこともあり、中東地域の出身者への差別や、中東地域でしか発生しない感染症であろうとの誤解を生じさせることとなった。こうしたこともあり、世界保健機関（WHO）は感染症の名称決定に関するガイドラインを発表している。

またさらに、感染症以外の病気でも同様の事態が起きることがある。例えば日本でも、水俣病をめぐって同様のことが起きた過去がある。周知のとおりこの病気は、熊本県の水俣地域で起きた公害を原因とした、有機水銀の中毒疾患である。これが水俣病と名付けられたことで、水俣地域の人々が差別を受けたといった事件があった[*11]。どの地域で発生したかということと、その地域の人々に発生の責任があるかということは本来別なのだが、それが混同され、関係する地域の人々が攻撃を受けることがしばしば生じるのである。

さらに、病気そのものが差別の源泉となることもある。典型的な例が

＊11
水俣市が市民を対象に昭和48（1973）年に実施した調査においては、「水俣市民であることを隠したことがある」「旅行中など水俣出身であるということで不愉快な体験をした」「水俣出身で結婚が破談になった例を知っている」といった回答がいずれも１割を超えていた。なお、この調査をもとにした詳細な分析が、参考文献に記載した羽江らの論文において展開されている。

日本におけるハンセン病者差別であろう。ハンセン病とは、らい菌に感染することによって発症する感染症である。明治6（1873）年に原因菌が発見され感染症であることが明確になった後は、日本にも複数の隔離施設がつくられ、平成8（1996）年に「らい予防法」が廃止されるまで、制度的には隔離政策が続いた。なおハンセン病は、1940年代末ごろからは治癒する病となっており、新規発生患者も現在ではほとんどいない病気である。しかしながらハンセン病そのものが治癒していても、長期間の療養所生活によって出身地域との関係が薄れたことや、場合によっては出身地域から拒否されたこと、あるいは病気の後遺症が残っていることといったさまざまな理由から、ハンセン病療養所内に生活の基盤を置いている元患者は今も多い。

こうした歴史的経緯をもつ感染症であるハンセン病をめぐる近年の社会問題の例としては、熊本県で平成15（2003）年に起きた、ハンセン病療養所入所者自治会への宿泊拒否事件と差別文書事件があげられよう。これは、熊本県のハンセン病療養所に暮らすハンセン病元患者たちが、県内のホテルに宿泊を希望したところ、ハンセン病罹患経験を理由にホテル側が宿泊を拒否したということから始まる。当然すでにハンセン病そのものは治癒しており、宿泊拒否をされるいわれはないため、元患者らはホテル側に抗議した。こうした一連の出来事が報道され広く知られることになったところ、元患者らを非難する匿名の文書が多数療養所に届いたという事件である。ハンセン病に罹患した経験があるということだけで差別にさらされる状況が今もある。

### （2）健康格差

さらに、また別の形で、病気を通して考えられる社会問題を例示しておきたい。それはいわゆる「健康格差」の問題である。すでにある程度知られるところになっているが、病気になりやすさ／健康の保ちやすさは、その人のもつ社会的・経済的な力にも大きく依存する。社会的・経済的に恵まれた状況の人ほど健康を保つことが容易にでき、逆に経済的に厳しい状況にある人ほど病気にかかりやすいということである。さまざまな病気と社会的・経済的な力との関係についての研究があるが、例えばホームレスの結核感染率を調べた研究によれば、他の集団と比べて、ホームレスの結核感染率は非常に高い[10)]。また、社会経済的に厳しい状況にある人ほど、身体的・精神的な健康リスクが高いという指摘もある[11)]。

ここでは、病気を通していくつかの社会問題を見てきた。感染症を含めた病気が社会問題の源泉となることや、あるいは病気がすでにある社会問題を可視化させることも多く、その意味で病気は、医療の問題のみならず社会問題として考えられるべきものでもある。

## 5 「親密な関係」における社会問題

続いては、「親密な関係」における社会問題をいくつか取り上げたい。

親密な関係というのは要するに、「愛情」等で情緒的につながることで成立すると思われている関係のことをさし、具体的には家族や恋人といった関係が該当する。一般に、家族や恋人のような関係は、よいものであり安らぎの場となるとも考えられることが多いかもしれないが、実はこうした関係においても複数の社会問題が発生している。

例えばすでに児童虐待との関連でふれた、ドメスティック・バイオレンス（DV）という社会問題がある。バイオレンスとは暴力のことであり、「配偶者からの暴力の防止及び被害者の保護等に関する法律（配偶者暴力防止法）」という法律において、「身体に対する暴力又はこれに準ずる心身に有害な影響を及ぼす言動」が該当するとされる。また「配偶者」と限定されているが、結婚相手への暴力のみならず、事実婚におけ



〈図２－７－１〉配偶者からの身体に対する暴力または生命等に対する脅迫を受けた被害者の相談等を受理した件数

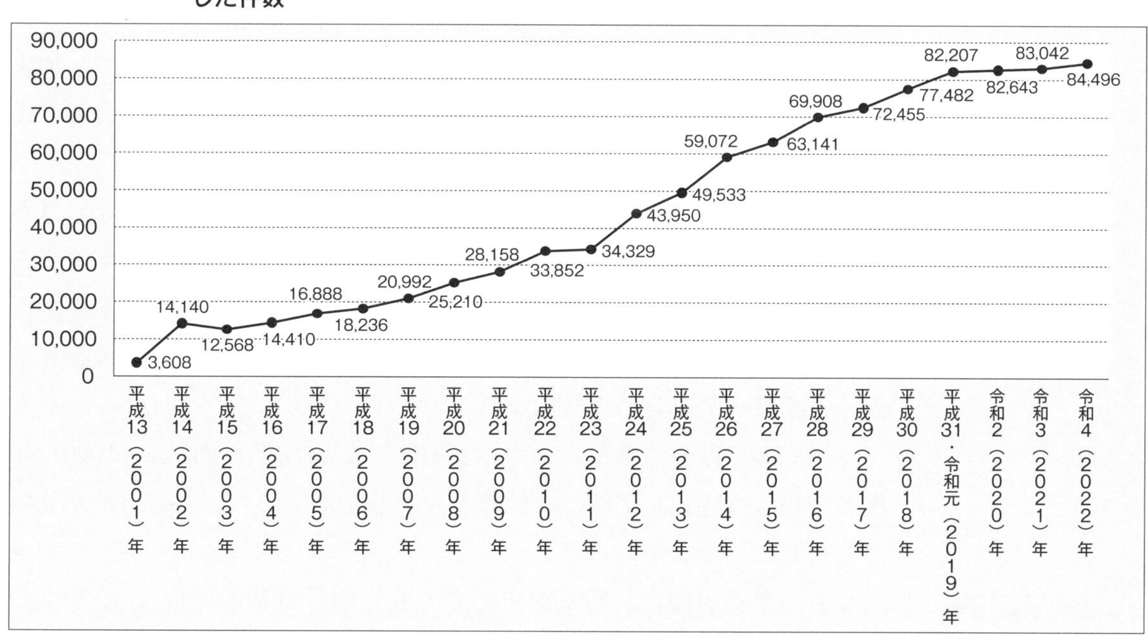


（出典）警察庁「令和４年におけるストーカー事案、配偶者からの暴力事案等、児童虐待事案等への対応状況について」をもとに筆者作成

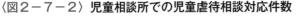

〈図2－7－2〉児童相談所での児童虐待相談対応件数

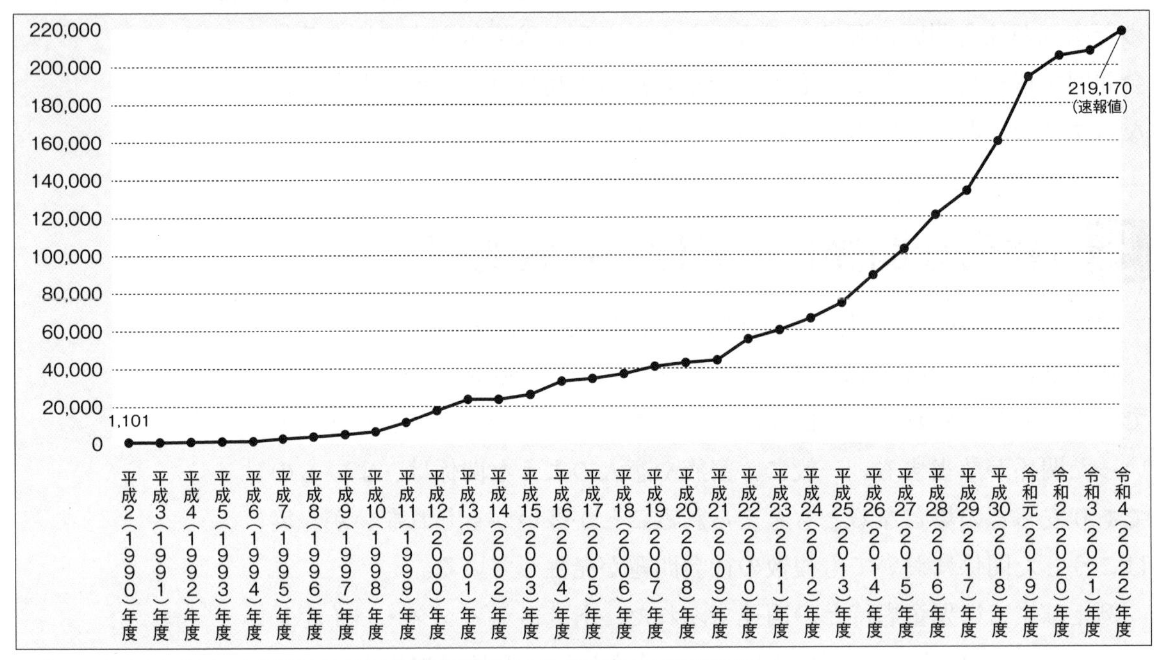


（出典）こども家庭庁「令和４年度 児童相談所での児童虐待相談対応件数（速報値）」より筆者作成

る暴力や、離婚後発生する暴力もこれに該当するとされている[*12]。DVの発生件数については、警察庁がまとめた「令和４年におけるストーカー事案、配偶者からの暴力事案等、児童虐待事案等への対応状況について」によると、以下の通りとなっている。

**図2－7－1**より明らかなように、DVに関する相談は年々増加している。また、令和４（2022）年の場合、被害者の73.1％が女性で、加害者の73.0％が男性となっており、女性が被害者となり男性が加害者となりがちな社会問題であることがうかがえる。

続いて、親密な関係において生じる別の社会問題に目を向けてみたい。それは、すでに先に言及したことでもあるが、児童虐待である。これも現在の社会において親密な関係で生じる社会問題の一つである。

児童虐待に関する相談について、児童相談所が対応した件数の推移をみると**図2－7－2**のようになる。

すべての年度の件数を表示すると煩雑になるので、平成２（1990）年度と令和４（2022）年度のみ件数を表示したが、こちらも右肩上がりで急増していることがわかる。

なお、児童虐待[*13]は、殴る蹴るたたくなどの「身体的虐待」、子どもの精神に傷を負わせるようなことをする「心理的虐待」、子どもに対して

＊12
恋愛関係において発生する暴力である「デートDV」も重大な問題であることに留意しなければならない。

＊13
本双書第５巻第２部第６章参照。

性的なことをする／させるといった「性的虐待」、適切な養育を行わない「ネグレクト」の４種に類別される。令和４（2022）年度の場合、心理的虐待が最も多く全体の59.1％を占め、次いで身体的虐待が23.6％、ネグレクトが16.2％、性的虐待が1.1％となっている[＊14]。ただしこれは、表に出やすい種類の虐待とそうでない種類の虐待があり、それが数字に表れている可能性を考慮する必要がある。

＊14
こども家庭庁『令和４年度 児童相談所での児童虐待相談対応件数（速報値）』2023年、４頁。

以上のように、本項では、DVと児童虐待という親密な関係において生じる社会問題を見てきた。親密な関係は、情緒的な結びつきによって構成されるがゆえに、よいものであると認識されがちで、そこで生じている問題には目が向きづらい。しかしながら、そうした関係において生じる社会問題にも目を向け、解消の道を探ることが重要となるだろう。

### BOOK 学びの参考図書

- 石川　准・長瀬　修 編著『障害学への招待　社会、文化、ディスアビリティ』明石書店、1999年。
  本文中でも言及した「障害の社会モデル」と、それを示した「障害学」を非常にわかりやすく紹介した書籍。「障害学」が登場した経緯も含めて平易な文体で書かれており、初学者でも理解しやすい。優生思想とどう向き合うかといった、現在でも重要な視点を提示してくれる点においても学ぶところは多い。

- 栗原　彬 編『講座差別の社会学２日本社会の差別構造』弘文堂、1996年。
  日本社会における重大な社会問題である差別について、さまざまな事例をもとに分析した書籍。1996年の発行であるが、現在もまだ残っている差別事例を取り上げている。この『講座差別の社会学』は全４巻のため、他の巻もあわせて読むとさらに理解が進むだろう。


### 引用文献

1）岸　政彦・北田暁大・筒井淳也・稲葉振一郎『社会学はどこから来てどこへ行くのか』有斐閣、2018年、227頁
2）E. デュルケーム、田原音和 訳『社会分業論』筑摩書房、2017年、132～228頁
3）デュルケーム、前掲書、572～602頁
4）E. デュルケーム、宮島　喬 訳『自殺論』中央公論新社、2018年、394～463頁
5）R. K. マートン、森　東吾・森　好夫・金沢　実・中島竜太郎 訳『社会理論と社会構造』みすず書房、1961年、121～178頁
6）見田宗介「まなざしの地獄－尽きなく生きることの社会学」『見田宗介著作集Ⅵ 生と死と愛と孤独の社会学』岩波書店、2011年、１～66頁
7）デュルケーム、前掲書『社会分業論』、147～149頁
8）福岡安則・金　明秀『在日韓国人青年の生活と意識』東京大学出版会、1997年、46～49頁

9）内閣府『「合理的配慮」を知っていますか？』内閣府、2017年
10）高鳥毛敏雄・逢坂隆子・山本　繁・西森　琢・藤川健弥・黒田研二・磯　博康「ホームレス者の結核の実態とその対策に関わる研究－結核検診の3年間の実践から」『結核』第82巻第1号（2007年1月号）、日本結核病学会、19～25頁
11）斎藤雅茂・近藤克則「社会的排除と健康格差」藤村正之 編著『差別と排除の〔いま〕4　福祉・医療における排除の多層性』明石書店、2010年、153～155頁

## 参考文献


- W. I. トーマス・F. ズナニエツキ、桜井　厚 訳『生活史の社会学－ヨーロッパとアメリカにおけるポーランド農民』御茶の水書房、1983年
- E. デュルケーム、井伊玄太郎 訳『社会分業論　下』講談社、1989年
- 蘭　由岐子「宿泊拒否事件にみるハンセン病者排除の論理」好井裕明 編著『繋がりと排除の社会学』明石書店、2005年
- 赤川　学『現代社会学ライブラリー9　社会問題の社会学』弘文堂、2012年
- 羽江忠彦・土井文博・大野哲夫「水俣病問題をめぐる子ども市民の意識とおとな市民の意識の変遷」原田正純・花田昌宣『水俣学研究序説』藤原書店、2004年
- 畠中宗一・清水新二・広瀬卓爾 編著『社会病理学講座第4巻　社会病理学と臨床社会学－臨床と社会学的研究のブリッジング』学文社、2004年
- 井上眞理子・佐々木嬉代三・田島博実・時井　聰・山本　努 編著『社会病理学講座第2巻　欲望社会－マクロ社会の病理』学文社、2003年
- K. ヴィンセント・風間　孝・河口和也『ゲイ・スタディーズ』青土社、1997年
- 金　明秀『レイシャルハラスメントQ＆A－職場、学校での人種・民族的嫌がらせを防止する』解放出版社、2018年
- 松下武志・米川茂信・宝月　誠 編著『社会病理学講座第1巻　社会病理学の基礎理論』学文社、2004年
- 朝田佳尚・田中智仁 編著、日本社会病理学会 監修『社会病理学の足跡と再構成』学文社、2019年
- 野村　康『社会科学の考え方－認識論、リサーチ・デザイン、手法』名古屋大学出版会、2017年
- 高　史明『レイシズムを解剖する－在日コリアンへの偏見とインターネット』勁草書房、2015年
- 高原正興・矢島正見・森田洋司・井出裕久 編著『社会病理学講座第3巻　病める関係性－ミクロ社会の病理』学文社、2004年
- 矢島正見『社会病理学的想像力－「社会問題の社会学」論考』学文社、2011年
- 矢島正見・丸　秀康・山本　功 編著『よくわかる犯罪社会学入門－犯罪非行とはいったい何か？』学陽書房、2004年
- World Health Organization "World Health Organization Best Practices for the Naming of New Human Infectious Diseases"、2015年

# 第2部　現代社会の諸相

## 第8章
## 福祉国家と福祉社会

学習のねらい

現代社会の福祉サービスは福祉国家の仕組みの下で提供されている。この福祉国家がどのような経緯で生まれ、どのように発展してきたかを知ることが本章の目的である。また今日では福祉国家をとらえるために福祉レジームという考え方が生まれ、社会学や政治学など社会科学の世界で頻繁に使われるようになっている。この点についても学ぶ。

福祉国家という言葉は20世紀の前半にイギリスで生まれ、それが世界中に広まった。最初はナチス・ドイツの権力国家とは異なる国家目標を示すものだったが、福祉国家の誕生が社会変動やそれに伴う近代国家の変容と結び付いているため、現在では、当初とは異なる意味をもって使われるようになっている。

福祉国家は、産業化によって生産の仕組みが変化してきたこと、人口構成の変化によって再生産の仕組みが変化してきたこと、またこれらの変化の結果として、近代国家のあり方が大きく変わってきたことなどが原因となって形成された。福祉国家は、それ以前の夜警国家と、政府の役割の大きさ、社会的市民権の確立などの点で区別される。

福祉国家のあり方は多様であり、そうした違いを見分けるために福祉レジームという考え方が用いられている。また、福祉国家や福祉社会の状態を数量的に示すための社会指標についても学ぶ。さらに地球環境問題との関連で重要視されるようになってきたSDGs（持続可能な開発目標）における社会指標についても学ぶ。

# 第1節　福祉国家とは何か

## 1 言葉の由来

現代国家を特徴付ける概念として、これまでいろいろなものが提案されてきた。封建社会や前近代社会との対比で、現在の国家[*1]を単に近代国家とよぶことがある。また近代国家においては、ナショナリズムの要素が顕著であるところから、国民国家（nation state）といういい方もよくなされる。

冷戦時代には、共産主義や国家社会主義との対比で、欧米や日本のことを自由民主主義（liberal democracy）の体制であると特徴付けられたこともある。それらの中で、政府の機能や活動に注目した現代国家の特徴付けが、**福祉国家**（welfare state）である。

福祉国家という言葉の起源は、古くまでさかのぼることができるが、現在のような意味で福祉国家という言葉が最初に用いられたのは、1930年代末のイギリスであったといわれている。当時、イギリスはドイツと対立状態にあったが、ブルース（Bruce, M.）の『福祉国家への歩み』によれば、ツィンメルン（Zimmern, A.）というオックスフォード大学の学者が、ファシストたちの権力国家との対比を強調するために福祉国家という言葉を用いたのが、この言葉の最初の用例であった。

その後、1941年にテンプル（Temple, W.）が『市民と聖職者』という書物を著し、その中でこの語を初めて活字にしたという。さらに1942年の『**ベヴァリッジ報告**[*2]』の登場は、福祉国家という言葉を世界中に普及させる上で貢献した。

＊1
一定の地理的範囲を基盤にして成立した統治のための組織。近代国家は暴力を独占する（私兵は認められない）。集団分類との関係でいえば、ゲゼルシャフト的関係とゲマインシャフト的関係の双方を有する。また、コミュニティの中にあるアソシエーションである。第一次集団ではなく第二次集団である。近代国家は、一つまたは複数のネーション（国民、民族）によって構成される。

＊2
第二次世界大戦中のイギリスで、社会保障制度の体系化を提案した報告書『社会保険および関連サービス』の通称。各国の社会保障政策に大きな影響を与えた。

## 2 国家目標としての福祉国家

このように福祉国家という言葉は、もともとイギリスの国家目標として生まれたものである。そして福祉国家の当初の意味は、権力によって国民を支配したり抑圧したりするのではなくて、国民の福祉に対して国家が責任をもち、その責任を果たすためにさまざまな活動を積極的に行う国家、というものであった。こうした考え方が出てくる直接の背景には、当時の敵国ドイツへの対抗から、イギリスはそうした福祉国家の実現をめざすべきだとの問題意識があったのである。

福祉国家という言葉は、第二次世界大戦という特殊な状況のなかで生まれたものであったが、戦争が終わった後も（というより、戦後になってからよりいっそう）、それぞれの国の国家目標として用いられ続けた。

わが国の場合も、東西冷戦の中で、自由放任の資本主義とも強権的な共産主義とも異なる国家目標として、福祉国家という言葉が用いられた。例えば、昭和30（1955）年の保守合同によって誕生した自由民主党の綱領の一つは福祉国家の建設であったし、民主社会党という日本社会党から分かれた政党も、福祉国家という考え方を重視した。昭和35（1960）年の『厚生白書』の標題が「福祉国家への途」となったことからもわかるように、わが国でも政府が福祉国家の実現を国家目標として考えていた時期があったのである。

このような国家目標としての福祉国家は、福祉国家の目的を示す概念であり、当為概念あるいは規範概念とよぶことができる。現実政治の中で福祉国家という言葉が用いられるときには、このような使われ方をすることが多い。しかし社会学をはじめとして、社会科学の中で福祉国家という言葉を用いるときは、もう少し別の使われ方がされることのほうが多い。国家目標というよりは、それを実現するための手段に注目した福祉国家のとらえ方である。こうした福祉国家のとらえ方は、福祉国家の存在概念、あるいは分析概念ということができる。

## 3 給付国家としての福祉国家

福祉国家がその目的を実現するための手段には、大きく分けて２つある。１つは社会給付であり、ほかの１つが社会規制である。ここから、存在概念としての福祉国家は、さらに２つに区分することができる。給付国家としての福祉国家と、規制国家としての福祉国家である（**図２－８－１**）。

社会給付とは、政府（またはその委託を受けた機関）が国民に対して支給する現金や現物（そこには財とサービスの双方が含まれる）のことを意味し、年金や医療などの社会保障給付が社会給付の典型である。給付国家としての福祉国家は、この側面から見た福祉国家のあり方を示している。一般には、社会保障制度が福祉国家の中核的な制度であると考えられているが、それは福祉国家のこの側面が見えやすいからである。

給付国家としての福祉国家の存在は、さまざまな指標によって知ることができる。このうち比較的よく用いられるのが、ILO（国際労働機関）

〈図2－8－1〉福祉国家の3つの概念

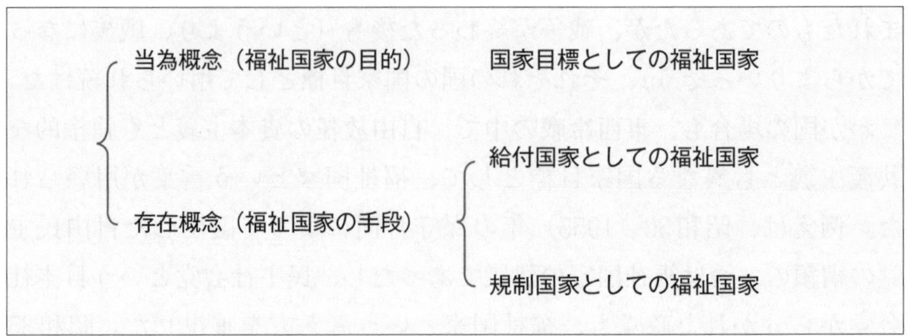


（筆者作成）

基準による社会保障給付費やOECD（経済協力開発機構）基準による社会支出である。両者は社会保障費用といわれる。分子に社会保障費用を置き、分母に国民所得を置いて算出した社会保障費用の対国民所得比[*3]は、社会給付から見た福祉国家の大きさを示し、この数値が大きいほど福祉国家が発達していると考えられることが多い。分母に国民総所得（GNI）や国内総生産（GDP）を用いる場合もある。

＊3
社会保障費用の国民所得に対する比率のこと。

社会保障給付費であれ社会支出であれ、それらの国民所得や国民総所得・国内総生産などに対する比率が一定基準を超えた国家が、この指標を用いた場合の福祉国家の定義となる。

とはいえ、社会保障給付費や社会支出の大きさだけでは、給付国家としての福祉国家の全貌をとらえることはできない。それらの支出がどのような使われ方をしているかが問題となるからである。社会支出の規模が同じ水準にあったとしても、それが国民の所得格差を平等化する方向で累進的に用いられる場合もあり得るし、反対に、国民の所得格差を広げる方向で逆進的に用いられる場合もあり得る。

したがって、給付国家としての福祉国家について考える場合には、単に社会支出の量的な規模だけでなく、質的な中身についても検討する必要がある。

## 4 規制国家としての福祉国家

これに対して、社会規制も福祉国家のもう一つの重要な手段である。例えば、現代の国家は、労働者が雇用されるときの労働条件（賃金や労働時間など）に関して、さまざまな規制を行っている。労働契約は、ほかの一般商品の売買に関する契約とは異なり民法だけでなく、労働法による制約を受ける。このように社会生活におけるルールづくりや、さまざまな団体や個人の行動に対して政府が行う誘導や制限、指令などが、ここでいう社会規制である。この側面からとらえた福祉国家が、規制国家としての福祉国家である。

今日の社会政策の起源を歴史的にさかのぼると、救貧法と工場法に突きあたる。救貧法は現在の生活保護など公的扶助制度の源流であり、給付国家としての福祉国家の形成につながる。19世紀後半にドイツで発明された社会保険も社会政策のもう一つの源流であり、これが後に公的扶助と組み合わされて社会保障制度が生まれたが、これも給付国家としての福祉国家のもう一つの源流である。これに対して、工場法は現在の労働基準法など労働立法の源流であり、規制国家としての福祉国家につながる政策である。

福祉国家による社会規制は、当初、労働条件に関するものが中心だった。しかし今日では、以前に比べて社会規制の範囲も相当拡大されるようになった。労働法の分野でも、労働基準法だけでなく、男女雇用機会均等法のように女性に対する雇用差別を是正するための法律も存在する。平成19（2007）年には雇用対策法が改正され、募集・採用における年齢制限が禁止された。アメリカでは定年制も年齢差別にあたるとし、原則として禁止されている。労働以外の社会生活の分野でも、新たな社会規制が生まれた。平成13（2001）年にはDV防止法[＊4]が成立し、その後、児童や高齢者や障害のある人に対する虐待防止法も成立した。平成25（2013）年には、障害のある人に対する合理的配慮を求める障害者差別解消法が制定され、平成28（2016）年に施行された。同年にはヘイトスピーチ解消法[＊5]、部落差別解消推進法[＊6]が公布・施行された。また、令和５（2023）年には性的指向及びジェンダーアイデンティティの多様性に寛容な社会の実現をめざして、LGBT理解推進法[＊7]が制定された。さらに、包括的差別禁止法に関する議論も行われるようになっている。

福祉国家という言葉の従来の使い方を整理すると、以上の３つの福祉国家の側面が明らかになるが（**図２－８－１**）、これら３つは、どれかが正しくてどれかが誤っているという関係にあるのではない。それぞれが福祉国家という社会的現実のそれぞれの側面を表したものである。福祉国家について考えるときは、福祉国家のどの側面を扱っているのかを自覚する必要がある。

＊４
配偶者からの暴力の防止及び被害者の保護等に関する法律

＊５
本邦外出身者に対する不当な差別的言動の解消に向けた取組の推進に関する法律

＊６
部落差別の解消の推進に関する法律

＊７
性的指向及びジェンダーアイデンティティの多様性に関する国民の理解の増進に関する法律

# 第2節　福祉国家成立の社会的背景

## 1 夜警国家と福祉国家

福祉国家がもともと権力国家との対比で生まれた概念であることはすでに述べた。権力国家は国家目標という観点から見た場合の福祉国家の対概念である。これに対して、手段という観点から見た場合の福祉国家の対概念が夜警国家である。福祉国家は20世紀の産物であり、福祉国家の下で、政府は、経済政策や社会政策など、さまざまな仕事を行ってきた。

しかし、政府がこれらの仕事を行うべきだとの考えは、19世紀にはあまりみられなかった。19世紀の段階では、政府の諸機能は最小限に限られるべきであり、政府が人々の生活という私的空間の中へ介入することは好ましくない、と考えられていたからである。こうした国家のあり方を、ドイツの社会主義者ラッサール（Lassalle, F. J. G.）は**夜警国家**とよんだ。

当時の国家の仕事が国防と治安維持に限られており、私有財産に対する夜警としての役割を果たしているにすぎないとみなされたからである。この言葉は、本来、何もしない国家に対する揶揄（やゆ）であったが、次第にそうした意味を離れて、19世紀的な国家のあり方を示す中立的な概念として用いられるようになった。

ただし誤解してはいけないのは、夜警国家が本当に何もしなかったかというと、そういうわけではなくて、19世紀においてすでに多くの国で大規模な国家介入が行われていた。とりわけ日本やドイツのような後発資本主義国では、工業化の過程で果たした政府の役割は大きい。しかし、そのような場合であっても、社会政策に限って見ると、政府の役割は非常に限定的であり残余的であった。

これに対して、政府の活動の中心が、夜警的な活動から経済政策や社会政策へと移行した段階の国家が、福祉国家である。福祉国家の下では、政府が社会給付や社会規制などの手段を積極的に用いるようになっている。

## 2 産業化と福祉国家

先進諸国で福祉国家形成が行われた背後には、さまざまな社会変動がある。そのうちの最も重要な変化の一つは産業化と都市化である。産業化とは社会の生産のあり方が、産業革命以降の技術革新に伴って、農業中心のものから工業中心のものへ、さらにサービス業中心のものへと移行していく過程をさす。産業化によって労働人口の大部分は、非農業従事者へと変わり、都市へと移動した。こうした農村から都市への人口の移動と集中のことを都市化とよぶが、都市化によって人々の生活様式は新しくなり、人々の生活環境も大きく変化した。自然だけでなく人工物が生活環境にとっての重要な構成要素となる。私有財産のように私的に閉ざされることのない公共空間（public space）には、広場、街路、公園、学校、図書館などの公共施設が設置されるようになる。政府は夜警の役割だけを果たしていればよいという状態ではなくなった。

また産業化の結果、人々の生活には、農業社会で見られなかったリスクが生まれた（労働災害や失業など）。また、人々が生活を営むために共同で解決しなければならない問題が、新たに生じた（上下水道の整備や公衆衛生など）。さらに、産業化は伝統的な共同体の解体をもたらした。これは不測の事態が発生したときに、人々の生活を守ってきた仕組みが壊されたことを意味する。

**表2－8－1**は、OECD諸国の間で、福祉国家の中心的な制度である社会保険や社会手当がいつごろ導入されたかをまとめたものである。こ



〈表2－8－1〉**社会保険の導入（OECD諸国）**

| | 労働災害 | 医療 | 年金 | 失業 | 家族手当 |
|---|---|---|---|---|---|
| ベルギー | 1903（年） | 1894（年） | 1900（年） | 1920（年） | 1930（年） |
| オランダ | 1901 | 1929 | 1913 | 1916 | 1940 |
| フランス | 1898 | 1898 | 1895 | 1905 | 1932 |
| イタリア | 1898 | 1886 | 1898 | 1919 | 1936 |
| ドイツ | 1871 | 1883 | 1889 | 1927 | 1954 |
| アイルランド | 1897 | 1911 | 1908 | 1911 | 1944 |
| イギリス | 1897 | 1911 | 1908 | 1911 | 1945 |
| デンマーク | 1898 | 1892 | 1891 | 1907 | 1952 |
| ノルウェー | 1894 | 1909 | 1936 | 1906 | 1946 |
| スウェーデン | 1901 | 1891 | 1913 | 1934 | 1947 |
| フィンランド | 1895 | 1963 | 1937 | 1917 | 1948 |
| オーストリア | 1887 | 1888 | 1927 | 1920 | 1921 |
| スイス | 1881 | 1911 | 1946 | 1924 | 1952 |
| オーストラリア | 1902 | 1945 | 1909 | 1945 | 1941 |
| ニュージーランド | 1900 | 1938 | 1898 | 1938 | 1926 |
| カナダ | 1930 | 1971 | 1927 | 1940 | 1944 |
| アメリカ | 1930 | 2014 | 1935 | 1935 | － |

（出典）Christopher Pierson（1991）, *Beyond the Welfare State*, Polity Press, p. 108. より筆者訳・一部改変

れによると、労働災害、医療、年金、失業、家族手当といった制度が、多くの国で、19世紀後半から20世紀前半といった産業革命後の産業化の時期に、少しずつ導入されてきたことがわかる。欧米諸国では、20世紀のなかばまでに、これらの制度が出そろい、その後、社会支出の急速な拡大が始まった。

## 3 市民権の発達と福祉国家

福祉国家の成立にとっては、市民権（シチズンシップ）の発達といった要因も大きい。市民権とは、特定の社会の正式なメンバーであることに伴って生じる権利や義務のことを意味している。市民権については、マーシャル（Marshall, T. H.）による議論が有名で、彼は「市民権と社会階級」という1949年の講演の中で、市民権を、①公民権（市民的諸権利、civil rights）、②参政権（政治権、政治的諸権利、political rights）、③社会権（社会的諸権利、social rights）、の３つに区分している。[*8]

＊8
ドイツの社会哲学者ハーバーマス（Habermas, J.）は、市民権という言葉自体は用いていないが、イギリスで市民権が発達してくる前提としての「公共性」(Öffentlichkeit)「公共圏」(public sphere)の存在を指摘している。コーヒーハウスなどで教養ある自由な市民によって対等な立場で行われる討論が公民権の確立などにつながった。ハーバーマス著、細谷貞雄・山田正行訳『公共性の構造転換［第二版］』未来社、1994年。

公民権は、近代社会における人間が生活をしていく上で最も基本的な権利のことを意味しており、そこには、裁判を受ける権利、信仰の自由、良心の自由、言論の自由、人身の自由、職業選択の自由、居住の自由、財産を所有する権利、契約を結ぶ権利、などが含まれる。マーシャルは、これらの権利が名誉革命（1688年）から第一次選挙法改正（1832年）に至る時期、とりわけ18世紀のイギリスで生まれたと考えている。また、これらの権利は、裁判所という制度によって守られることになる。

参政権は、政治権力の行使に対して参加する権利で、選挙権や被選挙権などから成り立っている。マーシャルは、これらの権利が第一次選挙法改正から、男子普通選挙権の確立した第四次選挙法改正（1918年）及び女子普通選挙権の確立した第五次選挙法改正（1928年）に至る時期、とりわけ19世紀のイギリスで確立されたと考えている。参政権は議会という制度に対応する。

**表２－８－２**は主要先進諸国における普通選挙権の確立時期を示している。この表に掲げた国々のうち多くの国で19世紀末から20世紀初頭にかけて男女の普通選挙権が導入され、20世紀なかばまでにはすべての国で普通選挙権が確立したことがわかる。なお日本で男子普通選挙権（25歳以上）が確立したのは昭和３（1928）年であり、完全な普通選挙権（男女20歳以上）が確立したのは、昭和20（1945）年である。

〈表2－8－2〉普通選挙権の普及

| | 男子普通選挙権 | 完全普通選挙権 |
|---|---|---|
| ベルギー | 1894（年） | 1948（年） |
| オランダ | 1918 | 1922 |
| フランス | 1848 | 1945 |
| イタリア | 1913 | 1946 |
| ドイツ | 1871 | 1919 |
| アイルランド | 1918 | 1923 |
| イギリス | 1918 | 1928 |
| デンマーク | 1849 | 1918 |
| ノルウェー | 1900 | 1915 |
| スウェーデン | 1909 | 1921 |
| フィンランド | 1907 | 1907 |
| オーストリア | 1907 | 1919 |
| スイス | 1848 | 1971 |
| オーストラリア | 1902 | 1902 |
| ニュージーランド | 1879 | 1893 |
| カナダ | 1920 | 1920 |
| アメリカ | 1860 | 1920 |
| 日本 | 1928 | 1945 |
| 韓国 | 1948 | 1948 |

（出典）Christopher Pierson（1991）, *Beyond the Welfare State*, Polity Press, p. 110.より筆者訳、一部改変

社会権は、最低限の経済的保障を求める権利、教育を受ける権利、労働に関する権利などが含まれ、さらには社会的遺産を共有し標準的な文明生活を送る権利まで含まれる。マーシャルは、これらの権利が主として20世紀になってから確立されたと考えている。

この社会権を制度的に支えるのは、社会保障や教育などである。マーシャル自身が明確に述べているわけではないが、社会権の発達が福祉国家の成立に寄与していることは間違いない。



## 4 高齢化と福祉国家

他方、人口構造の変化によっても福祉国家形成は促進される。産業化以前の伝統社会では、出生と死亡は多産多死の状態にあった。ところが産業化の初期には、死亡率が低下して多産少死の状態になった。これにより人口は急増するとともに、若年化した。さらにその後は、出生率のほうも低下し、少産少死の状態となった。こうした一連の過程を人口転換という。

人口転換の結果、先進諸国では人口の少子高齢化が始まり、現在でもこの過程が続いている。日本では合計特殊出生率の低下が著しく、人口減少が始まっている。人口の高齢化は一般に社会支出を増大させる重要な要因として知られている。

〈図２−８−２〉高齢化率と社会保障の給付規模の国際比較

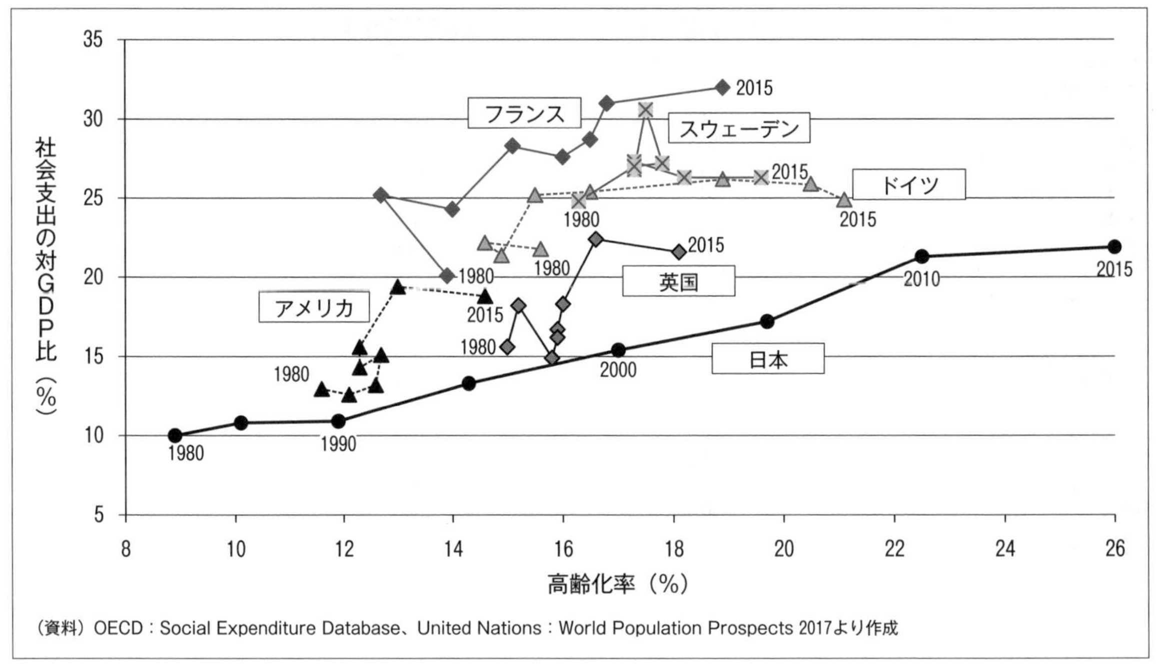


（出典）厚生労働省『令和２年版 厚生労働白書』

**図２−８−２**は、横軸に高齢化率、縦軸に社会支出の対GDP（国内総生産）比をとって、主要国の1980年以降の動きをプロットしたグラフである。これによって、各国で人口の高齢化とともに社会保障の給付規模が増加してきた様子がわかる。

# 第3節　福祉国家の発展メカニズム

## 1 ウィレンスキーの研究

福祉国家が成立する一般的な背景としては、前述のように産業化、市民権の発達、人口の高齢化などが存在する。このような背景を前提にしながら、福祉国家がどのようなメカニズムによって発展するかを明らかにしようとした研究に、**ウィレンスキー**（Wilensky, H. L.）が1975年に著した『福祉国家と平等』がある。彼は、福祉国家の給付国家としての側面について実証分析を行い、その後の福祉国家に関する研究に大きな影響を与えた。

ウィレンスキーはこの研究の中で「福祉国家の本質は、所得、栄養、健康、住宅、教育の最低基準を、あらゆる市民に対して、慈善としてではなく、1つの政治的権利として、政府が保障することである[1)]」と述べ、政府の福祉努力は「公共消費支出」の中に反映されると考えた。

この「公共消費支出」の中から、「福祉プログラム」には直接つながらない軍事費や一般行政費を除き、さらに理論的ないし便宜的な理由から教育費と住宅費を除外した上で、①老齢・遺族・障害年金保険、②疾病出産給付・健康保険（公共医療サービスも含む）、③家族手当ないし児童手当、④労働者補償・労働者災害援護、失業補償、労働市場政策、⑤公的扶助・社会扶助、⑥戦争犠牲者への給付、などの「福祉プログラム」のための支出総額の大きさ（のGNPに対する比率）によって、各国政府の福祉努力の程度を測定した。

ウィレンスキーは先行研究の成果を取り入れながら、**図2－8－3**のような因果モデルを設定し、パス解析[＊9]という統計手法によって、どのような要因が各国の福祉国家化に影響を及ぼしているかについての分析を行った。このモデルの中で「制度の経過年数」というのは「一国が福祉事業を行ってきた期間」を示しており、先行研究ではこの変数の説明力が大きいことが実証されている。また「自由主義的民主国家」と「全体主義国家」は、政治体制や政治イデオロギーが政府の福祉努力にどのような影響を及ぼしているかを知るために導入された変数である。

＊9
変数間の因果関係を想定し、その関係の強さを推定するための統計手法。先行変数（例えば経済発展）が後続変数（例えば高齢化率、社会保障費など）に及ぼす効果を順次推定することができる。ある変数の他の変数への効果を直接的なもの（例えば高齢化→社会保障費）と他の変数を媒した間接的なもの（例えば高齢化→制度の経過年数→社会保障費）に分解することができる。因果関係の経路（パス）を明らかにすることができることから「パス解析」とよばれる。パス解析は横断調査を用いた因果推論であるが、現在は、縦断調査（パネル調査）のほうが因果関係を調べるには適していると考えられている。本書第3部第3章第3節1参照。

〈図2－8－3〉社会保障支出の因果モデル－60か国

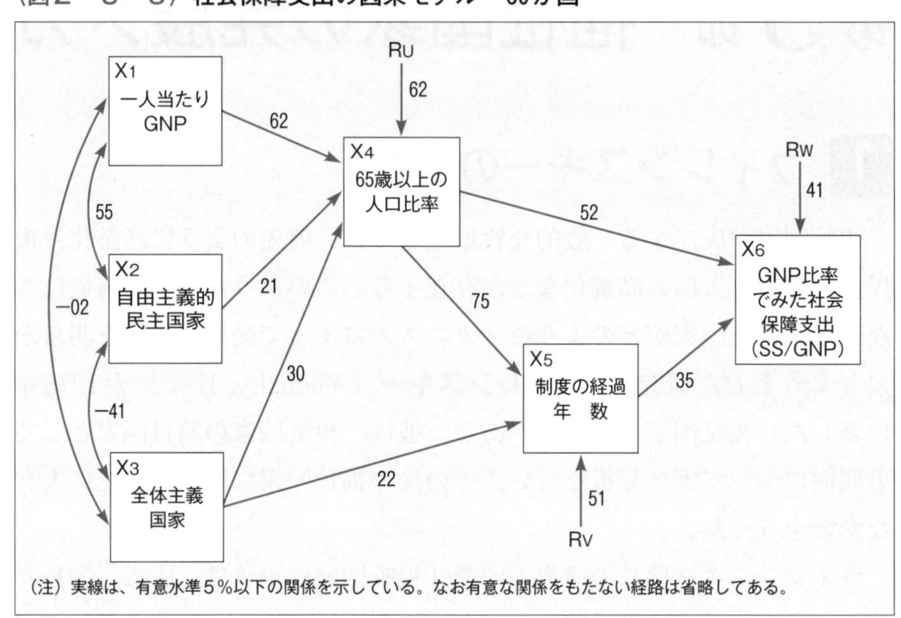

（注）実線は、有意水準5％以下の関係を示している。なお有意な関係をもたない経路は省略してある。

（出典）H. L.ウィレンスキー、下平好博 訳『福祉国家と平等』木鐸社、1984年、66頁

# 2 福祉国家の収斂説

ウィレンスキーは世界60か国のマクロデータを利用した分析を行った結果、各国政府の福祉努力に対しては「経済水準とそれによって惹き起こされる人口学的・官僚主義的影響が強力である」ことを示した。彼によれば、**図2－8－3**のモデルは「社会保障努力における変化の83％を説明[2)]」する。とはいえ「経済成長は福祉国家の発展にとって究極の原因ではある[3)]」が、それが直接的に福祉プログラムの拡大をもたらすのではない。一方で、経済成長が人口の高齢化をもたらし、人口の高齢化が福祉プログラムの拡大をもたらす。他方で、人口の高齢化が制度の経過年数を伸ばし、これがまた福祉プログラムの拡大を促すのである。要するに、経済成長→高齢化→福祉国家という因果経路と、経済成長→高齢化→制度の成熟→福祉国家という因果経路が存在することが明らかにされたのである。

これに対して、政治体制や政治イデオロギーは福祉国家の発達にそれほど大きな影響を及ぼしていない。というのは「自由主義民主体制か全体主義的体制かという区別は、社会保障努力にはそれ自体小さな影響力しかもっていない[4)]」からである。また「これら二つの政治体制は、福祉支出を引き上げるという同一の方向に働いている[4)]」とはいえ、「この二つの政治類型がもつこうした小さな影響力が全く間接的なものにすぎな

い」[4]からである。

ウィレンスキーの研究は、福祉国家の発展にとっては政治体制ではなくて、経済成長とそれによって引き起こされる人口学的・官僚主義的影響が決定的であることを強調しており、その意味では、先進諸国が福祉国家という共通の方向に向かっていることを示すものである。このため彼の所説は福祉国家の収斂（しゅうれん）説とよばれる。

ウィレンスキーの研究に対しては批判も出されたが、彼の研究はその後の福祉国家の研究のあり方を決定付けた。**図２−８−３**のモデルに含まれない変数を導入して説明力を上げようとする試みや、先進諸国に限定したときに影響力を増す変数を発見しようとする試みなどが行われた。

# 第4節　福祉国家の類型化

## 1　ティトマスによる３つの福祉モデル

福祉国家は先進社会に共通する仕組みである。しかし福祉国家には多様性も見られる。ウィレンスキーの福祉国家の収斂説は、福祉国家を超長期的なタイムスパンの中で分析したり、先進諸国と開発途上国のすべてを含めて分析したりする場合には成り立つが、比較的短いタイムスパンの中で、先進諸国に限定して福祉国家を観察する場合には、必ずしも当てはまらないことがある。このため、多様な福祉国家を類型化する試みも、これまでなされてきた。

**ティトマス**[*10]（Titmuss, R. M.）が、『社会政策』（Social Policy：An Introduction, 1974年）の中で定式化した社会政策に関する３つのモデル（残余的福祉モデル、産業的業績－成果モデル、制度的再分配モデル）は、そのための比較的早い時期の試みである（ただし、これはティトマスの完全な独創ではなくて、ウィレンスキーとルボー〔Lebeaux, C. N.〕が『産業社会と社会福祉』〔原著1958年〕の中で定式化したモデルを改良したものである）。

＊10
イギリスの研究者。ウェッブ夫妻が創設したLSE（ロンドン・スクール・オブ・エコノミクス）の社会政策の教授を務めた。社会科学の諸分野の理論を社会政策や社会福祉の研究に大胆に取り入れて後の研究者に大きな影響を与え、T. H. マーシャルとともに福祉国家下におけるイギリスの社会福祉学（social administration）の発展の礎を築いた。

残余的福祉モデルでは、社会政策が残余的・例外的なものと考えられている。というのは、近代社会の人々は、普通、自分に必要なものを市場か家族から手に入れており、しかもこれが正常な姿であるから、政府が福祉プログラムを人々に社会政策として提供するのは、何らかの事情によって市場や家族が機能しないときに限られるからである。このような考え方が支配的であったのは19世紀の世界であるが、現在でも残余的福祉モデルが一定の影響力をもっている。

産業的業績－成果モデルについて、ティトマスは次のように説明している。「このモデルは、社会福祉制度に経済の補助としての重要な役割を組み込んだものです。つまり、社会的必要は、能力、就労の成果及び生産性を基礎として充足されるべき、という立場です」（坂田周一（さかたしゅういち）訳、ただし訳語は一部変えてある）。このモデルの下での社会政策は残余的なものであったり例外的なものであったりすることはない。とはいえ、このモデルの下では福祉プログラムが経済発展を妨げることのないように設計されるべきだと考えられる。拠出に応じて給付される社会保険がこのモデルの典型である。

制度的再分配モデルの下での福祉プログラムは、残余的ではなく社会の中心的な制度として位置付けられている。しかも業績主義や貢献原則に基づくのではなく、必要原則に従って普遍的なサービスとして市場の外側で提供される。北欧諸国で影響力をもつモデルであり、福祉国家の最も発達した形態がこのモデルである、とみなされることが多い。

## 2 エスピン－アンデルセンの研究

ティトマスの３つのモデルを発展させて、３つの福祉国家レジームを定式化して影響力をもったのが、**エスピン－アンデルセン**[*11]（Esping-Andersen, G.）の1990年の著作『福祉資本主義の三つの世界』である。彼は脱商品化と階層化という２つの概念を導入して、福祉国家の分析を行っている。

**脱商品化**というのは、労働者が労働市場に依存しないで生活していくことのできる程度を表している。資本制経済は、封建制経済とは異なり、労働力の商品化を前提として成り立っている。労働力が商品化されて労働市場で売買することができるようになっていないと、生産手段を所有しない労働者は、自分の労働力を売って生活の資を獲得することができないからである。反対に、生産手段を所有する資本家も、労働力を労働市場から調達できないと、生産活動を行って利潤を獲得することができない。その意味で、労働者と資本家の双方が労働市場に依存している。ところが福祉国家による福祉プログラムは、労働力の商品としての性格を弱める。例えば、商品としての性格が強いときは、働かないときは収入を得ることができない。しかし、病気によって仕事ができないときも社会保障制度によって休業期間中の所得が保障されるならば、収入が途絶えることはない。このように福祉プログラムが充実してくると、労働市場への依存の度合いが弱まってくる。すなわち脱商品化の度合いが強まる。

さらにエスピン－アンデルセンは、各国におけるこの脱商品化の程度を測定するために、脱商品化のスコアを考案し、各国の脱商品化度を示した（**表２－８－３、２－８－４**）。**表２－８－３**は、各国の老齢年金、疾病給付、失業保険の脱商品化度を示しているが、これによると老齢年金と疾病給付ではスウェーデンの制度が最も脱商品化が進んでおり、失業保険ではオランダの制度が最も脱商品化されていることがわかる。反対に、オーストラリア、ニュージーランド、カナダ、アメリカなどアン

＊11
デンマーク出身で国際的に活躍する福祉国家研究者。1990年に発表した『福祉資本主義の三つの世界』で一躍有名となり、各国の研究者に多大な影響を与えた。ティトマスの社会政策の類型化を発展させた三つの福祉国家レジーム（後に福祉レジーム）に関する所説を展開した。ILO憲章（国際労働機関憲章）による労働の非商品性に対応する形で、脱商品化の理論を展開した。2009年の『平等と効率の福祉革命』はポスト工業社会における女性の役割を強調した。

〈表2－8－3〉
老齢年金、疾病給付、失業保険における脱商品化度（1980年）

| | 年金 | 疾病 | 失業 |
|---|---|---|---|
| オーストラリア | 5.0 | 4.0 | 4.0 |
| オーストリア | 11.9 | 12.5 | 6.7 |
| ベルギー | 15.0 | 8.8 | 8.6 |
| カナダ | 7.7 | 6.3 | 8.0 |
| デンマーク | 15.0 | 15.0 | 8.1 |
| フィンランド | 14.0 | 10.0 | 5.2 |
| フランス | 12.0 | 9.2 | 6.3 |
| ドイツ | 8.5 | 11.3 | 7.9 |
| アイルランド | 6.7 | 8.3 | 8.3 |
| イタリア | 9.6 | 9.4 | 5.1 |
| 日本 | 10.5 | 6.8 | 5.0 |
| オランダ | 10.8 | 10.5 | 11.1 |
| ニュージーランド | 9.1 | 4.0 | 4.0 |
| ノルウェー | 14.9 | 14.0 | 9.4 |
| スウェーデン | 17.0 | 15.0 | 7.1 |
| スイス | 9.0 | 12.0 | 8.8 |
| イギリス | 8.5 | 7.7 | 7.2 |
| アメリカ | 7.0 | 0.0 | 7.2 |
| 平　均 | 10.7 | 9.2 | 7.1 |
| 標準偏差 | 3.4 | 4.0 | 1.9 |

（出典）G.エスピンーアンデルセン、岡沢憲芙・宮本太郎 監訳『福祉資本主義の三つの世界』ミネルヴァ書房、2001年、57頁

〈表2－8－4〉
統合脱商品化度における福祉国家ランキング（1980年）

| | 脱商品化度スコア |
|---|---|
| オーストラリア | 13.0 |
| アメリカ | 13.8 |
| ニュージーランド | 17.1 |
| カナダ | 22.0 |
| アイルランド | 23.3 |
| イギリス | 23.4 |
| イタリア | 24.1 |
| 日本 | 27.1 |
| フランス | 27.5 |
| ドイツ | 27.7 |
| フィンランド | 29.2 |
| スイス | 29.8 |
| オーストリア | 31.1 |
| ベルギー | 32.4 |
| オランダ | 32.4 |
| デンマーク | 38.1 |
| ノルウェー | 38.3 |
| スウェーデン | 39.1 |
| 平　均 | 27.2 |
| 標準偏差 | 7.7 |

（出典）G.エスピンーアンデルセン、岡沢憲芙・宮本太郎 監訳『福祉資本主義の三つの世界』ミネルヴァ書房、2001年、57頁

グロサクソン系諸国の制度では、脱商品化がそれほど進んでいない。日本は18か国の中では中位ないし下位に位置している。

これに対して**階層化**というのは、福祉国家によってどのような階層構造が形成されるかといった視点である。通常、福祉国家による所得再分配は所得の不平等を是正するものだと考えられている。福祉国家の社会政策によって貧困が減少したり不平等が緩和されたりするが、場合によっては、福祉国家の社会政策が既存の階層構造を再生産することもある。例えば、所得比例型の年金制度は現役時代の階層構造を老後に再生産する。

それだけでなく、意図せざる結果として、福祉プログラムが新たな不平等を生み出すこともある。例えば、高等教育への公共支出の受益者は高所得者の子弟であるかもしれない。また、高所得者の平均余命のほうが低所得者の平均余命より長い場合には、逆進的な再分配が生じる可能性もある。階層化もまた福祉国家を分析する際の一つの重要な視点である。

## 3 ３つの福祉国家レジーム

エスピン－アンデルセンは、福祉国家は脱商品化や階層化といった観点からいくつかの福祉国家レジームに類型化することができる、と考えている[*12]。彼によると、福祉国家レジームとは「社会政策に関連する政策決定、支出動向、問題の定義づけ、さらには、市民や福祉受給者が社会政策にいかに反応し何を要求するかという構造について、これらを統御、形成する制度的な配置、ルールおよび了解事項[5)]」である。各国の短期的な政策決定は福祉国家レジームという枠組みの中で行われることになるが、この枠組みは歴史の中で形成されるものである。

エスピン－アンデルセンは、このような福祉国家レジームとして、自由主義レジーム、保守主義レジーム、社会民主主義レジーム、といった３つが存在すると主張する。それぞれ、ティトマスの残余的福祉モデル、産業的業績－成果モデル、制度的再分配モデルに対応する。

**自由主義レジーム**では、自由主義ブルジョワジーの影響力が強く、脱商品化の度合いが最も低い。このレジームの社会政策は「ミーンズテスト付きの扶助、最低限の普遍主義的な所得移転、あるいは最低限の社会保険プラン[6)]」といった特徴をもち、社会政策の対象者は低所得層に限定される。このため社会給付の受給にはスティグマ（恥辱感）が伴いがちである。アメリカやイギリスをはじめとするアングロサクソン系諸国が、このレジームに該当する。

**保守主義レジーム**では、保守勢力やカトリック教会の社会政策に対する影響が強く、脱商品化の度合いは中程度である。このレジームの社会政策は「職業的地位の格差が維持されている[6)]」ところに特徴があり、「諸権利は階級や職業的地位に付随するもの[6)]」となっている。言い換えると、３つのレジームの中では福祉国家による階層化が最も進んでいる。このレジームでは、福祉を市場への依存から国家の責任へと置き換えようとしているため、自由主義レジームと違って、民間保険や職域福祉の発達は見られない。また伝統的な家族制度の維持が重視されており、社会政策においては補完性の原則（個人の福祉については個人または家族が最初に責任をもち、家族が責任を果たせないときに初めて自治体が登場し、それでも問題が解決しないときに州政府や連邦政府が責任をもつ、という考え方）が支配的である。ドイツやフランスなどの大陸ヨーロッパ諸国がこのレジームに該当する。

**社会民主主義レジーム**では、労働者階級と農民の連合（「赤緑連合」

＊12
エスピン－アンデルセンは、最初「福祉国家レジーム」という言葉を用いていたが、後に福祉国家だけではなく家族や労働市場のあり方も視野に入れて福祉を考えるようになり「福祉レジーム」という言葉を用いるようになった。ただし、このことによって類型のとらえ方が変わったわけではなく、当初の３つの類型はそのまま生きている。

などといわれる）によって福祉国家が形成された。脱商品化の程度は3つのレジームの中では最も高い。社会民主主義レジームの社会政策は「最低限の必要を基準とした平等ではなく、最も高い水準での平等を推し進め[7)]」るため、「サービス給付の水準は新中間階級の高い欲求水準ともつりあうだけのものに高められる[7)]」。また「労働者にも、より裕福な階層が享受するのと同様の水準の権利に浴することを保障することによって、平等が高められる[7)]」ことになる。このレジームでは保守主義レジームのように家族への依存を期待するのではなくて、個人を家族から自立させることをめざしている。スウェーデン、ノルウェー、デンマークなどの北欧諸国がこのレジームに該当する。

日本は、**表2－8－4**に示された統合脱商品化度の値がドイツやフランスに近いことから当初は、保守主義レジームの一種であると考えられていた。保守主義と自由主義の混成型（ハイブリッド）であるとの学説もある。しかし日本の位置付けについては意見が分かれており、定説はない。

## 4 脱家族化と福祉レジーム

エスピン－アンデルセンの研究に対しても、さまざまな立場からの批判が寄せられた。そのうちフェミニストによる「ジェンダー・ブラインドだ（ジェンダーの視点が入っていない）」との批判を彼は深刻に受け止め、1999年に出版された『ポスト工業経済の社会的基礎』という書物の中で、**脱家族化**という概念を提案して、自分の福祉国家レジームの理論を福祉レジームの理論へと修正した。

彼によると、脱家族化は家族主義の反対の志向である。家族主義とは伝統的な家族の価値を重視する立場であり、「最大の福祉義務を家族に割り当てる体制[8)]」を意味する。西欧ではキリスト教的な保守主義がそのイデオロギー的な支えとなる。これに対して脱家族化とは「家族への個人の依存を軽減するような政策[8)]」を意味し、「家族の互恵性や婚姻上の互恵性とは独立に、個人による経済的資源の活用を最大限にする政策[8)]」を採用することだとした。エスピン－アンデルセンは、女性が自立するためには、この脱家族化が不可欠であると主張した。

各国の福祉国家のあり方を比較する上では、脱商品化だけでなく脱家族化といった視点も導入しなければならない、というのがエスピン－アンデルセンの新しい立場である。ここから彼は福祉レジームという概念を福祉国家レジームに代えて提案した。福祉国家レジームだと公共政策としての社会政策だけに視野が限定されるため、政府以外の役割が不分明になってしまうからである。彼によれば、福祉レジームとは「福祉が生産され、それが国家、市場、家族の間に配分される総合的なありかた[9)]」のことを意味する。これは従来いわれてきた福祉多元主義（福祉の供給を政府、インフォーマル部門、市場、民間非営利部門など多元的な供給主体の関係の中で考えていこうとする立場）につながる考え方である。

福祉レジームにおける脱家族化を測定するために、①ヘルス以外の家族サービス、②児童手当と児童扶養控除、③保育所の普及率、④高齢者ケアの普及率、といった４つの指標を採用して国際比較分析を行った結果、エスピン－アンデルセンは、ポスト工業化の時代には家族主義を維持することがむずかしくなってきており、現代の福祉国家は専業主婦に福祉サービスの代替を期待することはできないとの結論に達した。このため、家族主義を奨励したり、家族の代替措置を講じることを怠ったりすると、マクロとミクロの双方のレベルにおける福祉の後退がますます進むことになる。そして、家族、市場、国家の役割に着目しながら、自由主義、社会民主主義、保守主義といった３つの福祉レジームの特徴付けを、**表２－８－５**のように行った。

エスピン－アンデルセンの研究は1990年代までの欧米諸国を対象としたものであるため、日本以外の東アジア諸国については視野に入っていない。ところが1990年代末ごろから、韓国や台湾などでも社会政策が充実し始めた。また、中国も近年社会保障を拡充している。このため現在では東アジア諸国も視野に入れた福祉国家研究が行われるようになっており、福祉国家の分類についても試行錯誤が続いている。

〈表２－８－５〉福祉レジームの特徴

| | | 自由主義 | 社会民主主義 | 保守主義 |
|---|---|---|---|---|
| 役割 | 家族<br>市場<br>国家 | 二義的<br>中心的<br>二義的 | 二義的<br>二義的<br>中心的 | 中心的<br>二義的<br>補足的 |
| 福祉国家 | 連帯の支配的様式 | 個人 | 普遍 | 親族<br>コーポラティズム<br>国家主義 |
| | 連帯の主たる場所 | 市場 | 国家 | 家族 |
| | 脱商品化の程度 | 最小 | 最大 | 高い（ただし稼ぎ主に対してのみ） |
| 典型例 | | アメリカ | スウェーデン | ドイツ<br>イタリア |

（出典）G.エスピン－アンデルセン、渡辺雅男・渡辺景子 訳『ポスト工業経済の社会的基礎』桜井書店、2000年、129頁をもとに一部改変

# 第5節　社会指標

## 1 社会指標とその役割

社会学では量的データと質的データの双方を用いる。それぞれのデータの入手方法や分析方法については、本書第３部「社会福祉調査の基礎」で学ぶ。社会現象は自然現象と違って数量的に把握することが困難なため、社会学ではインタビュー記録などの質的データがもっぱら用いられ、量的データが用いられることが少ないのではないかと思われる人がいるかもしれない。しかし、社会学でも統計分析が可能となるように、量的データの構築や分析が試みられ、一定の成果をあげている。

本章でも、さまざまな統計数値を用いた。第２節では高齢化率や社会支出の対GDP比、第３節では一人当たりGNP（国民総生産）、65歳以上の人口比率、制度の経過年数、第４節では脱商品化度という、もしかしたら聞き慣れないかもしれない数値が引用された。これらの数値は、それぞれの社会の状態を客観的に示すために使われている。

一般に、何らかの現象を要約的に表す目印のことを「指標（indicator)」という。例えば、バイタル（脈拍、呼吸、血圧、体温）は個人の健康状態を示す指標である。これに対して、社会の状態を示す指標のことを**社会指標**という。社会指標は定量的なものに限るというわけではない。例えば、普通選挙制度の有無はある社会が民主社会か否かを見分けるための指標となるし、普遍的な医療サービスの存在の有無はある国が福祉国家であるか否かを知るための指標の一つとなり得る。これらは定性的な社会指標である。

とはいえ、定量的に表現された社会に関する指標のことをさして「社会指標」とよぶことが多い。なぜなら複雑な社会現象は数値に要約されたほうが、わかりやすいからである。数値で表現されると、昨今はやりの言葉で言えば「見える化」（可視化）されるからでもある。「A国の国民はB国の国民より政治に無関心だ」といわれただけでは、その発言の信憑性は判断しにくいが、A国では国会議員選挙の投票率は30％だがB国では80％だといわれると、その言葉に納得がいく。

GNI（国民総所得）やGDP（国内総生産）はそれぞれの国の豊かさを測る指標となる。社会の意味を広くとれば、これらの経済指標を社会指標の一部とみなすこともできる。実際、経済指標を含んだ社会指標の体系も構築されている。しかし他方で、経済指標との対比で社会指標という言葉が用いられる場合も少なくない（**図２－８－４**）。一つには歴史的な理由からである。前世紀の1970年代には、公害など高度経済成長の歪みが噴出して「くたばれGNP」といったスローガンが叫ばれるようになった。そこで経済指標が良好であることが、必ずしも人々の生活水準や生活の質が良好であるとは限らないとの認識が広がり、社会指標への関心が集まったのである。

社会指標それ自体は社会の状態を客観的に記述するための道具である。このため社会学では、第一に、社会指標を用いて特定の社会を記述したり、ある社会と別の社会を比較したりする。例えば、スウェーデンの高齢化率は20.3％（2020年）であるのに対して、日本は28.6％（2020年）であり[*13]、日本のほうがスウェーデンよりも高齢化が進んでいる、などのように比べることができる。

＊13
内閣府『令和４年版 高齢社会白書』による。

また第二に、定量的な社会指標は社会の記述や比較にとどまらず、社会現象における因果関係や相関関係を追求するためにも用いられる。**図２－８－３**（本章第３節）は、そうした事例の一つである。そこでは政治体制、経済発展、高齢化、制度の経過年数といった要因が、福祉国家の成熟にどのような影響を及ぼしているかいないかについて示される。それぞれの要因は複雑な現象であるが、それが各指標に要約され、統計的分析にかけられている。

第三に、社会指標は公共政策の目標を示すために用いたり、公共政策の効果や意図せざる結果を評価したりするためにも用いられる。この場合も定量的な指標が好まれる。単に「社会を豊かにする」という目標よりは「今年度の経済成長率は○％にする」としたほうが、わかりやすいし、計画が成功したか失敗したかの判別も容易である。社会政策の分野でも、単に「高齢者福祉を充実する」というよりも、「介護老人福祉施



〈図２－８－４〉**社会指標の種類**

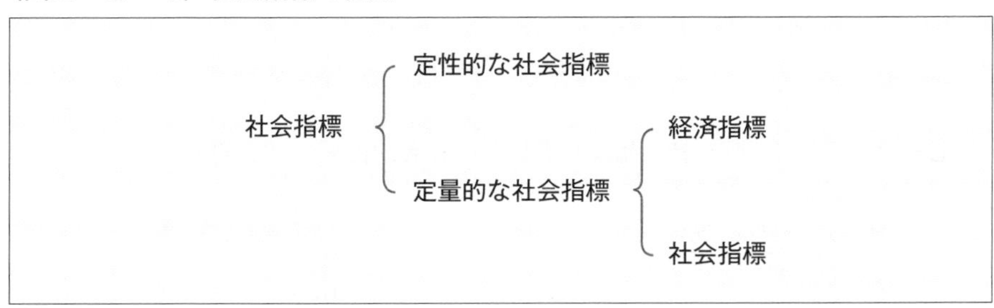


（筆者作成）

設（特別養護老人ホーム）の定員を○名に増やす」としたほうが有権者にはわかりやすい。また達成率が具体的数値で示され、政策評価が容易となる。

## 2 社会指標の貨幣表示と実物表示

経済は貨幣という共通の尺度によって定量的指標を得ることが容易であるのに対して、経済以外の分野は必ずしもそうではない。社会指標でも貨幣表示が用いられることはある。医療資源を示すのに、医療費（病院の建設費用や医療従事者の人件費など）を用いることはできる。しかし、医療の利用しやすさは貨幣表示の指標だけからはわからない。このため社会指標では実物表示も重視される。例えば、人口1,000人当たりの医師数、看護師・助産師数、歯科医師数、薬剤師数などの指標である。

社会指標体系の多くは人間の生活分野別、あるいは公共政策の分野別にこうした実物表示の社会指標群から成り立っている。例えば、前世紀の1970年代にOECDの動きに呼応してわが国の国民生活審議会がまとめた『(新版) 社会指標』(1974～1984年作成) では、社会的目標が**表２－８－６**のような10の分野に区分され、それぞれに実物表示の指標が配置されていた。例えば、Aの健康はA-1健康度の向上とA-2健康維持増進のための社会的条件の整備に下位分類され、前者に対しては、平均寿命、体位、有病率、入院患者数などの指標が割り当てられていた。

『(新版) 社会指標』(1974～1984年) 以後、国レベルの社会指標は、改良と名称変更を繰り返しながら、『国民生活指標 (NSI)』(1986～1990年)、『新国民生活指標 (豊かさ指標) (PLI)』(1992～1999年)、『暮らしの改革指標 (LRI)』(2002～2005年) と続いた (括弧内の数字は作成年)。その後、一時中断したが、2010年、今度は、幸福度に関する指標として社会指標が復活した。

というのは、21世紀になってからの国際社会でも、前世紀の日本の1960～70年代と同様に経済指標の限界が指摘されるようになり、「幸福」

〈表２－８－６〉『(新版) 社会指標』の体系 (社会的目標の10分野)

| | |
|---|---|
| A　健康 | F　物的環境 |
| B　教育・学習・文化 | G　個人の安全と法の執行 |
| C　雇用と勤労生活の質 | H　家族 |
| D　余暇 | I　コミュニティ生活の質 |
| E　所得・消費 | J　階層と社会移動 |

や「社会進歩」を示す指標構築への関心が高まったからである。2007年6月にトルコのイスタンブールで開催されたOECD世界フォーラムで出された『イスタンブール宣言』では、社会進歩に関する社会指標の構築が提案され、各種国際会議で同様の指摘がなされた。

これに呼応する形で日本政府も、「新成長戦略」（平成22年6月18日閣議決定）の中に幸福度に関する調査研究の推進を盛り込み、平成22（2010）年12月には「幸福度に関する研究会」を立ち上げた。そして有識者による検討を重ね、平成23（2011）年12月に既存の社会指標を吸収・発展させる形で「幸福度指標試案」を発表し、また平成24（2012）年9月に「新しい社会指標からみる日本の幸福」についての調査結果を発表した。[*14]

なお国際社会では、国連が2030年までに達成すべき目標として「**持続可能な開発目標（SDGs）**[*15]」を策定している（**表2－8－7**）。SDGsは「貧困をなくそう」から始まる17の目標と169のターゲットから成り立っており、社会福祉と関連の深い目標やターゲットが多い。例えば、「貧困をなくそう」という目標の第一のターゲットは「2030年までに、現在1日1.25ドル未満で生活する人々と定義されている極度の貧困をあらゆる場所で終わらせる」となっていて、その指標は「国際的な貧困ラインを下回って生活している人口の割合」となっている。ここでは社会指標が、社会の状態を示す指標であるとともに、目標を示す指標として用いられている。

〈表2－8－7〉持続可能な開発目標（SDGs）17の目標

1 貧困をなくそう
2 飢餓をゼロに
3 すべての人に健康と福祉を
4 質の高い教育をみんなに
5 ジェンダー平等を実現しよう
6 安全な水とトイレを世界中に
7 エネルギーをみんなにそしてクリーンに
8 働きがいも経済成長も
9 産業と技術革新の基盤をつくろう
10 人や国の不平等をなくそう
11 住み続けられるまちづくりを
12 つくる責任つかう責任
13 気候変動に具体的な対策を
14 海の豊かさを守ろう
15 陸の豊かさも守ろう
16 平和と公正をすべての人に
17 パートナーシップで目標を達成しよう

（出典）国際連合情報センター

＊14
幸福度に関する研究会については、内閣府ホームページ「幸福度に関する研究会」を参照。

＊15
2015年の「国連持続可能な開発サミット」で採択された「われわれの世界を変革する：持続可能な開発のための2030アジェンダ」。国連は開発に関して、これまでさまざまな目標を設定してきた。古くから経済開発とともに社会開発の重要性を強調してきた。2000年には国連ミレニアム・サミットで採択された宣言をもとに、8つの目標から成るMDGs（ミレニアム開発目標）を採択した。また2012年に、1992年の地球サミット（国連環境開発会議）のフォローアップ会議が開催され、「環境と開発に関するリオ宣言」とその行動計画である「アジェンダ21」が採択された（そこでは地球環境問題を背景に持続可能性〔サステナビリティ〕が強く打ち出された）。これらを統合する形でまとめられたのがSDGsである。「誰一人取り残さない世界」の実現をめざしている。

BOOK 学びの参考図書

- W. A. ロブソン、辻 清明・星野信也 訳『福祉国家と福祉社会－幻想と現実』東京大学出版会、1980年。
  かつて「福祉国家から福祉社会へ」といった福祉国家批判のスローガンが声高に叫ばれたことがあったが、本書は福祉国家の起源を述べながら、福祉国家を支えるのが福祉社会であることを説く。

- 武川正吾『福祉社会学の想像力』弘文堂、2012年。
  国民負担率を抑制し過ぎると国民の負担が逆に増える、など福祉政策に関する逆説（パラドックス）を示し、福祉社会のユニバーサルデザインを提案する。

## 引用文献

1）H. L. ウィレンスキー、下平好博 訳『福祉国家と平等－公共支出の構造的・イデオロギー的起源』木鐸社、1984年、33頁
2）ウィレンスキー、前掲書、66頁
3）ウィレンスキー、前掲書、67頁
4）ウィレンスキー、前掲書、71頁
5）G. エスピン－アンデルセン、岡沢憲芙・宮本太郎 監訳『福祉資本主義の三つの世界－比較福祉国家の理論と動態』ミネルヴァ書房、2001年、87頁
6）エスピン－アンデルセン、前掲書、29頁
7）エスピン－アンデルセン、前掲書、30頁
8）G. エスピン－アンデルセン、渡辺雅男・渡辺景子 訳『ポスト工業経済の社会的基礎－市場・福祉国家・家族の政治経済学』桜井書店、2000年、78頁
9）エスピン－アンデルセン、前掲書、64頁

## 参考文献

- M. ブルース、秋田成就 訳『福祉国家への歩み－イギリスの辿った途』法政大学出版局、1984年
- T. H. マーシャル・T. ボットモア、岩崎信彦・中村健吾 訳『シティズンシップと社会的階級－近現代を総括するマニフェスト』法律文化社、1993年
- Titmuss, R. M. (1974) edited by Brian Abel-Smith & Kay Titmuss, *Social policy: an introduction*, London: Allen and Unwin.
- H. L. ウィレンスキー・C. N. ルボー、四方寿雄ほか 監訳『産業社会と社会福祉 上巻』岩崎学術出版社、1971年
- 三重野　卓『福祉と社会計画の理論－指標・モデル構築の視点から』白桃書房、1984年
- 武川正吾・三重野卓 編『公共政策の社会学－社会的現実との格闘』東信堂、2007年
- 武川正吾『連帯と承認－グローバル化と個人化のなかの福祉国家』東京大学出版会、2007年

# 第9章　グローバル化する世界

## 学習のねらい

「国際化（internationalization）」は、古くからいわれてきた課題であり、また現在進行しつつある現象でもある。これに対して「グローバル化（globalization）」は、1980年代ころからアメリカ・イギリスをはじめとする各国政府によって政治的に推進されてきた、ここ40年くらいの現象である。その背景には、金との交換を保証とした米ドルを基軸通貨とする「ブレトンウッズ体制」が崩壊して金融の自由化が進んだこと、また、米ソの冷戦体制が終結するとともに中国が改革開放政策の結果WTO（世界貿易機関）に加盟することによって、グローバル資本主義の市場が急拡大したことなどの点が指摘される。さらに、ICT（情報通信技術）の発達によって貨幣が情報化し、金融の自由化にさらに拍車がかかった。

その反面、グローバル資本主義によって地球上のあらゆるところで乱開発が進み、気候変動をはじめとする地球環境問題が発生した。今回の感染症の世界的大流行（パンデミック）もこのような乱開発と人口移動の帰結である。とはいえ、資本は移動の自由を獲得したものの、労働の移動の自由については相対的な制限が続いた。このため、労働条件の切り下げや社会保険料の事業主負担の軽減など、「底辺への競争」の圧力が各国政府にかけられている。

今日のグローバル化によって引き起こされた問題を一国政府が解決することは不可能であり、国際協力によってしか解決することができない。その意味では統治（ガバナンス）のグローバル化が課題となっている。ここでは、こうした動きと課題について学ぶ。

# 第1節　グローバル化とは何か

## 1 国際化とグローバル化

「グローバル化」とは一般に、ヒト、モノ、カネ、情報などが国境を越えて地球規模で自由に移動するようになる過程のことをさしている。地球全体が一つの世界となりつつある過程と理解することもできる。

ただし、こうした規定は2つの点で注意する必要がある。第一は「国境を越えて」という点である。現在は、いずれの国にとっても国境と領土は国家の最重要事項であり、出入国に関しては厳格な管理が行われている。東西冷戦時代にはベルリンの壁を越えようとして射殺された人々もいた。現在も国境に壁を建設しつつある国もある。しかし、国境の厳格な画定が国家の最重要関心事となったのは、1648年のウェストファリア条約[＊1]によって、主権国家による国民国家の体制が確立して以降のことである。

＊1
新教徒と旧教徒との間の「三十年戦争」を終わらせるためにヨーロッパ列強の間で結ばれた条約で、国際社会は主権国家の集合として扱われるようになった。また、主権国家は、多民族国家の存在も認めるが、一民族一国家の「国民国家」を原則とする。

第二は「地球規模で」という点である。現在は確かに地球規模でヒトやモノやカネ、サービスや情報が動き回っている。日本人が飲むコーヒーはグローバルサウスで生産されたものであり、日本人が食べるパンの原料となる小麦は、大部分が海外から輸入されたものである。情報に関しても、香港やワシントンのニュースはほとんど同時に日本の新聞やテレビなどで報じられる。しかし古代においても、新大陸と旧大陸との交易はなかったものの、「絹の道」が存在していたことからもわかるように、旧大陸の中ではヒトやモノや情報が行き交っていた。さらに新世界が「発見」されて以降は、資本主義は新旧大陸を含む世界的なシステムとなった。

第二の点との関連でいうと、グローバル化の過程そのものは、程度の違いはあるものの、世界規模での交易関係が成立して以降、いつの時代にも存在していたことになる。となると、グローバル化は今に始まったことではなくなる。現在のグローバル化とよばれる現象も16世紀の大航海時代の単なる延長にすぎないのだろうか。

第一の点に関していうと、20世紀第4四半期において21世紀に向かう趨勢（すうせい）として語られたのは「高齢化」「高度情報化」「国際化」であった。「国際化」に比べて「グローバル化」という言葉がそれほど多く使われていたわけではなかった。「国際化」は、国民国家の体制を前提としており、それぞれの国民国家の間の関係を拡大・深化していくことを意味する。ところが1980年代以降、「グローバル化」やグローバリゼーションという言葉が使われはじめ、その後次第に多く使われるようになってきて、今日では「グローバル化」という言葉が「国際化」という言葉に取って代わったかのようである。国民国家から成り立つ国際社会という枠組みよりも、地球（globe）という一つの惑星という枠組みを用いたほうが、現在進行中の事態を正確にとらえられると考えられるようになったのである。

## 2 現在のグローバル化の特徴

それでは大航海時代以来の交易の拡大の単なる延長にとどまらない現在のグローバル化の特徴はどこにあるのだろうか。

その一つは、現在のグローバル化がIT（情報技術）の発達によって支えられているという点にある。このことによって情報の国境を越えた移動は増加し、世界の相互依存はより深まり、人々の生活世界は大きく変化した。蒸気機関の実用化によって産業のあり方が変化し人々の生活が一変したのは、第一次産業革命であった。また電力を用いて大量生産と大量消費が可能となった産業革命は、第二次産業革命とよばれる。ITの発達に伴う産業革命はこれらの革命に匹敵するため、第三次産業革命ともよばれる。第三次産業革命では、コンピューターの利用が普及するとともに、コンピューターの性能の向上によって、産業や生活のあらゆる分野での自動化が進んだ。かつて有人だった駅の改札口からは切符切りの姿が消えた。技術集約的な工場では自動化が進み、ロボットが導入され、労働者の姿はほとんど見かけなくなった。無人店舗も登場した。さらにまたインターネットの登場と普及によって、情報の移動に原理上の制約もなくなった。そして現在では、AI（人工知能）やIoT（モノのインターネット）の普及によって特徴付けられる第四次産業革命が進行中だともいわれる。第四次産業革命では情報を処理する機械的な技術だけでなく、コミュニケーションを重視したICT（Information and Communication Technology：情報通信技術）が技術革新の中心となっている。さらなるデジタル化（Digital Transformation：DX）も叫ばれる。

20世紀に「高度情報化」といわれていたことがすでに実現し、それがさらにいっそう進行しつつあるというのが、21世紀第１四半期現在の世界の姿である。さらに、ChatGPTなど生成AIが登場して、今後の社会のあり方も大きく変化すると予想される。現在のグローバル化が進行する背景には、こうしたITやICTの発達がある[*2]。また、そうしたITやICTの発達によってグローバル化が加速化した。

過去のグローバル化とは異なる現在のグローバル化は、もう一つの重要な点によって特徴付けられる。「金融の自由化」あるいは「資本移動の自由化」である。この点については少し説明が必要であろう。

グローバル化に関する学術的論争が始まったとき、グローバル化懐疑説を唱える人々もいた。彼ら彼女らによると、グローバル化の議論が始まった当時、確かにヒト、モノ、カネ、情報の国境を越えた移動は増えつつあった。しかし、20世紀前半のほうがむしろ移民の数は多く、国際的な資本の移動も自由だったと彼ら彼女らは主張した。したがって喧伝されているようなグローバル化の現象は、取り立てて問題とするほどのことはない、と。このようなグローバル化懐疑説が唱えられたのは、その背景に、20世紀の第3四半期（正確には1944年以降）の世界が「ブレトンウッズ体制」とよばれる体制にあったからである。

ブレトンウッズ体制は、第二次世界大戦の遠因が為替相場の切り下げやブロック経済化にあったとの反省から創設された国際金融体制であって、米ドルを基軸通貨とした固定相場制を採用し、外国為替相場の安定と自由貿易の推進をめざした。そして、基軸通貨ドルは金（きん）1オンス[*3]35ドルと交換比率が定められた。ということは、この体制の下では、カネ（貨幣）が金という物質的な裏付けをもっていたことになる。実際、1968年のドル危機のときは、金がアメリカにある貯蔵所から軍用機によってロンドンのシティへ大量に運び込まれて、金とドルの交換の破綻を避けることができたという[1)]。また、この体制の下では、自由貿易（モノやサービスの移動の自由）が追求されたものの、資本の移動（カネの移動）は必ずしも自由ではなかった。金融機関は各国政府の規制の下にあり、外貨の流出や外資の導入は一定の制限を受けていた。

ところが、この体制がさまざまな理由から揺らぎはじめ、1971年のいわゆるニクソン・ショックによって金とドルの交換が停止された。さらに、外国為替は固定相場制から変動相場制へと移行し、為替相場が市場の手に委ねられた。貨幣が金という物質の裏付けから切り離され、情報としての性格を帯びはじめた。

情報としての貨幣はITやICTの革新によって地球上を瞬間的に動き回ることが原理的に可能となった。それだけでなく、イギリスやアメリカで市場メカニズムに全幅の信頼を置く新自由主義（ネオリベラリズ

＊2
ただし、日本は平成6（1994）年に高度情報通信社会推進本部を設立、平成12（2000）年に高度情報通信ネットワーク社会形成基本法を制定し、電子政府（e-Gov）の実現をめざした。しかし、令和2（2020）年のコロナ禍の中で日本のデジタル化の遅れが目立った。このため政府は、デジタル庁を創設した。

＊3
約28グラム。

ム）の政府が1980年前後に登場し、金融の自由化や資本移動の自由化を推進する経済政策を採用した。1980年代以降、他国政府も多かれ少なかれこれに倣（なら）った。こうして20世紀第３四半期にあった資本の移動に関する制約の多くが取り払われ、結果として、単なる国際化にとどまらない現在のグローバル化が始まったのである。

要するに、現在のグローバル化は、ブレトンウッズ体制の崩壊以後、金融自由化と高度情報化とが相即不離（そうそくふり）に進行し、さらにこれを後押しする政府が登場したことによって加速化し、各国の経済システムや社会構造に大きな変化をもたらしたのである。

# 第2節　グローバル化とグローバルな社会問題

## 1　不均等な移動の自由

前節で述べたように、グローバル化とはヒト、モノ、カネ、情報の国境を越えた移動が増えていく過程である。しかし、それぞれの移動に関しては、移動の速度や容易さに関して違いがある。情報は瞬間的に移動することができる。もちろん検閲や妨害などの手段によって情報の移動に関して政治的な障壁を設けることも可能ではあるが、技術的にはそうした障壁を乗り越えることも可能である。カネに関しても情報と一体化すれば素早く移動することができる（ただし送金の手数料や各国政府の思惑によって、全く自由とはいかないかもしれない）。

情報やカネとは異なり、モノの移動に関しては輸送手段による物理的な制約を大きく受ける。数次にわたる産業革命によって、輸送の時間的・経済的費用は軽減されてきたとはいえ、情報・カネの移動のようにはまだ至っていない。また国際社会は自由貿易をめざしているものの、現在でも、関税がすべて撤廃されているわけではないから、モノの移動にも政治的な障壁が残されている。

さらに厄介なのはヒトの移動である。ヒトの移動に関しては、交通という物理的制約だけでなく、出入国管理という政治的制約があるからである。その管理はモノの移動以上に厳格である。日本国内はヒト、モノ、カネ、情報の移動は原則として自由である。これは近代社会の原則である。また膨大な国土（日本の25倍）をもつアメリカでも、州（state）を越えたヒト、モノ、カネ、情報の移動の自由が守られている。しかし、そのアメリカも連邦の国境を越えるとなると話は別である。また、人口4.4億人を擁するEU（欧州連合）は、言語も民族も異なる主権国家群から成り立っているが、域内におけるヒト、モノ、サービス、資本に関する「移動の自由」を原則として掲げている。しかしこれは、現在の世界の中では例外である。そのEUも域外とのヒトの移動となると、日本やアメリカと同様、厳重に管理される。要塞とまでいわれる。

こうしたヒト（労働）の移動とカネ（資本）の移動が非対称的であることにより、グローバル化は各国の社会政策に対しても大きな影響を及ぼす。

## 2 底辺への競争

労働（ヒト）と資本（カネ）の移動の自由が全く同じ条件であれば、地球上には斉一的な労働市場が成立するはずである。他の条件が等しければ、労働者は雇用の機会を求めて、そして高い賃金を求めて水平的な（地理的な）移動を繰り返すことになる。これはまさに高度経済成長期の日本で大規模な人口移動として生じた現象の国際版である（当時は「過密／過疎」の社会問題として語られた）。またEUでは、南欧諸国からドイツへの労働移動がみられる。

他方、資本のほうも他の条件が等しければ、賃金の安い国を求めて移動する。そのほうが多くの利潤を得ることができるからである（これは先進諸国の側から見ると「産業の空洞化」ということになる）。こうした労働と資本の自由な移動が繰り返されると、地球上の賃金水準をはじめとする労働条件は最終的に収斂（しゅうれん）するはずである。

ところが、すでに述べたように、両者の移動の自由度は異なっている。国境を越えた移動に関して、資本は自由、労働は不自由というのが現在のグローバル化の特徴である。高い賃金を求めて労働者が国境を越えるよりは、安い賃金を求めて資本が越境するほうが容易なのである。こうした資本の国外への移動を「資本逃避」(capital flight) という。つまり、国内の賃金が海外に比べて割高になると、資本逃避が生じて失業が増えることを容認するか、賃金の切り下げを容認しても資本逃避を避けるべきか、といった選択を政府が迫られる可能性が出てくる。

グローバル化によって資本逃避が必ず起こるというわけではない。しかし、そうした可能性が存在すること自体が、各国政府に対して資本逃避を回避するよう無言の圧力を加える。多くの国で労働者は賃金や労働時間などの労働条件に関して労働法によって守られている。これらは労働者の側から見れば利益となるが、企業の側から見ると負担である。さらに企業には社会保険料の事業主負担や法人税なども課される。これらすべての負担を考慮した上で、国内で営業するよりも海外で営業したほうが利益になると判断すれば、企業はより条件のよい国へ移動することになるだろう。このため、各国政府は自国が他国よりも資本にとって有利となるように、労働条件の規制緩和、法人税や社会保険料率の引き下げなどを競うことになる。こうした国際競争のことを「底辺への競争」

(race to the bottom) という。

「底辺への競争」が実際に生じるか否かはさまざまな要因によって決まる。現在のグローバル化の下では、そうした可能性があるということのため、20世紀の第3四半期とは異なり、各国政府は自国の社会政策に関する裁量権を狭めざるをえなくなっている。

## 3 グローバル・ケア・チェーン

ヒトの移動はカネの移動に比べて不自由だと述べた。しかし、これは相対的な問題であって、労働者の国境を越えた移動が増えていることもまた事実である。欧州諸国は、1950年代の好況期に労働力不足が深刻となったとき、旧植民地をはじめとする海外からの労働者を受け入れた。彼ら彼女らは母国に帰国した場合もあるが、そのまま移住先にとどまる場合も少なくなかった。また出身国から家族をよび寄せる場合もあり、全人口に占める移民人口の割合が高まった。アメリカはもともと移民社会であったが、欧州諸国も外国生まれの労働者が一定の割合を占める移民社会となった。そのころからすでに半世紀が経過し、それらの国々では移民の統合や多文化主義が社会的な課題となっている。

これに対し、日本の場合は事情が違った。日本は欧米諸国に遅れて工業化したため、非農業人口の割合は欧州諸国に比べて小さかった。また第二次世界大戦の敗戦によって、それまでの都市居住者の多くが農村に帰郷した。このため、20世紀のなかばまでの日本は農業人口が潤沢だった。したがって高度経済成長期に労働力が不足したときも、企業は日本国内から労働力を調達することができたのである。このため日本は、欧州諸国のように新規に外国人労働者を受け入れる必要がなかった。ただし、第二次世界大戦以前から日本の本土に居住する台湾や韓国・朝鮮など日本の旧植民地出身者は、日本国籍は失ったが特別永住者としての在留資格が付与され、その多くが現在でも日本国内に居住している。彼ら彼女らは1980年代なかば以降に来日した外国人と区別するため「オールドカマー」とよばれる。

現在のグローバル化が開始して以降、高所得諸国間の国際比較で見ると相対的に少数ではあるが、日本でも就労を目的として滞在する外国人の数が増えた。彼らは「ニューカマー」(新来外国人) とよばれる。来日の経緯はさまざまであるが[*4]、その位置付けには共通性が見られる。門(かど)美由紀(みゆき)によると「日本で長期滞在・定住化する中で、国民ではないが市

＊4
門美由紀によると「①中国帰国者とその家族、②インドシナ難民、③観光ビザで来日し労働を続ける非正規滞在者、④親族訪問などを名目に、実際はデカセギを主な目的としていた日系ブラジル人、ペルー人らとその家族、⑤エンターテイナーとして来日後、日本人男性と結婚し子どもを産んだフィリピン人女性」などである(門美由紀「ニューカマーの定住化と福祉施策」『東洋大学大学院紀要』47集、2010年、99頁)。また、1993年に外国人技能実習制度が創設され、外国人が技能実習生として企業や個人事業主の下で働いていた。

民として税金を納めたり、地域住民として日々のゴミ出し等生活に関わる行動などを行ったりしている」。しかし福祉政策との関係では、「言語の壁や制度へのアクセスの困難などにより社会サービスの対象から抜け落ちてしまったり、地域でのルールに対する不十分な理解から日本人住民との間でコンフリクトが生じやすい存在であり、孤立したり排除されやすい傾向にある[＊5]」という。

ニューカマーには福祉サービスの利用者としての側面があるが、福祉サービスの人材としての側面もある。西欧諸国では早い段階から移民労働者が医療や福祉の現場で働いていた。しかし日本の場合は、国内での人材確保が可能であったことから、移民労働者が医療や介護の現場で受け入れられることはなかった（ただし、製造業や建設業の現場では外国人技能実習生の受け入れが進んだ）。ところが、21世紀に入ってから、介護保険制度の発足によって介護人材の需要が増えた。また、いっそうの高齢化によっても看護や介護の人材の需要が増え、2000年代なかばころから介護現場における人材不足が深刻化しはじめた。介護分野での有効求人倍率（1人の求職者に対して何人の募集〔正確には求人〕があるか示す指標）が、平成16（2004）年には1.1であったのに対し、平成20（2008）年には2.3にまで跳ね上がっている[＊6]。つまり人材不足となり、日本でも外国人人材の受け入れへの関心が高まってきた。

こうした背景の下で、平成20（2008）年にインドネシアとの間に経済連携協定（EPA）が結ばれ、平成21（2009）年から外国人看護師・外国人介護福祉士候補者の受け入れが始まった。以後、フィリピン、ベトナムとの間でも同様の措置がとられた。ただし、令和3（2021）年度までの受け入れ数の累計[＊7]は、インドネシア、フィリピン、ベトナムを合わせて、看護師で1,587名、介護士で6,417名となっていて、日本国内で働く看護師・介護士の数全体からみるとまだ少なかった。当時の政府が外国人の受け入れに本格的に踏み切ったとまではいえない。また、こうした経済連携協定によるヒトの移動は、モノやサービスの自由貿易に関する交渉の副産物としての側面が強かった。

2008年のリーマンショックによって、介護職の有効求人倍率は一時的に低下したが、平成22（2010）年以降、有効求人倍率が急速に上昇し、介護分野における人手不足がさらに深刻となった。そうしたなかで、外国人人材への期待があらためて高まった。このため、それまでのEPAによる外国人人材の受け入れに加えて、平成29（2017）年9月、在留資格に「介護」が追加された（看護師が該当する「医療」は以前からあった）。

＊5
門美由紀「ニューカマーの定住化と福祉施策」『東洋大学大学院紀要』47集、2010年。

＊6
ちなみに平成28（2016）年は3.0、令和5（2023）年6月時点で3.34である。

＊7
厚生労働省ホームページ「インドネシア、フィリピン及びベトナムからの外国人看護師・介護福祉士の受入れについて」、令和4（2022）年9月20日閲覧。

これによって介護福祉士の資格を取得した外国人は、一定期間、日本国内で働くことができるようになった[*8]。また平成29（2017）年11月、技能実習制度の対象業種に「介護」が追加された。さらに、平成31（2019）年4月には特定技能制度が創設され、介護分野にも適用された。この制度は、これまでと異なり、日本語能力や熟練した技能など一定の条件の下に就労を直接の目的とした外国人の入国を認めるものである[*9]。

平成21（2009）年以降、日本でも外国人介護職や看護職の積極的受け入れ策が始まったことになるが、その全体に占める割合はまだ小さい。しかし海外の先進諸国では、女性の労働力率の上昇とともに、伝統的に女性が家庭内でアンペイドワーク（無償労働・不払い労働）として担ってきた労働の需要が拡大し、ケアワークの市場が形成された。介護に限らず、育児・保育や家事なども含めたケアワークを外国人が担う割合が高い。これはケアワークが地球規模で連鎖する「グローバル・ケア・チェーン[2)]」とよばれる現象の結果である。

グローバル・ケア・チェーンは、小川玲子（おがわれいこ）によれば「途上国の農村女性が自分の家族を残して途上国の都市の家族に対してケアを提供し、途上国の都市の女性が自分の家族を残して国境を越え、先進国の家庭でケアを提供している姿を見事に言い表している[2)]」。そして、これは低所得国から高所得国への、「頭脳流出」ならぬ「ケア流出」（care drain）でもある。また「低所得国の女性は、自分の子どもを親類に預けるか、自分も家政婦（別の国内または国外からの移民であることが多い）」を雇わざるをえなくなる[2)]。ILO（国際労働機関）によると「グローバル・ケア・チェーンの規模は甚大」であり、2015年時点の推計で「1億5,030万人の移民労働者全体のうち17.2%にあたる1,150万人が家事労働者」である[3)]。

近年の上述したような法令の変更により、今後、日本もグローバル・ケア・チェーンの一環に深く組み込まれていく可能性がある。

従来、人口の高齢化は先進諸国の社会問題であり、開発途上国とは関係ないと考えられていたことがあった。日本が高齢化社会と呼ばれるようになった1970年代、中国、インド、インドネシア、フィリピン、韓国、シンガポール、タイなどはいずれも高齢化率が5％未満の「若い国」であった。ところが21世紀に入ってから、これらの国々でも急速に高齢者人口の割合が増加しはじめた。まだアフリカ諸国の高齢化率は低いが、それでも高齢者数は着実に増えている。このため国連が2002年にスペイン・マドリッドで開催した第2回世界高齢者問題世界会議で

＊8
在留資格「留学」の資格外就労として介護現場で働いていた場合でも、介護福祉士の資格を取得すれば、在留資格「介護」の下で一定期間働くことができる。なお、平成27（2015）年に国家戦略特区では、外国人労働者による家事サービスが認められた。この家事サービスの中に高齢者介護は含まれないが、子どものケア（「児童の日常生活上の世話及び必要な保護」）は認められている。現在、この制度は拡充の方向で進んでいる。

＊9
令和5（2023）年6月、政府の有識者会議は現行の技能実習制度を廃止し、新たな制度を創設することを提案した。

は、高齢者の多くが開発途上国で暮らしていることから、高齢化を地球規模でとらえるようになり、**グローバル・エイジング**（global aging）という認識が広まった。

アクティブ・エイジング（active aging）の推進は重要であるが、他方で、高齢者に対するヘルスケアや社会的ケアも疎かにすることはできない。したがって、グローバル・ケア・チェーンのあり方も将来的には変わってくる可能性もある。日本の介護もそうしたグローバルな文脈のなかで考えなければならない時代が、もうすぐそこまで来ている。

## 4 パンデミック

グローバル化は、ヒトの移動を通じて、ローカル（局地的）な感染症を地球規模で感染させる。古くから知られる例は、かつて南アメリカ大陸で繁栄していたインカ帝国の滅亡である。16世紀の大航海時代にヨーロッパから運ばれた天然痘などの感染症が、これらに対する免疫をもたなかったアステカ地方（現在のメキシコ中央部）の先住民人口を激減させた。そしてインカ帝国は滅亡した。その後も天然痘の災厄は地球上各地で続いたが、20世紀になってからは国際協力によって封じ込めに成功し、WHOは1980年に天然痘根絶を宣言した。

人類は長らくヒトの移動によって生じる感染症のパンデミック（世界的大流行）に悩まされてきた。20世紀初頭、1918年から1920年にかけては「スペインかぜ」（A型インフルエンザ）が世界的に流行し、全世界で約6億人が感染し2,000万から4,000万人が死亡したといわれる[*10]。また21世紀に入ってからも2002年にSARS（サーズ：重症急性呼吸器症候群）、2003年にMERS（マーズ：中東呼吸器症候群[*11]）、2009年には新型インフルエンザ、2020年には新型コロナウイルス感染症（COVID-19）など、野生動物に由来する新興感染症が世界的に流行した。

とりわけCOVID-19は、令和2（2020）年1月に中国の武漢での流行が海外でも知られるようになってから、瞬く間に世界中に感染拡大した。グローバル化によって、それだけヒトの移動が高速化しているということである。同年3月には多くの国で個人や団体の活動を強制的に制限する「都市封鎖」（ロックダウン）が実施された。対象となったのは、世界で26億人といわれる。日本でも令和2（2020）年4月7日に東京をはじめとする大都市部で第1回の緊急事態宣言が発出された。しかし、その後も感染のリバウンドが繰り返された。これまで（令和5〔2023〕年6月21日現在）

＊10
東京都健康安全研究センターホームページ「日本におけるスペインかぜの精密分析」より。

＊11
MERSはパンデミックには至らなかった。

に、全世界で報告された感染者の累計は7億6,818万人を超え、死者は約695万人にのぼっている[*12]。ウイルスはヒトの移動によって拡大する。その意味でパンデミックはグローバル化の帰結である。ところが皮肉なことに、そのパンデミックによって、ヒトの移動が止まった。ヒトの移動という意味でのグローバル化が、パンデミックの収束までの間止まったことになる。

＊12
WHO「新型コロナウイルス感染症（COVID-19）WHO公式情報特設ページ」。

## 5 地球環境問題

経済のグローバル化によって、世界中で濫開発が進んだ。このため、かつての低開発国でも「森林伐採や大規模農業、鉱山開発、ダム建設、都市化など、過度の開発」によって「野生動物の生息エリア」が縮小するとともに、野生生物の生息域と人間の生活圏の境界が破壊された[*13]。なかでも熱帯雨林は、五箇公一によれば、「世界陸地の7％にすぎないが、そこに世界の動物や植物の4分の3以上が生息」していて「生物多様性のコア」である[4]。グローバル化に伴う過度の開発によって生物多様性が危機に瀕していることになる。

＊13
五箇公一「人類の進歩が招いた人類の危機」『DIAMOND ハーバード・ビジネス・レビュー』2020年8月号、65頁。また、上述のSARS、MERS、COVID-19などは、野生動物の取引から人間界に持ち込まれた可能性があるといわれている。その意味でもグローバル化の結果であろう。

生物多様性とは、地球上に生存する約3,000万種の生物の多様性のことをいい、生態系の多様性、種の多様性（例えば、キリンとライオン）、遺伝子の多様性（例えば、イヌの多様性）が含まれる。地球上の生物は互いに関連し合いながら、それぞれのバランスを保ち、支え合っている。人間の生活も生物の多様性からさまざまな恩恵を受けている。例えば、「生態系からの恵み」（生態系サービス）として、環境省のホームページでは、①基盤サービス（酸素の供給、気温、湿度の調節、水や栄養塩の循環、豊かな土壌）、②供給サービス（食べ物、木材、医薬品、品種改良）、③文化的サービス（地域性豊かな文化、自然と共生してきた智恵と伝統）、④調整サービス（マングローブや珊瑚礁による津波の軽減、山地災害、土壌流失の軽減）などが掲げられている[*14]。

＊14
環境省ホームページ「生物多様性」より。

こうした生物多様性が第二次産業革命後の人間の活動によって危機に瀕するようになったことから、20世紀後半から国際的な取り組みが試みられるようになってきた。1992年に国連主導の下、「生物多様性条約（生物の多様性に関する条約）」が示され、168か国が署名した（1993年に発効）。この条約は、①生物多様性の保全、②生物多様性の構成要素の持続可能な利用、③遺伝資源の利用から生ずる利益の公正かつ衡平な配分を目的としている。

生物多様性の危機と同様、第二次産業革命後、人類が化石燃料を大量に消費するようになった結果として、グローバルな社会問題として認識されるようになったのが気候変動である[*15]。

本来、地球の生態系では、太陽光から摂取したエネルギーを用いて行われる物質循環は自己完結している。五箇公一の解説によれば「太陽エネルギーによって植物が二酸化炭素と無機塩（窒素やリン）を材料として光合成を行い、酸素と有機物を作り出し、それを１次消費者である草食動物をその上の消費者である肉食動物が利用する、という具合に、生物の階層性が構築されている。すべての生物は死ねば屍と化して、細菌や菌類によって無機物へと分解され、再び植物の光合成の原材料として活用される。まさにムダのない完全循環型システムとして生態系は維持されている[4)]」。

ところが、ヒトは言葉と道具を用いることによって、生態系における生物の階層性の頂点に立った。そして、食料の生産力を増大させることによって人口を増やした。さらに産業革命以降、非有機エネルギーの使用と人口爆発が並行して進み、20世紀なかばには大量生産大量消費の時代が到来した。その結果、大量の熱エネルギーを放出するとともに、これらの熱エネルギーを宇宙空間に放射することを妨げる二酸化炭素（$CO_2$）などの温室効果ガスも放出され、[*16]地球温暖化が加速するようになったと考えられている。

実際、地球の平均気温は1906年から2005年までの100年間で0.74℃上昇した。その結果、環境省によると「20世紀の100年間で、世界平均海面水位は17cm上昇したと推計され」、また「積雪や氷河・氷床が広い範囲で減少している」という。このため生態系に影響が出始め、世界中で異常気象が頻発している。化石燃料に依存した経済成長をこのまま続けると、21世紀末には地球の平均気温は4.0℃上昇すると予測されている[*17]。

そうした事態を回避するため、国際社会は、1992年に「国連気候変動枠組条約」（気候変動に関する国際連合枠組条約）を採択し、1995年から毎年、COP（気候変動枠組締約国会議）を開催している。1997年のCOP３では、先進国に温室効果ガスの排出量削減（カーボンニュートラル）を義務付けた京都議定書が合意された。また2015年のCOP21では、開発途上国も含む世界共通の長期目標として「[*18]２℃目標」を定めたパリ協定が採択され（2016年に発効）、2020年に協定の実施が開始された[*19]。パリ協定では「早期に温室効果ガス排出量をピークアウト」し、「今世紀後半にカーボンニュートラルの実現」をめざしている。このため、日本政府も令和２（2020）年10月に「2050年カーボンニュートラル宣言」を発表した。

＊15
気候変動対策はSDGs（本書第２部第８章第５節２参照）の13番目の目標となっている。

＊16
気候変動は地球温暖化だけでなく、自然災害（洪水、干魃（かんばつ）、豪雨、高潮）も含まれる。

＊17
環境省ホームページ「STOP THE温暖化2008」参照。

＊18
「２℃目標」とは、「世界的な平均気温の上昇を産業革命以前に比べて２℃より十分下方に抑えるとともに、1.5℃に抑える努力を追求すること」である。

＊19
ただし、2019年にアメリカが離脱を通告したが、政権交代があり復帰した。

# 第3節　グローバル・ガバナンス

## 1 グローバル化への抵抗

「底辺への競争」や地球環境問題はグローバル化の負の側面である。このため各国政府によってグローバル化が推進される反面、反グローバリズムの社会運動も世界的に生まれた。典型的な例として、1999年にシアトルで開催されたWTO（世界貿易機関）[*20]の大会の開会式が、グローバル資本主義に反対する環境団体、人権団体などのNGOによって中止に追い込まれたことがある。報道によると、各国代表団や報道陣の会場入りを阻止する「人間の鎖」がつくられ、数千人が会場周辺を取り巻いたという。また一部集まった人々が暴徒化し、シアトル市から外出禁止令が出されるまでの騒ぎにもなった。

＊20
自由貿易とグローバル化を推進する国際機関。

その後もグローバル化に反対する市民運動が続いたが、グローバル化の勢いが決定的に弱まったかに見えたのが、ブレグジット（イギリスのEUからの離脱）であった。イギリスは現在のグローバル化の先鞭をつけた国であるが、移民の問題（EU域内におけるヒトの移動の自由）をきっかけに、2016年の国民投票によってEUから離脱することを決めた。これを「『グローバル化終焉』の始まり」ととらえた識者もいた[5)]。また、2016年のアメリカ大統領選挙で自国第一主義を掲げるトランプが当選した。2017年、アメリカは、自由貿易のためのTPP（環太平洋経済連携協定）から離脱した。

現在のグローバル化は1979〜1980年に英米でネオリベラリズムの政府が成立したことに端を発しているが、その英米が2016〜2017年にグローバル化にブレーキをかける政策を採用したことになる。そこには人々の間にある「グローバル化疲れ」といった心理的背景があるとの主張がある[5)]。

さらに、グローバル化はもちろんのこと、国際化に反旗を翻す人々もいる。ハラリは彼ら彼女らを「ナショナリスト・インターナショナル[*21]」とよんでいる[6)]。こうした人々によれば、今日の国家はみな「グローバル化や多文化主義や移民」という「同じ敵と向かい合って」いるので、「壁を建設し、柵を立て、人や財、お金、考えの動きを遅らせるべきだ」ということになる。「そうすると世界は、それぞれ独自の神聖なアイデンティティと伝統をもった明確な国民国家に分かれ」、この世界には

＊21
「インターナショナル」は、国際社会主義運動の組織の通称。

「移民も、普遍的な価値観も、多文化主義も、グローバルなエリート層も存在しない」が、「国際関係は平和で、ある程度の交易が行われる」ことになる。

しかし他方で、グローバル化の逆機能によって生じた「底辺への競争」や「地球環境問題」は一国による解決が困難なため、国際協調によって解決すべきとの考え方もある。むしろ、こちらのほうが主流であろう。すでに述べたように、経済的な国際競争によって各国政府の国内政策に対する裁量の幅は狭まっている。国内の労働条件を引き上げようとすると、産業の空洞化が起こるかもしれない。法人税を引き上げようとすると、企業は租税回避地（tax haven）へ逃避するかもしれない。一国で環境基準を強化しても他国が何もしなければ、ほとんど意味がない。

## 2 グローバル・ガバナンスの確立に向けて

ところが、グローバルな政府（あるいは世界政府、global government）は存在しない。したがってグローバルな社会問題は、国際機関や多国間協定などを通じたグローバル・ガバナンス（global governance）の確立によって解決される必要がある。グローバル・ガバナンスとは、政府がない世界において、秩序を形成していく機能をさす。現在の世界では、G７サミット（主要７か国会議）、IMF（国際通貨基金）、世界銀行、国連やILOなどの国際機関とともに、国際NGO[*22]もグローバル・ガバナンスの重要な担い手となってくる。

すでにグローバル化されてしまった現在の世界が、グローバル化以前の社会に戻ることは現実的ではない。次の段階として必要なことは、国際協調によってグローバル化をコントロールすることであろう。とりわけ、貿易協定に社会条項（労働条項と環境条項）を盛り込むことは必須である。これによって、国際的に合意されている労働条件や環境基準を守っていない国からの輸入は制限されることになるため、輸出国は社会条項を遵守せざるを得なくなる。例えば、児童労働を放置しているような国はグローバルな交易ネットワークから排除されることになる。

グローバル化によって生まれた社会問題は、グローバルな社会政策によって解決されるしかないのである。

本節で述べてきたグローバルな社会問題、社会政策、ガバナンスについてまとめたのが**図２−９−１**である。

＊22
例えば、アムネスティ（人権）、グリーンピース（環境）、オックスファム（反貧困）、セーブ・ザ・チルドレン（子ども支援）など。

〈図2－9－1〉グローバル化する世界における社会問題と社会政策

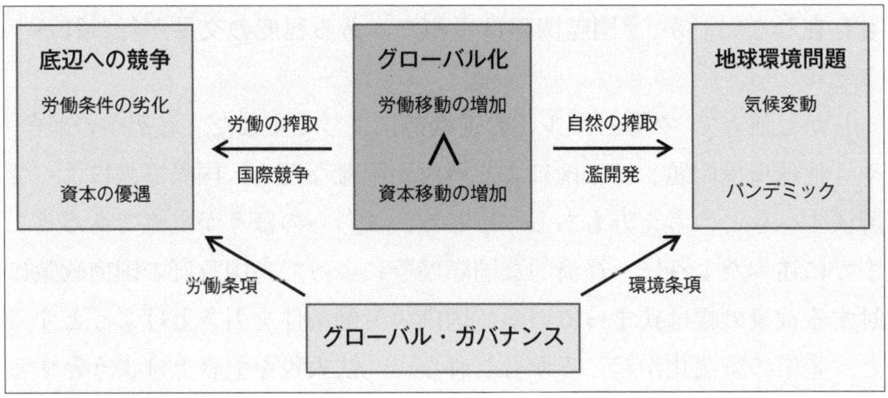

（筆者作成）

## 引用文献

1）佗美光彦『「大恐慌型」不況』講談社、1998年、149頁
2）小川玲子「東アジアのグローバル化するケアワーク－日韓の移民と高齢者ケア」『相関社会科学』第24号（2014年）、5頁
3）ILO駐日事務所「労働供給の未来」『ILO100周年記念イニシアチブ「仕事の未来」論点資料・シリーズ 2』2016年、5頁
4）五箇公一「人類の進歩が招いた人類の危機－パンデミック、気候変動、生態系の崩壊はなぜ起きたか」『DIAMOND ハーバード・ビジネス・レビュー』2020年8月号、67～68頁
5）E. トッド、堀　茂樹 訳『問題は英国ではない、EUなのだ－21世紀の新・国家論－』文藝春秋、2016年、Kindle版、No. 566～No. 609
6）Y. N. ハラリ、柴田裕之 訳『21 Lessons－21世紀の人類のための21の思考』河出書房新社、2019年、154頁

## 参考文献

● Hochschild, Arlie Russel (2000) 'Global care chains and emotional surplus value,' Will Hutton & Anthony Giddens (eds.), *On the Edge: Living with Global Capitalism*, London: Vintage.
● 大沢真理「グローバル社会政策の構想」『ジェンダー社会科学の可能性 第4巻 公正なグローバル・コミュニティを－地球的視野の政治経済』岩波書店、2011年
● Mishra, R. (1999) *Globalization and the Welfare State*, Edward Elgar, p. 123.
● 下平好博「グローバリゼーション論争と福祉国家」『明星大学社会学研究紀要』No. 21（2001年）、明星大学人文学部社会学科
● 武川正吾「グローバル化と福祉国家－「グローバル社会政策」のすすめ」『世界の労働』2011年1月号、日本ILO協会

# 第3部　社会福祉調査の基礎

# 第1章　社会福祉調査とは何か

## 学習のねらい

本章は「社会福祉調査とは何か」について説明することを目的としている。社会調査は、「実証主義」（positivism）の思想・哲学に基づき、社会学の研究の一環として行われる調査活動であるが、社会福祉の領域において、それを行えば「社会福祉調査」になるかといえば、そうではない。社会福祉調査は、それ自体、独自の目的と意義をもつ調査活動であるということを、読者には理解してほしい。

また、その社会福祉調査は、歴史的には19世紀後半の「社会改良主義」（social reformism）の実践活動の流れのなかで行われた調査活動を嚆矢(こうし)としている。本章では、具体的にはC.ブースのロンドン調査と、S.ラウントリーのヨーク調査を取り上げ、２人の貧困調査が、その後の社会福祉の歴史的展開にどのような影響を与えたかという点についても説明をしている。

社会福祉調査は、福祉の現場の実践活動と結びつくことによって、社会を大きく変革する可能性をもっている。読者には、本章を通してその点についても理解してほしい。

# 第1節　社会福祉調査の目的と意義

## 1 社会学と社会調査

社会学（Sociology）という学問のとらえ方は、時代によって、また学者によって異なる。しかし、その公約数を探ると、社会学とは「実証主義」[*1]の思想・哲学を基盤とした方法学であるといえる。

社会科学とよばれる学問領域には、例えば法律学は法律とそれに関連する社会事象、同様に政治学は権力、経済学は市場のように、学問に固有な研究対象が自ずと明らかになっている対象学がある。それに対して、社会学は、例えば社会的行為、社会関係、社会の構造と機能、社会システム、社会変動など、社会学に特有な概念装置を使って、社会的現実を再発見あるいは再構築し、それを研究対象として措定するところに学問（＝方法学）としての独自性があり、法律や権力、市場だけでなく、家族、地域、教育、宗教、環境、など、「社会」とよばれる、ほぼすべての事象が、社会学では研究対象となっている。

したがって、社会学には社会学原理（＝歴史と理論）以外に上記の対象を冠した家族社会学、地域社会学、教育社会学、宗教社会学、環境社会学、などの、「連字符社会学」があり、その一つとして社会福祉の社会学、すなわち「福祉社会学」[*2]も存在している。

また、社会学では上述の研究対象に関する理論が生成され、進展しているが、それをいわば実証する方法として「社会調査」があり、今日、社会学者たちによって実に多くの社会調査が行われ、さらにその方法論についても洗練された理論が構築[*3]されている。そして、その文脈でいえば、福祉社会学者たちによって、「社会福祉の社会調査」も行われている。

＊1
実証主義（positivism）は、19世紀のフランスの社会学者、A.コントによって唱えられた、経験的事実を認識の根拠とする学問上の立場であり、神学的段階、形而上学的段階の次に来る、最終的な段階であるとされている。なお、広義には経験的事実に基づいて、理論、仮説、命題などを検証しようとする科学的方法論の総称であり、自然科学のそれをモデルにしている。なお、この点については、佐藤郁哉『フィールドワーク―書を持って街へ出よう―（増訂版）』新曜社、2006年、90頁などを参照。

＊2
古くは副田義也 編『社会福祉の社会学』一粒社、1975年がある。また、副田義也による近年の著作としては、『福祉社会学宣言』岩波書店、2008年がある。

＊3
社会調査の方法論史については、石川淳志・濱谷正晴・橋本和孝『社会調査―歴史と視点―』ミネルヴァ書房、1994年、佐藤健二『社会調査史のリテラシー』新曜社、2011年、などを参照。

## 2 社会福祉学と社会福祉調査

では、上述の「社会福祉の社会調査」は、社会福祉調査と同義なのであろうか。言い換えれば、社会学の方法である社会調査を、社会福祉の領域で行えば、それが「社会福祉調査」になるのであろうか。我われは、まずその点について明確な視座をもたなければならない。

ここで、結論を先取りしていえば、上記の問いに対する答えは、“否”

（＝同義ではない）である。つまり、英語でいうならばSocial Research in Social Welfare（社会福祉の社会調査）と、Social Work & Welfare Research（社会福祉調査）は、**図３－１－１**のように重なる部分は大きく、その方法・技術は共有されているものの、基本的には異質な調査であり、まさにその点が本節の主要な論点である。

さて、“社会福祉調査とは何か”について考えるためには、まず社会福祉学という学問領域の特質を、歴史的視点をふまえて知っておく必要がある。

社会福祉学もまた、社会学同様、その学問のとらえ方は、時代によって、また学者によって異なるが、その公約数を探ると、社会福祉学とは「社会改良主義」[＊4]の思想・哲学を基盤とした実践学（実学）であるといえる。そして、その社会福祉学を戦後、世界的に主導したのはアメリカであった。

そのアメリカでは、例えばニューヨーク市慈善組織協会（**COS**：Charity Organization Society）が、後のコロンビア大学社会事業大学院（School of Social Work）になっているように、もともと社会福祉（その時代は社会事業）の実践活動があり、それを科学的に研究し、教育するために大学・大学院（高等教育機関）が設立されたという歴史がある。そして、その伝統は、21世紀の今でもアメリカの社会福祉教育

＊４
資本主義の維持・存続を前提としつつ、その体制が生み出す社会問題（主に貧困問題）を解決していく方策を考え、実践していく思想・哲学である。例えば、S.＆B.ウエッブが主導した、イギリスのフェビアン主義は、その代表的な存在である。また、アメリカにおける社会福祉学と、社会福祉（社会事業）との歴史的関連については、一番ケ瀬康子『アメリカ社会福祉発達史』光生館、1963年などを参照。

〈図３－１－１〉**社会調査と社会福祉調査の関係（概念図）**

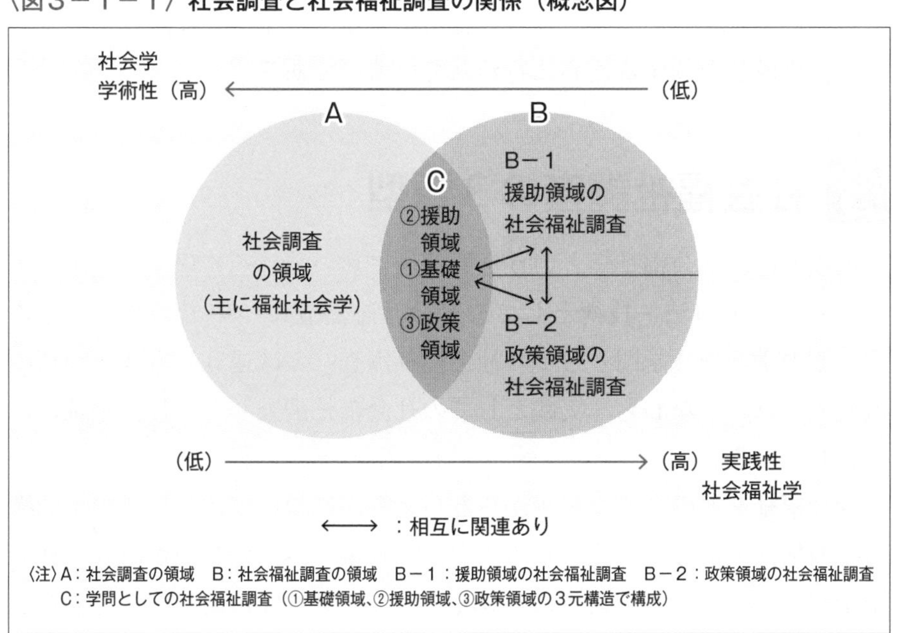


〈注〉A：社会調査の領域　B：社会福祉調査の領域　B－１：援助領域の社会福祉調査　B－２：政策領域の社会福祉調査
C：学問としての社会福祉調査（①基礎領域、②援助領域、③政策領域の３元構造で構成）

（筆者作成）

では継承されていて、大学院の修士課程は、全米ソーシャルワーク教育協議会（CSWE：Council on Social Work Education）が認定する、ソーシャルワーカー養成のための「専門職大学院」となっている。そして、研究者を養成するための、本格的な学術研究の指導は、大学院の博士課程で行われているのである。

戦後、わが国の社会福祉学は、こうしたアメリカの影響を強く受け、実践学として形成されたといえる[*5]。つまり、それは、社会福祉の現場で行われている、さまざまな実践活動（その中心はソーシャルワークやケアワークである）を科学化し、それを福祉の利用者（当事者）や、彼らが利用する組織（福祉の機関・施設・団体など）や専門職、あるいは彼らが生活する地域社会（community）にとって、より有用なものにするための学問として考えられて、今日まで発展してきたのである。

なお、その学[*6]的構造は、社会サービスの近接領域（医療、保健、教育など）の学問（実践学）と近似している部分があり、①基礎領域、②援助領域、③政策領域によって構成されているといわれている。つまり、社会福祉学では

①基礎領域：社会福祉の思想・哲学も含む、社会福祉の歴史と理論
②援助領域：社会福祉の現場におけるソーシャルワークとケアワークの理論
③政策領域：上記の②を支える社会福祉の政策や計画の理論

という「３元構造」になっている。そして、社会福祉調査は、上記の３領域のいずれにおいても、社会福祉に関する、さまざまな理論を実証したり、生成したりするために行われているのである。

## 3 社会福祉調査の３類型

前項では、社会福祉学という学問領域において、その理論を実証・生成するための方法・技術としての社会福祉調査について論及してきたが、そのような「学問としての社会福祉調査」とは違う、もう一つ別の次元のそれ、すなわち「実践としての社会福祉調査」が、社会福祉には存在している。

社会福祉をどのような視座からとらえるかについては、上述の学的構造と同様、大別して①援助レベルと、②政策レベルの２つがあり[*7]、社会福祉調査も、このとらえ方に基づくと、①ミクロな援助レベルでの社会福祉調査（Social Work Research）と、②マクロな政策レベルでの社会

＊5
東京大学には、今日でも社会福祉学科が存在しない。それは、21世紀の今日でも、社会福祉学が社会福祉専門職養成という実践教育のための「学問」としては成立しても、学術的な意味での学問としては認められていない、ひとつの現れでもある。なお、同じアジア諸国において、例えば北京大学（中国）、ソウル大学（韓国）には社会福祉学科が存在し、専門職養成が行われていて、東京大学とは全く対照的である。

＊6
例えば、自然科学である医学も、①基礎医学（解剖学、生理学等）、②臨床医学（内科学、外科学等）、③医療政策学（医療経済学、医療社会学等）の３次元で構成されており、各々が有機的に連携することによって、「医学」という学問領域が成立していると考えることができる。

＊7
この社会福祉の学的構造を２つに分けて考える視点は、戦後、岡村重夫、孝橋正一、竹中勝男らによって行われた「社会福祉本質論争」をふまえて、三浦文夫が『社会福祉政策研究－社会福祉経営論ノート－』全国社会福祉協議会、1985年で提示している。なお、社会福祉本質論争については、真田是編『戦後日本社会福祉論争』法律文化社、2005年を参照。

福祉調査（Social Welfare Research）の２種類があることになる。

具体的にいうと、前者の①援助レベルでの社会福祉調査は、援助主体である社会福祉の組織（機関・施設・団体など）や専門職、あるいは近年では地域住民や利用者自らが、ミクロまたはメゾ（中間領域）の視点から「利用者」の福祉ニーズを把握し、それらを充足したり、そのためのサービスや社会資源を開発したりするためなどに行う調査である。

一方、②政策レベルでの社会福祉調査は、政策主体である国や地方自治体がマクロな視点から国民・市民の福祉ニーズを把握し、それらを充足するために、さまざまな社会資源を割り当てるためなどに行う調査である。これは、例えば国（厚生労働省など）や、地方自治体のホームページなどで、社会福祉調査を検索し、閲覧すると、年間に数多くの行政調査が行われている[＊8]ことからもわかる。

さて、ここまでの説明で、社会福祉調査に３つの類型があること、つまり「学問としての社会福祉調査」（第１類型）と、「実践としての社会福祉調査」に２つの類型、すなわちソーシャルワークやケアワークという援助体系の中での社会福祉調査（第２類型）と、社会福祉（制度）という政策体系の中でのそれ（第３類型）があることがわかった。そして、第２類型の社会福祉調査は、アメリカのソーシャルワーク論[＊9]の中でも、Social Work Researchとして、利用者への直接援助技術（direct method）をより有効にするための間接援助技術（indirect method）の一つに位置付けられている。

なお、近年、社会福祉（学）の領域でも「[＊10]**参加型アクション・リサーチ**」（PAR：Participatory Action Research）が注目されているが、これは上述の第１類型と第２類型・第３類型との、いわば連携・協働の調査であると考えることができる。

## 4 社会福祉調査の目的と意義

以上、社会福祉調査の構造や特質などについて説明してきたが、それは上述の３つの類型のいわば「総称」であり、その目的は、第１に多様な社会福祉学の理論を実証あるいは生成し、社会福祉学を学問として進展させることであり、第２に社会福祉の現場における福祉実践を科学化し、利用者、福祉組織（福祉の機関・施設・団体など）や専門職、あるいは地域社会にとって有用なものにすることであり、第３にその福祉実践を支援するための政策や計画を科学化し、政策関係者（政治家や官僚

＊8
厚生労働省が所管している社会福祉領域の行政調査・統計については、以下のURLにその一覧が示されている。
https://www.mhlw.go.jp/toukei_hakusho/dl/03.pdf

＊9
アメリカのソーシャルワーク論では、伝統的に社会福祉の領域での固有な方法・技術としての①ケースワーク、②グループワーク、③コミュニティオーガニゼーションと、必ずしも固有ではないが、有用な方法・技術として④ソーシャルアドミニストレーション、⑤ソーシャルリサーチ、⑥ソーシャルアクションという６つの方法・技術が定式化されてきた。ただし、近年、日本では①と②を直接援助技術（個別支援）、③から⑥までを間接援助技術（地域支援）として分類されることが多い。

＊10
アクションリサーチとは、さまざまな社会問題に対して、研究者と現場の専門家や実践者が協働することによって、実践→研究→実践のように螺旋状にその過程を進めながら、基礎的研究の知識や技術などを活用し、その解決策を考えていくリサーチをいう。なお、「参加型」は、上記の二者だけでなく、その社会問題の担い手である「当事者」がそのリサーチに参加する場合を意味している。

など）の政策決定などにおいて有効な知識を提供することにある。したがって、その意義は、社会福祉の実態を把握し、潜在的な福祉ニーズを顕在化させるだけでなく、現場の福祉実践や、福祉政策・計画などの「評価」[*11]（assessment & evaluation）をより意味のあるものにして、それらの水準を高め、その成果を実践や政策・計画に還元していくこと、また社会福祉の利用者であるとともに、その支援者でもある国民・市民に対して「説明責任」（accountability）を果たし、その“声なき声”をアドボケイト（代弁）して、利用者・支援者たちをエンパワメントすることにあると考えられる。

＊11
評価には①事前評価であるアセスメントと、②事後評価であるエバリュエーションの２種類がある。社会福祉の領域では①としてニーズ調査（ニーズ推計など）、②として評価調査（シングル・システム・デザインや実験計画法など）が行われている。

# 第２節　社会福祉調査と社会福祉の歴史的関係

## 1　篤志家による社会福祉調査：ロンドン調査とヨーク調査

前節で説明した「社会福祉調査[*12]」の歴史的源流をさかのぼっていくと、19世紀以降に欧米諸国で資本主義が進展し、それに伴って社会問題（貧困、失業、犯罪、不潔、無知など）が生起した時代にたどりつく。そして、そのような社会問題を解決する方策を検討するため、その実態に関するデータを科学的に収集し、分析する必要性が社会的にも認識されるようになり、民間の篤志家たちが中心となって、さまざまな社会福祉調査が実施されるようになった。

このような篤志家としては、ハワード（Howard, J.）、ル・プレー（Le Play, F.）、エンゲル（Engel, E.）などの名前をあげることができるが、そのなかでも19世紀末にそうした一連の社会福祉調査の集大成ともいえる大規模な調査（社会踏査）を行い、社会福祉調査のみならず、社会福祉の歴史においても他とは一線を画す、偉大な功績を上げたのが、ブース[*13]（Booth, C.）とラウントリー（Rowntree, B. S.）である。

**ブース**（1840～1916年）は実業家であるが、若いころから社会改良の問題に取り組んでいた。彼は、社会民主連盟（社会民主党）が主張する、ロンドンの貧困層が25%であることに疑問をもち、自らの私財を投じて調査を行った。後に「**ロンドン調査**」とよばれる、この調査は1886年から1902年まで３回行われ、その成果は『ロンドンにおける民衆の生活と労働』（全17巻）という膨大な報告書としてまとめられている。

彼の貧困調査は、主に学校の家庭訪問員などから得られた情報によって個別世帯の生活状況を把握するという方法を用いているが、それ以外にも調査の協力者たちの直接的な面接や観察などで得られた情報も併用し、ロンドン市民の生活と労働の実態を多面的かつ総合的に記述し、それを分析している。彼は、すべてのロンドン市民を職業、従業上の地位、雇用形態、生活程度などの指標によって８つの階層に分類し[*14]、その下位４番目と５番目の間に「**貧困線**」（poverty line）を引いた。また、その結果として、全市民の実に32.1%が貧困階層に属すること、そしてその主な原因が、それまで考えられていた怠惰、浪費、飲酒などの個人

＊12
社会福祉調査の源流は「社会改良のための実態調査」、すなわち社会踏査（social survey）とよばれるものである。平岡公一ほか「社会調査活動の歴史」原田勝弘・水谷史男・和気康太 編『社会調査論－フィールドワークの方法－』学文社、2001年、52～94頁参照。

＊13
C.ブースは汽船会社の所有者で、海運業で得た資産をロンドン調査に投じている。彼の思想と生涯、その歴史的功績などについては、阿部實『チャールズ・ブース研究－貧困の科学的解明と公的扶助制度－』中央法規出版、1990年が俯瞰的に論じていて参考になる。

＊14
C.ブースは、ロンドン調査の結果からロンドン市民を、４つの階級と８つの階層に分類している。①極貧階級（A：最下層、B：臨時稼得層）、②貧困階級（C：不規則稼得層、D：規則的低収入層）、③愉楽階級（E：標準稼得層、F：高級職層）、④裕福階級（G：中間の下層、H：中間の上層）である。

＊15
B. S.ラウントリーは「キットカット」で有名なチョコレート会社の所有者であり、その事業の成功によって得た資産をヨーク調査に投じて

的な原因ではなく、低賃金、失業、疾病などの社会的要因であることが明らかになった。なお、前述の個別世帯の階層分類は、ロンドンの地図上に「貧困地図」として色分けされて描かれていて、今日でも地域調査の先駆的業績としての評価も高い。

**ラウントリー**[*15]（1871～1954年）も実業家であるが、やはり若いころから社会改良の問題に関心をもっていた。彼は、上述のロンドン調査に刺激を受け、ブースと同様、自らの私財を投じて1899年にヨーク市で大規模な貧困調査（**ヨーク調査**[*16]）を実施した。その成果は、1901年に『貧困－都市生活の研究』として刊行されている。

彼は、ブースのロンドン調査の結果を地方都市のヨーク市で再検証しようとしただけでなく、より科学的な調査方法論を用いて、貧困調査を進展させることになった。彼の調査は、ヨーク市の労働者のほぼすべての世帯を対象として、専門の調査員による、調査票を用いた訪問面接調査によって実施されている。彼は、ブースのロンドン調査ではあいまいであった「貧困線」の概念を、「**第１次貧困**」と「**第２次貧困**」に分けて明確に定義した[*17]。すなわち、栄養学や生理学などの知見を活用し、日々の生活のために最低限必要な栄養量をもとに、その他の生活必需品の購入にかかる費用なども考慮して、最低生活費を設定したのである。その結果、ヨーク市民の27.8％が貧困状態にあることがわかり、またその原因として、上述の社会的要因の比率が高いことも明らかになった。さらに、労働者の貧困状態が、彼らのライフサイクルの周期的な変動と関連していることを「貧困曲線[*18]」として示した。なお、彼は1935年と1951年にもヨーク市で貧困調査を行い、いわゆる「時系列調査」となっている点も、彼の調査の特徴となっている。

## 2 社会福祉調査の歴史的意義

19世紀前半のイギリスにおいて、当時の救貧法が改定され、「新救貧法」（1834年）が成立したが、そこでは労役場（ワークハウス）や劣等処遇（レスエリジビリティ）などの原則が導入され、貧困者が新救貧法の対象となることは、社会的な「**スティグマ**[*19]」を伴う、過酷な制度に変更された。そして、その社会的背景には、貧困の原因は、その個人にあるという「個人貧」の考え方が存在していたといわれている。しかしながら、ブースやラウントリーの貧困調査は、それまでの社会通念を覆し、「社会貧」、すなわち貧困の原因は個人ではなく、むしろその労働環境や

いる。彼は、C.ブースがロンドン調査で明らかにした貧困の実態を、地方都市であるヨーク市でも明らかにしようとして、より科学的な貧困調査に取り組んでいる。

＊16
B. S.ラウントリーの書、*Poverty, A Study of Town Life*（1901）は、日本では『最低生活研究』（長沼弘毅 訳）高山書院、1943年として刊行されている。なお、本書は後に『貧乏研究』と改題して再刊されている。

＊17
第１次貧困（primary poverty）とは「基本的な生存に必要な物資をまかなうのに必要な、最低限度の収入を得ていない状態」であり、第２次貧困（secondary poverty）とは「基本的な生存に必要な物資をまかなうことができている収入を、別のこと（飲酒や賭博など）で消費しなければ、生活に必要な物資をまかなえる状態」のことである。

＊18
B. S.ラウントリーは、ヨーク調査の結果から労働者は失業しなくても、その人生において少なくとも３回は貧困に陥る可能性があるという、貧困とライフサイクルの関係（貧困曲線）を立証し、後の福祉国家の形成に大きな影響を与えた。その３回とは、１回目は自分が子どもであった時期、２回目は結婚して自分の子どもを育てている時期、３回目は自分がリタイアして収入が減少、もしくはなくなる時期である。

＊19
もとは奴隷や犯罪者などの肉体に刻まれる烙

社会環境にあるということを科学的に立証してみせたのである。その結果、当時の慈善事業は、慈善組織協会（COS）の活動や、セツルメント運動などとも相まって、社会事業[*20]へと変化したとされている。また、その調査結果から得られた、科学的な知見は、その後、いくつかの変遷はあったものの、やがて包括的な社会保障制度を提言したベヴァリッジ報告[*21]や、戦後の福祉国家体制の成立につながっていくことになった。

このように、社会福祉調査は、社会福祉学という学問の進展に貢献するだけでなく、社会改良主義に基づく実践活動と結び付くことによって、社会を大きく変える可能性をもっている。ブースとラウントリーの２つの貧困調査は、その歴史的証左であり、まさにその点に社会福祉調査の存在理由（レーゾンデートル）があると考えられる。

印を意味していたが、転じて他者や社会集団によって、貧困者や精神障害者などの個人や、その家族などに対する、いわれなき差別や偏見などの社会的烙印のことを意味している。

＊20
慈善事業は1601年の「エリザベス救貧法」を嚆矢とするが、それは1834年の「改正救貧法」を経て、19世紀の終わりから20世紀の初頭に社会事業へと変化した。そして、それが後に戦後の福祉国家の成立とともに、包括的な社会保障制度のひとつを構成する社会福祉へと発展することになった。ただし、戦後間もなくの社会福祉は、公的扶助（生活保護）との連動性が強く、基本的には貧困・低所得層をその対象としていた。それが国際的にも社会福祉サービスとして、公的扶助とは相対的に独立した対象領域をもつ「対人社会サービス」（Personal Social Service）として認識されるようになるのは、1970年代以降のことである。

＊21
1942年にイギリスでW. H. ベヴァリッジによって発表された「社会保険と関連サービス」という報告書のことである。この報告は、戦後のイギリス社会をいかに再建するかを検討したものであり、当時のイギリスが克服するべき問題を、大きく「貧困」「疾病」「無知」「不潔」「無為（失業）」の５大巨人悪（Five Giants' Evils）とよび、それらを解決するためには社会保険を中核とした包括的かつ普遍的な社会保障制度が必要となると提言している。

### BOOK 学びの参考図書

- 坂田周一『社会福祉リサーチ－調査手法を理解するために－』有斐閣、2003年。
  著者が「リサーチ」という言葉を使っているのは、ただ単に実態を調査するのではなく、仮説や命題などを検証し、社会福祉の理論を検証・形成していく調査手法が重要になると考えるからである。内容的には量的データの分析が中心となっているが、本書を通じて「社会福祉調査とはなにか」を理解することができる。なお、本書のコラムではC. ブースのロンドン調査など、イギリスにおける貧困調査の歴史が語られていて参考になる。

- 平山　尚・武田　丈・呉　栽喜・藤井美和・李　政元『ソーシャルワーカーのための社会福祉調査法』ミネルヴァ書房、2003年。
  本書の著者は、いずれもアメリカの社会福祉大学院（School of Social Work）で研究し、日本の大学で研究者になった人たちである。本書は、社会福祉調査という研究方法を説明した文献ではなく、ソーシャルワーカーが福祉の現場で、それを実践する際にどのような知識と技術をもっている必要があるかという視点で内容が構成されている。アメリカにおけるソーシャルワーク教育のテキストとの親和性も感じることができる文献となっている。

### 参考文献


- 井村圭壮『社会福祉調査論序説』学文社、2001年
- 原田勝弘・水谷史男・和気康太 編『社会調査論－フィールドワークの方法－』学文社、2001年
- 星野貞一郎・金子　勇 編著『社会福祉調査論』中央法規出版、2002年
- 坂田周一『社会福祉リサーチ－調査法を理解するために』有斐閣、2003年
- 平山　尚・武田　丈・呉　栽喜・藤井美和・李　政元『ソーシャルワーカーのための社会福祉調査法』ミネルヴァ書房、2003年
- 志村健一『ソーシャルワーク・リサーチの方法』相川書房、2004年
- 武田　丈『ソーシャルワーカーのためのリサーチ・ワークブック－ニーズ調査から実践評価までのステップ・バイ・ステップガイド－』ミネルヴァ書房、2004年
- 斎藤嘉孝『社会福祉調査－企画・実施の基礎知識とコツ－』新曜社、2010年
- 佐藤健二『社会調査史のリテラシー－方法を読む社会学的想像力－』新曜社、2011年
- 笠原千絵・永田　祐 編著『地域の〈実践〉を変える社会福祉調査入門』春秋社、2013年
- 武田　丈『参加型アクションリサーチ（CBPR）の理論と実践－社会変革のための研究方法論－』世界思想社、2015年
- 佐藤郁哉『フィールドワーク－書を持って街へ出よう－（増訂版）』新曜社、2006年

# 第2章 社会福祉調査における法と倫理

## 学習のねらい

本章では、社会福祉調査に関する法と倫理について学習する。

自然科学での調査・実験と異なり、社会福祉調査は私たち自身をメンバーとして含む現実の社会に対して実施される。そのため、社会福祉調査を実施する際には、社会福祉調査を実施する者と社会福祉調査の対象にされる者との適切な関係の構築が必要となる。

例えば、社会福祉調査をする者と社会福祉調査をされる者の関係が権力関係になってはならない。また、社会福祉調査は、個人情報を扱うことになるので、その取り扱いについては十分に慎重にならなければならない。このように、社会福祉調査には自然科学の場合とは異なる調査倫理が要請されるので、それらをきちんと知る必要がある。

また、最近の社会福祉調査では、ICT（情報通信技術）の利用も不可欠になりつつある。本章では、この点についても解説する。

# 第1節　統計法の概要

官庁統計は、「**統計法**」という法律を根拠としている。昭和22（1947）年３月26日に制定された統計法は、「統計の真実性を確保し、統計調査の重複を除き、統計の体系を整備し、及び統計制度の改善発達を図ることを目的」として（第１条）、人口に関する全数調査である国勢調査や、政府や地方公共団体が作成する統計、あるいはその他のものに委託して作成する統計の施行方針を定めていた。ただし統計法は平成19（2007）年５月に改正され、その内容は大きく変化した。新しい統計法は、「公的統計の体系的かつ効率的な整備及びその有用性の確保を図」ることを目的とし（第１条）、（旧）統計法で定められていた指定統計を、**基幹統計**[*1]として再編している。

＊1
基幹統計は統計法第２条第４項で、国勢統計、国民経済計算ならびに総務大臣が指定する統計として定義される。公的統計の根幹をなし、行政機関が作成すべき基幹となる統計である。現在53種類が指定されている。

基幹統計とは、①国勢統計、②国民経済計算、③行政機関が作成し、または作成すべき統計として総務大臣が指定するもの、の３種類から成り、③については、「全国的な政策を企画立案し、又はこれを実施する上において特に重要な統計」「民間における意思決定又は研究活動のために広く利用されると見込まれる統計」「国際条約又は国際機関が作成する計画において作成が求められている統計その他国際比較を行う上において特に重要な統計」と規定されている。令和２（2020）年度の時点で計53本が指定されている（**表３－２－１**）。

基幹統計は総務大臣によって指定・公示され（第７条）、「行政機関の長は、基幹統計を作成したときは、速やかに、当該基幹統計及び基幹統計に関し政令で定める事項をインターネットの利用その他の適切な方法により公表しなければならない」（第８条第１項）と定められている。

主要な基幹統計には、以下のものがある。

### ❶国勢調査

日本に住んでいるすべての人を対象とし、国内の人口や世帯の実態を明らかにするため、５年ごとに行われる最も基本的な調査。衆議院の小選挙区の画定基準、地方交付税の算定基準などで利用され、国や地方公共団体における施策の立案・推進、学術、教育、民間など各方面で広く利用されている。調査項目は氏名、性別、出生月日、世帯主との続柄、配偶関係、就業状態・時間、仕事の種類、従業上の地位、従業（通勤）地、世帯員数、住居の種類・床面積などである。

〈表３－２－１〉基幹統計一覧（合計53）

| 内閣府（1） | 文部科学省（4） | 木材統計 |
|---|---|---|
| 国民経済計算 | 学校基本統計 | 農業経営統計 |
| 総務省（14）計 | 学校保健統計 | 経済産業省（7） |
| 国勢統計 | 学校教員統計 | 経済産業省生産動態統計 |
| 住宅・土地統計 | 社会教育統計 | ガス事業生産動態統計 |
| 労働力統計 | 厚生労働省（9） | 石油製品需給動態統計 |
| 小売物価統計 | 人口動態統計 | 商業動態統計 |
| 家計統計 | 毎月勤労統計 | 経済産業省特定業種石油等消費統計 |
| 個人企業経済統計 | 薬事工業生産動態統計 | 経済産業省企業活動基本統計 |
| 科学技術研究統計 | 医療施設統計 | 鉱工業指数 |
| 地方公務員給与実態統計 | 患者統計 | 国土交通省（9） |
| 就業構造基本統計 | 賃金構造基本統計 | 港湾統計 |
| 全国家計構造統計 | 国民生活基礎統計 | 造船造機統計 |
| 社会生活基本統計 | 生命表 | 建築着工統計 |
| 経済構造統計 | 社会保障費用統計 | 鉄道車両等生産動態統計 |
| 産業連関表 | 農林水産省（7） | 建設工事統計 |
| 人口推計 | 農林業構造統計 | 船員労働統計 |
| 財務省（1） | 牛乳乳製品統計 | 自動車輸送統計 |
| 法人企業統計 | 作物統計 | 内航船舶輸送統計 |
| 国税庁（1） | 海面漁業生産統計 | 法人土地・建物基本統計 |
| 民間給与実態統計 | 漁業構造統計 | |

（筆者作成）

### ❷住宅・土地統計

日本の住宅とそこに居住する世帯の居住状況、世帯の保有する土地等の実態を把握するため、５年ごとに行われる調査。調査項目は住宅の広さ、所有関係、敷地面積、床面積、構造、破損の有無、世帯主や家計を主に支える世帯員の年間収入や通勤時間などである。

### ❸労働力統計

世帯を対象として、日本の就業・不就業の状況を把握するため、毎月行われる調査。調査項目は就業者数、完全失業者数、完全失業率や就業時間・産業・職業等の就業状況、求職の状況など。４半期ごとに正規・非正規といった雇用形態別の雇用者数などの詳細な結果も公表される。

### ❹家計統計

世帯を対象として、日本の景気動向の把握、生活保護基準の検討などを目的として、毎月行われる調査。調査項目は日々の家計の収入・支出、過去１年間の収入、世帯及び世帯員の属性、貯蓄・負債の保有状況などである。

**❺学校基本統計**

毎年５月１日現在の学校数、在学者数、卒業者数、教員数、学校施設、学校経費（前年度間のもの）等の状況を明らかにするため、年ごとに行われる調査。学校調査、学校通信教育調査、不就学学齢児童生徒調査、卒業後の状況調査、学校施設調査及び学校経費調査に分かれている。

**❻社会生活基本統計**

国民の社会生活の実態を明らかにする基礎資料を得ることを目的として、５年ごとに行われる調査。調査項目は日々の生活における時間の過ごし方、１年間の余暇活動の状況など。国民の暮らしぶりを調査し、高齢社会対策、少子化対策、男女共同参画に関する施策等の基礎資料として利用される。

# 第2節　社会福祉調査における倫理



## 1 コミュニケーションとしての社会福祉調査

社会福祉調査にもほかの学問と同様、研究上守るべき倫理が存在する。データを捏造しないこと、他人の説や論文を剽窃（ひょうせつ）したり無断引用しないこと、科学的な客観性に基づくこと、知的に誠実であること、研究のオリジナリティを尊重し他者の著作権を侵害しないこと、研究成果の公表に努め、社会的還元に留意すること、などである。これらは、広い意味での真理の探究という価値に奉じ、学問共同体への貢献を志す学術的な研究をめざす者であれば、誰もが従うべき規範である。

他方で、モノや動物を対象にする自然科学とは異なり、社会福祉調査においては、調査する主体も人間であり、調査される客体も人間である。それゆえ社会福祉調査は、調査票を用いた量的調査であれ、インタビューや参与観察に基づく質的調査であれ、調査者と調査対象者が行う対話、相互作用、コミュニケーションの過程である。同時に、調査対象者に多大な負担を強いるものでもある。それゆえ社会福祉調査には、人間と人間が交流する際にふまえるべき最低限のルール、規範、ふるまい、礼儀、気遣いが求められる。

古くから、調査する者が調査される者に対して迷惑をかける調査地被害の問題が知られている。例えば調査者が調査対象者よりも偉いという感覚で、訊問的な態度で質問したり、借り出した資料を返却しなかったり、調査をやりっぱなしでその成果を知らせなかったり、調査者の主観や思い込みや偏見によって事実を曲げて伝える、などの被害である。こうした調査地被害を生み出さないよう努力することは、調査者にとって最低限の準則である。

さらに近年では、調査する者と調査される者とが、どのような社会的関係性の下に置かれているか、また社会福祉調査が企画・実施され、その結果が公表される一連の過程で、両者がどのような関係であるべきかが問われるようになっている。調査する者が支配する側で調査される者が支配される側、という非対称な権力構造を背景にしていないか、調査者が特権的で超越的な立場に立っていないか、さらには研究の客観性を言い訳に、調査する者が中立的で、非関与的な立場にとどまることがどこまで許容されるか、といった問題[*2]である。社会福祉調査そのものの権力性や暴力性が問い直されているのである。これらは社会福祉調査に固有の課題であり、調査倫理とはその課題に対する調査者からの応答である。

では、具体的に調査者と対象者の関係はどうあるべきか。山本勝美（やまもとかつみ）は障害者調査実施の是非をめぐる判断基準として次の３点をあげている。

①調査の目的は何か。その集計データはどのような施策に結び付くのか。調査を“する側”と“される側”のどちらのメリットにつながるのか。

②調査の方法について。実施するにあたって、調査項目・方法・調査の場面で人権を侵害するような問題点はないか。

③個人情報[*3]の行方。収集された個人情報から個人の特定はあり得ず、また転用、流用によるプライバシー侵害から守られるのか。

②、③の基準については第３節でもふれるが、①の基準、すなわち社会福祉調査が、調査する側とされる側のどちらのメリットになるべきかという基準は、調査倫理の本質にかかわる問題提起である。一般的には、社会福祉調査を行う者と調査される者の間にラポール（rapport：信頼関係）が形成されるべきである。しかしさらに踏み込んでいうならば、ここでは、調査者はあくまで調査者にすぎず、中立的な立場で対象者と向かい合うべきなのか。それとも、対象者の抱える困難な現実に対して積極的に関与し、「共同行為」を行うべきか、といった問題が問われている。

ここに社会福祉調査の現代的困難がある。むろん調査者が支配する側、調査対象者が支配される側という非対称な構造をもった調査は倫理的には許容されない。ただ調査者と調査対象者があらゆる意味で対等かつ平等で、完全に同化できるわけでもない。なぜなら調査者と対象者は、究極的には異なる価値観や異なる利害関心を有しているからだ（価値観や利害関心が完全に同一化するとき、調査者は調査者でなくなっている）。

対象者は、調査者に異議申し立てを行う自由と権利が存在する。他方、調査者が、対象者にとって必ずしも好都合とはいえない指摘を行わねばならないときもある。「調査する側と調査される側のどちらにメリットがあるべきか」という問いに絶対的な答えはないが、社会福祉調査を実施する者すべてが自らに厳しくかけねばならない問いではある。究極的には社会福祉調査が、調査者と調査対象者のそれぞれにとって意義あるものとなることを、めざすべきであろう。

＊2
調査者と調査対象者がどのような関係であるべきかに関しては、社会学やフェミニズムでも長い論争がある。以下の文献を参照のこと。似田貝香門「社会調査の曲がり角」『UP』24号、東大出版会、1974年。中野卓「社会学的調査と『共同行為』」『UP』33号、東大出版会、1975年。中野卓「環境問題と歴史社会学的調査（その一～その五）」『未来』100～105号、未來社、1975年。T. May（2001）Social Research, 3rd ed, Open Univ Press.（中野正大 監訳『社会調査の考え方：論点と方法』世界思想社、2005年、25～37頁）。

＊3
令和２（2020）年に改正された個人情報保護法では、個人情報とは「生存する個人に関する情報」であって、当該情報に含まれる氏名・生年月日その他の記述等により特定の個人を識別できることができるもの、個人識別符号が含まれるものをさす。

しかし少なくとも調査者には、社会的事実や構造の発見を通して、自由で民主的な社会の維持発展に貢献しようとする強靱な意志と、自らの調査の必要性と必然性を調査対象者や社会全体に向けて説得力をもって説明するアカウンタビリティ（説明責任）が要請される。



## 2 調査倫理

また社会福祉調査は調査者と対象者のコミュニケーションであるがゆえに、調査に固有の倫理が求められる。その中でも特に留意すべきは、次の３点である。

### ❶インフォームド・コンセント（説明と同意）

調査は原則として、調査の目的、データの利用法、個人情報の管理の仕方、結果の公表の仕方についてあらかじめ調査対象者に知らせ、了解をとった上でなされなければならない。これを**インフォームド・コンセント**（説明と同意）という。調査対象者には、調査されることを拒否する自由があることも伝えておかねばならない。社会福祉調査は、どんなものであれ、調査対象者に負担をかけるものであり、調査対象者の自発的な協力なしには成り立たない。調査の強制や押し付けがあってはならない。

また社会福祉調査の中には街頭観察や、対象者に調査の真の目的を偽って実験や調査に協力してもらう研究虚偽調査など、秘匿調査（covert research）とよばれるものがある。こうした調査がすべて否定されるわけではないが、その場合でも対象者の感情と尊厳に対する十分な配慮が必要である。事前に了解を得ることがむずかしい場合でも、調査対象者に対して事後的に、研究の全体的な説明であるデブリーフィング（debriefing）が行われることが望ましい。

### ❷差別・ハラスメントの回避

調査者は、思想信条、性別、年齢、性的志向、出自、宗教、民族的背景、障害の有無、家族状況などに関して差別的な取り扱いをしてはならない。またセクシャルハラスメントも行ってはならない。さらには対象者に暴言を吐いたり、嫌がらせをしたり、高飛車にふるまったり傲慢な態度をとったりすることも許されない。調査者は、調査対象者からさまざまな事柄を教わり、謙虚に学ぶという態度が必要である。

### ❸コンフィデンシャリティ（秘密保持）

対象者のプライバシーと個人情報の保護が守られなければならない。次節で述べる。

日本社会学会や日本社会福祉学会などの学会組織では、学会に固有の倫理綱領が定められている。また大学や研究機関に所属する場合、その組織に固有の規則があり、事前に調査実施の許可を得なければならない場合もある。調査を企画・立案するにあたって、事前にこれらの倫理綱領を確認しておく必要がある。

# 第3節　社会福祉調査における個人情報保護



社会福祉調査で得られたデータは、量的調査であれ質的調査であれ、対象者の個人情報がふんだんに含まれている。対象者のプライバシーと個人情報の保護という観点からは、以下の３点に留意しなければならない。

### ❶個人情報の管理

まず標本抽出に基づく統計的調査で作成される、調査対象者の性別、生年月日、住所などを記したリスト、調査対象者の回答が記入された調査票の個票（素データ）、個票の回答やフェイスシート（face sheet）などを入力したワークシート（電子データ）は、調査中から報告書完成後も情報が漏洩（ろうえい）しないよう、厳重に保管する。

さらに調査票の番号と対象者リストから対象者が特定されないよう、調査票と対象者リストは個別に管理することが望ましい。また聞き取り調査で作成されたフィールドノート、インタビューを文字に起こした筆記録、録音・録画に用いた記録メディア、音声ファイル、映像なども厳重に保管する。対象者から借りた資料（日記や写真や記事など）があれば、期日を守って返却する。

### ❷匿名性の確保

参与観察や聞き取り調査の結果を論文や報告書に執筆するときには、プライバシー保護のため、個人名や地域名を匿名にすることが必要な場合がある。

逆に、調査対象者が実名で記述されることを望む場合もある。論文や報告書で名前や地域名をどのように表記するかについて、公表前に対象者と話し合い、了解を得ておく。

### ❸結果の公表

社会福祉調査では調査結果を公表することが、調査対象者に対し大きな損害を与える場合がある。したがって、結果の公表には十分な配慮が必要である。

また調査結果の公表は、調査者の社会的責任であり、調査対象者には研究結果を知る権利がある。公表を予定している内容について、論文や報告書の趣旨、データ、原稿などをできるだけ事前に示し、調査対象者の了解を得ることが望ましい。また対象者が調査結果を知りたいと望むときには、調査対象者が公表された研究結果にアクセスできるよう、できる限り誠実に対応する。

# 第4節　量的調査と質的調査



## 1 調査対象による分類

調査対象にそった分類として、個人調査、世帯調査、企業（組織）調査、地域調査（コミュニティスタディ）などがある。さらにデータのタイプとその収集の仕方、すなわち調査方法にそった分類も重要である。

①調査票調査

調査事項や回答記入欄などをあらかじめ記載した同一フォーマットの調査票を用いる調査。調査票の単位（個人、世帯、組織など）がケース単位となる。

②聞き取り（インタビュー）調査

調査票を用いたり、あるいは調査票にとらわれずに、調査者が質問し、調査対象者がそれに回答したものを、メモや録音機材に記録していく調査。通常は個人が対象だが、少人数のグループインタビューを行うこともある。

③参与観察

探求したい社会現象が起こっている現場に行き、そこで生活をともに体験する中で観察したことを記録する。

④ドキュメント分析

手紙、日記、新聞・雑誌記事など、すでに存在している文書や記録を収集して、それをデータとして分析する。

⑤既存統計資料分析

官庁統計など、すでに統計にまとめられたデータを分析するもの。公表された数値だけでなく、許可を得た上でもとの個票データにさかのぼって再分析することもある。これを二次分析という。

## 2 （広義の）量的調査・量的データと質的調査・質的データ

上で述べた分類は、調査の対象、方法にそった分類であるが、他方でデータの性質という観点から、**量的調査**と**質的調査**という区別がしばしば用いられている。ここでいう「量的」と「質的」という区別は、データの値の性質によってなされている。数量的なデータを扱うものが量的調査あるいは量的分析であり、そうでないデータを扱うものが質的調査あるいは質的分析である。

量的調査は統計的研究、質的調査は事例研究とよばれることもある。統計的研究とは、一般的には統計的データを用いた研究である。それは、複数の個体から成る個体群の全体、その全体としての集団的特性に関心をもつ。そして多数の個体（事例）における限られた側面を、標準化・体系化された手法を用いて客観的に計量し、平均、度数分布、比率、相関係数、分散分析、回帰分析、因子分析、統計的検定などの統計的技術を用いて、記述と分析を行う。統計的研究を行うには、その調査対象の範囲（母集団）が明確に規定され、その属性や特性が数量的に表現されていなければならない。

事例研究は、社会現象の中で一つのまとまりを成すと考えられる一個の個体に関心をもつ。特定の個人、家族、企業や学校、NPOなどの社会集団、地域社会、コミュニティなど、ごく限られた対象を選んで、それぞれの現状や全体状況を主観的・洞察的に把握することをめざす。両者の違いは、研究の対象を複数の個体から成る全体とみなすか、一個の個体とみなすかという、研究者の関心の違いに基づく。

ゆえに、量的調査／質的調査という区別とは必ずしも一致しない。例えば事例研究における「事例」は、何を個体とみなすかによって変わる。一人の個人が個体となる場合もあれば、ある集団や地域が個体とみなされる場合もある。また統計的研究の中に質的データの分析が含まれる場合もあるし（第３部第６章で見る内容分析は、テキストという質的なデータを数量的に分析する）、事例研究の中にも量的データの分析が含まれることがある（**図３－２－１**）。

〈図３－２－１〉**量的－質的の区分と統計的研究－事例研究の区分との関係**

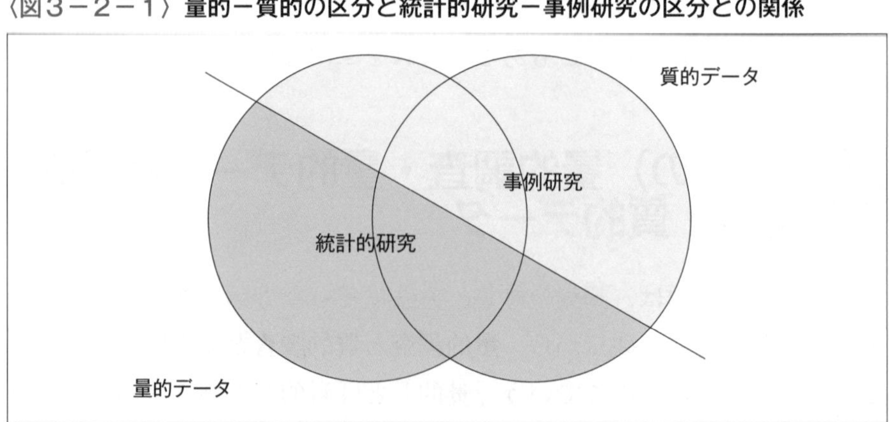


（出典）盛山和夫『社会調査法入門』有斐閣、2004年、23頁

## 3 （狭義の）量的データと質的データと４種類の尺度

すでに述べたように、量的調査と質的調査の違いは、扱うデータの性質の違い、すなわちそれが量的データを扱うか、それとも質的データを扱うかに基づいている。量的データのことを定量的データ、質的データのことを定性的データとよぶこともある。広義の意味での量的データは、数量的に取り扱うことができるデータ、質的データは数量的に取り扱えないデータである。だが広義の量的データといわれるものの中でも、さらに狭義の意味で量的、質的という分類が使われることもある。以下、この分類に関して説明を加える。

（狭義の）量的データとは、最小限、その大小、高低、多寡の関係が定義される数量的データのことであり、（狭義の）質的データとは、性別や出身地、職業分類など分類カテゴリーに基づくものである。カテゴリカルなデータとよばれることもある。両者を分かつ、最もわかりやすい意味的な基準は、その変数[＊4]の「平均」に意味があるかどうかである。

例えば、ある集団の成員の身長や体重や年収を調べるとき、個々の成員の値の平均を計算することで、その集団の特徴を表すことには意味がある。だが例えば「男性＝１、女性＝０」という値を割り振ったデータで、「男性であることと女性であることの平均は0.5である」と述べることには意味がない。なぜなら、この「１」とか「０」という数値は、「男性」とか「女性」というカテゴリー（ラベル）を数値に置き換えたにすぎず、カテゴリー同士を足したり、引いたり、かけたり、割ったりすることに意味がないからである。

（狭義の）量的データと質的データをさらに細かく分類して、以下の４種類の尺度（scale）に分けることもある。この場合、①、②は質的データ、③、④は量的データとみなされる。

①名義尺度（nominal scale）

**名義尺度**は異なるカテゴリーを区別するだけに使われる。すべての四則演算（加減乗除）が不可能。性別、出身地、職業分類などが該当する。また、質問紙調査で「はい」か「いいえ」で回答してもらったデータも、名義尺度である。質的データの一つである。

②順序尺度（ordinal scale）

**順序尺度**は数値の順序（大小関係）のみ意味がある。上下の比較のみ可能。優、良、可などの成績、出生順位（長子、次子、末子）など

＊4
「変数」を辞書的に定義すれば、「数学で、数量を一つの文字で表すとき、一定の範囲内でいろいろな値をとり得る文字」（『明鏡国語辞典』大修館書店）という意味になる。社会調査においては、質問紙調査における個々の質問や質問項目のことをさすと考えるとわかりやすい。なお量的なデータにおいては、説明されるべき結果や変数のことを従属変数や被説明変数、従属変数を説明する要因や変数のことを独立変数や説明変数とよぶ。

は典型的だが、学歴や年収なども、「大卒、高卒、中卒」「1,000万円以上、1,000万円未満～500万円以上、500万円未満～1円以上」などといった形で区切れば、質的データの一つとして扱われる。

③間隔尺度（interval scale）

**間隔尺度**は順序だけでなく、その間隔（数値の差）にも意味がある。加法・減法が可能。温度、学年、生年など。例えば、温度は間隔尺度10℃が15℃になったとき、「5℃上がった」とはいえるが、「50%の温度上昇」とはいえない。量的データの一つである。

④比例尺度（ration scale）

**比例尺度**は順序・間隔だけでなく、比にも意味がある。すべての四則演算が可能。身長、年収、家事時間、教育年数など。量的データとしては典型的なものである。質問紙調査で「賛成、どちらかといえば賛成、どちらともいえない、どちらかといえば反対、反対」というように多段階に区切った形式で回答させる場合（選択肢の数に応じて5件法などという）、これは厳密には順序尺度だが、便宜的に比例尺度（量的）として扱う場合もある。

（狭義の）量的データ、質的データや、4種類の尺度という分類が重要なのは、このようなデータの性質に応じて、量的分析に用いる統計的手法が変わってくるからである。特に統計的研究を行っているときには、自分が扱っているデータや変数が上記のどれに属するのかを常に意識しておくことが必要である。

# 第５節　社会福祉調査の実施にあたってのICTの活用法



## 1 情報・文献検索

社会福祉調査とICT（Information and Communication Technology：情報通信技術）との関係は、切っても切れないものがある。社会福祉調査の企画立案から実査、分析、論文や報告書の完成に至るまで、さまざまな段階でICTの活用が求められることになる。

まず調査の企画立案の段階では、自分が調査したいテーマや課題について、先行研究の検討や公式統計の確認などの資料・文献調査が必要となる。文献検索のあり方としては、①図書館や大型書店の本棚を眺めて関連がありそうな文献を探る方法、さらに、②一つの文献から、そこに掲載されている引用文献や参照文献をしらみつぶしに収集する芋蔓（いもづる）式検索、③調べたいテーマに関して詳しい人に尋ねる、といった従来型の検索法は依然として有効である。ICTを活用した情報検索としては、④図書や雑誌論文のデータベース検索、⑤Googleなどのインターネット検索、⑥新聞記事や国会会議録などのデータベース検索、などがある。研究に取りかかるにあたっては、これらのすべてを活用することを心がけたい。現在よく使われている、主要なデータベースは以下のとおりである（商用のもの、有料のものもある）[＊5]。

＊5
資料・文献調査の仕方については、宮内泰介『自分で調べる技術－市民のための調査入門』（岩波書店、2004年）が詳しい。

①雑誌論文
・国立国会図書館オンライン　https://ndlonline.ndl.go.jp/
・CiNii Research　https://cir.nii.ac.jp/
・Ingenta Connect（英語論文）　https://www.ingentaconnect.com/
・日外アソシエーツMagazinePlus（有料）
https://www.nichigai.co.jp/database/mag-plus.html

②図書
・国立国会図書館オンライン　https://ndlonline.ndl.go.jp/
・CiNii Books　https://ci.nii.ac.jp/books/
・Webcat Plus（国立情報学研究所）　http://webcatplus.nii.ac.jp/
・Amazon.com（新刊書・古書）　https://www.amazon.co.jp/
・日本の古本屋（古書販売）　https://www.kosho.or.jp/

③雑誌記事
・Web OYA-bunko「大宅壮一文庫　雑誌記事索引検索」(有料)
https://www.oya-bunko.or.jp/
④国会会議録
・国会会議録検索システム　https://kokkai.ndl.go.jp/
⑤新聞記事データベース
・G-search 新聞・雑誌記事横断検索（有料）
https://db.g-search.or.jp/g_news/
⑥官庁統計・行政資料
・e-Stat政府統計の総合窓口（総務省）　https://www.e-stat.go.jp/
・e-Govポータル　https://www.e-gov.go.jp/
⑦インターネット上の検索エンジン
・Google　https://www.google.co.jp/
⑧二次分析
・東京大学社会科学研究所附属社会調査・データアーカイブ研究センター
https://csrda.iss.u-tokyo.ac.jp/

これらの資料・文献調査には終わりがないが、少なくとも問題意識や課題設定、リサーチ・クエスチョンが明確になるまでは続ける必要がある。また、直接関連するテーマだけでなく、調査の方法という観点から参考になる文献も調べておくとよいだろう。

## 2 表計算ソフト・統計ソフト

調査票を使った統計的研究は、個票のデータをテキストファイルや表計算ソフトのワークシートとして入力する必要がある。テキストファイルの入力に関しては、エディタやワープロソフトを用いる。ワークシートを入力したり、簡単な集計を行うには、Microsoft Excel、Open Office.orgのCalcなど、表計算ソフトが便利である。例えば調査票の入力に関しては、1行を1単位（個人や世帯）、1列を1回答に割り当て、入力していく。

第3部第4章で述べるような初歩的な統計分析から多変量解析に至るまでの統計分析を専門的に行う統計ソフトとしてはSPSS、SAS、Stata、R、Pythonなど、さまざまな種類のものがある。ExcelやCalcで作成したワークシートをそのまま利用可能であることが多い。市販のマニュアルも数多く整備されている。

## 3 定性的なデータ分析ソフトウェア

質的調査におけるフィールドワーク、グラウンデッド・セオリー・アプローチなどでは、コーディングという作業が必須となるが（第３部第６章）、これを支援するためのソフトがある。特に日本語（２バイト系の言語）を扱えるソフトとしては、MAXQDA、NVivo、ATLAS.tiなどがある。またテキスト情報を数量的に処理したり、あるキーワードと別のキーワードとの関連の強さ（同時に出現する頻度）などを解析するテキストマイニングのソフトとしては、Word Miner（日本電子）、SPSS Clementine（IBM）、KH Coder（フリーソフト）などがある。

### 参考文献


- 平松貞実『社会調査で何が見えるか－歴史と実例による社会調査入門』新曜社、2006年
- T. メイ、中野正大 監訳『社会調査の考え方－論点と方法』世界思想社、2005年
- 山田一成「具体的な知・抽象的な知」石川淳志ほか 編『見えないものを見る力－社会調査という認識』八千代出版、1998年
- 大谷信介・木下栄二・後藤範章・小松　洋・永野　武 編著『社会調査へのアプローチ－論理と方法』ミネルヴァ書房、1999年
- 盛山和夫『社会調査法入門』有斐閣、2004年
- 盛山和夫「量的データの解析法」直井　優 編『社会調査の基礎』サイエンス社、1983年
- 立石宏昭『社会福祉調査のすすめ－実践のための方法論』ミネルヴァ書房、2005年
- 総務省統計局ホームページ
- 日本社会学会倫理綱領
- 日本社会学会倫理綱領にもとづく研究指針
- 盛山和夫『社会調査法入門』有斐閣、2004年
- 宮本常一「調査地被害－される側のさまざまな迷惑」『朝日講座 探検と冒険 第７巻』朝日新聞社、1972年
- 宮本常一・安渓遊地『調査されるという迷惑－フィールドに出る前に読んでおく本』みずのわ出版、2008年
- 山本勝美「される側にとって調査とは何か」広田伊蘇夫・暉峻淑子 編『調査と人権』現代書館、1987年

# 第3章 量的調査の方法Ⅰ

## 学習のねらい

本章では、量的調査について学習する。

まず、標本調査と全数調査の違いを明らかにし、必ずしも全数（悉皆(しっかい)）調査が標本調査よりもまさっているわけではないことを明らかにする。そして、さまざまな問題があるなかで、どのようにして調査の精度を上げるのか、そのための工夫を、標本抽出を中心に解説する。

次に、量的調査にはどのようなものがあるかを明らかにする。ひと口に量的調査といっても、そこにはさまざまな種類があり、それぞれ利点と問題点をもっている。したがって、調査の目的に応じて、正しい調査方法が選択されなければならない。

そして最後に、調査で得られた結果をどのようにして分析するかを念頭に置きながら、問題意識や作業仮説に対応した適切な調査票をどう作成していけばいいのかを明らかにする。

# 第1節　量的調査の企画

## 1 企画と準備の必要性

量的調査の典型的な手法としての統計的研究を行うためには、事前に入念な準備が必要である。統計的調査を企画・実行し、論文や報告書を執筆して研究全体を完成させることは、決して簡単な作業ではない。まず単純に、お金と労力がかかる。通常の研究ならば調査の企画から実施、分析、論文や報告書の完成までに最低１年、長期化すれば２～３年かかることもまれではない。調査そのものも、Ａ４で十数ページの調査票を通常数百から数千の単位で大量に印刷、配布、回収し、それを１部ずつコンピューターに入力して統計的分析が行えるような形に整えて初めて、分析に取りかかることができる。１人でこれらの作業を完遂するのはほぼ不可能であり、何人かの研究者と協同したり、調査員やデータ入力のアルバイトの雇用計画も立てなければならない。数百万円から数千万円の単位の金銭的負担が必要となることも少なくない。その意味で、統計的調査はコストのかかる大きな賭けとなる。

そこまで金銭的、時間的、肉体的コストをかけるからには、調査自体は何が何でも成功させたいところである。だが実際には、お金の無駄としかいいようがない社会福祉調査も少なくない。調査自体を無駄なものにしないためには、調査を行うにあたっての問題意識を研ぎ澄まし、明らかにしたい事実や仮説を明確にするとともに、そうした仮説や事実が検証できるような調査票をつくり上げることが不可欠である。

## 2 問題意識の明確化

まず、その統計的調査が全体として何を問い、どのように答えればその問いを解いたことになるのかを、入念に検討する必要がある。要するに、自分が何を知りたいのかを明確にせねばならない。「とりあえずやってみよう」では、たいていはうまくいかない。また「○×に関する現状と課題を知る」こと自体が調査の目的として述べられることがあるが、実は、それだけでは何も問うたことにはならない。さらに立ち入って、自らが問わねばならない検討課題を特定しなければならない。ただしそれを漫然と頭の中で考えるだけでは、形になりにくい。

問題意識を明確化するには、自分が関心をもつテーマに関する先行研究や既存調査をなるべく広範に探索し、読み込むことが有益である。その理由は以下のとおりである。

第一に、先行研究を読み込むことによって、自分が研究したいテーマに関して、どこまでのことがわかっており、どこから先が未解明なのかがわかるようになる。すでにわかっていることならあらためて調査するまでもない。既存の研究でいまだわかっていない課題に応えるためにこそ、社会福祉調査が必要となるわけである。第二に、先行研究や既存調査の中には、自らの研究にとって必要となる情報、具体的には質問文や選択肢などの測定方法、調査対象者の選び方、自分が将来行う研究にとって比較対象となるべき結果などの有益な情報が含まれている。第三に、先行研究や既存調査で問われてきた問題意識や問いを共有し、問いの共同体に参入することができる。



## 3 帰納法と演繹法

**帰納法**とは、観察された事実、事例、実験データなど個別の事実の積み重ねから、法則や理論などの一般的な知識を導き出す推論法である。例えば19世紀のヨーロッパの自殺率を研究したデュルケーム（Durkheim, É.）は、「プロテスタント信者のほうが、カトリック信者より自殺率が高い」「独身者は既婚者より自殺率が高い」「子どものいない者は、子どものいる者より自殺率が高い」という個別の事実を発見した。これらの事実をもとに、デュルケームは「社会的結合が強い集団では、孤独な不安感から逃れられる（ゆえに自殺率が少なくなる）」という一般的な知識を導き出した[1)*1]。こうして一般化された知見は、現代の社会福祉学全般とも関連の深い知見の好例といえる。社会福祉調査の場合、研究対象となる事例やデータをもとに、一般化可能な知見を導出する場合が多い。

＊1
本書第2部第2章第3節2参照。

**演繹法**（えんえき）は、帰納法とは反対に、仮説や前提あるいは理論的な枠組みをあらかじめ設定したうえで、ある事柄を確証するための推論方法である。具体的には、自らが設定していた仮説が本当に成り立っているかを確証するために、調査によって得られたデータを測定可能な指標に置き換え、客観的な数値データによって一般化を試みることが多い[2)]。例えば斎藤嘉孝（さいとうよしたか）は、児童養護施設出身者は自尊心が低いという通説が本当であるかを検証するために、自尊心に測定する心理学的な尺度を用いて、施設を退所した若者たちの自尊心を、一般家庭で育った若者たちと比べる調査を自ら実施した[3)]。これが演繹的な調査研究に相当する。

## 4 内的妥当性と外的妥当性

社会福祉調査を行う際には、二種類の妥当性について検討しなければならない。

**内的妥当性**とは、仮説として想定された因果関係が、当該の実験や調査の状況において成立することが確認できる可能性（程度）のことをさす。例えば「xがyを引き起こす」と因果関係を明らかにするためには、xがyを引き起こすことを論理的に説明するとともに、他の形で説明できる可能性を小さくすることで、明確な結論（＝高い内的妥当性）をもたらすことができる。

**外的妥当性**とは、実験や研究から得られた情報や知見が、その実験や研究の状況の範囲を超えて一般化できる可能性のことをさす。例えば、ある地域の貧困に関する研究に行ったときに、その地域で貧困を生み出すと想定された要因が、他の地域でも貧困を生み出すことが確認できるときには、高い外的妥当性（一般化可能性）があることになる[4)]。

## 5 作業仮説の設定

次に自分の問題意識を、変数と変数の関係として表現する「作業仮説：working hypothesis」をつくることが必要である。例えば高齢者が自分の生活に対して感じる満足度を調べたいとしよう。ひと口に「生活」といっても、さまざまな側面がある。自分の収入や資産、家族関係や友人関係、住んでいる地域や行政サービス、仕事に対する満足など。そこで、生活のさまざまな側面に関する満足度を測定する質問文をつくり、それらが何らかの形で総合化されたとき、生活全体の満足度が測定できると考える。生活の各側面に関する満足度を具体的に測定する指標や尺度をつくることができれば、それが性別や年齢や居住地域や家族関係に応じて、どのように分布が変化するのかを調べることができる。このように事実や実態がどうなっているかを知るための問いを、「howの問い[5)]」という。

だが「howの問い」だけでは、研究はなかなか進展しない。例えば高齢者の生活満足度を調べるときには、なぜ高齢者の生活満足度が高い人と低い人がいるのか、生活満足度の高低を決めるのはどのような要因（原因）か、と考えることが必要になる。これを「whyの問い[5)]」という。例えば高齢者の幸福感を例に取るならば、ここでの作業仮説とは、高齢者の幸福感という「結果」に対して影響を与える「原因」を何通りか考え出し、それを変数と変数の関連性として表現することである。

# 第2節　全数調査と標本調査

## 1　母集団と標本、全数調査と標本調査

複数の個体から成る全体の分布を数量的に扱う統計的調査では一般に、**母集団**（population）と**標本**（sample）が想定される。社会福祉調査の場合、母集団とは、調査が探求したい対象物としての社会や社会集団のことをさす。例えば内閣支持率を調べたいとき、「支持率」という比率は、「日本の有権者全体」という母集団を前提にしている。

統計的調査は、調査対象者の選び方によって２つに分かれる。まず、母集団の中のすべてのメンバーを調査対象者として選び、くまなく調査する全数（悉皆（しっかい））調査である。代表的なものは国勢調査である。

これに対して、母集団の中から一部のメンバーだけを選んで調査することを、標本（sample）調査という。この標本の選び方のことをサンプリング（sampling：標本抽出）という。調査対象者として選ばれるのが人間であるのに、標本という言葉は、日本語の語感としては冷淡な感もあるが、これは統計学上の専門用語として用いられているもので、他意はない。標本調査の重要な特徴は、選ばれた標本における平均や比率などの値から、母集団全体における平均や比率などの値を、統計学上の原理に基づいて一定の誤差の範囲内で推定できることにある。例えば、選ばれた標本（調査対象者）の身長の平均が165センチメートルであったとすると、母集団における身長の平均が○×％の確率で160センチメートルから170センチメートルの範囲におさまる、というような推測を行うことができる。

標本調査に対する素朴な疑問としては、「母集団の一部のわずかな人数を調べただけで、なぜ全体のことが推計できるのか」とか、「正確な値を知りたくて、時間や費用や労力を度外視できるなら、全数調査のほうが標本調査より正確で信頼性の高いデータが得られるのではないか」というものがある。確かに常識的には、すべてを調べる全数調査のほうが望ましいようにも思われる。だが実際には次の理由から、標本調査のほうがむしろ優れていると考えられている。

第一に、標本調査のほうが、コストが低い。つまり時間や労力、費用を節約できる。逆に全数調査はコストが高い。さらに現実的には、全員からデータを得ることは困難である場合が多い。先に述べた国勢調査で

さえ、近年は回収率の低下が問題になっている。

第二に、標本調査のほうがしばしば精度が高い。実はデータの精度を低くする要因には、標本抽出に基づくものと、それとは無関係なものとがある。前者を**標本誤差**、後者を非標本誤差という。標本調査では、母集団を構成する人々全員を調べるわけではない。したがって選ばれた標本から得られる情報と、母集団の特性が必ず一致するわけではない。例えば日本の有権者という母集団から一部を選んで標本とし、年収の平均を計算したとしよう。仮に標本内での平均が700万円であったとしても、母集団の平均が700万円であるとは限らない。標本によっては650万円であったり、730万円であったりする。これは、標本をいかに正しい抽出の手続きに基づいて選んだとしても避けがたく生じる誤差である。これが標本誤差である。

それに対して非標本誤差とは、社会福祉調査において調査する側もされる側も、人間であるがゆえに発生するさまざまなヒューマンエラーのことである。回答者の誤答、虚偽の回答、誤記入、調査する側の不正、コーディングのミス、入力ミス、計算ミスなどがある。これらの非標本誤差は、全数調査でも標本調査でも発生するが、一般に、調査対象者の数が多ければ多いほど非標本誤差も増える可能性が高い。全数調査では、標本誤差は理論的にはゼロだが、標本調査と比べて非標本誤差が大きくなりやすい。したがって全数調査よりも、周到に計画された標本調査のほうが、精度が高い場合が多い。

そのような事情から、現代では標本調査が統計的研究の標準形とみなされている。

## 2 さまざまな標本抽出とランダムサンプリングの重要性

標本調査を行う際、最も重要な原則は、標本を**無作為抽出**（random sampling：ランダムサンプリング）の原則に基づいて行うことである。このことの重要性は強調してし過ぎることはない。無作為、ランダムという言葉の響きは、日本語の語感では、恣意的（しいてき）、でたらめ、好き勝手、というニュアンスがある。例えば街角を歩いている人に手当たり次第にアンケートするような事例は、恣意的に、好き勝手に標本を抽出しているので、ランダムとよんでよいように感じるかもしれない。しかしこれは間違っている。このような恣意的な抽出法は、便宜的標本抽出

(accidental sampling) とよばれる。

また、特定の属性を共有する人（例えば会社や学校に所属する人）を集中的に選んでアンケートしたり、駅前にいる人数百人に答えてもらったり、あるいははがきやインターネットを使って回答したい人に答えてもらうやり方がある。これらは有意抽出（purposive sampling）といわれ、ランダムサンプリングではない。これらの調査は、全体の名簿がなくても抽出が容易にでき、調査したい属性をもつ対象者に焦点を絞りやすいという利点がある。だがその対象者が母集団を代表する標本としての条件を満たしている保証がない。

調査者が自分の知人や友人のツテをたどって調査対象者を見つける機縁法（縁故法、スノーボール・サンプリングともいう）も、有意抽出の一つである。

また**割当法**（quota method）といって、母集団に関して、性別、年齢、居住地、人種など、いくつかの基本的属性の分布が判明しているときに、標本の構成比率を母集団の比率に一致させるように配慮する方法もある。例えば標本を1,000人選ぶときに、母集団における男女の比率が51：49であれば、男性510人、女性490人を選ぶということをあらかじめ決めておくのである。ただ、その510人や490人の選び方は有意抽出に従うという方法である。これも、無作為抽出とはいえない。

無作為という言葉の意味の本質は、母集団から標本を抽出するときに、どの個体をとっても標本として選ばれる確率が等しいところにある。その意味では、調査する側の主観が入り込む余地はなく、無作為抽出は極めて厳格な方法的手続きに従う。それは「ランダム」という日常用語がもつ恣意的、好き勝手というイメージとは対極にある。無作為抽出は、選ばれた標本が偏りなく母集団を代表するよう工夫された抽出法であり、統計的研究においては必須といってよい。

## 3 さまざまな無作為標本抽出

無作為抽出は「くじ引き」のようなものであり、どのような個体も等しい確率で抽出されるようにする。典型的には、**乱数表**を用いるとか、番号くじを引くような方法である。無作為抽出を行うためには、まず母集団全員のリストないし名簿（抽出リスト）を確定しなければならない。例えばA市の20歳以上の成人を母集団とするときには、その市の選挙人名簿や住民基本台帳が抽出リストとなる。この抽出リストに通し番号を付け、さらにその中から乱数表を用いて標本を一つひとつ選び出していくことができれば、理想的である。これが、単純無作為抽出法(simple random sampling）である。だが実際には、母集団の人数が数千人を超えるような大規模な調査では、このような手続きを行うには、途方もない手間と時間がかかる。そのため標本抽出のランダム性を確保しつつ、実際にもっと簡便に標本を選ぶ方法が確立されている。

それが、**系統的抽出法**（systematic random sampling）あるいは等間隔抽出法である。これは最初のサンプルだけを乱数表やくじ引きでランダムに選び、２番め以降は等しい間隔で選んでいく方法である。例えば人口10万人の自治体に住む成人から、2,500人の標本を選びたいとする。このとき母集団の大きさ10万を標本数2,500で割った値、40が抽出間隔となる。次に、最初の標本を選ぶため、１から40までの数の中から１つをランダムに選ぶ。例えばそれが15だとすると、２人めの標本は55（＝15＋40）番めの人、３人めの標本は95（＝15＋40×２）番めの人、４人めの標本は135（＝15＋40×３）番めの人…、というように機械的に2,500人を選んでいくのである。この例の場合、2,500番めの標本は９万9,975（＝15＋40×2,499）番めの人となり、母集団の全体から、満遍なく標本が抽出されたことになる。

この抽出法は、理論的には単純無作為抽出と同じである上に、①抽出リストに通し番号を付けなくてよい、②抽出作業の省力化・事前化が可能、という利点がある。ただし、ある特性に関してリストの構成単位が一定の周期で配列され、それが抽出間隔に同調するようなことがあると、同じ特性の人ばかりが選ばれて、結果にかたよりが生じることもある。具体的には、10人ごとのグループで構成された抽出リストで、グループ内の最初の１番め（1、11、21、31、…番め）の人が班長であった場合、たまたまスタート番号が１で抽出間隔が10の抽出を行ってしまうと、班長ばかりが選ばれることになる。このような例は実際にはまれだが、どんな調査であっても抽出リストの特性を吟味しておく必要はある。

## 4 その他の抽出方法

また調査する対象に関して、男女別、世代別、学歴別、地域別などのカテゴリーによって調査対象の母集団をいくつかの層に分け、各層ごとに独立に標本を抽出する方法もある。それが**層化抽出法**（stratified sampling）である。標本の数を各層に割り当てるときには、層の大きさに比例させる**比例割当抽出法**（quota sampling）を用いる。具体的には1,000人の母集団で、男女比が１：1、世代比が若年２：中年３：高年５だったとすると、各層の人数を以下のように決める。男性・若年100人、女性・若年100人、男性・中年150人、女性・中年150人、男性・高年250人、女性・高年250人である。さらに個々の層の内部でも無作為抽出を行う。この方法を用いると、母集団の構造により近い標本が得られる。

また母集団が広範囲に広がる場合（例えば全国調査）や、母集団の人数が極めて多い場合には、系統的抽出法に基づくサンプリングを行うことがむずかしくなる。また抽出された対象者が広範囲に散在すると、訪問調査が困難になることもある。このようなとき、母集団から抽出対象を多段階に抽出する。これを**多段抽出法**（multi-stage sampling）という。具体的には、まず全体の範囲の中から一部の市町村を選び、場合によってはその中から一部の投票区や学区を選び、最後にその中に住む人を系統的抽出法でサンプリングを行う。この場合は３段階抽出だが、普通は２段階抽出が行われることが多い。

今、A市の有権者20万人の中から、調査対象者となる標本を２段階抽出で1,000人抽出したい。A市には50の投票区が存在し、このうちから20の投票区を第一次抽出単位として選びたい。このとき、１つの投票区からは1,000 ÷ 20 = 50人を等しく選ぶ。それぞれの投票区の有権者数が同じならば、50の投票区から20をランダムに選べばよいのだが、実際には有権者数の多い投票区もあれば、少ない投票区もある。そこで有権者数の多い投票区は選ばれやすく、そうでない投票区は選ばれにくくなるように、第１段階で各投票区にその区の有権者数に比例した確率を割り当て、区を抽出する。つまり２倍の有権者をもつ区は当たる確率を２倍にする。このような手続きを確率比例抽出法（probability proportionate sampling）という。

＊2
確率標本抽出法とは、母集団から標本に選ばれる可能性が確率的である方法をいう。この場合、標本に選ばれるチャンス（確率）は同じであり、統計学的に母集団の状態を推定することが可能となる。

＊3
非確率標本抽出法とは、母集団から標本に選ばれる可能性が確率によらない方法をいう。母集団のリストがないなど、確率標本抽出法が使えない場合に用いられることが多い。母集団を性別、年齢層などの組み合わせにより分類し、その各集団から母集団に比例する標本を抽出するクォータ・サンプリング、街頭インタビューなどで調査者の都合で対象を選ぶ便宜的抽出法などがある。

〈表３－３－１〉標本抽出の方法

| | | |
|---|---|---|
| 標本抽出法 | 確率標本抽出法＊2 | 単純無作為抽出法<br>系統的抽出法（等間隔抽出法）<br>層化抽出法<br>多段抽出法<br>層化多段抽出法 |
| | 非確率標本抽出法＊3 | 比例割当抽出法（クォータ・サンプリング）<br>有意抽出法<br>便宜的抽出法（入手可能対象者抽出法） |

（筆者作成）

また層化抽出法と多段抽出法を組み合わせた方法を、層化多段抽出法（stratified multi-stage sampling）とよぶ。全国規模の調査で用いられる場合が多い。

なお、標本抽出法の類型は**表３－３－１**のとおり。

## 5 標本数の決め方と回収率



標本調査では、時間や費用の制約などから、あらかじめ標本数が決められていることが多い。標本数が少な過ぎると、母集団の値を推計するときに精度が低くなる。推計の精度は標本数が増えれば増えるほど高まることが知られているので、自らが企画している調査がどの程度の精度を必要としているかを、時間・費用などのコストを勘案しながら決めるとよい。

**図３－３－１**は、標本数と標本誤差の関係を示したものである。標本誤差の大きさとは、母集団の比率が50％であるとき、0.95の確率で標本の比率がずれる範囲である。標本数が大きくなるにつれて、**標本誤差**が小さくなることがわかる。

標本調査では、正確なサンプリングを行うとともに、できるだけ多くの調査対象者に協力していただき、調査票を回収することが必要となる。この場合重要となるのは、回収された調査票の数の多さではなく、回収率である。

〈図３－３－１〉標本誤差の大きさ

（母集団において比率が50％であるとき
0.95の確率で標本の比率がずれる範囲）

| 標本数 | 標本誤差の大きさ |
|---|---|
| 100 | ±9.8％ |
| 400 | ±4.9％ |
| 2,500 | ±2.0％ |
| 10,000 | ±1.0％ |

（出典）盛山和夫『社会調査法入門』有斐閣、2004年、120頁

# 第3節　量的調査の設計

統計的研究を企画するにあたっては、以下の点を決定しておかなければならない。

①何回行うか
②調査対象をどう決めるか
③調査方法をどうするか

以下、この順に論じる。

## 1 横断調査と縦断調査

大規模な調査では、母集団からの標本抽出を特定の時期に1回だけ行うワンショット・サーベイが中心である。標本は1回ごとに選び直される。大規模調査を本調査として行う前に、少ない数の標本に対して予備調査が行われる場合もあるが、基本的にはこれもワンショット・サーベイである。**横断調査**（cross-sectional survey）とよばれることもあるが、この場合、複数の調査対象者を同一時点で調査していくという意味になる。大規模調査の場合、属性の異なるさまざまな調査対象者を同時に標本抽出することになるので、ワンショット・サーベイは横断調査の一つということになる。

他方、時間の経過による変化を調べるために、時期を変えて、複数回にわたって調査を行うことがある。これを**縦断調査**（longitudinal survey）とよぶ。

このうち、同一の調査対象者に対して複数回調査する方法のことを**パネル調査**という。パネル調査は費用も時間もかかるが、同一の調査対象者における意識や実態が、時間の経過とともにどのように変化したかを追跡することができるので、ワンショット・サーベイでは明らかにできない、変数間の前後関係や因果関係を特定できる可能性が高くなる。

ただし、数年から数十年に及ぶ期間を通して何回も同じ調査対象者に聞くことになるため、死亡や転居による調査不能、調査拒否などが増えることがある。これを「パネルの摩耗」とよぶ。さらに、ワンショット・サーベイで回収率が下がった場合と同じように、回答者に偏りが生まれることもあるので、注意が必要である。

## 2 調査対象者の選択

標本調査でも、抽出リストの性格によって、調査対象者の単位が変わる。例えば有権者名簿や住民基本台帳を用いた標本調査の場合、個人が調査対象として特定されることが多い。しかしその個人を含んだ世帯を調査対象として選ぶ場合もある。あるいは団体（企業や学校）が抽出リストになっている場合は、その団体が調査の対象となる。

また調査の内容によっては、調査の対象を明確にしておく必要がある。例えば夫婦関係や親子関係を調査することが目的の場合、妻に聞くのか夫に聞くのか、親に聞くのか子どもに聞くのかによって、調査票を変えなければならない場合もある。



## 3 調査方法の選択

統計的研究では、適切な標本抽出を行ったとしても、どのような形で質問紙や調査票を配布・収集するか、また実際の質問紙をどのように構成するかに関して、さまざまなバリエーションがある。大きく分類すれば、自記式（自計式）と他記式（他計式）、さらに細かく分類すれば、個別面接調査／留置(とめおき)調査／郵送調査／電話調査／集合調査／モニター調査／インターネット調査に分けられる。

### （1）自記式（自計式）と他記式（他計式）

質問紙や調査票を、調査対象者が直接記入する方法を自記式（自計式）、調査員が調査対象者から口頭で聞き取って記入する方法を、他記式（他計式）という。

自記式の場合、調査対象者が周囲の反応を気にすることなく、自らのペースで、相対的に本音に近い答えを得ることができる。特にプライバシーや個人情報に関する情報を答えなければならないときには、自記式のほうが望ましい。しかし質問内容や回答方法（多肢選択か単一選択か、など）の誤解、記入漏れ、誤記入などが起きやすい。また、ふだんの生活で読んだり書いたりする習慣の乏しい人や、視覚に障害のある人、体調が優れない人などが調査対象者となる場合、そもそも自記式が不可能になることもある。

他方、他記式を用いると、調査員が口頭で説明を適宜加えることができるため、自記式に比べて質問の意図を正確に伝えやすい。また調査対象者が本人であるかどうかを確認しやすく、誤記入をチェックしやすい。

しかし調査員の属性（性別や人種別、年齢）などが調査対象者の回答に影響を与える場合がある。例えば女性が調査員で、調査対象者が男性である場合、女性に対して差別的・批判的な意見を調査対象者が控えがちになるといった効果である。

### （2）個別面接調査／留置調査／郵送調査／電話調査／集合調査／モニター調査／インターネット調査

#### ❶個別面接調査

個別面接調査は、他記式調査の一つであり、標本として選ばれた調査対象者に調査員が直接面接し、調査票を読み上げながら質問し、回答を書き取っていく。他記式のメリットをすべて備えている上、個別面接調査は一般にほかの調査法に比べて回収率が高くなる傾向がある。ただし調査員の養成、回収にかかる人的、金銭的コストは高くなる。

かつては個別面接調査の場合、60〜70％以上の回収率が期待されたが、近年ではそれだけの回収率を達成することは困難になりつつある。

#### ❷留置調査

**留置調査**は、自記式調査の一つであり、調査員が調査票を対象者に預け、一定の期間（数日）をおいて、再び調査員が回収に伺う方法である。調査の正確性では、個別面接調査に劣るが、忙しい人でも応じてくれやすい、プライバシーにかかわる質問も聞きやすい、一人の調査員が回れる対象者数をやや多くできる、などのメリットがある。

回収率も個別面接調査と同様、高くなると期待できる。

#### ❸郵送調査

郵送調査は、自記式調査の一つであり、調査票を郵送し、一定の期間（通常、数日から数週間）の間に調査対象者に記入を依頼し、返送用封筒を使って郵送で返信してもらう方法である。この方法を用いれば、調査員を雇用したり養成する必要がなく、広い範囲の対象者に郵送代だけで送付することができる。自記式調査のメリット、デメリットをすべて備えている。しかし最大の問題点は、個別面接調査や留置調査に比べて回収率が低くなることである。住所不明や不配達で調査対象者に調査票が届かないこともあるが、商業目的のダイレクトメールと同様に扱われたり、そもそも時間を取って読んでもらえなかったりする。それゆえ当初の段階では、回収率が20～30％にとどまる場合が多い。

そこで調査協力へのお礼を兼ねた督促はがきを全員に数回送付したり、謝礼や景品を使って回答意欲を高めたり、返信用封筒に切手を貼って少しでも回答する気持ちを芽生えさせたりと涙ぐましい努力を行う。それでも40％から50％台の回収率が得られればよいほうである。ただし郵送調査をていねいに実施すれば、近年回収率が低下しつつある個別面接調査と、同程度の回収率を得られることもある。回収率が低い場合には、どの層が過大、過少になっているかを評価し、調査結果を補正することもある。



### ❹電話調査

電話調査は、他記式調査の一つであり、マスメディアで行われる世論調査ではこの方法が用いられることが多い。かつては電話帳を抽出リストにしたものが多かったが、現在はRDD（Random Digit Dialing）といって、コンピューターで電話番号をランダムに発生させて、通じた電話の中から家庭用の電話に出た人にインタビューを行うことが多い。

電話を用いるだけに質問内容がむずかしくないものに限られる。調査票を用いた場合、分量が十数頁に及び、回答時間も数十分かかる場合が少なくないが、電話調査ではこの方法をとるのはむずかしい。

### ❺集合調査／モニター調査／インターネット調査

集合調査は、企業や学校や集会の場所など、多くの人が集まる場所で調査票を配布し、その場で記入してもらって、後で回収する方法である。モニター調査は、専門の調査会社や機関が回答に参加してくれそうな人々をモニターとして確保しておき、インターネットなどを利用して、調査したい属性を調整して調査への記入を依頼する。インターネット調査は、不特定多数の人にweb上での選択肢をクリックしたり、自由回答を書き込んでもらって送信してもらう方法のことである。

この３種類の調査の最大の問題点は、ランダムサンプリングになり得ない点である。それゆえ、集計された回答から母集団の特性や分布を推定することが不可能であり、厳密な社会福祉調査という観点からは、せいぜい予備調査や探索型の調査の域を出ないという評価もある。しかし近年では、因果推論の方法が発展し、標本の一部をランダムサンプリングとして、他のデータと比較することで、ある程度の補正が可能になっている。

# 第4節　調査票の作成

## 1 作業仮説と質問項目の選定

統計的研究における作業仮説、調査対象、調査方法が決まったら、いよいよ調査票（schedule）あるいは質問紙（question-naire）の作成に取りかかる。調査票には、その研究が問おうとしている問題意識や作業仮説に則した質問項目を盛り込み、適切な質問文を作成する必要がある。

まず作業仮説に基づいて、どのような質問項目が必要になるかを考える。とりわけ因果関係の解明をめざす調査の場合には、それぞれの項目が以下の３つの分類のうち、どれに該当するかをよく考える必要がある。第一に、解明されるべき項目や変数のことで、原因－結果の「結果」にあたる**従属変数**（被説明変数）・目的変数。第二に、ある事実や結果をもたらす「原因」として想定される**独立変数**（説明変数）。第三に、原因－結果の関係として想定された２つの変数に対して、間接的に影響を与えるかもしれない統制変数である。

例えば、今、50歳未満の女性が産む子どもの数に対して影響を与える要因を調べたいとしよう。作業仮説としては、「女性が高学歴であればあるほど、子どもの数は少ない」「女性が都市部に住んでいればいるほど、子どもの数は少ない」「女性の結婚や子どもに対する意識が肯定的であればあるほど、子どもの数は多い」「夫の家事時間が長ければ長いほど、子どもの数は多い」など、さまざまなものが考えられる。これらの作業仮説のうち、どれがより妥当で、どれが妥当でないかを統計学の手続きに基づいて検証する。これが、統計的研究の基本的な姿勢である。

この例の場合、まず50歳未満の女性が産んでいる実際の子どもの数が従属変数となる。次に、子どもの数を規定する原因として想定可能なさまざまな変数、例えば女性の年齢、学歴、職業、未婚／既婚の別、居住地、通勤時間、結婚や出産や性役割に対する意識、（夫がいる場合）夫の家事時間、などが独立変数の候補となる。

ここで「女性が高学歴であればあるほど、子どもの数は少ない」という作業仮説をどうやって検証するかを考えてみよう。まず、その女性の最終学歴（中学卒か高校卒か大学卒かなど）を尋ねる質問項目をつくらねばならない。子どもの数や最終学歴は、社会福祉調査の中では比較的客観的に測定可能な、その人自身の属性と考えられる。性別、年齢、未婚／既婚の別、居住地、世帯人数、収入、職業、従業上の地位（社長か部課長か平社員か、等）、就業形態（フルタイムで働くかパートタイムで働くか、無職か、等）などもそうである。このように調査対象者の属性、とりわけ社会経済的な属性を尋ねる質問項目をフェイスシート（face sheet）とよぶ。一般的には、これらの項目は調査票の末尾に置かれることが多い。なぜなら、これらの項目はしばしば重要な個人情報を含むため、調査票の前半に置かれると、調査に対する忌避感・警戒感を高めてしまいかねないからである。むろん回収された調査票やこれらの情報を転記した文書（例えばMicrosoft ExcelやSPSS、Stataなど統計ソフト専用のワークシート）に関しては、情報流出が決して起こらないよう、厳重に管理されなければならない。



女性の最終学歴と子どもの数が判明したら、次に、両者の関連性を検証する分析を行う。例えば、調査対象となる女性を最終学歴ごとにグループ分けして、それぞれのグループにおける子どもの数の平均を計算する。あるいは、子どもの数を「０人／１人／２人／３人以上」などのようにいくつかのカテゴリーに分け、学歴ごとにそれぞれのカテゴリーへの分布がどう異なるかを調べてみる（クロス表）。その結果、中学卒よりも高校卒、高校卒よりも大学卒の女性のほうが、産む子どもの数が少ないという結果が得られたとしたら、「高学歴であればあるほど、子どもの数は少ない」という作業仮説は、一応検証されたことになる。

ただし一般的に、年齢が上がれば上がるほど、女性が出産を経験する確率は高まる。だから本当は、年齢が子どもの数に与える影響を省いても、学歴が子どもの数に影響を与えるかどうかを調べる必要がある。このように、子どもの数（従属変数）と学歴（独立変数）の両方に影響を与えているかもしれず、その影響力を統制したい変数のことを統制変数という。

具体的には、例えば女性を「20代／30代／40代」というように、10歳刻みの年齢に分け、「40代の女性における学歴と子どもの数の関連」「30代の女性における学歴と子どもの数の関連」、というように細かくその関連性を分析することが考えられる。年齢を統制しても同じ結果が得られるなら、もともとの作業仮説の妥当性がさらに増したと考えることができる。

逆に、統制変数を導入することで、もともとあった関連性が消えてしまう場合もある。例えば「女性の学歴が高ければ高いほど、子どもの数

〈図3－3－2〉変数間の関係

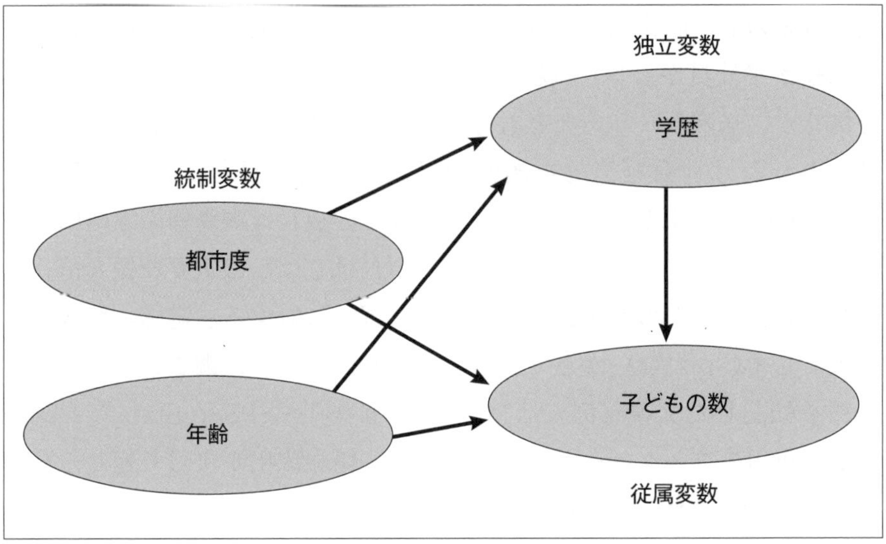

（筆者作成）

が減る」という関連性があったとしよう。だがこれは、「女性の学歴が高いから、子どもの数が減る」という「原因－結果」の関係というよりはむしろ、「都市部に住んでいればいるほど学歴は高い」「都市部に住んでいればいるほど子どもの数は少ない」という関連性の下で生じた、見せかけの相関かもしれない。このような複雑な原因－結果の関係が疑われる場合、例えば居住地という変数を使って、その人が都市部に住んでいるか、小さな町村（農村部）に住んでいるかを分類し、「都市度」という統制変数を考える。そして三者の関連性を検証しなければならない。

そうした分析の結果、もともと存在した学歴と子どもの数の関連性が消えてなくなった場合には、一見存在しているかのように見えた学歴と子どもの数の関連性は、別の第三の変数（都市度）によって規定された疑似相関（spurious correlation）であると判断される（**図3－3－2**）。

このように、質問項目の下で想定されるさまざまな変数間の関連性を、地道に検証していくことが、統計的研究の王道であり、醍醐味でもある。

## 2 客観的な事実と主観的な意識・態度

統計的研究の場合、客観的な事実にかかわることを尋ねているのか、それとも、事実に対する意識や態度を尋ねているのかについても、十分な注意が必要である。わかりやすい例でいえば、「この部屋の温度は摂氏何度ですか」と尋ねて温度計で調べて答えてもらえば、それが客観的事実となる。しかし「この部屋は暑いですか」と質問すれば、それへの回答は、事実に対する調査対象者の意識や評価を示すことになる。もっとも社会福祉調査では、どこまでが客観的な事実で、どこからが主観的な意識や態度であるかは、区別しにくい場合も少なくない。

例えば、ある人の１週間における平均的な家事時間を尋ねたとする。客観的な事実として厳密に測定したいときには、家事に使った時間をそのつど、正確に記録してもらい、報告してもらう方法が考えられる。だが個々の回答者が、どのような行為や行動を「家事」とみなすかは、ばらつきがある。

さらに、例えば「平均して何時間くらい家事をやっていますか」というような尋ね方をした場合、その回答は、実際の家事時間というよりも、回答者がどれだけ家事に時間を割いているかに関する主観的な評価になっている場合もある。このように客観的な事実を測定しているつもりでも、実のところ回答者の主観的な意識や態度が表現されていることも少なくなく、分析にあたっては注意が必要である。

## 引用文献

1）高根正昭『創造の方法学』講談社、1979年、第3章
2）立石宏昭『社会福祉調査のすすめ－実践のための方法論』ミネルヴァ書房、2005年、7頁
3）斎藤嘉孝『ワードマップ社会福祉調査－企画・実施の基礎知識とコツ』新曜社、2010年、38頁
4）野村　康『社会科学の考え方－認識論、リサーチ・デザイン、手法』名古屋大学出版会、2017年、92頁。佐藤郁哉『社会調査の考え方［下］』東京大学出版会、2015年、79～80頁
5）盛山和夫『社会調査法入門』有斐閣、2004年、48頁

## 参考文献

- 井上文夫・井上和子・小野能文・西垣悦代『よりよい社会調査をめざして』創元社、1995年
- 石川淳志・佐藤健二・山田一成『見えないものを見る力－社会調査という認識』八千代出版、1998年
- 岩井紀子・保田時男『調査データ分析の基礎　JGSSデータとオンライン集計の活用』有斐閣、2007年
- 平松貞実『社会調査で何が見えるか－歴史と実例による社会調査入門』新曜社、2006年
- 森岡清志 編著『ガイドブック社会調査 第2版』日本評論社、2007年
- 大谷信介・木下栄二・後藤範章・小松　洋・永野　武『社会調査へのアプローチ－論理と方法』ミネルヴァ書房、1999年
- 盛山和夫『社会調査法入門』有斐閣、2004年
- 玉野和志『実践社会調査入門－今すぐ調査を始めたい人へ』世界思想社、2008年
- T. メイ、中野正大 監訳『社会調査の考え方－論点と方法』世界思想社、2005年
- 谷岡一郎『「社会調査」のウソ－リサーチ・リテラシーのすすめ』文藝春秋、2000年

# 第4章
# 量的調査の方法Ⅱ

## 学習のねらい

本章では、第３章に引き続き、量的調査について学習する。

まず、適切な調査票の作成の仕方を確認した後、その調査票を用いて、調査を実際にどのように実施すべきなのかを明らかにする。調査が正しく実施され、またその結果が適切に整理されなければ、社会福祉調査を実りあるものにすることはできない。

次に、調査で得られた結果を集計し、そしてその結果を分析する方法について解説する。調査で得られた結果から正しい結論を取り出すためには、その結果を表やグラフを用いて視覚化する方法や、あるいは算術平均などの代表値を用いて結果の概要を把握する方法について、正しい知識をもっていることが必要とされる。また、標本調査から得られた結果が母集団全体にも当てはまるのかどうか、その判断を行うためには統計学に関する基礎的な知識が大切になる。

# 第1節　ワーディングと回答選択肢

## 1　ワーディング

調査票の中心となるのは、質問文とそれに対する回答欄の作成である。調査票における文章や言い回しのことをワーディング（wording）という。社会福祉調査は、調査を実施する研究者と調査対象者との対話、すなわちコミュニケーションという側面が強い。したがって質問文でどのような語句を用い、どのような文章を用いるかによって、回答のあり方も大きく変わる。調査対象者が、調査実施者による問いかけの意味を明確に理解でき、かつ答えやすいワーディングを行うことが、調査の正確性や客観性を高めるために必要である。

まず第一に、質問文は明確でなければならない。簡単なところでは、年齢を尋ねる際には「満か、かぞえか」、家族数を尋ねる場合には「自分も含めて」か、収入を尋ねる際には「月収か、年収か」、出身地については「何歳のときに住んでいた地域」か、などを特定できるような質問文を用意する必要がある。

第二に、あまりにむずかしい言葉、専門的過ぎる用語、業界用語などを使う場合にも、十分な注意が必要である。例えば「iPS細胞」や「$CO_2$削減」などのように、生命科学や環境科学ではよく知られた言葉であっても、一般の人には必ずしもなじみがあるとはいえない言葉を用いる場合には、調査票の中で、前もってわかりやすく説明をしたり、欄外で言葉の定義を行う必要がある。

第三に、短くて簡潔な質問文にする。なぜなら、長過ぎる質問文や、語句の意味を過剰に説明した質問文の場合、回答が一定方向に誘導されることになりかねないからだ。例えば、(A)「あなたは、たばこ税率の引き上げに賛成ですか、反対ですか」と単刀直入に尋ねる場合と、(B)「たばこ税率を引き上げれば、喫煙者が減り、財政的にも安定するなど好影響が予想されますが、あなたは、たばこ税率の引き上げに賛成ですか、反対ですか」と尋ねる場合とでは、後者のほうが「賛成」と答える人の割合が高くなるだろう。質問文としては（A）のような聞き方が望ましい。(B）のように、回答傾向を一定方向に誘導する質問を、誘導質問（leading question）という。

第四に、否定疑問文を使わない。例えば「あなたは、今回の選挙で投票しないのですか」とか「あなたは、消費税を増やすことに反対ですか」などである。この種の質問の場合、特にわが国では「はい」と「いいえ」の意味がずれることがある。

第五に、一般に広く浸透していて、あらかじめ固定的なイメージや評価的なニュアンスを含んだステレオタイプ（stereotype）語をなるべく使わない。こういう言葉づかいをすると、回答結果が言葉のニュアンスによって左右されることがある。例えば、(A)「官僚の天下りを望ましいと思いますか」と尋ねた場合と、(B)「公務員の民間への再就職を望ましいと思いますか」と尋ねた場合とでは、前者（A）では、「天下り」という言葉の否定的なニュアンスに引きずられ、否定的な回答が増えると考えられる。

第六に、１つの質問文に、２つ以上の論点をひとまとめにして質問しないように注意しなければならない。例えば、「あなたは、米や牛肉の輸入自由化に賛成ですか」という質問に「はい」か「いいえ」で回答してもらうとする。このとき、米と牛肉の、どちらの輸入自由化にも賛成の人は「はい」、どちらにも反対の人は「いいえ」と答えればよいのだが、「米の輸入自由化には賛成だが、牛肉の輸入自由化には反対」と考える人、また「米の輸入自由化には反対だが、牛肉の輸入自由化には賛成」と考える人は、自分の意見を正確に答えることができない。このように、１つの質問文に２つ以上の論点が含まれていることを、**ダブルバーレル**（double-barrel）という。このようなときには、「あなたは米の輸入自由化に賛成ですか」「あなたは牛肉の輸入自由化に賛成ですか」と２つの質問文に分けるのが望ましい。

また、「売春は、公序良俗に反するから禁止すべきだ」というように、判断に対する理由が含まれている質問文もダブルバーレルである。なぜなら、「売春は禁止すべきだ」とは思っていても、それがほかの理由、例えば「女性の人権や人格を侵害するから（禁止すべきだ）」と思っている人にとっては、正確に回答したことにならないからだ。このような場合、まず「売春は禁止すべきだと思いますか」と尋ね、それに「はい」と答えた人に対して、サブクエスチョンを用意して、その理由を、いくつかの回答選択肢から答えてもらうようにすればよい。

第七に、回答者自身の行動や意見を聞くパーソナルな質問（personal question）と、世の中一般の人々の行動や意見について回答者の意見を聞くインパーソナルな質問（impersonal question）とでは、一般的に回答傾向が異なる。例えば「一般的に、脳死による臓器移植が行われることに、あなたは賛成ですか」と尋ねた場合と、「あなたは脳死状態になったら臓器移植したいと思いますか」と尋ねた場合とでは、回答結果は違ってくるだろう。どちらが望ましい質問形式だということはできないが、ほかの調査と結果を比較する際には、質問文がどのような形式になっているかに十分注意する必要がある。

第八に、回答者には、潜在的に「いいえ」よりも「はい」と答える傾向が強い。これをイエス・テンデンシー（yes tendency）という。平松貞実（ひらまつさだみ）が紹介する例によると、「夏期休暇を過ごすとすれば山より海のほうがよいですか」という質問に、「イエス」（すなわち海）と答えたのが44%だったが、それを「夏期休暇を過ごすとすれば海より山のほうがよいですか」と聞くと「イエス」（すなわち山）が61%、「ノー」（すなわち海）が39%であった。回答者は「イエス」と答える傾向が強いわけである。

第九に、前にある質問文が後続する質問の回答に影響を与えることがある。これを**キャリーオーバー効果**（carryover effect）という。例えば「男女平等は国際的潮流だと思いますか」と尋ねた直後で、「家事負担の男女平等をどう思いますか」と尋ねると、後者の質問に対しては、肯定的回答が本来よりも増えると考えられる。なぜなら最初の質問に答えたことで、一種の意識付けがなされ、そのことによって次の質問への回答が左右されるからである。大手マスコミの世論調査では、憲法改正や重要法案への賛否を尋ねるとき、しばしばこのキャリーオーバー効果を利用して、回答結果を一定方向に誘導するといわれている。

キャリーオーバー効果を完全になくすことはできない。しかし、ある程度なら回避することはできる。上の例の場合、関連ある質問文を連続させず、ある程度離れた位置に置けば、それぞれの質問文に対して比較的正確な回答が得られやすい。

第十に、回答者を限定するために行われる質問のことを、濾過（ろか）質問という。例えば「あなたはこの1か月間に、インターネット上に配信されている楽曲をダウンロードして購入しましたか？」という質問に「購入した」と答えた人だけに対して、続けて「購入した理由を教えてください」などと尋ねる形式である。そもそも質問に無関係な人に回答してもらう必要はなく、質問に無関係な人から回答があると、全体の信頼性が下がりかねないからである。

## 2 回答の様式

回答の仕方によって質問は、質問に対して回答者が考えていることを自由に表現し、思いどおりに答える**オープンクエスチョン**（open question：自由回答法）と、質問に対してあらかじめ回答選択肢が用意されており、該当するものを選んでもらう**クローズドクエスチョン**（closed question：選択肢法）とがある。前者は後者よりも、詳しい情報を得ることができるが、回答者がよく知らないことに答える場合や回答意欲が低い場合、無回答になりやすい。また、選択肢が用意されておらず、回答者が思いのままに書き込む自由回答は、そのままでは統計的分析には使えないことが多い。そこで調査者が手間暇をかけてアフター・コーディングしなければならないこともある。

クローズドクエスチョンでは、あらかじめ用意された選択肢から該当するものを選んでもらうが、単項選択（single choice）と多項選択（multiple choice）とがある。単項選択では、どんな回答者も選択肢の中からいずれか１つを、そして１つだけを選ぶことができるように、選択肢のリストを網羅的かつ相互に排他的にしなければならない。また「賛成か反対か」「愛情かお金か」というように、二者択一的に答えさせるものを二者択一質問（dichotomous question）というが、二者択一質問はかなり特殊なので、通常は「１　とてもそう思う／２　どちらかといえばそう思う／３　どちらともいえない／４　どちらかといえばそう思わない／５　全くそう思わない」というように、ある質問に対する意識や

〈図３－４－１〉質問文と回答選択肢（単項選択）

問35〔回答票32〕次のような意見について、あなたはそう思いますか、それともそうは思いませんか。

| | そう思う | どちらかといえばそう思う | どちらかといえばそう思わない | そう思わない | わからない |
|---|---|---|---|---|---|
| a 男性は外で働き、女性は家庭を守るべきである | 1 | 2 | 3 | 4 | 9 |
| b 男の子と女の子は違った育て方をすべきである | 1 | 2 | 3 | 4 | 9 |
| c 家事や育児には、男性よりも女性が向いている | 1 | 2 | 3 | 4 | 9 |
| d 専業主婦という仕事は、社会的に大変意義のあることだ | 1 | 2 | 3 | 4 | 9 |
| e 女性も、自分自身の職業生活を重視した生き方をするべきだ | 1 | 2 | 3 | 4 | 9 |
| f 専業主婦は、外で働く女性よりも多くの点で恵まれている | 1 | 2 | 3 | 4 | 9 |

（出典）「社会階層と社会移動に関する全国調査（SSM調査）」（1995年）A票

〈図3－4－2〉無制限式の多項選択

Q4　あなたがよく読む新聞すべてに○をつけてください。

| | | | | | | | | |
|---|---|---|---|---|---|---|---|---|
| NPASAHI | 1 | 朝日新聞 | NPDAYSP | 8 | デイリースポーツ | NPJAPAN | 15 | Japan Times |
| NPSANKEI | 2 | 産経新聞 | NPNIKSP | 9 | 日刊スポーツ | NPGENDAI | 16 | 日刊ゲンダイ |
| NPNIKKEI | 3 | 日本経済新聞 | NPHOUCHI | 10 | 報知新聞 | NPFUJI | 17 | 夕刊フジ |
| NPMAINI | 4 | 毎日新聞 | NPHOKKAI | 11 | 北海道新聞 | NPAKAHAT | 18 | 赤旗 |
| NPYOMIUR | 5 | 読売新聞 | NPTOKYO | 12 | 東京新聞 | NPSEIKYO | 19 | 聖教新聞 |
| NPSANSP | 6 | サンケイスポーツ | NPCHUNI | 13 | 中日新聞 | NPETC | 20 | その他（具体的に＿＿＿） |
| NPSPNIP | 7 | スポーツニッポン | NPWESTJP | 14 | 西日本新聞 | NPNONE | 21 | よく読む新聞はない |
| | | | | | | NPETCX1 | | 「20その他」の１番目の記述 |
| | | | | | | NPETCX2 | | 「20その他」の２番目の記述 |

（出典）「日本版総合的社会調査」（2005年）JGSS-2005

賛否の程度を回答してもらう形にすることが多い。

**図3－4－1**にあげる例は、平成7（1995）年に行われた「SSM調査」（社会階層と社会移動に関する全国調査）で実際に使われた質問文だが、aからfまでの6つの質問文に対して、「わからない」を含めて5つの回答選択肢があり、回答者はこのうち1つを選ぶ。「わからない」はD. K.（Don't Know）とよばれ、実際には、分析から省かれることが多い。その場合、この回答選択肢は4つの選択肢から成っていると考えることができ、4件法などとよぶことがある。

多項選択では、回答選択肢の中から、あらかじめ複数（例：2つとか3つとか）を選んでもらう場合（択多式）と、「当てはまるものすべてを選んでください」というように、いくつでも選んでもらう場合（無制限式、**図3－4－2**）がある。択多式の場合、その後の分析手法が限られ、単純集計程度のことしかできない。だから多項選択にするのであれば、無制限式がよい。しかし無制限式でも一般に、単項選択に比べると分析手法は制限される。調査票の分量に余裕があるのなら、5件法や7件法での単項選択を行うのが望ましい。

## 3　測定の信頼性と妥当性

ある事柄に対する意識や態度を表す指標として、尺度（scale）が使われることも多い。尺度は、意識や態度を測定するためのモノサシのようなものであり、尺度を構成する際には、その妥当性（validity）と信頼性（reliability）が問われることになる。

尺度の妥当性とは、尺度が測定しようとする特性を、誤りなく正確に測定していることである。また信頼性とは、同一の対象者に、同一特性に関し繰り返し測定を行っても、同じような測定値が得られることである。

井上文夫・井上和子・小野能文・西垣悦代の卓抜な比喩によると、誰かが山の絵を描いたとする。このとき山の裾野から頂上までの距離を、その絵にモノサシをあてて直線の長さを測れば、何回測っても同じ値が得られる。その限りでこのモノサシは信頼性が高い。だがそれだけでは、頂上までの実際の距離を測ったことにはならない。なぜならそのモノサシは、あくまで誰かが描いた絵の上の距離を測っているだけだからだ。このように、繰り返し同じ値が得られる蓋然性が信頼性であり、そこで描かれた絵と実際の山がどれだけ似通っているかが妥当性をさすと考えるとよい。

妥当性を直接検証する指標はない。だが信頼性に関しては、クロンバック（Cronbach, L. J.）が提唱した$\alpha$係数（Cronbach coefficient $\alpha$）という指標が重視されている。これは相互に関連性が低く、項目全体との整合性を欠く項目を削除し、内的整合性を高めていくことで、その尺度がどれだけ等質的な（一次元的な）尺度になっているかを測るものである。この係数は０から１の範囲をとるが、0.80や0.75以上が尺度の一次元性を示す目安とされる。

尺度のつくり方を具体的に見ておこう。平成７（1995）年「社会階層と社会移動に関する全国調査（SSM調査）」問35（**図３－４－１**）では、それぞれの調査対象者が、男女の性役割に対してどのような意識や態度をもっているかを、複数の質問文で尋ねている。「a 男性は外で働き、女性は家庭を守るべきである」「b 男の子と女の子は違った育て方をすべきである」「c 家事や育児には、男性よりも女性が向いている」などの６つの質問文に４件法で答えてもらっている（「９ わからない」は省く）。これらは、「e 女性も、自分自身の職業生活を重視した生き方をするべきだ」以外のものは、質問に肯定的に答えれば答えるほど、性役割に対して肯定的な態度を表していると考えられる。

ただ性役割への肯定の仕方にもさまざまなものがあり、必ずしも等質とは限らない。そこでクロンバックの$\alpha$係数を計算する。この値が0.80や0.75を超えるようなら、一次元とみなしてさしつかえない。超えない場合には、$\alpha$係数ができるだけ高くなるように、不要な変数を削除する。

ところで、これらの質問文のe以外は「１ そう思う／…／４ そう思わない」となっており、この質問に肯定的であればあるほど数値が低くなる。だが尺度を構成する際には、数値が高くなればなるほど度合いが高くなるようにするのが便利である。そこで1→4点、2→3点、3→2点、4→1点となるようにコンピューター上で調整する。このような調整が必要な項目を、逆転項目という。さてaからfの点数を加算すると、最小値6、最大値24の量的な変数となる。この変数の数値が高ければ高いほど、個々の回答者が性役割に肯定的な意識や態度をもっていることを意味する。こうしてでき上がった尺度と、他の変数の関連性を分析するとおもしろい。

質問項目が出そろい、質問文が完成したら、それらを配列して調査票を完成させる。この際、①回答者が答えやすい質問は前のほうに、フェイスシートなど個人情報を含む項目は後ろのほうにもっていく、②類似したテーマや内容に関連する質問は近くに集める、などの原則に気をつけるとよい。また調査票には便宜上、簡潔なタイトルを付けるが、反発を引き起こすようなものは避けるべきである。

また調査票には、調査主体と、その電話番号やメールアドレスを含めた連絡先を明記し、調査対象者からの問い合わせに対応できるようにする。さらに調査主体の自己紹介、調査の目的、調査対象者の選ばれ方(無作為抽出というくじ引きに似た統計方法で選んだ、など)、回答は統計的に処理され個人が特定されないようにすること、個人情報が厳密に管理されること、調査結果の公表の仕方などについて説明するあいさつ状を付ける。

このような調整を経て調査票が完成したら、調査票から不備や不具合、たりない質問項目を見つけ出すことを目的として、小規模で試験的な予備調査（pretest：プレテスト）を行う。その結果、調査票に不備や不具合が見つかったら、その原因を検討し、調査票を修正する。こうした作業を繰り返して本調査に用いる調査票を完成させる。

# 第2節　調査の実施とデータファイルの作成

調査票が完成したら、実査の準備に取りかかる。実査には、サンプリング以外にも、大きく分けて以下の作業がある。

## 1 費用の見積もり

実査にかかる費用としては、以下のものが考えられる。まず共通のものとして調査票の印刷費。郵送調査の場合には、発送用と返信用の封筒、お礼を兼ねた督促状の印刷費用ならびに発送代などもかかる。調査対象者に謝礼を出す場合には、その費用もかかる。面接調査の場合には、調査員への謝金や調査訪問時の交通費、調査管理者の宿泊代・交通費などがかかる。データを回収した後では、データ入力を委託する際の人件費、報告書の印刷費用などが発生する。

## 2 調査員の教育と実査

面接調査や留置調査を行う場合には、調査員を臨時的に雇用する。調査会社に委託する場合もあるが、研究機関や大学に所属している場合は、調査に協力してくれそうな人を調査員として養成することもあり得る。

いずれにしても、調査実施の手引き（マニュアル）を作成して、調査主体の活動目的、調査の目的と内容、面接と面接方法の実施手順、面接時の言葉づかいや態度・服装、緊急時の連絡方法などを指示・教示しなければならない。

こうして実査を行うが、面接調査の場合でも郵送調査の場合でも、調査期間中は、調査対象者から、苦情や問い合わせがあることを想定しておかねばならない。それらの苦情や問い合わせには、調査の実施責任者が誠意をもって対応するしかない。

## 3 調査不能と調査拒否

また面接調査においても郵送調査においても、転居や長期不在、死亡などの理由により調査が不可能であったり、時間がない、答えたくない、面倒くさいといった理由で調査を拒否される場合がある。社会福祉調査は調査対象者の協力があって成り立つものであるから、調査の意義や目的をていねいに説明して協力を仰ぐとともに、調査を拒否する自由もまた十分に尊重されなければならない。無理強いは禁物と、肝に銘じておこう。

実査が終わった後は、調査に協力してくれた回答者に対して、お礼状を送付する。郵送調査の場合、調査に協力してくれた人にはお礼の意味を兼ねて、まだ調査票を返送してくれていない人には督促の意味を兼ねて、全員にはがきを送付するとよいだろう。こうした作業を繰り返すことで、回収率は徐々に上がってくる。

## 4 エディティング

調査票が回収されたら、記入内容の点検を行う。面接調査の場合は調査員同席の下、郵送調査の場合は主として調査管理者が、記入ミスや記入漏れ、つじつまの合わない回答が存在しないかをチェックする。記入ミスや記入漏れが存在した場合、あらためて調査対象者に回答を依頼することもある。また、つじつまが合わない回答や、全般的に信頼できない回答、調査員自身が回答を捏造(ねつぞう)するメイキングなどが疑われる場合には、無効票として処理せざるを得ない。

だが、このようなエディティングをどれだけ厳密に行っても、必要とされるすべての回答選択肢が記入されているとは限らない。データには欠損値が生じる可能性が常にある。まず、回答者が答え方に苦慮し、「わからない」(D. K. = Don't Know)と答える場合。次に、回答者が意図して回答を回避して、答えない(N. A. = No Answer)場合。さらに該当する選択肢が存在しない場合(非該当)である。例えば子どもがいない人に、子どもの数を尋ねる質問などである。

D. K.については、回答選択肢の中に「わからない」という選択肢を用意しておけば、回答者はそれを選ぶことができる。9、99、999など、わかりやすい数値を割り振っておくとよい。またN. A.についても、D. K.とは異なる数値を使って9、99、999などの値を割り振っておく[＊1]。さらに「非該当」には8、98といった数値を割り振ることが多い。ただし、これらの数値は、通常の回答がとる可能性のないものでなければならない。例えば年齢や子ども数の場合、99や9というケースが存在し得るので、999などの数値にしたほうがよい。

＊1
D. K.やN. A.は、統計的な分析を行うときには欠損値として扱うことが多い。そこで9、99、999など、他の選択肢と重複しにくく、かつわかりやすい数値を割り振ると、統計ソフト上での処理が楽になる。

## 5 コーディング

回収された調査票には、ID番号を付ける。そして調査票に書かれている回答のうち、クローズドクエスチョン（選択肢法）で答えてもらったものは、回答選択肢の番号をそのまま数値として入力することが多い。

例えば「1 とてもそう思う／2 どちらかといえばそう思う／3 どちらかといえばそう思わない／4 全くそう思わない／9 わからない」といった回答選択肢では、回答者が選択した選択肢の記号や数字を、数値で記入していく。D. K. なら9、N. A. なら99といったルールも、あらかじめ決めておく。

これらの数字をコードとよび、項目ごとのコードが示された一覧表をコード表ないしコードブックという。クローズドクエスチョンでは、回答選択肢とコードの関係を、事前に決めておくことができる（プリコーディング）。

オープンクエスチョン（自由回答法）で答えてもらった回答は、事後的にアフターコーディングを施すこともある。自由回答に書いてある内容をすべてテキストファイルとしてコンピューターに記入し、それを読み込んでいくなかで、いくつかのカテゴリーに分類していく。結果としてでき上がったカテゴリーに対して、対応する数値を決めて、その数値を入力する。

調査票に書かれている回答は、コード表に従って数字や記号に置き換え、コンピューターに入力していく。かつてはテキストファイルで、何カラムめ（何列め）をどの質問項目に対応させるかまでを詳細に示したコード表がつくられていた。しかし現在では、SPSS、SAS、Stata、R、Pythonなどの統計ソフトや、Microsoft ExcelやOpenOffice.orgのCalcのような表計算ソフトのワークシートに、1票（1回答者）につき1行を使って入力していくのが便利であろう。

SPSSの実際のワークシートは、おおむね**図3－4－3**のような構造から成っている。行の側には回答者（ケース）が、列の側には個別の質問項目が配置されている。通常1列めはID番号、2列め以降がフェイスシートや各質問項目に対する回答が入力されている。

〈図3－4－3〉SPSSへ入力されたワークシート（変数や数値は仮想のもの）

社会福祉調査(仮想).sav - SPSS ﾃﾞｰﾀ ｴﾃﾞｨﾀ

ﾌｧｲﾙ(F)　編集(E)　表示(V)　ﾃﾞｰﾀ(D)　変換(T)　分析(A)　ｸﾞﾗﾌ(G)　ﾕｰﾃｨﾘﾃｨ(U)　ｳｨﾝﾄﾞｳ(W)　ﾍﾙﾌﾟ(H)

33 : child1s　1

| | id | sex | age | wareki | warekiy | byear | marri | maryear | warekim | marriy | myear | child |
|---|---|---|---|---|---|---|---|---|---|---|---|---|
| 1 | 1.0 | 1.0 | 44.0 | 3.0 | 35.0 | 1960.0 | 1.0 | 26.0 | 3.0 | 60.0 | 1986.0 | 1.0 |
| 2 | 2.0 | 1.0 | 67.0 | 3.0 | 12.0 | 1937.0 | 1.0 | 27.0 | 3.0 | 39.0 | 1964.0 | 2.0 |
| 3 | 3.0 | 1.0 | 63.0 | 3.0 | 16.0 | 1941.0 | 1.0 | 25.0 | 3.0 | 41.0 | 1966.0 | 4.0 |
| 4 | 6.0 | 2.0 | 38.0 | 3.0 | 40.0 | 1965.0 | 4.0 | 999.0 | 9.0 | 999.0 | 9999.0 | 99.0 |
| 5 | 9.0 | 2.0 | 44.0 | 3.0 | 35.0 | 1960.0 | 1.0 | 31.0 | 4.0 | 3.0 | 9999.0 | .0 |
| 6 | 11.0 | 1.0 | 62.0 | 3.0 | 16.0 | 9999.0 | 1.0 | 30.0 | 3.0 | 45.0 | 9999.0 | 3.0 |
| 7 | 12.0 | 2.0 | 66.0 | 3.0 | 13.0 | 1938.0 | 2.0 | 22.0 | 9.0 | 999.0 | 1960.0 | 1.0 |
| 8 | 13.0 | 2.0 | 47.0 | 3.0 | 32.0 | 1957.0 | 1.0 | 30.0 | 3.0 | 62.0 | 1987.0 | .0 |
| 9 | 14.0 | 2.0 | 67.0 | 3.0 | 12.0 | 1937.0 | 1.0 | 28.0 | 3.0 | 41.0 | 9999.0 | 3.0 |
| 10 | 15.0 | 1.0 | 67.0 | 3.0 | 12.0 | 1937.0 | 1.0 | 26.0 | 3.0 | 38.0 | 1963.0 | 2.0 |
| 11 | 19.0 | 2.0 | 57.0 | 3.0 | 22.0 | 9999.0 | 1.0 | 24.0 | 3.0 | 47.0 | 9999.0 | 1.0 |
| 12 | 20.0 | 2.0 | 42.0 | 3.0 | 37.0 | 1962.0 | 4.0 | 999.0 | 9.0 | 999.0 | 9999.0 | .0 |
| 13 | 24.0 | 2.0 | 69.0 | 3.0 | 10.0 | 1935.0 | 2.0 | 23.0 | 3.0 | 33.0 | 9999.0 | 2.0 |
| 14 | 25.0 | 1.0 | 54.0 | 3.0 | 25.0 | 1950.0 | 1.0 | 27.0 | 9.0 | 99.0 | 9999.0 | 3.0 |
| 15 | 27.0 | 1.0 | 37.0 | 3.0 | 42.0 | 1967.0 | 1.0 | 27.0 | 4.0 | 6.0 | 9999.0 | 2.0 |
| 16 | 30.0 | 2.0 | 70.0 | 3.0 | 9.0 | 1934.0 | 2.0 | 20.0 | 3.0 | 29.0 | 1954.0 | 2.0 |
| 17 | 31.0 | 2.0 | 60.0 | 3.0 | 19.0 | 1944.0 | 1.0 | 23.0 | 3.0 | 42.0 | 9999.0 | 3.0 |
| 18 | 33.0 | 2.0 | 42.0 | 3.0 | 36.0 | 1961.0 | 1.0 | 27.0 | 4.0 | 1.0 | 1989.0 | 3.0 |
| 19 | 38.0 | 2.0 | 52.0 | 3.0 | 26.0 | 1952.0 | 1.0 | 26.0 | 3.0 | 53.0 | 1978.0 | 3.0 |
| 20 | 39.0 | 2.0 | 59.0 | 3.0 | 20.0 | 9999.0 | 1.0 | 24.0 | 3.0 | 48.0 | 9999.0 | 2.0 |
| 21 | 40.0 | 1.0 | 71.0 | 3.0 | 8.0 | 1933.0 | 1.0 | 30.0 | 3.0 | 38.0 | 9999.0 | 2.0 |
| 22 | 42.0 | 2.0 | 67.0 | 3.0 | 12.0 | 9999.0 | 1.0 | 25.0 | 3.0 | 38.0 | 9999.0 | 2.0 |
| 23 | 44.0 | 1.0 | 55.0 | 9.0 | 24.0 | 1949.0 | 1.0 | 27.0 | 3.0 | 52.0 | 1977.0 | 3.0 |

（注１）id、sex、ageなどは変数名。
（注２）対象者１ケースにつき１行を割り当てる。
（注３）欠損値は99.0、999.0などに割り振る。
（筆者作成）

# 第３節　単純集計と記述統計

## 1 度数分布表とヒストグラム

データの入力が完成したら、すべての変数について単純集計を行い、その結果を出力し、実際に確認してみるとよい。このことは、データ入力上の記入ミスや論理的エラーを発見するデータクリーニングの手法としても有効である。

単純集計とは、一つひとつの変数における測定値の分布を明らかにすることであるが、その変数が、（狭義の）質的変数か、（狭義の）量的変数かによって、やり方を変えたほうがよい。（狭義の）質的変数の場合には、個々の選択肢ごとの度数（frequency）を表にした**度数分布表**（frequency table）を出力してみるとよい。

例えばJGSS（日本版総合的社会調査）では、調査対象者の世帯収入を尋ねる質問は、**図３－４－４**のような回答選択肢から成っている。収入は、社会福祉調査の中では典型的な量的変数であり、加減乗除が可能な比例尺度として扱えればベストである。だが直接に月収や年収の額を尋ねることはむずかしい。回答者も自分の収入を正確に知っているわけではないし、知っていたとしても正確に回答することには、かなりの抵抗感を伴う。そこで収入を直接聞くのではなく、いくつかの範囲から成るグループ（階級class）に分けることが多い（**図３－４－４**）。このよ

**〈図３－４－４〉年収の尋ね方の実例**

問30〔回答票26〕昨年１年間のあなたの世帯収入はどのくらいですか。税金を差し引く前の収入でお答えください。株式配当、年金、不動産収入などすべての収入を合わせてください。この中のどれにあてはまりますか。尋ねられたら「残業額も含む」と答える。

SZHSINCM

| | | | | | |
|---|---|---|---|---|---|
| 1 | （ア） | な　し | 12 | （シ） | 750～850万円未満 |
| 2 | （イ） | 70万円未満 | 13 | （ス） | 850～1,000万円未満 |
| 3 | （ウ） | 70～100万円未満 | 14 | （セ） | 1,000～1,200万円未満 |
| 4 | （エ） | 100～130万円未満 | 15 | （ソ） | 1,200～1,400万円未満 |
| 5 | （オ） | 130～150万円未満 | 16 | （タ） | 1,400～1,600万円未満 |
| 6 | （カ） | 150～250万円未満 | 17 | （チ） | 1,600～1,850万円未満 |
| 7 | （キ） | 250～350万円未満 | 18 | （ツ） | 1,850～2,300万円未満 |
| 8 | （ク） | 350～450万円未満 | 19 | （テ） | 2,300万円以上 |
| 9 | （ケ） | 450～550万円未満 | | | |
| 10 | （コ） | 550～650万円未満 | 20 | | 回答したくない |
| 11 | （サ） | 650～750万円未満 | 21 | | わからない |

（出典）「日本版総合的社会調査」（2005年）JGSS-2005

〈図3－4－5〉ヒストグラム

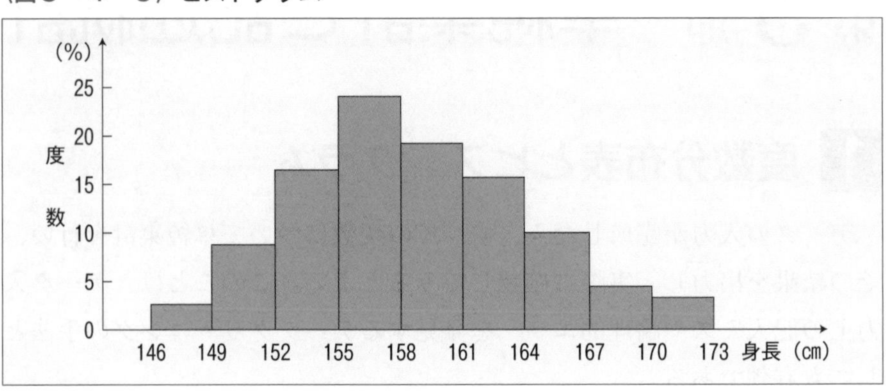


（筆者作成）

うに、いくつかのカテゴリーに区分けされた後の収入（という変数）は、順序尺度か名義尺度として扱われることになる。

度数分布表を算出すると、それぞれのカテゴリーにどれだけの度数があり、それらの度数が全体の何％を占めるかが示される。これを、比率（ratio）ないし相対度数（relative frequency）という。社会福祉調査の場合、「無回答（N. A.）」や「わからない（D. K.）」を除いた全体を100％としたときの相対度数が重要になることが多い。そこで統計ソフトを使って、N. A.やD. K.を**欠損値**として扱い、残ったケースに占める割合を算出するとよい。これを、調整された相対度数（adjusted relative frequency）という。そして調整された相対度数を柱状に表現したグラフをヒストグラム（histogram）という（**図3－4－5**）。名義尺度や順序尺度などの（狭義の）質的変数の分布を視覚的に確認したいときには、便利である。

## 2 最小値、最大値、平均、最頻値、中央値、分散、標準偏差

また、年齢、子どもの数、構成された尺度の得点など、連続的な値をとる数値に関しては、比例尺度や間隔尺度、すなわち（狭義の）量的変数として扱うことができる。このような変数に関しては最小値、最大値、平均、最頻値、中央値、分散（ないし標準偏差）を算出するとよい。

SPSSなどの統計ソフトを使って、最小値と最大値を出力することは、記入ミスの発見につながりやすい。例えば本来、最小値０、最大値10の範囲をとるはずの変数において、20とか100とかいう数値が出てきた

ら、記入ミスが生じている可能性が強い。年齢が200歳とか、子ども数が45人とか、あり得ないような極端な数値をとっているときも、同様である。

**平均値**（mean）、**中央値**（median）、**分散**（variance）ないし**標準偏差**（standard deviation）などの指標は、量的な変数の分布を知るための手がかりとなる。それぞれのケースがとる値の合計を、すべての有効ケース数nで割った値を、算術平均（arithmetic mean）$\bar{x}$という。プロ野球選手の平均年俸、テストの平均点など、日常的にもなじみの深い指標であり、ある集団の特性を代表する値としてよく使われる。

$$\text{算術平均}\quad \bar{x} \equiv \frac{1}{n}\sum_{i=1}^{n} x_i$$

ただし平均を、ある集団を代表する値として利用する場合、それが**外れ値**（outlier）に左右されやすいという特徴を理解しておかねばならない。例えば次のa.の例のように、10人の月収（万円）の平均をとると61.4となる。ここでb.のように最後の１人の月収が37万円ではなく3,737万円だったらどうなるか。平均は431.4万円となる。これは10人のうち９人は月収が100万円以下、１人だけ例外的に高い月収を得ている状態である。だから431.4万円という平均値は、その集団にいる人々の特性を適切に表現しているとはいえない。なぜなら、この中には収入が400万円台という人はいないからである。「プロ野球選手の平均年俸○千万円」という報道がしばしばなされるが、だからといってプロ野球選手の大半が○千万の年俸を得ているかのように理解してはいけない。というのも、一部のスター選手の高額年俸が平均値を引き上げてしまっているからで、プロ野球選手の大多数の人々（２軍選手が多い）の年俸は、もっと控えめなものであるはずだ。

| | | | | | | | | | | |
|---|---|---|---|---|---|---|---|---|---|---|
| a. 60 | 45 | 63 | 78 | 80 | 49 | 69 | 68 | 65 | 37 | →平均61.4 |
| b. 60 | 45 | 63 | 78 | 80 | 49 | 69 | 68 | 65 | 3737 | →平均431.4 |
| ⑧ | ⑩ | ⑦ | ③ | ② | ⑨ | ④ | ⑤ | ⑥ | ① | |

このように、外れ値の存在が疑われる場合、平均はその集団の特性を適切に表す指標とは言い難い。このようなときは最頻値や中央値を併用するとよい。**最頻値**とは、最も頻度の高い値のことであり、平均値が極端な値（外れ値）の影響を受けやすいのに対し、最頻値はその影響を受けにくい。また最頻値は、数値をまとめてカテゴリー化したデータにも用いることができる。例えば年齢を20代、30代、などと10歳区切りにした場合でも、その頻度を利用してよい。中央値は、得点の小さい順か

ら大きい順に並べて、それより小さい値のケース数と大きい値のケース数が等しくなる値のことである。これもまた、外れ値に影響されることがほとんどない。

ケース数$n$が奇数のときは、大きい順に並べてちょうど真ん中にくる値を採用する。例えば11人いるときは6番めの人の値を使う。ケース数が偶数（$2n$）のときは、大きい順に数えて$n$番めの人の数値と$n+1$番めの人の数値を足して2で割る。上のb.の例のように$2n=10$の場合、$n=5$番めの人の点数（68）と$n+1=6$番めの点数（65）を足して2で割ると、(68 + 65) ÷ 2 = 66.5となる。この10人の中では60万円台の人が5人いるので、この集団の特性を表す数値としては、より適切なものになったと考えられる。

また集団の特性を表す指標としては、分散$S_x^2$と標準偏差$S_x$も重要である。分散とは、各ケース値と平均との差（偏差）を二乗して、その総和（偏差平方和）をケース数$n$で割ったものである。量的変数における分布の散らばり度合いを表す最も標準的な指標である。ちなみに偏差平方和を（$n-1$）で割ったものを不偏分散とよぶ。そして標準偏差とは、分散の正の平方根のことである。

$$\text{分散}\quad S_x^2 \equiv \frac{1}{n}\sum_{i=1}^{n}(x_i-\overline{x})^2=\frac{1}{n}\sum_{i=1}^{n}x_i^2-\overline{x}^2$$

$$\text{標準偏差}\quad S_x=\sqrt{\text{分散}}=\sqrt{S_x^2}$$

分散も標準偏差も、個々のデータの平均からの離れ方（散らばり具合）を数値化したものであるが、標準偏差はもとのデータ値と同じ軸上で表現できる。別の言い方をすると、標準偏差は同じ測定単位（円なら円、mならm、kgならkg）によって表現できるので、便利である。例えば前記の例では、a.の分散は175.8、標準偏差は13.3である。この値が大きければ大きいほど、その集団の散らばり具合も大きい。

$$S_x^2=\frac{1}{n}\sum_{i=1}^{n}(x_i-\overline{x})^2=\frac{1}{10}\left\{(60-61.4)^2+(45-61.4)^2+(63-61.4)^2+\cdots+(37-61.4)^2\right\}=175.8$$

$$S_x=\sqrt{S_x^2}=\sqrt{175.8}=13.3$$

標準偏差がわかると、個々のデータが1つの集団の中で有している意味がわかる。一般にデータの散らばり度合いが正規分布に従っているとき、$\overline{x}\pm\sigma$の範囲に約68%、$\overline{x}\pm 2\sigma$の範囲に約95%が含まれることが知られている（**図3－4－6**）。前述a.の例の場合、たかだか10人の集団なので、**正規分布**に従っているといえるかどうかは微妙だが、これが

〈図3－4－6〉正規分布

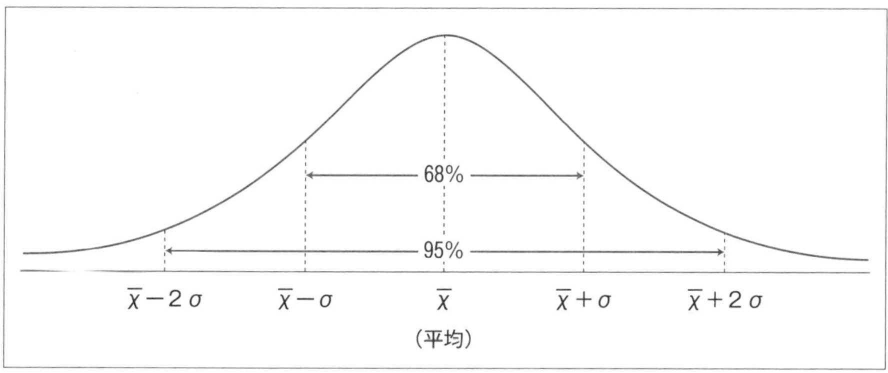


（出典）井上文夫・井上和子・小野能文・西垣悦代『よりよい社会調査をめざして』創元社、1995年、128頁



100人や1,000人など大集団になってくると、分布の形が正規分布に近づくことが多い。仮に、もっと大きな集団で分布の形が正規分布に従っており、平均や標準偏差がa.の事例と同じ値だったと仮定すると、ケース全体の約68％が61.4 ± 13.3、すなわち48.1から74.7までの間に含まれ、ケース全体の約95％が61.4 ± 2 × 13.3、すなわち34.8から88.0までの間に含まれることになる。

例えば、今ここに月収75万円の人がいたとすれば、この人は、全体の約68％の中には含まれておらず、しかも大きい裾の側に位置しているので、上位約16％以内に位置していると推測できる。同様に月収90万円の人は、全体の約95％の中に含まれておらず、上位約2.5％以内に位置していると推測することができる。

## 3 散布図と相関係数

身長と体重、収入と学歴、年齢と性役割への態度など、（狭義の）量的な2つの変数の関連性を分析するには、散布図（scatter diagram）を描いて両者の関連を視覚的に確認し、直線的な関連性の強さを示す**相関係数**（correlation coefficient）を算出し、余裕があれば**回帰分析**（regression analysis）を行うとよい。

散布図は、$x$軸と$y$軸から成る二次元の平面に、各ケースの値の組（$x$, $y$）をプロットしたものである。**図3－4－7**は、ある授業に対する満足度（$x$）とテスト成績（$y$）の散布図である（架空のもの）。このように、変数$x$が大きければ変数$y$も大きくなるような関連を「正の相関」、逆に、変数$x$が大きければ変数$y$が小さくなるような関連を「負の相関」

〈図３－４－７〉授業満足度とテスト成績の散布図・相関係数・回帰直線（架空のもの）

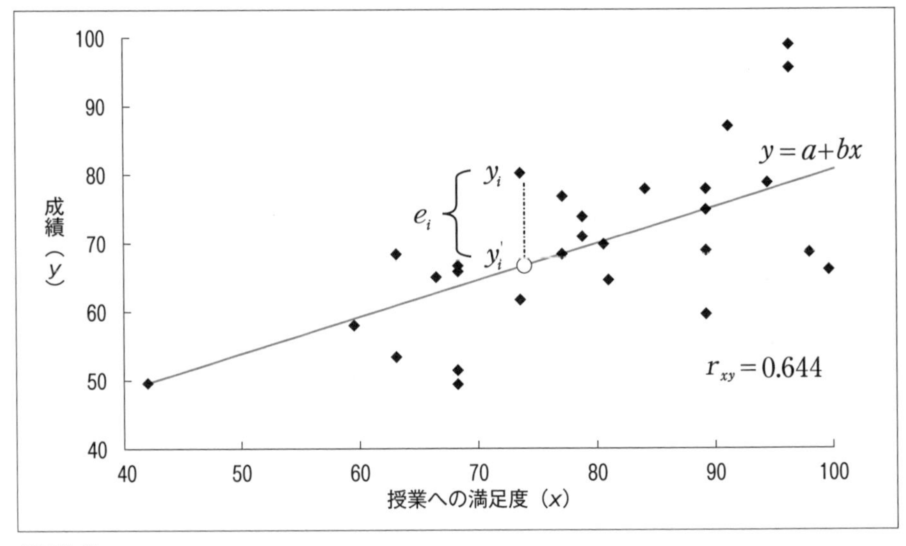


（筆者作成）

という。$x$と$y$の関連が強いと散布図は一定方向にかたまり、関連が弱いと全体に点が散らばったような形になる。SPSSやExcelなどの統計ソフトを使えば、散布図を簡単に作ることができる。散布図は、正の相関が強いとき右肩上がりに、負の相関が強いとき右肩下がりになる。

２つの量的変数の直線的な関連性の強さを測る指標として、相関係数（ピアソンの積率相関係数）[＊2]が一般的に用いられる。そのためにまず、共分散$S_{xy}$を計算する（$\bar{x}, \bar{y}$はそれぞれ$x, y$の平均）。

$$\text{共分散}\quad S_{xy}=\frac{1}{n}\sum_{i=1}^{n}(x_i-\bar{x})(y_i-\bar{y})=\frac{1}{n}\sum_{i=1}^{n}x_i y_i-\bar{x}\,\bar{y}$$

共分散は散布図上の（$\bar{x}, \bar{y}$）を中心に、正の相関が強くなると＋に大きく、負の相関が強くなると－に大きくなる。この性質を利用し、共分散$S_{xy}$を$x$と$y$の標準偏差$S_x$、$S_y$で割ったものが、相関係数$r_{xy}$である。

$$\text{相関係数}\quad r_{xy}\equiv\frac{S_{xy}}{S_x S_y}$$

相関係数は$0 \leqq |r| \leqq 1$の範囲をとる。その正負は関連の方向性を示し、＋のとき正の相関、－のとき負の相関がある。その絶対値は関連の強弱を示し、一般に0.2未満のとき「ほとんど相関がない」、0.2以上0.4未満のとき「弱い相関がある」、0.4以上0.7未満のとき「相関がかなりある」、0.7以上のとき「強い相関がある」と表現する。両者の関連が最大のとき、$y = \mathrm{a} + \mathrm{b}x$の直線に一致する。先の**図３－４－７**の相関係数

＊２
相関係数といえば通常、ピアソンの積率相関係数のことをさしている。計算式は本文に示すとおりだが、ピアソンの積率相関係数は、正規分布している２つの変数が直線的な関係にあるか否かを評価する手法である（パラメトリック手法）。変数が正規分布するという仮定を置かない方法（ノンパラメトリック手法）として、スピアマンの順位相関係数、ケンドールの順位相関係数などの指標も存在する。そのため、ピアソンの積率相関係数とよんで区別する。

を計算すると$r_{xy}$＝0.644となる。これはかなり強い正の相関であり、授業への満足度が高いとテストの成績も高くなる傾向がある。

## 4 回帰分析

次に、量的な変数$y$の分布を別の変数$x$に基づいて予測し、その予測がどの程度当てはまるかを考える。例えば、テストの成績が授業の満足度によってどれくらい決まるのかを予測する、というのが回帰分析のアイデアである。予測される側の変数（$y$）を従属変数[＊3]（被説明変数）、予測する側の変数（$x$）を独立変数[＊3]（説明変数）という。説明変数が１つのとき単回帰分析（simple regression analysis）、説明変数が２つ以上のとき重回帰分析（multiple regression analysis）という。重回帰分析は、３つ以上の変数の間の関連を分析する**多変量解析**（multivariate analysis）の一種である。

＊3
本書第３部第３章第４節１参照。

$x$と$y$の関係を、$y = a + bx$という直線の関係で表現したものを回帰式という。実際のデータのほとんどはこの直線からはずれる。それゆえ観測されたデータを$y_i = a + bx_i + e_i$という式で表す（$a$＝切片、$b$＝回帰係数、$e_i$＝誤差・誤差項）。$e_i$は個々の観測値$y_i$が直線$y = a + bx$上の$y'_i$からどれくらいかを示す。ここで誤差項$e_i$をできるだけ小さくするという基準を用いて、$y_i = a + bx_i$（予測式）を特定することを考える。そのために個々の誤差項の二乗の総計$Q=\sum_{i=1}^{n} e_i^2 = \sum_{i=1}^{n}(y_i-(a+bx_i))^2$を最小にする方法が用いられる（最小二乗法）。

$a$と$b$の値は偏微分により計算でき、

$$a = \bar{y} - b\bar{x} = \bar{y} - \frac{S_{xy}}{S_x^2}\bar{x},\ b = \frac{S_{xy}}{S_x^2}$$

となる。つまり$x$・$y$の平均、$x$の標準偏差、$x$と$y$の共分散がわかれば計算できる。

**図３−４−７**の予測式を計算すると、$a$＝27.308、$b$＝0.548となり、$x$（授業への満足度）と$y$（テストの成績）の関係は、$y = 27.308 + 0.548 \times x$という予測式で表現できる。

## 5 予測式の精度を測る決定係数

回帰分析を行ったときには、予測式を導出するだけでなく、それが実際のデータにどの程度当てはまるかを調べておく。そのために使われる指標が決定係数（Coefficient of Determination）である。これは、全平方和$SS_T$（個々の$y_i$と$\bar{y}$との差の二乗和）を「説明された平方和」$SS_E$と「残差平方和」$SS_R$に分解し、「全平方和」に占める「説明された平方和」の割合を計算したものである。決定係数$R^2$は、$0 \leqq R^2 \leqq 1$の範囲をとり、この値が1に近ければ近いほど、従属変数（の分散）を独立変数（の分散）によって予測・説明できることを意味する。

全平方和（$SS_T$）＝説明された平方和（$SS_E$）＋残差平方和（$SS_R$）

$$\text{決定係数}\quad R^2 \equiv \frac{SS_E}{SS_T} = 1 - \frac{SS_R}{SS_T}$$

単回帰分析の決定係数は、相関係数の二乗に等しい。例えば授業の満足度（$x$）とテスト成績（$y$）の相関係数が$r_{xy} = 0.644$のとき、決定係数$R^2 = 0.414$である。これはテスト成績（の分散）の41.4%を、授業の満足度から予測できることを意味する。

# 第４節　質的データの関連性を分析する（クロス集計）

## 1 クロス集計表

社会福祉調査の統計的研究において最も根幹をなす分析は、名義尺度や順序尺度など、（狭義の）質的な２変数に関するクロス集計表（cross table）を作成することである。次いで統計的検定の手続きに基づいて、その２変数が関連しているか否かを、独立性の **$\chi^2$（カイ二乗）検定**によって調べることである。

例えば、「夫は外で働き、妻は家庭を守るべき」という意見を支持する人の割合は、男性と女性とでどちらが多いだろうか。あるいは学歴や年代に応じて、意見の分布に差が見られるだろうか。このようなことを知りたいとき、意見への「支持／不支持」という質的な変数と、性別、学歴、年齢という質的な変数との関連性を調べることになる。そのためには、下記のようなクロス集計表をつくると便利である。

**表３－４－１**のクロス集計表では、「男性／女性」という性別が表側（ひょうそく）（表の行側）に、「夫は外で働き、妻は家庭を守るべきである」という意見を「支持する／支持しない」という変数が表頭（ひょうとう）（表の列側）に置かれている。そして「支持する／支持しない」と答えた人の数を男女別に集計したセル度数（cell frequency）と、男性全体・女性全体をそれぞれ100％としたときの割合（下記の場合、行％）が示されている。表の外側には周辺度数[*4]が示されていて、行ごと列ごとのセル度数の合計をそれぞれ行和、列和という。さらに全体の有効回答数を示す全体度数が示されている。

＊4
クロス集計表で、数字の横の並びを行、縦の並びを列といい、行の合計欄の数字を行周辺度数、列の合計欄の数字を列周辺度数とよぶ。〈表３－４－１〉の場合、899、1087が行周辺度数であり、1033、953が列周辺度数である。なお全体の合計である1986のことを全体度数とよぶ。

〈表３－４－１〉クロス集計の例（仮想のもの）

| 「夫は外で働き、妻は家庭を守るべきである」という意見 | | | | |
|---|---|---|---|---|
| | | 支持する | 支持しない | 計 |
| 性別 | 男性 | 497<br>55.3% | 402<br>44.7% | 899<br>100% |
| | 女性 | 536<br>49.3% | 551<br>50.7% | 1087<br>100% |
| | 計 | 1033<br>52.0% | 953<br>48.0% | 1986<br>100% |

（筆者作成）

クロス集計表を作成するときには通常、独立変数（説明変数）と想定しているものを表側（表の左側）に、従属変数（被説明変数）と想定しているものを表頭（表の上側）に配置するという原則がある。この場合、男性であるか女性であるかという違い（性別）が原因となって、「夫は外で働き、妻は家庭を守るべきである」という意識（「支持する／支持しない」への回答結果）に違いが現れると考えられる（その逆は考えにくい）。それゆえ、性別が独立変数、意見分布が従属変数として扱われている。

**表3－4－2**のような２×２のクロス集計表の場合、**オッズ比**を計算すると、２つの変数の関連性が容易に理解できる。オッズ比とは、ある事象の起こる確率を$p$としたときに、$p/(1-p)$がとる値である。クロス集計表では、下表の$a/b$や$c/d$のような２つのセル度数の比をオッズと考える。例えば男性が先の意見を支持するオッズは497/402、女性のオッズは536/551となる。

〈表３－４－２〉一般的な２×２のクロス集計表

| $a$ | $b$ | $a+b$ |
|---|---|---|
| $c$ | $d$ | $c+d$ |
| $a+c$ | $b+d$ | $n$ |

（筆者作成）

ここで２つのオッズの比、すなわち$(a/b)/(c/d)=ad/bc$のことをオッズ比という。この値は、男性が女性に比べて、先の意見を支持する傾向が何倍になるかを定量的に表現する。この例の場合、オッズ比は$(497/402)/(536/551)=(497\times551)/(402\times536)=1.27$となる。男性は女性の1.27倍、先の意見を支持する傾向があるといえる。

## 2 独立性の$\chi^2$（カイ二乗）検定

**表3－4－1**のクロス集計表を読み解くと、男性のうち、「夫は外で働き、妻は家庭を守るべきである」という意見を支持する人は55.3%、これに対して女性でこの意見を支持する人は49.3%であることがわかる。クロス集計表の上では、約６%の違いがある。大きな違いのようでもあり、ほんのわずかな差でしかないようにも見える。この違いをもって、性別がこの意見の分布に影響を与えているといってよいであろうか。しかもここでの集計はあくまで、標本調査に基づいた集計結果にすぎな

い。その結果は、もともとの母集団においても、当てはまるのだろうか。すなわち、「(母集団において）男性は女性に比べて、『夫は外で働き、妻は家庭を守るべきである』という意見を支持する人が多い」と結論してよいのだろうか。それともこの６％の違いは、標本抽出に伴って生じる標本誤差の範囲内にすぎなくて、性別と意見分布の間に関連性は存在しないのだろうか。

このような問いを、統計学的な推論に基づいて明らかにしていくための有効な手段として、統計的検定がある。統計的検定にはさまざまな種類のものが存在するが、クロス集計表を用いて質的な変数同士の関連性を分析したいときには、独立性の検定（chi-square test）が用いられることが多い。統計的検定は一般に、①検定のための仮説（帰無仮説）を立てる、②有意確率を計算する、③帰無仮説の採択を判断する、という３つの手続きで進められていくが、独立性の $\chi^2$（カイ二乗）検定の場合も、同様の考え方で進められていく。



### ❶帰無仮説（null hypothesis）と対立仮説（alternative hypothesis）を立てる

対立仮説 $H_1$ は「母集団に関して証明したい仮説」のこと、帰無仮説 $H_0$ は対立仮説を否定する内容を含む仮説のことである。ただし帰無仮説は通常、「母集団の特性値の間に差がない」という形をとる。先の例の場合、

$H_0$：性別によって「夫は外で働き、妻は家庭を守るべき」という意見分布に差はない。

$H_1$：性別によって「夫は外で働き、妻は家庭を守るべき」という意見分布に差がある。

とか、

$H_0$：性別と「夫は外で働き、妻は家庭を守るべき」という意見分布は独立である（関連がない)。

$H_1$：性別と「夫は外で働き、妻は家庭を守るべき」という意見分布は独立でない（関連がある)。

などの仮説を立てる。帰無仮説が、２つの変数間の独立性（関連がないこと、差がないこと）を前提にしているため、独立性の検定という。

### ❷帰無仮説が正しいと仮定したときの $\chi^2$ 値を計算する

帰無仮説が正しいと仮定したときには、クロス集計表は、各セルに入

る度数（人数）を予想することができる。これを期待度数（expected frequency）という。例えば男性で「支持する」と答える人の期待度数は、全体度数（= 1986）に男性である割合（= 899/1986）と「支持する」と答えた人の割合を掛けたものとなる（$\frac{899}{1986} \times \frac{1033}{1986} \times 1986 = 467.6$）。

同様に、男性で「支持しない」と答える人の期待度数は、

$$\frac{899}{1986} \times \frac{953}{1986} \times 1986 = 431.4$$

女性で「支持する」と答える人の期待度数は、

$$\frac{1087}{1986} \times \frac{1033}{1986} \times 1986 = 565.4$$

女性で「支持しない」と答える人の期待度数は、

$$\frac{1087}{1986} \times \frac{953}{1986} \times 1986 = 521.6$$

となる。

ここで、実際の観測値から期待値を引いた値を二乗して期待値で割り、それらを足し合わせた数値が $\chi^2$ 値である。この値は、クロス集計表が独立分布に近いほど0に近くなり、独立分布から離れるにつれて大きくなる。これは、観測値と期待値のズレの大きさを表す指標であり、値が大きければ大きいほど、帰無仮説が正しいという仮定が成り立ちにくくなる。i行j列の観測度数を $n_{ij}$、i行j列の期待度数を $F_{ij}$ で表すと、

$$\chi^2 \equiv \sum_{i=1}^{k}\sum_{j=1}^{l} \frac{(n_{ij} - F\ )^2}{F_{ij}}$$

と定義できる。このクロス集計表の場合、

$$\chi^2 = \frac{(497-467.6)^2}{467.6} + \frac{(402-431.4)^2}{431.4} + \frac{(536-565.4)^2}{565.4} + \frac{(551-521.6)^2}{521.6} = 7.0$$

となる。

### ❸求めた $\chi^2$ 値をもとに帰無仮説の棄却／受容を決定する

こうして求められた $\chi^2$ 値は、自由度d. f. =（$k-1$）（$l-1$）の $\chi^2$ 分布に従うことが知られているので（$k$は行数、$l$は列数）、$\chi^2$ 検定を行うことができる。自由度とは、「自由に変動できる測定値の個数」のことを意味するが、$\chi^2$ 検定の場合、（行のカテゴリー数－1）×（列のカテゴリー数－1）である。例えば2×2のクロス集計表では、$(2-1)\times(2-1)=1$ となる。

$\chi^2$ 検定を行うときには、まず有意水準（level of significance）を決

めておく。この値のことを$p$と表記し、社会福祉調査の場合、$p < 0.05$や$p < 0.10$という基準が用いられることが多い。有意水準$p < 0.05$とは、帰無仮説が正しかったとしても、20回に１回は、偶然にもその観測値が得られてしまう程度の水準である。ただ当該の観測値が得られる確率がこの水準を下回るようならば、帰無仮説が正しいという仮定が間違っていると判断する。$\chi^2$検定の場合、実際に観測されたクロス集計表から得られる$\chi^2$値と臨界値を比較し、前者が後者よりも大きいとき、帰無仮説を棄却し、それとは逆の対立仮説が採択されたと判断する。つまり、２変数が独立であるという帰無仮説が棄却され、２変数は独立ではない（関連がある）と結論付ける。

逆に前者が後者より小さいとき、帰無仮説は棄却されない。ただし、２変数が独立だという帰無仮説が直接的に採択されるわけではなく、「２変数は独立でない（関連がある）とはいえない」と判断する。

この例の場合、$\chi^2$分布表から自由度１で、有意水準５％（$a = 0.05$）に対応する$\chi^2$値を探し当てる。これを臨界値（critical value）といい、3.84である。観測されたクロス集計表から得られた$\chi^2$値は7.0で、臨界値の3.84を上回るので、帰無仮説は棄却され、「性別と『夫は外で働き、妻は家庭を守るべき』という意見分布は独立でない（関連がある）」という対立仮説が採択される。要するに、男女で答え方に差があるわけである。

またSPSS、STATA、Rなどの統計ソフトを使う場合には、帰無仮説が正しいと仮定したときに、当該の観測値が得られる確率を直接求めることもできる。これを有意確率という。この場合調査者が有意水準をあらかじめ0.05とか0.10などと設定しておき、有意確率がその値を下回る場合に、帰無仮説を棄却する。上回る場合には帰無仮説を受容する。論文や報告書に書くときには「$p < 0.05$で、統計的に有意な関連がある」などと表現する。

$\chi^2$検定を行うと、男女で答え方に差があるかどうかはわかる。しかし、その関連のあり方まではわからない。男性のほうが「支持する」と答える人が多いのか、それとも女性に多いのか。そこでまずはクロス集計表を見て確認する。この例の場合、２×２の単純なクロス集計表なので、「男性は女性に比べて『夫は外で働き、妻は家庭を守るべき』という意見を支持する人が多い」などと書く。標本で検出された約６％は、母集団においても統計的に有意な差であったことがわかったわけである。またカテゴリー数が多いクロス集計表では、残差分析を行うと、どのカテゴリーとどのカテゴリーの間に強い連関があるかもわかる。

ところで$\chi^2$値は、セル度数が$a$倍になると$\chi^2$値も$a$倍になる。つまり標本数が大きくなると$\chi^2$値も自動的に大きくなり、たいていの関連性が棄却できなくなる。そのことを悪用すれば、もともと関連性が弱い変数でも、標本数を増やして帰無仮説棄却をねらうことすらできる。つまり、$\chi^2$値を関連度の指標として用いるのは適切ではない。

クロス表の関連の強さを知りたいときには、クラメールの連関係数$V$を算出するとよい。これは、$\chi^2$値の最大値が（$(\min(k, l)-1)\times n$（ただし$\min(k, l)$はカテゴリー数の少ないほうの数）であることを利用して、

$V=\sqrt{\dfrac{\chi^2}{(\min(k,l)-1)n}}$とおく。すると、$0\leqq V\leqq 1$となり、標本数、行数、列数に左右されない関連度の指標となる。$V$が大きければ大きいほど、関連は強い。先の例の場合、$V=0.060$であり、あまり強い関連とはいえない。

## 3 エラボレーション

クロス集計表と$\chi^2$検定は、2つの質的変数の間の関連性を分析するための方法であったが、これを応用すると、3つ以上の変数同士の関連性についても分析することができる。それには、三重クロス集計表を作成するのが有効である。

例えば、性別と交通運転事故経験に関するクロス集計表がある（**表3－4－3**）。$\chi^2$検定を行うと、$\chi^2=201.38$。有意水準5％、自由度1の臨界値は3.84であるから、有意水準$p<0.05$で有意差あり。男性のほうが、女性よりも交通運転事故の経験が多いといえる（男性44.1％、女性32.4％）。

この結果をもとに、「男性は本質的に運転が粗い動物だから、女性よりも運転事故の経験が多い」と解釈してもよいだろうか。いけない。なぜなら性別と交通運転事故経験の関連性は、別の要因によって規定されている可能性があるからである。例えば男性は女性よりも運転経験が多い、つまり運転の走行距離が長いから、その結果として事故に遭遇する可能性が高まると考えることはできないだろうか。

このような場合、走行距離という第三の変数を考える。何らかの基準（例えば中央値より大小）を用いて、走行距離の大きい人と小さい人に分けた上で、先のクロス集計表を再び作り直してみるとよい。このよう

な処理を「第三変数（この場合、走行距離）をコントロールする」という。

**表３−４−４**の左側のクロス集計表（走行距離大）の有意確率は0.99、右側のそれ（走行距離小）は0.99である。どちらのクロス表でも、性別と事故経験には有意な連関がない。すなわち性別が事故経験に影響を与えているかのように見えるのは、あくまで見かけ上のことにすぎず（擬似相関）、実際には、性別ではなく、運転距離の長短が、事故経験の有無に影響を与えていると考えられる。

このように、３つ以上の変数同士の関連性を分析することを、一般的に多変量解析という。このように、クロス表を分割して３つ以上の変数間の関連性をみる手法を、エラボレーション（elaboration：精緻化）という。変数間の関連性のあり方には、ここで見たような擬似相関以外にも、さまざまなものがある。こうした分析を積み重ねていくことによって、統計的研究が新たな知的発見を生み出していくことが期待できる。



〈表３−４−３〉（例）性別と交通運転事故経験

| | 事故経験 | | |
|---|---|---|---|
| 性別 | あり | なし | 計 |
| 男性 | 3,122<br>44.1% | 3,958<br>55.9% | 7,080<br>100% |
| 女性 | 2,255<br>32.4% | 4,695<br>67.6% | 6,950<br>100% |
| 計 | 5,377<br>38.3% | 8,653<br>61.7% | 14,030<br>100% |

（出典）H.ザイゼル、佐藤郁哉 訳『数字で語る−社会統計学入門』新曜社、2005年、110頁をもとに一部改変

〈表３−４−４〉三重クロス表

走行距離大

| 事故経験 | | | |
|---|---|---|---|
| 性別 | あり | なし | 計 |
| 男性 | 2,605<br>52.0% | 2,405<br>48.0% | 5,010<br>100% |
| 女性 | 996<br>52.0% | 919<br>48.0% | 1,915<br>100% |
| 計 | 3,601<br>52.0% | 3,324<br>48.0% | 6,925<br>100% |

走行距離小

| 事故経験 | | | |
|---|---|---|---|
| 性別 | あり | なし | 計 |
| 男性 | 517<br>25.0% | 1,553<br>75.0% | 2,070<br>100% |
| 女性 | 1,259<br>25.0% | 3,776<br>75.0% | 5,035<br>100% |
| 計 | 1,776<br>25.0% | 5,329<br>75.0% | 7,105<br>100% |

（出典）H.ザイゼル、佐藤郁哉 訳『数字で語る−社会統計学入門』新曜社、2005年、110頁をもとに一部改変

## 参考文献

- H. ザイゼル、佐藤郁哉 訳『数字で語る－社会統計学入門』新曜社、2005年
- 平松貞実『世論調査で社会が読めるか－事例による社会調査入門』新曜社、1998年
- 平松貞実『社会調査で何が見えるか－歴史と実例による社会調査入門』新曜社、2006年
- 谷岡一郎『「社会調査」のウソ－リサーチ・リテラシーのすすめ』文藝春秋、2000年
- 井上文夫・井上和子・小野能文・西垣悦代『よりよい社会調査をめざして』創元社、1995年
- 原　純輔・海野道郎『社会調査演習〔第2版〕』東京大学出版会、2004年
- 岩井紀子・保田時男『調査データ分析の基礎－JGSSデータとオンライン集計の活用』有斐閣、2007年
- 森岡清志 編著『ガイドブック社会調査 第2版』日本評論社、2007年
- 盛山和夫『社会調査法入門』有斐閣、2004年
- T. メイ、中野正大 監訳『社会調査の考え方－論点と方法』世界思想社、2005年

# 第5章
# 質的調査の方法Ⅰ

## 学習のねらい

本章では、質的調査について学習する。

質的調査では、質的データとよばれる文書や音声記録や映像記録といったものが分析の素材となる。量的調査は客観的で質的調査は主観的という二分法は必ずしも適切ではないが、質的調査の長所と短所を正しく理解していることが、量的調査の場合と同様、大切である。

まず、インタビュー（聞き取り調査、ヒアリング）の方法について解説する。このとき注意しなければならないことは、調査実施者と対象者との信頼関係をどのように構築し、そして継続させるかである。

次に、参与観察の方法について解説する。参与観察では、調査者自身が調査対象に深くかかわることになる。このような参与観察を行う場合には、観察者の視点と参与者の視点をどう両立させるかが重要な課題となる。

# 第1節　質的調査とは－質的／量的の二分法を超えて

## 1 質的調査とは

質的調査は参与観察、インタビュー（聞き取り調査、ヒアリング）、フィールドワーク、文書や音声や映像などの内容分析・会話分析・言説分析などの方法に基づいて、事例研究（case study）を行うことが多い。だが、これまでのところ、質的調査は「量的調査（統計的研究）ではないもの」として定義されることが多かった。

また両者は、しばしば対照的な性格をもつと考えられてきた。量的調査（統計的研究）は客観的で、法則定立や認識の普遍化を志向する一方、人間の営みを部分的にしかとらえきれず、単純で、静態的で、外面的な説明しかできず、「浅い」とか「おもしろくない」と考えられてきた。

これに対して質的調査は、主観的で、個性記述的で、個別的な認識にとどまる一方、人間の営みを全体的にとらえることが可能で、総合的で、動態的（ダイナミック）で、内面的な理解を志向し、「深い」とか「おもしろい」と考えられてきた。両者の対立は根深く、社会福祉調査の方法論としても両者は分断されがちであった。だが、盛山和夫（せいやまかずお）によると、このような二項対立は誤った対立にすぎない[1)]。

例えば社会福祉調査における法則定立は、「もし…ならば、…である」「○のほうが×よりも、△である傾向が強い」といった形式をとる。しかしこれらは経験的一般化を行っているにすぎず、あくまでも仮説である。仮説は、正しいことが保証されているわけではなく、しばしば誤ることがある。それは、いつでもどこでも普遍的に当てはまる法則とはいえない。例えばある調査を行ったとき「男性のほうが女性よりも、性別役割分業に賛成する傾向が強い」という事実が見つかったとする。しかしだからといって「いつでもどこでも、男性のほうが女性よりも性別役割分業に賛成する傾向が強い」という「法則」を導くことはできない。なぜなら、女性よりも性別役割分業に反対する男性が存在する可能性は否定できないからだ。一般に、観察された個別の事実から、普遍的な法則を導出することはできない。したがって、量的調査や統計的研究が「法則定立」を行っているとはいえない。

また統計的研究は客観的で、事例研究は主観的とされることが多い。

確かに統計的研究では誰にとっても共有可能な調査票が使われる。しかし調査票の具体的な構成は研究者による選択であり、研究者の主観が排除されているわけではない。ただし統計的研究では、研究者がどのような主観に基づいて調査票を用いたかが、ほかの研究者にも比較的わかりやすくなっている。また分析のために使われる統計的検定や計量モデル、調査の結果生み出される平均や比率などの数字は、誰にとっても共有可能なものであり、その限りにおいて、研究者のひとりよがりの思い込みや結論が反証され、修正される可能性に恵まれている。しかし統計的研究も、質的調査の代表たる事例研究も、研究者の主観と解釈によって成り立っている点に変わりはない。

また佐藤健二によると、「量的方法／質的方法」「統計的研究／事例研究」という二分法が戦後日本の社会科学において完成したのは、昭和33（1958）年に刊行された福武　直『社会調査』であった。それ以前には「全体調査／部分調査／個別調査」という三分法や「歴史的方法／統計的方法／事例研究法／実験的方法」という四分法が存在していたが、やがてその中から、「統計的研究／事例研究」という２つのみが取り出されていった。

ここでいう事例研究とは「非・統計的方法」のことをさしており、量的調査と質的調査は、その成立の経緯から非対称であった。それゆえ量的方法／質的方法という二分法は、質的調査・事例研究とよばれる方法の内側に存在する、さまざまな違いを無視したり、鈍感にしかねない。量的調査／質的調査、統計的研究／事例研究という不毛な二分法にこだわり、対立と相互排除を激化するのではなく、調査方法がそれぞれ固有にもつ特性、長所と短所、強みと弱みを知悉し使いこなす態度が、これから社会福祉調査を遂行する者には求められる。

## 2 さまざまな質的調査

では質的調査には、何種類くらいの方法があるのだろうか。質的調査の最も重要な教科書である、デンジンとリンカン（Denzin, N. K. & Lincoln, Y. S.）編『質的研究ハンドブック』（2006年）では、データの収集と分析の方法として、インタビュー、観察、人工物・ドキュメント・記録、映像的方法、自伝、データ管理、コンピューター支援による分析法、テクスト分析、フォーカスグループインタビュー[*1]、応用エスノグラフィーという10種類が紹介されている。またブライマン（Bryman,

＊１
ある特定のテーマに関して、少人数（通常６～８人程度）のグループを対象に、焦点を絞ったインタビューを行うことである。通常は司会者が質問を行い、発言を整理する。調査対象者が一堂に会し、グループディスカッションのような形式で会話が進行するため、参加者が気楽に意見や経験を述べることができる。通常の相互行為に近い形でインタビューを実施できる上に、個別のインタビューに比べて、多くの意見を一度に聴取できる。

A.）の‘Social Research Methods’（2001年）では、エスノグラフィーと参与観察、インタビュー、会話分析、言説分析、公式ドキュメントの内容分析、グラウンデッド・セオリー[*2]、コンピューター支援による質的分析など、さまざまな方法が示されている。質的調査が扱う（広義の）質的データについては、盛山の分類が参考になる。盛山によると、数値で表されていないデータのすべてが質的データに含まれるが、「何がどのように記録されているか」という観点からは、①研究者自身が作成したもの、②すでに作成されていたもの、という区別ができる。それをメディアの観点から、図表を含む文書、音声記録、映像記録というように細分化すると、おおむね以下のようなデータが素材となり得る。

＊2
本書第３部第６章第３節参照。

第一に、研究者自身が作成する質的データのうち、図表を含む文書としては、調査票と回答、とりわけ自由回答の部分は質的データとして扱うことが多い。また研究者がインタビューや参与観察の最中や実施後に記録するメモ・フィールドノーツ、音声記録を文字に起こしたものなどがある。音声記録としては、インタビューや参与観察時に録音した音声ファイル・ビデオなどがある。さらに映像記録としては、参与観察やインタビュー時に撮影した写真、会話分析やインタビューなどで利用するために録画したビデオ・DVDなどがある。

第二に、すでに作成されていた質的データのうち、図表を含む文書としては、古文書や議事録、個人の日記や手紙や生活記録、研究者本人以外の人が執筆した報告書や作品（小説・詩・学術論文など）などがある。公的に刊行された新聞・雑誌・パンフレットなどもこの中に含まれる。音声記録としては、レコード・CD・ラジオ・音声ファイル（MP３形式など）など、主として公的に発表され、何らかの形で入手可能なものが含まれる。同様に映像記録としては、写真・映画・DVD・動画ファイルなどが考えられる。このように質的調査が扱う素材の種類は、大変多い。

質的調査の場合、量的調査（統計的研究）のように、調査票とその回答を一定の手続きに従って分析を進めていくというより、研究者の問題関心に応じて、分析する対象と素材を定め、それらを量的調査ほどには標準化されていないやり方で、解釈したり、分析したりしなければならない。収集されるデータは、数値化されていない代わりに、人々の主観的な意味世界がいきいきと描かれていることが多く、素材を読むことそのものが、研究者の世界や社会に対する理解を豊穣にしてくれることも少なくない。それらの素材をどのように扱うべきかについても、細部は研究者個人の創意工夫に負うところが大きい。

そういうわけで、素材そのもののおもしろさと研究における自由度の高さは、質的調査の最大の魅力である。他方、「データに語らせる」ことに安住して研究の目的を見失い、混迷状態に陥ることも少なくないし、一般に、調査結果をまとめて報告書や論文の形で公刊するまでには、統計的な調査に比べて長期間を要する。それゆえに、質的調査を行う以前の段階で、「研究によって何を明らかにすることをめざしているのか」を明確にし、研究の過程でも、必要があれば研究の方向性を修正しながら、何度もその問題意識を再明確化しなければならない。

本章と次章では、メイ（May, T.）の分類に従って、質的調査の方法を、インタビュー、参与観察とエスノグラフィー、ドキュメント分析の３つに分類する。そして収集されたデータの分析方法として、図表化、KJ法、グラウンデッド・セオリーを紹介する。

# 第2節　インタビュー

## 1 インタビューの種類

インタビュー（聞き取り調査、ヒアリングともいう）は、社会福祉調査におけるデータ収集の基本といえる方法である。実は量的調査でもインタビューは行われている。例えば調査票を用いた調査では、質問があらかじめ明確に構造化されているが、このようなインタビューを構造化インタビュー（structured interview）という。質問者（インタビュアー）は、同じ質問文を同じ順序で問いかけ、回答者（インタビュイー）がそれに答えていくが、質問者は回答者の回答に影響を与えないように気を配る。それゆえ、そこで表れた回答の違いは、回答そのものの違いを表していると考えられている。

質的調査では、構造化インタビューよりも自由度の高い、**半構造化インタビュー**（semi-structured interview）や非構造化インタビュー（non-structured interview）が用いられることが多い。また回答者が何人も存在する状況では、グループインタビュー（group interview）や焦点化インタビュー（focused interview）も用いられる。

半構造化インタビューでは、質問項目はあらかじめ細かく決められている。質問者は得られた回答に対して、より自由に探りを入れる（probe）ように尋ねることができる。回答の意味を明確にしたり、もっと詳細な説明を求めた問いかけを、質問者が回答者に行い、ときには質問者自身も会話に参加する。構造化インタビューに比べると、会話はより対話的になり、回答者が自分の言葉で答えやすくなる。また質問者も、回答の意味をより深く理解することができるようになり、質問者と回答者のラポール（rapport）、すなわち信頼関係も築きやすい。半構造化インタビューは、インタビューの初心者でも熟達者でも利用しやすい方法であり、質的調査のインタビューの中では最も多用されている。

非構造化インタビューは、自由回答法とよばれることもある。質問項目はあらかじめ作成されておらず、回答者は、質問者から求められたトピックに関して、自由に、自らの思いを長い時間をかけて語る。質問者は、基本的に、語りを促す聞き役に徹する。個人の生活体験や出来事、個人の人生の全体を、長い期間をかけて聞き取るライフヒストリー（生活史）やライフストーリー研究では、非構造化インタビューが用いられることが多い。このような調査では、対話を録音することが多く、その場の雰囲気や文脈、会話のありようそのものが分析の対象となることもある。

グループインタビューは、複数の回答者、通常は8人から12人のメンバーを同じ場所に集め、質問者の指示に基づいて、1つあるいは複数のトピックについて、1時間半から2時間ほど議論する。また焦点化インタビューでは、質問者（グループインタビュアー）が、特定のトピックに関して、参加者の回答を促す役割を果たす。特定のトピックに関して、複数の人の意見や態度を集中的に収集できるので、効率的な方法ではある。しかし複数の回答者が1つの場を共有すると、回答者たちがもともと知り合いであろうとなかろうと、そこには一種の集団が構成される。それゆえ、ほかの人がいることを気づかって発言が抑制されたり、個々人の意見やリアリティを十分聞き取ることができなくなる場合もあるので、注意が必要である。



## 2 インタビューの進め方

インタビューによる調査は、おおむね以下のような形で進められる。①問題意識、調査課題を設定する「企画段階」、②調査方法や調査対象を決定する「設計段階」、③聞き取りを行い、データ素材（会話）を収集する「実査段階」、④音声記録メディアや筆記録に基づいてデータを作成する「作成段階」、⑤作成されたデータを分析し、報告書や論文を執筆する「分析段階」、⑥執筆された報告書や論文を、調査対象者の同意を得て公表する「公表段階」、である。順に説明しよう。

### ❶企画段階

インタビュー調査は、本来、社会福祉調査とは何の利害関係もない市井（しせい）の人々に対して、研究者の問題関心に基づいて、無理を押して時間を割いてもらい、自発的に協力してもらうことで初めて成り立つ。「とりあえず話を聞いてみよう」という程度の漠然とした問題意識でインタビューを始めると、研究の成功はおぼつかない。そればかりか、調査対象者の貴重な時間と労力を奪い、迷惑をかけることになりかねない。まずは、「なぜその研究を行うのか」という問題意識を明確にし、「何を知りたいのか、そのためには何を調べればよいか」という調査課題を明確にしなければならない。そのためには、関連する先行研究をできるだけ広く読み込み、何を明らかにすべきかを明確にしなければならない。

またインタビュー調査を行う前には、それが量的調査（統計的研究）とどこが違い、インタビューを用いればどこまでのことが言えて、どこから先のことは言えないかを理解しておく必要がある。第3章でも述べたように、量的調査（統計的研究）においては、母集団という「全体」における、「意見」や「態度」という特定の側面に関して、比率や平均などの「分布」に関心をもっている。これに対してインタビュー調査の場合、個人や集団における過去の経歴、現在の状況、さらには調査対象者がさまざまな事柄に与えている主観的意味付けを精緻にとらえることに関心をもっている。だからインタビュー調査の場合、調査対象者の数をやみくもに増やして、母集団という「全体」の分布に関心をもつよりは（そのような興味をもつなら量的調査を行うべきだ）、人々が有している主観的意味世界をどこまで余すところなくとらえられたか、という「全体性」こそが、重視されなければならない。

### ❷設計段階

問題意識と調査課題が明確に定まったならば、インタビューの方法を決める（構造化インタビュー／半構造化インタビュー／非構造化インタビュー／グループインタビュー）。個人を対象にする質的調査の場合、よほどの熟達者でなければ、半構造化インタビューをおすすめしたい。なぜなら半構造化インタビューでは、質問項目、具体的な質問文、その配置、そのほかの注意事項などを記したインタビューガイドを作成することが必須となるからだ。それは、自らの研究目的や調査課題を再確認する絶好の機会となる。多くの場合、1回の調査時間は1時間から2時間、さらに時間が延びることもあるが、調査対象者の精神的・肉体的負担を考慮すると、大きな質問項目はせいぜい十数個しかできないと考えたほうがよい。そのほかの細かなサブ質問項目は、会話のキャッチボールを重ねるなかで尋ねるようにすべきである。なおグループインタビューの場合もインタビューガイドの事前作成は必須である。

### ❸実査段階

調査対象が決まったら、電話かメールかで連絡をとり、取材の依頼を行う。その際には、調査者がなぜ、何のために、対象者の協力を必要としているかについて説明責任を果たすことが重要である。そこで電話かメールであいさつした後には、できるだけ文書の形で再度、調査依頼を行い、取材の趣旨説明をていねいに行ったほうがよい。取材への協力の了承が得られたら、いつどこで取材を行うか、どのような事柄について尋ねるか、どのように記録するか（ICレコーダーなどで録音するか否か）、データが得られた後、調査対象者の個人情報をどのように扱うか（匿名にするか実名にするか）、調査結果をどのように公表するか（公刊するかしないか）など、調査の進め方についても説明し、事前に了解を得ておく。

また調査対象者として誰を選ぶかは、自らの問題関心と調査課題の設計によって自ずから決まってくるが、一人の調査対象者から雪だるま式に別の調査対象者を紹介してもらえる場合もある。こうした対象者の選び方を、雪だるま式サンプリング（snowball sampling：機縁（きえん）法）という。インタビュー調査では、こうした機縁による選び方を積極的に利用してみる価値がある。

調査の現場では、対象者が話しやすい雰囲気をつくり、作成段階でつくられた質問項目に従って聞き取りを進めていく。調査の初心者は、（後に述べる筆記録の重要性もかんがみて）ICレコーダーやビデオカメラなどの録音（録画）機器を用いたほうがよい。録音機器を取り出すや否や、口が重くなる対象者もいる。事前に対象者の了承を得ておくことが必須であろう。その場の雰囲気を壊さないように配慮しながら、録音を進めていく。

インタビューの場面でなされる会話は、調査者と対象者の相互行為、コミュニケーションである。相手の述べる事柄に真摯に耳を傾けながら、相手の発言に相づちを打ったり相手の発言内容を復唱したり、会話の文脈に即しながら、用意した質問項目をできるだけ遺漏なく聞き取れるように、コミュニケーションを継続していく。対象者の表情や身ぶりなどにも注意を払う。その過程で、調査者と対象者とのラポールがつくり上げられていく。調査対象者が、その調査の過程で自分が尊重されていると感じることができ、その調査に積極的に協力することには価値があると思ってもらえるように、調査者の側での準備と配慮が欠かせない。

聞き取りが成功したかどうかは、聞き取るべきことを最大限、聞き取れたかどうかで判断する。聞き取り漏らしがある場合（調査者が聞き取り忘れた、会話の流れの中でその話題にふれることができなかった、時間が不足した、対象者が故意にその話題を避けたなど）、追加の質問が必要になることもある。また聞き取りが終了した時点で調査者と対象者の関係は断絶するわけではない。聞き取りの終了後なるべく早めに、お礼の電話や手紙を送るとよい。また、文字に起こした筆記録の確認、個人情報をどこまで開示するかについての確認、公表された調査結果の送付、新たな調査の開始など、聞き取り調査終了後も関係が継続することが少なくない。少し大げさにいえば、社会福祉調査の実施者と対象者という関係が終わったとしても、そこから先に、人間と人間としての関係が続いていく。要するに、たとえ社会福祉調査が学術的な研究という枠内でのみ行われたとしても、インタビュー調査においては、人間と人間の対等なコミュニケーションに必要な節度や配慮が必要になることを、

〈表3－5－1〉質問項目の一例

**基礎項目**
1. 現在の居住地と同居家族（本人との続柄、性別、年齢、職業など）
2. 本人の出身地（都市・農村別）
3. 本人の性別
4. 本人の年齢（出生年）
5. 本人の学歴
6. 本人の兄弟姉妹（そのうち死亡者、現存の者の居住地、つきあい）
7. 本人の未既（再）婚別
8. 本人の配偶者との死離別
9. 本人の主たる職業（職業経歴）
10. 本人の配偶者の主たる職業（職業経歴）
11. 本人の暮しむきの程度（上上、上下、中上、中下、下）
12. 父母の出身地（都市・農村別）
13. 父母の主たる職業
14. 父母の暮しむきの程度（上上、上下、中上、中下、下）
15. 本人の子供の数（そのうちの死亡者、現存の子供の職業・年齢・配偶者の職業・孫の数）

**質問項目**
1. あなたのお父さん、お母さんはどんな方でしたか？（職業、暮しむき）
2. 小学校に上がる前の思い出はありますか？（楽しかったこと、うれしかったこと、悲しかったこと、苦しかったこと、恐ろしかったこと）
3. 学校時代（小学校、中学、高校、大学）の思い出は？（同上項目）
4. 学校を出てから最初の仕事に就いたいきさつを教えて下さい
5. その後、結婚までの生活は？（どんな仕事をしていたか、楽しかったこと、苦しかったこと）
6. 結婚されたのは何歳（昭和何年）のときですか？ 結婚のいきさつは？
7. 結婚後の暮しむきは？（本人と配偶者の職業、子供の養育、義父母との関係）
8. 戦争中や戦争直後の思い出は何かありますか？（兵役、死亡者、戦災、疎開、敗戦後の社会や生活など）
9. お宅にテレビが入ったのはいつ頃か憶えておられますか？ その頃の暮しの様子はどんなでしたか？
10. この他、これまでの人生でとくに忘れられない経験などありますか？（成功、失敗、病気、事故など）
11. 子供との同別居のいきさつは？
12. 現在の子供とのゆききの状態は？
13. 最近の生活状態は？（健康状態、現在の仕事、家庭内での役割、家庭外での役割、趣味や楽しみ、現在の幸福感、暮らしで困っている点、生活費と小遣い、最近でうれしかったこと・悲しかったこと、今一番気がかりなこと）
14. これからのことで、これだけはしておきたいこと、こうなりたくないと思っていることがありますか？
15. もう一度生まれ変われるものとすれば、どうなりたいですか？（後悔していること）
16. 信仰をもっていますか？
17. 現在の若者への忠告は？（若い男に対して、若い女に対して）
18. 政府や自治体の老人政策についての注文は？
19. 長寿のひけつは何でしょうか？

（出典）原 純輔・海野道郎『社会調査演習 第2版』東京大学出版会、2004年、150頁

肝に命じておきたい。

**表3－5－1**に示したのは、原 純輔・海野道郎が大学の社会福祉調査演習で行っていたインタビューの模擬練習用のシートである。特に、質問項目の部分はとても参考になる。

### ❹作成段階

聞き取り終了後は、なるべく早く、そのときの様子をノートにとって残しておく（参与観察におけるフィールドノーツの項〔第3節第2項〕も参照のこと）。取材中にメモをとっていた場合は、より正確な言葉づかいに変え、必要な情報を補足する。録音機器を用いた場合は、取材時の会話をなるべく早い時期に、調査者自身が筆記録を作成する。

筆記録の作成には専用の機器を使うこともあるが、ICレコーダーなどの録音機器で録音された音声ファイル（MP３形式のものなど）であれば、コンピューターを使って書き起こし、筆記録を作成するのが便利であろう。対象者や調査者の言葉をどこまで詳細に書き起こすべきかは、研究領域やデータの扱い方によって決まる（**表3－5－2**）。

ライフストーリー研究では、対象者の語った言葉の内容だけでなく、調査者と対象者の対話場面そのものが分析の素材となるので、筆記録も、会話そのものをていねいに再現する必要がある。逆に、対象者が語った言葉の内容に関心がある場合は、「うー」とか「あー」といった間投詞を削除したり、語順を入れ替えたりして、語った内容を読者にわかりやすい形式に編集することもある。それはケースバイケースである。



〈表3－5－2〉筆記録の一例

|「聞き出し」|
|---|
|質問：両親の暮らしむきはどうでしたか？|
|回答：暮らしむき？|
|質問：ほら、暮らしむきがよいとか、悪いとかいうでしょう？|
|回答：そりゃ、大変だったでしょう。子どもは多かったし、それに、うちは宮大工だったから、4、5人の弟子が家の中にいつもいるわけですよ。|
|質問：でも、宮大工の棟梁といえば、貧乏というわけではないんでしょう？周囲の農家と比べてどうでしたか？|
|回答：そうだね。子どもは、皆、旧制中学か師範学校へ行ってるしね。|
|質問：例えば、上中下に分けると、上ということですか？|
|回答：村の中では上の部類だろうね。|
|質問：それでは、上の上と上の下に分けたらどうですか？|
|回答：うーん……。まあ、上の下というところかな。|

（出典）原　純輔・海野道郎『社会調査演習 第2版』東京大学出版会、2004年、153～154頁をもとに一部改変

### ❺分析段階

作成された筆記録をもとに、報告書や論文を作成する。研究段階での問題意識と調査課題が明確ならば、聞き取るべき事柄も明確に意識されているはずであり、対象者の語った言葉やそのありようを通して、どんな問いをどのように解かねばならないかが理解されているはずである。ただしインタビュー調査の場合にしばしば起こることは、「対象者自身の言葉で語らせる」ことそのものに意義があるかのように考えてしまいかねないことである。対象者の語りを長々と引用するだけで、論文ができ上がると思ったら大間違いである。報告書も論文も、調査者・研究者の解釈によって成り立つ創造的な作業であることに変わりない。

インタビューで語られた内容や形式を分析者がどのように読み解いたか、それはどの程度まで妥当な解釈であるかが分析の中心となる。つまり、報告書や研究論文を料理にたとえるならば、対象者が語る言葉、すなわちデータはあくまで素材であり、その素材をいかして調理人＝研究者がどこまで適切な料理をつくれたのか、その腕前が試されていることを忘れてはならない。

### ❻公表段階

調査の公表にあたっては、どんな情報をどこまで開示するかを、調査者と対象者との間で事前に合意しておく。いったん取材が行われたら、その後そのデータがどう扱われるかを全く気にしない対象者もいれば、対象者が語った言葉のみならず、公表が予定される論文の内容すべてに容喙（ようかい）することを望む対象者もいる。

それは基本的に、報告書や論文を、誰がどういう形で公刊するかにかかわる問題でもある。インタビューの対象者が語った言葉は分析の素材なのか、それとも対象者自身が調査者とともに共同著作者であるべきなのか。この点については、調査企画の段階で、調査者自身が周到に設計しておかねばならない。

# 第3節 参与観察とエスノグラフィー

## 1 完全な参与者／参与者としての観察者／観察者としての参与者／完全な観察者

調査対象となる個人や集団や組織に対して、社会福祉調査を行う者はどのようなかかわりをもつことになるだろうか。メイによれば、調査者は「完全な観察者」から「完全な参与者」に至るまでのどこかに位置付けられる。「完全な観察者」は、調査対象となる集団や組織の活動に対して、全く参与しない立場であり、例えばマジックミラーごしに調査対象者の行動を機械的に記録するような研究室実験など、特殊な状況においてのみ成り立つ。「完全な参与者」は、調査対象となる集団や組織と完全に一体化し、調査者として観察するという役割を全く放棄した状態である。いうまでもなく、調査が進む過程では、調査者は４つの立場を揺れ動き、行ったり来たりする。

「完全な参与者」と「完全な観察者」という両極端の中間に、「参与者としての観察者」と「観察者としての参与者」という立場がある。「参与者としての観察者」とは、調査者が対象者の世界に形式的にしか入り込んでおらず、対象世界のルールや役割や人間関係を十分に理解していない状況である。前節で見たようなインタビューが１回ないし数回にとどまっている状態がそれで、調査者の立場は対象者にとっても外在的でよそよそしいままである。これに対して「観察者としての参与者」の立場では、自らの調査の意図や調査者としての役割が対象者に対して明示されており、調査者は、調査対象となる人々の現場により深く参与しようとする。具体的には、調査対象となる地域に長期間住み込んだり、調査対象となる組織や集団の一員となったり、長期にわたってつながりを継続しながら、そこに生じている出来事を記録し、彼らの世界に息づくルールやその集団特有の考え方やものの見方に通暁（つうぎょう）していく。そのことを通して、社会的世界に対する理解を豊穣にしようとするのである。これが参与観察（participant observation）である。

近年ではさらに、調査者と対象者が協働的なパートナーとなる場合が増えてきた。例えば**アクションリサーチ**[＊3]やフェミニストリサーチ[＊4]では、研究対象となる問題の定義、データの収集と分析、さらには調査結果の

＊3
調査者が、教室、学校、地域社会など、特定の状況における問題解決の支援者として関与する調査のこと。参与観察の一種といえる。中立的・外在的な調査とは異なり、その状況で生じている問題に直接適用可能な知識の獲得をめざすもので、分析、事実の入手、問題の特定、問題に対する解決策（計画と行動）、その結果から得られた知見のフィードバックというサイクルを繰り返す。

＊4
女性の視点から見た現象の研究を目的とするもので、ジェンダー、人種、階層、年齢などによる権力関係と抑圧のシステムに焦点を当てるもの、養育者としての女性の社会化に焦点を当てるものなどがある。調査手法は実験、エスノグラフィー、アクションリサーチなどさまざまだが、社会変革をめざし、人間の多様性を表現する点が共通する。また調査対象者との間に特別な関係を発展させようと試みる点も特徴的である（ラインハーツの見解）。

執筆と報告に至るまで、調査する者とされる者との対等性が求められ、作業をともに行うことがある。ここでは、調査者の素性や調査目的はあらかじめ対象者に知られており、調査者と対象者は調査のプロセスに同等のパートナーとして位置付けられる。これは「参与者としての観察者」と「完全な参与者」との中間形態、ということができる。

他方で、調査者と対象者が一体化して、過度に濃密な人間関係を形成してしまい、冷静で客観的な観察ができなくなるオーバーラポール（over-rapport）の状態に陥ることは、研究という観点からは望ましくないという見解をとる研究者もいる。観察者と参与者、調査者と対象者のバランスをいかにとるべきかは、質的研究における永遠の課題である。

## 2 フィールドワークとフィールドノーツ

人類学、民族学、民俗学では、研究対象である現場の日常生活に入り込む参与観察のことを、フィールドワーク（fieldwork）とよぶ。そして主として参与観察に基づいて生み出される対象社会に関する報告や論文のことを、**エスノグラフィー**[*5]（ethnography：民族誌）という。参与観察やエスノグラフィーにおいて、調査者はまず、調査対象社会に生きる人々から、その世界で起きるさまざまな事柄の意味を、解説してもらったり、教えてもらったり、アドバイスを受ける立場にある。調査者は、対象世界に関する初心者である。そのような初心者を教え導いてくれる存在が、インフォーマント（informant）である。インフォーマントもまた調査世界の住人の一人であり、その人の言うことがすべて正しいとは限らないが、参与観察では、親切で有能なインフォーマントを見つけることが、調査の正否を左右するといっても過言ではない。

＊5
ある人々や集団の行為や考え方を理解するために、対象となる人々の中や、近くや、現場に身を置いて、会話し観察し記録したものを論文や報告書として作成・公表すること。

参与観察では、調査対象となる社会にとって外的な視点（観察者の視点）を維持しながら、当該社会における一定の役割や内的視点（参与者の視点）を取得しようとする。外的な視点と内的な視点を両立させることは大変困難な作業である。しかしその両立を助ける技術的な裏付けとして最も重要なことは、観察記録であるフィールドノーツ（fieldnotes）を、日常的にとり続けることである。佐藤郁哉（さとういくや）によるとそれは、「調査地で見聞きしたことについてのメモや記録（の集積）」というほどの意味だが、フィールドノーツが参与観察に果たす役割は、想像以上に大きい。

佐藤によると、アメリカの文化人類学では、①出来事が起こっている最中にメモ用紙、メモ帳、カードなどに書き込んだメモ、②「①」などをもとに1日（あるいは数日）の間の観察や考察をまとめ清書した記録、③聞き書きの記録、④調査の最中につけた日記や日誌、の4種類がフィールドノーツとよばれている。しかし②こそがフィールドワークにとって特別の価値を有している。それは、調査者が現場の社会や文化の成り立ちをカルチャーショックを通して理解し、さらにはそれを後にエスノグラフィーとしてまとめ上げる際の基礎的な資料となるからである。

ちなみに①については、持ち運び可能なノートに、ボールペンや鉛筆を使って書きとめておく。しかし観察しているときに、記録することができないような状況下では、観察終了後なるべく早く、喫茶店や駅のベンチやトイレでもよいから、ノートに記入しておくとよい。

②に関しては、可能であればコンピューター（ノートパソコン）やスマートフォンに、テキストファイルとして清書版を残しておく。その際にはメモよりも詳細な情報を書き加えて、観察者としての感想や気付いたことを、コメントであることがわかるように記載しておくとよい。なお、テキストファイルとして処理できれば、それらのフィールドノーツは対象社会に関するデータベースとしての意味をもつようになり、その後の分析において、検索作業や分類作業、集計作業などを行うことができるようになる。

フィールドノーツをいかにつけるべきかに関しては、いくつかのバリエーションが存在する。佐藤が推奨するのは、「その日一日に起きた出来事をその順番どおりに時間を追ってできるだけ網羅的に記録する[1)]」ことである。そのことによって、自分が関心をもつ事柄、自分の仮説にとって都合のよい知見だけを記録することを避けることができ、印象深い出来事だけでなく、ごく当たり前の、特に関心を引かないような出来事や人々の発言も、記録することができるからである。

またメリアム（Merriam, S. B.）は、観察の際に調査者は、①「特定の人物や相互作用や活動」に焦点を向け、心の中で、他のすべての事柄を押さえる、②まわりの人の言ったことの中から、後で際立つようなキーワードを探す、③それぞれの会話の中で、最初と最後に言ったことに集中する、④会話や観察が中断したときに、心の中で会話や場面を反芻（はんすう）してみる、という手法を推奨している。こちらはむしろ、特定の場面や会話に焦点を当てるノートのつけ方である。

フィールドノーツは、①対象となる場、人々、活動を言葉で記述したもの、②人々の発言の直接引用あるいはその要旨、③観察者によるコメント、の３種類から成る。さらに①に関しては、その社会的場における人間関係を特定し、起こった出来事と状況を記述するとよい。そして、それ以上観察を続けても、もはやそれ以前の観察から生み出された理論を問い直したり、修正したりできなくなるまでフィールドワークを続けるべきとされる。

日常的にフィールドノーツをとり続けることは、退屈で骨の折れる「しんどい作業」である。しかしそれは、参与観察という研究そのものを基礎づける重要な一次資料であると同時に、「長期にわたるフィールドワークを通して得られる新たな発見や現場に根ざした理論という実りを約束してくれる、現場（フィールド）における最も大切な仕事（ワーク）」[2)]でもある。


**引用文献**

１）佐藤郁哉『フィールドワーク 増訂版－書を持って街へ出よう』新曜社、2006年、183頁

２）佐藤郁哉、前掲書、185頁

**参考文献**

- 盛山和夫『社会調査法入門』有斐閣、2004年
- 佐藤健二「量的／質的方法の対立的理解について－「質的データ」から「データの質」へ」『日本都市社会学会年報』No.14（1996年）、日本都市社会学会
- N. K. デンジン・Y. S. リンカン、平山満義 監訳『質的研究ハンドブック１～３巻』北大路書房、2006年
- Bryman, Alan（2001）*Social Research Methods*, 3rd ed, Oxford.
- T. メイ、中野正大 監訳『社会調査の考え方－論点と方法』世界思想社、2005年
- 玉野和志『実践社会調査入門－今すぐ調査を始めたい人へ』世界思想社、2008年
- 原 純輔・海野道郎『社会調査演習 第２版』東京大学出版会、2004年
- 桜井 厚・小林多寿子 編著『ライフストーリー・インタビュー－質的研究入門』せりか書房、2005年
- S. B. メリアム、堀 薫夫・久保真人・成島美弥 訳『叢書・現代社会のフロンティア ３ 質的調査法入門－教育における調査法とケース・スタディ』ミネルヴァ書房、2004年
- 桜井 厚『インタビューの社会学－ライフストーリーの聞き方』せりか書房、2002年
- 鈴木聡志『会話分析・ディスコース分析－ことばの織りなす世界を読み解く』新曜社、2007年

# 第3部　社会福祉調査の基礎

# 第6章
# 質的調査の方法Ⅱ

## 学習のねらい

本章では、引き続き、質的調査について学習する。

最初に、ドキュメント調査を行う方法について解説する。ドキュメント調査は「統計テキスト及び組織文書／メディア文書／個人文書」といったドキュメントを分析する手法である。

次に、質的データや資料を整理し、分析する手法を解説する。質的分析では、量的分析と異なり、分析手続きを標準化することが容易ではない。そうした制約の下で、質的データから情報や理論を引き出すさまざまな手法がこれまで考えられてきた。それらの中で、まず図表化とKJ法によるデータの整理について解説する。そして最後に、グラウンデッド・セオリー・アプローチについて解説する。

このように、さまざまなタイプの質的データが存在し、データのタイプによって調査方法も変わってくる。これは、私たちの社会が多様であることの反映であり、社会を正しく把握するためには、各調査方法の違いを正しく理解していることが不可欠になる。

# 第1節　ドキュメント調査

## 1 非参与観察物としてのドキュメント

ドキュメント（document:文書）とは、人々が書き残した記録のことである。公式統計に基づく報告書、行政文書、国会や地方議会の議事録、討論、政見放送など公共的なものから、新聞、雑誌、小説、演劇、地図、本、インターネット上の記録など公開を目的としたもの、さらに自伝、伝記、日記、手紙などの個人的なものに至るまで、さまざまな種類が含まれる。テレビの映像や写真などもドキュメントに含めることもある。これらドキュメントは、人々の社会的世界を間接的、具体的に伝える事物であり、社会福祉調査の素材となり得る。ただし参与観察に基づくフィールドノーツのように調査者が記録したものではないし、インタビューの筆記録のように調査者と対象者の共同作業の産物というわけでもない。社会福祉調査のために意図してつくられたわけでもない。このように、調査者が関与せずとも存在するデータを扱う分析のことを一般に、非参与観察法あるいは非干渉的方法という。

ドキュメントの分類に関しては佐藤健二（さとうけんじ）による「統計テキスト及び組織文書／メディア文書／個人文書」という3分類が有用である。統計テキストとは、自殺統計や官庁統計、国勢調査の結果報告など各種社会統計のことをさす。組織文書とは、自治体や会社、労働組合、NPO、社会運動体など各種団体がその活動の中でつくり出したものである。国会、県議会、市町村議会の議事録、選挙管理委員会が作成する資料（選挙人名簿）などが含まれる。メディア文書とは、メディア空間上に残されたテキストで、新聞、雑誌、小説、流行歌、テレビやラジオの番組などが含まれる。最近では、インターネットの掲示板やブログのログ、web日記なども広義のメディア文書に含めることもある。個人文書とは、作成主体が個人で、本源的には複製を想定していない1部限りのテキストのことで、手紙、日記、手記、告白録などを含む。

調査票調査、参与観察、インタビューなど、調査者の参与を必要とするデータ分析と比べると、非参与観察物としてのドキュメントの分析には固有の強みと弱みがある。強みとしては第一に、行政の組織文書やメディア文書を使う場合、社会の全体像をとらえやすい。第二に、対象者が故人、あるいは過去の時代を生きた人の場合、日記や伝記は、参与観察やインタビューでは把握できない個人の生活や主観的意味世界をとらえることができる。第三に、インフォーマント（情報提供者）が存在しない社会、すなわち過去の社会や国交がないなど情報を入手しにくい社会を分析するには、ドキュメントに頼るしかない。特に内容分析は、そのような社会を調査する手法として発展してきた。第四に、長期に及ぶ時系列の変化（歴史的な変化）を追跡したい場合、参与観察やインタビューよりも、ドキュメント分析のほうが精確なデータが得られることが多い。そして第五に、組織文書やメディア文書などの分析素材は、研究者による介入の度合いが少なく、ほかの研究者も容易に共有可能である。それゆえ分析の妥当性に関して、ほかの研究者による再検証やピア・レビュー（査読）を行いやすい。

他方、ドキュメント分析の弱みとして、ペインとペイン（Payne, G. & Payne, J.）は「真偽」「信憑（しんぴょう）性」「代表性」「意味」の４点を指摘している。第一の「真偽」とは、ドキュメントが本物かどうか、すなわち著者以外の別人が書いた偽書でないかという問題である。偽書である場合、当然ながら分析の妥当性は低くなる。第二の「信憑性」とは、著者や記録者が書いている内容が信頼に値する記述か、嘘や誤りがないかどうか、情報が首尾一貫しているかどうか、という問題である。第三の「代表性」とは、残されたドキュメントが対象とする社会をどれだけ代表しているか、という問題である。第四の「意味」とは、社会や時代の文脈を共有しない他者が書いたドキュメントの意味を、研究者がどれだけ正確に理解できるか、という問題である。

ただしこれらの諸点に関しては、次のような反論もあり得る。第一の真偽、第二の信憑性の問題に関しては、偽書だから、嘘や偽りが存在するからといって、社会福祉調査の分析素材として無意味ということにはならない。むしろ「偽書や嘘偽りがなぜ生み出されたのか」を考えることは、その社会の秩序やメカニズムを考える大きなきっかけとなり得る。第三の代表性に関しては、質的調査は、母集団での分布や集団の代表値に関心をもっているわけではなく、代表性の問題は重要ではない。質的分析は事例の典型性こそが重要だと考えてきた。第四の意味の問題は重要だが、異文化を対象とする文化人類学や参与観察などのフィールドワークでもこうした問題は生じるわけで、ひとりドキュメント分析のみが責めを負うべき問題ではない。むしろドキュメント調査で使われるデータが、しばしば研究者の思い込みや偏見を正す可能性を有している強みを強調してもよい。

## 2 データの「質」によって異なる分析手法

質的データを分析する手法には、さまざまなものがあるが、組織文書、メディア文書、個人文書というデータの「質」に応じて、どのような手法があり得るかを整理してみよう。

まず過去の時代の組織文書や個人文書を扱う手法としては、歴史的文献資料の分析がある。過去から現在にかけて人々の意識や規範がどのように変化してきたか、その背景にはどのような社会的要因があるのか、を検討する歴史社会学の方法としては必須であり、歴史学や社会史とのかかわりも深い。

また人々の語りや言語行為の特性や、その歴史的な変化に関心がある場合、言説分析[*1]（discourse analysis）も有用である。言説分析はフランスの哲学者フーコー（Foucault, M.）によって開発された手法であり、「諸々の言表を前にして、他の言表ではなく、まさしくそれらを可能にしたものとは何か[1)]」という中核的な問いを解明するために、①言説内的な依存関係、②言説間的な依存関係、③言説外的な依存関係、という3つの観点から考察することを提案した。つまり、これは人々の言語行為の結果として形成される言説とその全体（言説空間）が、ある時空間に特定の形で存在し、それが変容していくさまを記述し、なぜそうした分布や変容が生じたかを解明しようとする方法である。

メディア文書がつくり出す情報やメッセージを扱う方法としては内容分析[*2]（content analysis）がよく用いられる。内容分析は新聞や雑誌記事、テレビ、CMなどマスコミュニケーションがつくり出すメッセージを、体系的・客観的・数量的に把握する調査技法である。その目的は、①メッセージ内容の比較研究（時系列的比較、国際比較、メディア間の比較、外的な基準との比較）、②メッセージの送り手の意図、政治的態度、心理状態の推定、③メッセージの受け手の文化的パターンや世論の推定、にある。例えば時系列分析では、メッセージの内容や分布が時期や時代によってどう変化するかを明らかにする。国際比較や他メディアとの比較では、メッセージ内容が国によってどう異なるか、新聞ごと、あるいはテレビ・雑誌・新聞といったメディアごとにどう異なるかを調べる。外的な基準との比較では、ある特性のメディア上の分布と現実世界での分布がどの程度一致するかを調べる。例えばドラマの登場人物の特性（性別、年齢、職業、収入など）の分布が現実の分布とどれくらいかけ離れているかを調べることで、メディアが描き出すメッセージや表

＊1
書かれたものや話されたものなど、広い意味での言説（談話、ディスコース、ディスクールともいう）を分析の対象とする研究手法。言語学、社会心理学、社会学、政治学、歴史学の分野などで用いられる。

＊2
内容分析に関しては次の文献が参考になる。K.クリッペンドルフ、三上俊治ほか 訳『メッセージ分析の技法－「内容分析」への招待』勁草書房、1990年。鈴木裕久『マス・コミュニケーションの調査研究法』創風社、1990年。平野 浩「マス・コミュニケーションの内容分析」栗田宣義 編『メソッド／社会学－現代社会を測定する』川島書店、1996年。

象のかたよりを指摘する。このように内容分析ではメッセージの比較が中心的課題となる。そして対象となるメディアの種類、分析時期を決めたら、特性のテーマに関して記述があるか、またどのような特徴があるかをコーディング（coding）していく。そのためにコーディングに用いる変数とカテゴリーを定義し、コーディング・シートを作成し、分析作業をマニュアル化し、複数の分析作業従事者（コーダー）とともにコーディングを行い、各変数や各カテゴリーの頻度や量を集計・図表化する。その結果をもとに、自らの問題関心に基づいて比較を行う。このようにメッセージや情報の数量的な分析を量的内容分析とよぶ。他方、メディアが送り出すメッセージの意味内容を理解・解釈することが中心となる分析を質的内容分析とよぶこともある。

手紙、日記、写真、映像記録などの個人文書、さらにはインタビューにおける個人の人生の語りを分析する手法としては、ライフヒストリー[＊3]（生活史）法がある。それは過去から現在に至る個人の生活や経験を、調査者がインタビューを通して調査対象者自身から長時間をかけて聞き取り、その主観的意味世界を、組織や制度、社会の変動などのマクロな社会的・歴史的過程の中に位置付け、個人史と社会史、主観的意味世界と客観的世界（歴史や制度や社会）との関連を把握しようとする方法である[＊4]。

また調査対象者の発話や会話の場面、さらにはインタビュー時の調査者と調査対象者の会話や相互行為そのものを分析対象にする場合もある。その際にはライフストーリー法や、会話や相互行為の秩序を解明する会話分析[＊5]が有益である。ライフストーリー法は、ライフヒストリー法の一部と考えることもできるが、ライフヒストリー法では、調査者がインタビュー以外のさまざまな補助データを補ったり、語られた内容を時系列順に並べ替えたり、話し言葉を編集する。それは個人の主観的意味世界を重視するものの、それらを客観的な社会構造に位置付ける、実証主義的な立場に立つからである。これに対して、ライフストーリー法の多くは対話的構築主義という立場に立っており、語りを調査対象者と調査者が相互行為を通して構築する「共同作品」と考える。それゆえ、ICレコーダー、ビデオなどの録音・録画機材を利用して、必ずインタビューが行われた場面を記録に残しておく。そして語られたストーリーの内容だけでなく、それがいかに語られたかという形式や、調査者と調査対象者がインタビューを行っている場面そのものを分析の対象とする。

＊3
ライフヒストリー（生活史）法に関しては次の文献が参考になる。K.プラマー、原田勝弘ほか 監訳『生活記録（ライフドキュメント）の社会学－方法としての生活史研究案内』光世館、1991年。中野卓・桜井 厚 編『ライフヒストリーの社会学』弘文堂、1995年。

＊4
ライフストーリー法の認識前提や実際の行い方については、下記の文献が参考になる。桜井 厚『インタビューの社会学－ライフストーリーの聞き方』せりか書房、2002年。桜井 厚・小林多寿子『ライフストーリー・インタビュー－質的研究入門』せりか書房、2005年。

＊5
会話分析については下記の文献が有益である。山崎敬一『社会理論としてのエスノメソドロジー』ハーベスト社、2004年。

## 3 歴史的な文献資料の分析

また、人々の過去の生活実態や意識の変遷を調べたい場合には、歴史的な文献資料の利用を積極的に考えるべきだろう。それは歴史学における庶民の日常生活をとらえる試み、すなわち社会史の方法論とも共通するところが大きい。歴史的な文献資料の研究は、研究テーマや研究課題、あるいはどの時代のどの社会を研究するかに応じて、扱うべきデータや存在するデータのありようが異なる。

歴史的な文献資料の分析方法は、時代や社会の違いに応じてさまざまなバリエーションがあるが、米村千代は、過去の家族の意識や実態を調べるための文献資料として、①インタビューに近いものとしての回顧録、インタビュー記録、日記、②活字資料としての雑誌や新聞の記事とりわけ投書欄、③当事者や当事者に近い人によって書かれた伝記や資料、④『民事慣例類集』や『家憲正鑑』などの資料集、をあげている。

米村によるとこれらのデータは、代表性や有意性という観点からは信憑性が低いものとして敬遠されがちであった。確かに雑誌や新聞の記事は掲載された時点で編集者の意図が入り込んでいるし、伝記や手記では、その人の人生が美化して書かれ、当人にとって都合の悪い情報が省略される傾向にある。また資料集でも、編集の意図によって、すでに事実が加工されている可能性がある。

だがデータの有効性は、そのデータによって自分の問題関心や課題を整合的かつ明確に説明することができたか否か、いかに社会的現実を再構成することができたかによって決まる。それゆえ、取り上げる資料が、いつ、誰によって、何について、どのような意図と目的で書かれたのかを読み解く資料批判を適切に行うならば、歴史的な文献資料は貴重な分析素材となり得る。またデータとして取り上げた資料が刊行された当時の社会にどのように受容されたのかをチェックすれば、人々の意識や規範の広がりにも言及することができる。

歴史的な文献資料の研究にあたっては、こうした作業を積み重ねて、これまでの議論にどのような新しい発見をつけ加えることができるのか、あるいは、すでになされているどのような議論を支持するのかに関して結論を出すことを忘れてはならない。これらの文献資料は、過去の現実の断片を集めることにより、現実のもつ多様性をいかせる可能性がある。

# 第2節　図表化とKJ法によるデータの整理

## 1 質的データのコード化

一般に、質的分析では、分析の手続きが方法ごとに異なり、標準化されている度合いも低い。それゆえ分析手続きが標準化されている量的分析（統計的研究）に比べて、劣ったものとみなされることもある。だが質的データを分析する際にも、①コード化やメモをとることで収集されたデータを圧縮し、②グラフ・チャート・要約図などによってデータを表示し、③その過程から新しい命題や結論を導き出し検証する、という手順は多くの場合共有されている。

木下康仁（きのしたやすひと）によれば、質的データとコード化の関係は**図３−６−１**のようなものである。最初に収集された質的データは、数量的ではなく、多くは雑多なテキストやドキュメントである。これを研究者の問題意識と視点と、選ばれた方法に基づいてコード化し、情報を圧縮する（１次コード化）。そこで圧縮された情報はさらにコード化される（２次コード化）。このような過程から理論や仮説が生み出されてくる。

〈図３−６−１〉**質的データとコード化の関係**

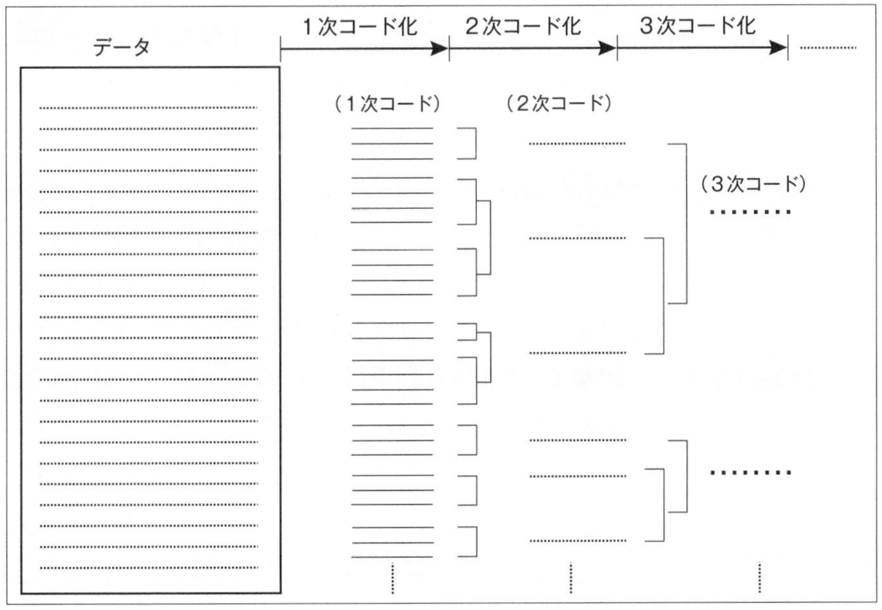


（出典）木下康仁『グラウンデッド・セオリー・アプローチの実践−質的研究への誘い』弘文堂、2003年、148頁

その際には、「何を明らかにしたいのか」という研究上の問いが最も重要であり、研究成果を論文や報告書として公表する際には、「何がわかったのか」という研究上の結果を説得的に示す必要がある。それはむろん、既存の知識では得られない新しい知見、発見を含んだものでなければならない。この点に関しては、量的分析であろうと質的分析であろうと変わりない。ここではインタビューデータや参与観察から得られたデータから新しい理論や仮説を生み出す方法として、図表化とKJ法、グラウンデッド・セオリー・アプローチを紹介する。

## 2 図表化

インタビュー調査やフィールドワークに着手すると、取材時のメモ、文字起こし後のトランスクリプト、フィールドノーツ、パンフレットや官庁統計など、さまざまな資料やデータが手もとに残り始める。これらをいかに効率的に整理・分析し、新たな理論や仮説を生み出すことができるかどうかが、質的分析の試金石となる。

質的データの特質をいかした分析手法としてよく使われるのが、図表化とKJ法である。図表化には、ソシオグラム、社会的地図、要因連関図などさまざまな種類がある。ソシオグラムは、集団における行為者間の関係（好きか嫌いか、仕事仲間として選ぶか否か、など）を図示したもの、社会的地図は、地域社会の地図上に非行の頻度を書き入れたり、集落の各戸に同族、隣組等々の諸指標を書き込んでいくものである。

福武直（ふくたけ ただし）・松原治郎（まつばら はるお）によると、図表化には「全体関連的認識と把握という事例調査の特質をヴィジュアルに伝える利点があると同時に、図表化の作業自体が、研究者に調査対象のトータル・イメージと分析・解釈への有益な示唆をあたえるばあいがある[2]」。

要因連関図は、質的データの分析から取り出した要因間の関係を、原因－結果の関係に見立てて視覚化することである。**図3－6－2**は、見田宗介（みた むねすけ）が、現代における不幸の諸類型を分析するために、1960年代の新聞紙上の身上相談記事を13事例取り上げ、その一つひとつについて詳細な要因連関図を作成したもののうちの１つである。図で取り上げているのは、夫を失った母子家庭の生活苦の事例である。「夫の急死→母１人の肩に２人の子ども→生活してゆけない」という、一見ありふれた現象の背後に、急死の原因となる〈運転手の労働条件〉、「もしものとき」に備えて蓄財する余裕のない〈低賃金〉ならびに〈中小企業の劣悪

〈図3－6－2〉要因連関図

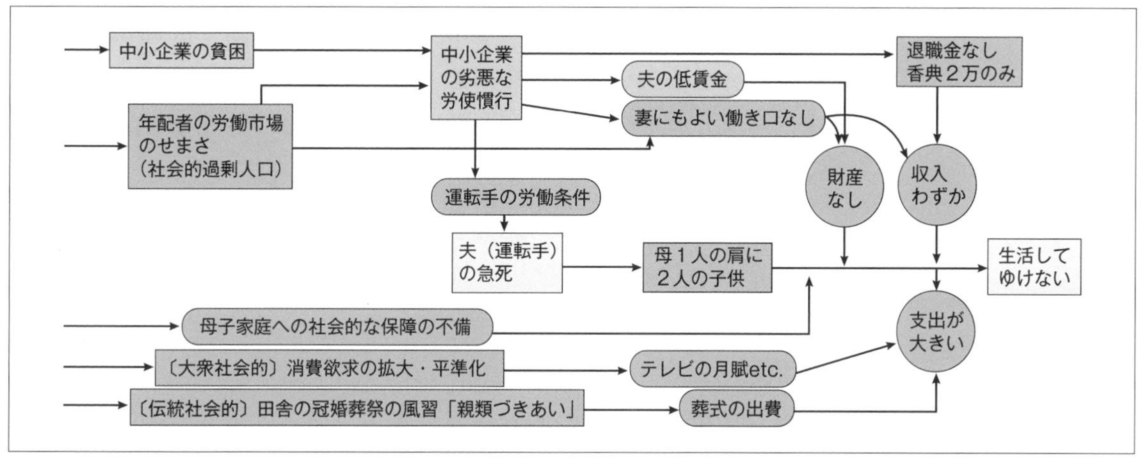


（出典）見田宗介『現代日本の精神構造』弘文堂、1965年、11頁

な労使慣行〉、遺族の将来が保障されない〈社会的な保障の不備〉、妻が満足な仕事を見つけられない〈社会的過剰人口〉、田舎の冠婚葬祭の風習という〈伝統社会的親類づきあい〉、テレビの月賦という〈大衆社会的消費欲求の拡大・平準化〉といったような、個別事例を超えた普遍的な問題状況－すなわち人間の〈自己疎外〉が読み解かれている。

また、次項で述べるKJ法におけるA型図解化（**図3－6－3**）も、図表化の一種である。



## 3 KJ法

収集されたデータや資料を整理・分析する手法としては、西欧ではアウトラインプロセッサやNVivo、MAXQDAなど、CAQDAS（Computer Assisted Qualitative Data Analysis Software:定性的データ分析ソフトウェア）とよばれるコンピューターソフトを用いた質的データ分析（Qualitative Data Analysis:QDAS）が広まっている。わが国では、人類学者川喜田二郎（かわきたじろう）によって開発された**KJ法**[*6]が有名である。

KJ法は、書斎科学、実験科学に対する野外科学の方法論として提案されたもので、「現実に野外で観察し集めてきた複雑で多様なデータをいかにまとめたらよいか」という観点からつくられた。野外で得られたデータから新しい発想や仮説を促す手続きと位置付けられている。また複数の人間による会議で問題点の発見や解決策を見出すために使われることもあれば、少数の研究者が大量の質的データを眼前にしたときに、それらを適切に整理・分析する手法としても使われる。

＊6
KJ法に関しては次の文献が基本書である。川喜田二郎『発想法－創造性開発のために』中央公論社、1967年。川喜田二郎『続・発想法－KJ法の展開と応用』中央公論社、1970年。川喜田二郎『KJ法－渾沌をして語らしめる』中央公論社、1986年。山田一成「仮説が生まれるとき」栗田宣義 編『メソッド／社会学－現代社会を測定する』川島書店、1996年。山浦晴男『質的統合法入門－考え方と手順』医学書院、2012年。

KJ法を行うには、黒鉛筆（ペン）、色鉛筆、クリップ・輪ゴム、名刺大のラベル（付箋紙）多数、図解用の台紙、文書を書く原稿用紙、ラベルを広げる大きめのテーブルを用意する。まず何を問題にするかという主題をはっきりさせる。具体的な問題解決のための討議ならばその討議テーマを、ドキュメント資料を分析する場合ならば、どんな事柄に着目するかを決定する。そして必要と思われる事実や見解をキーワードにしてまとめ、片っぱしからラベル（付箋紙）に記録していく。KJ法の具体的な手順は、次の５つのステップである。

①ラベルづくり

素材となるデータから必要な箇所をラベル（付箋紙）に書き写す。ドキュメントに書かれてある情報の中から、一区切りの内容になるように選び出し、１行見出しにするつもりで圧縮する。基本的に、１件につき１枚のラベルを用いる。

②ラベル集め

たくさんのラベルを大きなテーブルの上にランダムに広げ、その内容をていねいに何度も読んで、内容が似ていると感じられるもの同士をクリップや輪ゴムでまとめ、いくつかのセットにする。１枚だけ残るラベルはそのままにする。

③表札づくり

セットごとに集まった理由を考え、それを文章にしてラベルに書き込み、そのラベルをセットの一番上にのせると表札ができる。

すべてのセットの表札ができたら、セット同士の内容が近いものを集め、いくつかのグループを編成し、表札をつける。このような作業を、セットが数個になるまで繰り返す。

④Ａ型図解化

編成されたラベルの束を台紙の上でほどき、空間的にバランスよく配置する。配置が済んだらラベルの裏紙をはがして台紙に貼り、表札の下にくくられていたラベルを線で囲み、グループとグループの関係を記入していく（**図3－6－3**）。原因結果の関係にあるときは「→」、相互関係があるものは「⟷」、対立するものは「〉—〈」などと線を記入する。

⑤Ｂ型叙述化

図にしてわかったことをストーリーとして文章にまとめる。[*7]

平成８（1996）年、松山商科大学の社会福祉調査実習で、KJ法を用いて実際に行われたドキュメント分析の概要を紹介しよう。この実習で

＊7
以下の例は、大谷信介・木下栄二・後藤範章・小松 洋・永野 武『社会調査へのアプローチ』ミネルヴァ書房、1999年、233～240頁に紹介されている。

〈図3－6－3〉KJ法によるA型図解化

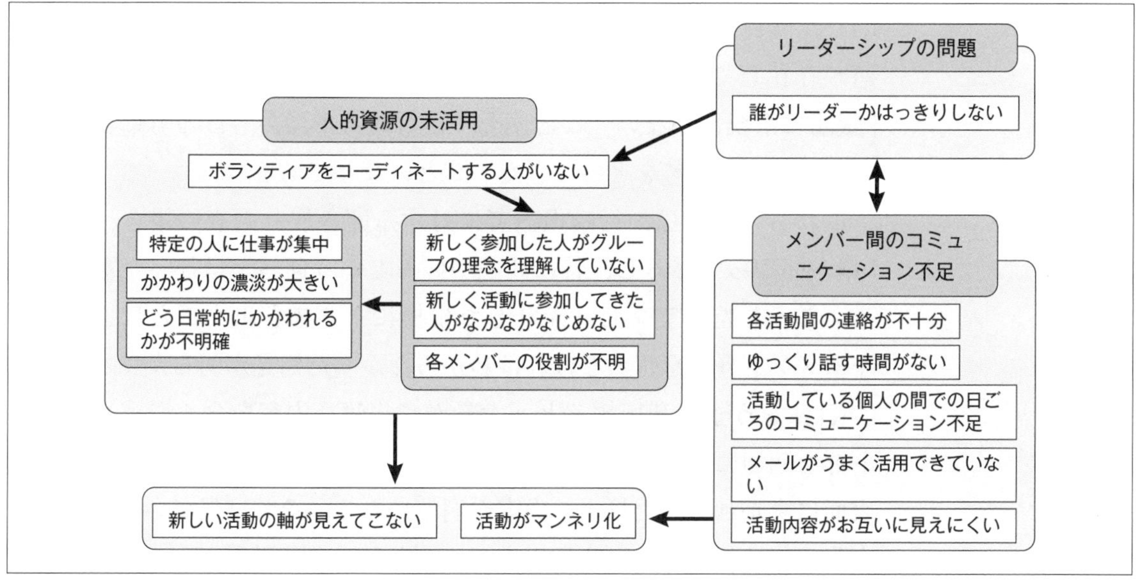


（出典）宮内泰介『自分で調べる技術－市民のための調査入門』岩波書店、2004年、153頁

は「松山市のコミュニティ活動の実状や問題点をさぐりたい」という問題意識から、昭和26（1951）年4月から昭和60（1985）年5月分までの『市議会報』を収集した。キーワードを公民館・社会活動・コミュニティ活動と設定し、1冊ずつ丹念に読みながら、キーワードを含む議会からの質問と行政側の答弁、施政方針を含む記事を抽出した。

抽出された記事を読み込むなか、気付いたことや事実を抜き出し、その内容を黒色ペンで1枚ずつカードに転記した。まず123枚のラベルができ上がった。このラベルを机の上に広げ（ラベル広げ）、すべてのラベルを読み通し、内容の上で親近感を覚えるラベル同士を集めて小チームをつくった（ラベル集め）。これらをクリップで留め、いくら繰り返し読んでもこれ以上は集められないというところまでこの作業を行った。

小チーム分けが済んだら、小チーム1つを取り上げ、複数のラベルを1枚ずつ熟読し、小チームにまとめることが妥当だと判断したら、そのチームをひと言で呼ぶのにふさわしい名前をつけた（表札づくり）。その結果、「生涯教育」や「（公民館施設の）建設ビジョン」など、32の小チームができた。

この32枚のラベルをもとに、ラベル広げのステップに戻り、再びラベル集め、表札づくりを行う。この結果、7つの大グループ（人について、金について、建設について、運営・機構について、他施設について、コミュニティについて、社会教育について）に分けられた。それらの作業から、いくつかの知見が得られた。①それぞれの論点について質問した議員から問題点が指摘されていることから、「公民館活動には問題が存在してきた」こと、②質疑・答弁が単発となっていることから「議論に系統性がない」こと、③「市行政も市議会も、ともに公民館活動に消極的な姿勢をとってきた」こと、などである。

これらの知見は、行政担当者に対する聞き取り調査の場合、例えば「精一杯やっているし、特に問題ない」という回答とは違った事実である。こうした事実をしっかりした根拠により描き出すことにより、ドキュメント分析を行わなければわからなかった知見が明らかになった。

KJ法をうまく利用すると、大量かつ複雑な内容を含んだドキュメント群を適切にまとめることができるし、もともとのラベル（付箋紙）の表面に書かれていた以上の内容が明確になる。それは似ている内容同士を集め、情報を圧縮する作用を有すると同時に、異質なもの同士の関係を見出し、新たな知見や発想を生み出していくもとにもなる、大変有効な手法といえる。

# 第3節 グラウンデッド・セオリー・アプローチ

## 1 グラウンデッド・セオリー・アプローチの登場

**グラウンデッド・セオリー・アプローチ**（Grounded Theory Approach:GTA）とは、グレイザー（Glaser, B. G.）とストラウス（Strauss, A. L.）を開発者とする、独特なスタイルの質的分析である。パンチ（Punch, K. F.）によると、その本質はデータから理論を帰納的に展開させることにある。

「グラウンデッド」とは、理論がデータに基づいて生成されること、「セオリー」とは、データ収集と分析目的が理論の検証よりも理論の生成にあることを意味する。それゆえ演繹的（えんえきてき）に理論を検証する天下り式理論（ground theory:総合理論、誇大理論）に対して、帰納的に現場で集めたデータから理論の発見と創造をめざす「たたき上げ式理論」（データ密着型理論）とよばれることもある。木下康仁によると、グラウンデッド・セオリーの理論特性は、以下の５点である。

①データに密着した分析から独自の説明概念をつくり、それらによって統合された説明力に優れた理論である。

②データ収集と分析を並行させ、継続的比較分析を行う。初期の分析結果に基づき、それと類似する事例や内容と対極的な事例や内容を比較検討し、その有無をデータで継続的に確認していく。

③人間と人間の直接的なやりとり、すなわち社会的相互作用に関係し、人間行動の説明と予測に有効である。

④人間の行動、なかんずく他者との相互作用の変化を説明できる動態的説明理論である。

⑤実践的活用を促す理論である。

こうした理論特性のゆえに、グラウンデッド・セオリー・アプローチは、医療・看護・保健社会学、ソーシャルワーク、社会福祉、作業療法、臨床心理学、教育学など、ヒューマンサービスを扱う領域で発展してきた。

とりわけ、人間のミクロな相互作用のプロセスに関心が高い領域、半構造化インタビューや会話記録などのデータを用いることが多い領域、

BOOK 学びの参考図書

●B. G.グレイザー・A. L.ストラウス、後藤隆・大出春江・水野節夫 訳『データ対話型理論の発見－調査からいかに理論をうみだすか』新曜社、1996年。

●A. L.ストラウス・J.コービン、操 華子・森岡 崇 訳『質的研究の基礎－グラウンデッド・セオリー開発の技法と手順』医学書院、2004年。

上記２冊は、グラウンデッド・セオリー・アプローチの考え方について詳しく書かれている。

●木下康仁『グラウンデッド・セオリー・アプローチの実践』弘文堂、2003年。

●戈木クレイグヒル滋子『ワードマップ：グラウンデッド・セオリー・アプローチ－理論を生みだすまで』新曜社、2006年。

上記２冊は、グラウンデッド・セオリー・アプローチの実践について参考になる。

あまり先行研究がなく既存理論の蓄積が少ない領域やテーマでは、特に効力を発揮する。

## 2 オープン・コーディング

グラウンデッド・セオリー・アプローチの中心はコーディングであり、**オープン・コーディング、軸足コーディング、選択的コーディング**という三段階から成る。第一段階のオープン・コーディングでは、参与観察やインタビュー、会話記録などに基づいて得られたテキストデータを、１行単位、文単位、文節単位などのまとまりに区切って単位化し(データの切片化)、これらの単位のうち分析上重要と思われるものにラベルを付けていく。KJ法の「ラベルづくり」に相当するプロセスだが、グラウンデッド・セオリー・アプローチではこのラベルのことを「概念」とか「コード」とよぶ。このときの基本的な分析手順は、データに関して問いを立てること、出来事や現象に見られる類似点と相違点に関する比較を行うことである。

概念をつくる際には、分析者が独自に命名する場合もあれば、人々の生きた言葉を用いて命名する場合もある（インビボ・コーディング)。いずれにせよ、１つの対象物・出来事・行為と共通するほかの対象物・出来事・行為に出合ったら、同じ名前を付け、同じコード内に位置付ける。

また、これらのコードや概念をつくるときには、研究者自身の考えや分析、解釈、問いなどを書き残すために、メモを作成する。木下が提案する修正式GTAでは、概念やカテゴリーの内容を説明・定義したコードノート、あるいはデータについて気付いた点、理論形成に役立つアイデアを記したメモも同時に書き出す。これらのメモを書き出したものを、分析ワークシートとよぶ。

## 3 軸足コーディング(理論的コーディング)／選択的コーディング

オープン・コーディングが行われると、データとなるテキストには多数のラベル（コード）が付されており、たくさんの概念のリストができている。第二段階では、これらのコードや概念を比較したり、共通点や相違点を検討しながら、これらコード同士の関係を見出し、一定のまとまり（カテゴリー）をつくっていく。これを軸足コーディングとよぶ。一般的には二次的コーディング、KJ法でいえば「ラベル集め」の過程に該当する。軸足コーディングの目的は、オープン・コード化の段階でばらばらになったデータを再度集め、組み立てていくことである。実際には、分析者がなぜ、どこで、いつ、どのように、そしてどのような結果か、という問いへの答えを探していくなかで、カテゴリー間の関係を明らかにしていく。このとき作成されたカテゴリーは、徐々にサブカテゴリーと関連付けられていく。

この際、ラベル（コードや概念）の特性（プロパティ）と次元（ディメンション）をなるべくたくさんあげる方法が推奨されている。特性と次元とは、例えばモノに色という特性があり、色には赤、緑、青といった種類（次元）があるように、概念やカテゴリーにも特性と次元があると考え、それを列挙していくのである。

さらに分析者は、第三段階で、これらのカテゴリーの中からコアになるカテゴリー（中核カテゴリー）を定め、それを中心に分析結果全体の体系化を進めていく。これを選択的コーディングという。中核カテゴリーに関係するデータ部分に範囲を限定し、中核カテゴリーとそのほかのカテゴリーとの間にどのような関連性があるかを検討し、記述する。こうした仮説の蓄積から、理論ができ上がっていく。

選択的コーディングが行われた後には、ストーリーライン（話の筋）を作成する。



## 4 グラウンデッド・セオリー・アプローチの実例

ではグラウンデッド・セオリー・アプローチは、実際にはどのように実行されるのだろうか。ここでは小児がん専門医の子どもへの病名告知の考え方と行動に関する聞き取り調査を行った戈木（さいき）クレイグヒル滋子（しげこ）の研究例を用いて、グラウンデッド・セオリー・アプローチの実際の行い方を紹介しよう。**図3－6－4**は、ある小児がん専門医への聞き取り調査のデータを、文単位に切片化した後、ラベル（コード）を貼り、それを統合する二次的コードとしてのカテゴリー名を付けたところである。

二次的コード（カテゴリー）の中に「可能性へのチャレンジ」という項目があるが、このサブカテゴリーに関して、さまざまな局面から特性を検討し、それに伴う次元の具体的なありようを示したのが、**図3－6**

〈図3－6－4〉データとラベル、カテゴリーの例示

| データ番号 | データ | ラベル名 | カテゴリー名 |
|---|---|---|---|
| (聞き手) いま、亡くなったお子さんのご家族からの年賀状見られたとき、一瞬、つらい思いがなさるっておっしゃったんですけど…。 | | | |
| 1 | それは、我々の側にも、必ずしもパーフェクトなものをやったという思いが必ずしもないからです。 | 対応への悔い | 結果の評価 |
| 2 | それは、もし、もしかしたら、あの時に、あの決断ではない別の選択をしたらあの子は助かってたかもしれないという思いが、治療者としても残るわけです。 | 選択への悔い | 結果の評価 |
| (聞き手) 亡くなった場合にはいつもそういうものが残りますか？ | | | |
| 3 | ええ、すべて自分が正しいことをやったなんていうふうに、思えることなんていうのはありません。 | 対応への悔い | 結果の評価 |
| 4 | で、また、今、やっていることが、100パーセントなら、次の時代の進歩はありませんから。 | 進歩へのチャレンジの理由 | チャレンジの理由 |
| 5 | ですから、それは、いつも、ある意味で試行錯誤。できれば錯誤の分は少なくして試行はたくさんしたいんだけれども、やっぱパーフェクトではないことです。 | 試行と錯誤のバランス | 可能性へのチャレンジ |
| 6 | ですから、結果が悪ければ悪いほど、反省することは山と出てくるわけですよね。 | 結果の反省 | チャレンジの反省 |
| 7 | 結果がやはり全てですから。 | 結果の評価軸 | 結果の評価 |

(出典) 戈木クレイグヒル滋子『グラウンデッド・セオリー・アプローチ―理論を生みだすまで』新曜社、2006年、78頁

－5である。《可能性へのチャレンジ》という概念には、さまざまな特性があり、それぞれの特性には次元がある。例えば「チャレンジの困難度」という特性（プロパティ）には「高い」という次元（ディメンション）が対応する。量的調査になぞらえるなら、特性（プロパティ）は変数、次元（ディメンション）はその変数が有する値といえる。

そうしてでき上がったラベルとカテゴリー、カテゴリーとカテゴリーの関係を図にしたのが、カテゴリー関連図（**図3－6－6**）である。《可能性へのチャレンジ》というカテゴリーを、他のカテゴリー《可能性の見積もり》《チャレンジの理由》で説明し、また《可能性へのチャレンジ》が《結果の評価》《チャレンジの反省》《チームの士気への影響》というカテゴリーを説明する、という関係が見てとれる。

そして最後に、カテゴリー関連図をもとにして、ストーリーライン（話の筋）が作成される。**図3－6－7**は、《がんと闘う》というカテゴリーと、〈母親としてのアイデンティティ〉〈発病の理由を探しあぐねる〉〈看病の中心〉という概念（サブカテゴリー）との関係を、ストーリーラインとして展開したものである。

グラウンデッド・セオリー・アプローチも、ほかの質的データ分析、例えばKJ法のように、データから一次コード、二次コードへと情報を圧縮・要約する過程は、よく似ている。ただしグラウンデッド・セオ

〈図3－6－5〉特性（プロパティ）と次元（ディメンション）

| プロパティ | ディメンション |
|---|---|
| チャレンジの状況 | 試行錯誤（5） |
| 医師の希望する状況 | 試行>錯誤（5） |
| チャレンジの困難度 | 高（5） |
| 失敗の可能性 | あり（5、18） |
| チャレンジを促進するもの | 子どもの生命力（9、10） |
| 子どもの生命力 | 上り坂、強い（9、10） |
| 医師と患者側の協力の必要性 | 大（11） |
| チャレンジの分担者 | 医師と患者側（11） |
| 医師と患者側の違い<br>患者側の状況<br>医師側の状況 | 知識、経験、立場（12、13）<br>知識 少ない（13）、経験なし（13）<br>知識 多い（12、13）、経験 何10年（12）<br>立場 プロ（12） |
| 役割分担の理由 | 共通理解不可能（13）、時間の制限（14） |
| チャレンジまでの時間の余裕 | なし（14） |
| チャレンジ内容の個別性 | あり（17） |
| 患者からの期待 | 大（17） |
| 結果として出るもの | 治療の出来（18） |
| 患者のチャレンジ回数 | 一回限り（22） |
| 今回の結果の患者への恩恵 | なし（23） |

（注）数字はデータ番号
（出典）戈木クレイグヒル滋子『グラウンデッド・セオリー・アプローチ－理論を生みだすまで』新曜社、2006年、103頁から一部抜粋



リー・アプローチでは、データを収集し終えてから分析するのではなく、データの収集と分析が一体になっている。最初に少数の事例を用いて概念やカテゴリーをつくり出し、概念と概念の関係付けを行ったら、今度はそこからデータ内の比較や、新しいデータを用いた比較を行う。このとき、なるべく新しい特性を見出しやすくなる事例を戦略的に収集する。

例えば**図3－6－4～7**で紹介してきた戈木クレイグヒル滋子による小児がん専門医に関する研究では、経験の長い医師のデータを分析した後、経験の浅い医師からデータを収集して比較したり、成功の可能性にかけてチャレンジする状況とチャレンジしない状況を比較するために、新しい調査対象を求めたりしている。このような戦略的なデータ収集の方法を、理論的サンプリングといい、これ以上分析を行っても、新しい情報が出なくなり、可能性がある状況のほとんどを説明できるような状態を理論的飽和という。理想的には理論的飽和に至るまでデータ収集を継続すべきとされる。

〈図3－6－6〉カテゴリー関連図

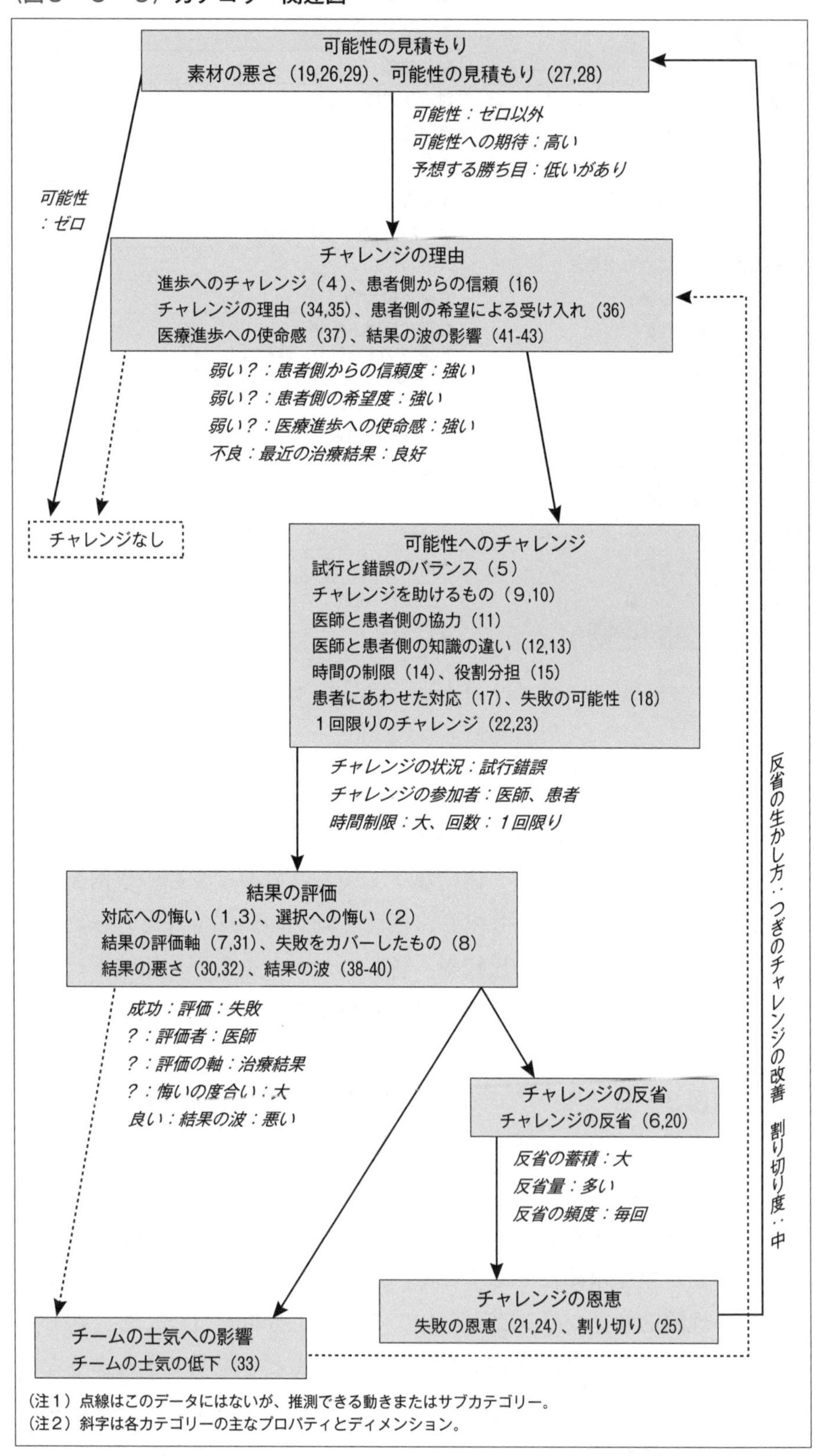


（出典）戈木クレイグヒル滋子『グラウンデッド・セオリー・アプローチ－理論を生みだすまで』新曜社、2006年、127頁をもとに一部改変

〈図3－6－7〉ストーリーラインの例

　子どものがんの発病という状況の変化に対して、母親という役割を担う女性たちはどう対処したのだろうか。まず、〈母親としてのアイデンティティ〉が〔強かった〕女性たちは、〈発病の理由を探しあぐね〉ながらも、〈看病の中心〉になり｛特殊な環境に馴染む｝、｛態勢を整える｝、｛病気や治療の知識を集める｝、｛まわりの人との関係づくり｝によって〝自分の精神状態〟を〔安定〕させ、〝希望〟を〔維持しながら〕子どものケアに専念できる環境をつくった。そして、｛子どもを不安にさせない｝、｛過ごしやすい環境の演出をする｝ことによって、子どもを不必要な〝精神・身体的苦痛〟から〔守ろう〕とした。それが〔うまくできた〕と〝自分で評価〟できれば、女性たちには｛看病への自信｝がついた。母親たちが《がんと闘う》姿は、単に子どもの闘病を見守るというものではなく、子どもの闘病を意味づけ、がんだけではなく不適切な医療者や周囲の人々からも子どもを守ろうとするものであった。

　しかし、〈母親としてのアイデンティティ〉が〔弱く〕、〝子どもの病状〟が〔急に悪化〕し、母親が〝自分の働きかけに対する子どもの反応〟を〔感じられない〕場合には、〝無力感〟が〔大きく〕、〝希望〟を〔持てない〕ために〈発病の理由を探しあぐねる〉ことも少なく、〈看病の中心〉になることができなかった。

（出典）戈木クレイグヒル滋子『グラウンデッド・セオリー・アプローチ―理論を生みだすまで』新曜社、2006年、133頁

# 5 質的分析からデータの「質」へ

　これまで見てきたように、質的分析とひと口にいっても、その研究目的や、データの扱い方、知見や仮説の生み出し方は、用いる手法に応じて大きく異なる。質的なデータを扱うからといって、必ずしも数量的な分析が排除されているわけではないし（量的な内容分析）、質的なデータの収集・分析・表現に至るプロセスにおいても、さまざまなバリエーションがある（KJ法とグラウンデッド・セオリー・アプローチとの違い）。いずれにせよ、質的分析は量的分析の残余カテゴリーとして定義されるにとどまってはならない。さまざまなタイプの質的データが存在するのは、私たちが生きる社会的世界が多様であることの反映にほかならない。質的調査に求められるのは、多様なデータの「質」に対する気づかいを忘れず、さまざまな手法を研究目的や問題意識、課題設定に応じてじょうずに使い分けること、そしてその研究手法を選択することによってしか得られない知的発見を蓄積していこうとする態度であろう。歴史学に史料批判の作法が存在するように、社会学においても、社会学ならではの資料批判の作法が必要とされているのである。

### 引用文献

1）M. フーコー、石田英敬 訳「「エスプリ」誌　質問への回答」『ミシェル・フーコー思考集成Ⅲ』筑摩書房、1999年、81頁
2）福武　直・松原治郎 編『社会調査法』有斐閣、1967年、124頁

### 参考文献

- 戈木クレイグヒル滋子『グラウンデッド・セオリー・アプローチ－理論を生みだすまで』新曜社、2006年
- 佐藤健二「データの処理」栗田宣義 編『メソッド／社会学－現代社会を測定する』川島書店、1996年
- G. ペイン・J. ペイン、高坂健次ほか 訳『キーコンセプト ソーシャルリサーチ』新曜社、2008年
- 米村千代「歴史社会学と資料分析」栗田宣義 編『メソッド／社会学－現代社会を測定する』川島書店、1996年
- 見田宗介『現代日本の精神構造』弘文堂、1965年
- 宮内泰介『自分で調べる技術－市民のための調査入門』岩波書店、2004年
- 佐藤郁哉『質的データ分析法－原理・方法・実践』新曜社、2008年
- 川喜田二郎『発想法－創造性開発のために』中央公論社、1967年
- 川喜田二郎『続・発想法－KJ法の展開と応用』中央公論社、1970年
- 川喜田二郎『KJ法－渾沌をして語らしめる』中央公論社、1986年
- 山浦晴男『質的統合法入門－考え方と手順』医学書院、2012年
- 山田一成「仮説が生まれるとき」栗田宣義 編『メソッド／社会学－現代社会を測定する』川島書店、1996年
- 大谷信介・木下栄二・後藤範章・小松　洋・永野　武『社会調査へのアプローチ－論理と方法』ミネルヴァ書房、1999年
- K. F. パンチ、川合隆男 監訳『社会調査入門－量的調査と質的調査の活用』慶應義塾大学出版会、2005年
- A. L. ストラウス・J. コービン、操　華子・森岡　崇 訳『質的研究の基礎－グラウンデッド・セオリー開発の技法と手順』医学書院、2004年
- N. K. デンジン・Y. S. リンカン、平山満義 監訳『質的研究ハンドブック１～３巻』北大路書房、2006年
- R. M. エマーソン・R. I. フレッツ・L. L. ショウ、佐藤郁哉・好井裕明・山田富秋 訳『方法としてのフィールドノート－現地取材から物語作成まで』新曜社、1998年
- B. G. グレイザー・A. L. ストラウス、後藤　隆・大出春江・水野節夫 訳『データ対話型理論の発見－調査からいかに理論をうみだすか』新曜社、1996年

# 第7章 ソーシャルワークにおける評価

## 学習のねらい

ソーシャルワーカーは、人と環境、そしてその相互接触面で発生する問題、また発生し得る問題に予防的にかかわる。その問題解決のためには、実践対象となる人や地域状況についての重層的かつ多角的な理解が求められる。そうした理解を基盤として、その問題が解決した状況、あるいは問題を発生させない状況を目標として、支援を展開する。言い換えれば、理解ができていなければ支援そのものが成り立たないし、中途半端な理解で場当たり的な支援を展開すれば、状況の改善や予防を期待することができなくなる。ソーシャルワーク実践が事前評価、アセスメントからスタートすることを思い出してほしい。

ソーシャルワーカーは、問題にかかわる多くの人たちと協働しながら実践を展開する。社会正義や人権をその実践の基盤とし、やりがい、達成感のある仕事でもある。そのため、実践そのものに重きを置いてしまい、実践を科学的に振り返ることを忘れがちだともいえる。クライエントや地域の人たちと協働した実践について、組織的な評価を実施することは、その人たちに対する説明責任を果たすことでもあり、未来につながる記録を残す作業でもある。

「社会福祉調査の基礎」は、これまでの「社会調査の基礎」から社会福祉士養成カリキュラムの改定によって名称が変わった。社会福祉調査に関する考え方や方法を学ぶことは、ソーシャルワークの評価に還元されるものである。これらのことを念頭に置いて本章を学んでほしい。

# 第1節　ソーシャルワークにおける評価の意義

## 1　ソーシャルワークにおける評価の視点

### (1) 連携と協働によるソーシャルワークの評価

現代のソーシャルワーク実践は、地域を基盤とした総合的かつ包括的な支援を展開することが期待されている。また、このような実践は、専門職、行政、企業、ボランティア団体、地域住民を巻き込んで連携と協働により展開されるものである。一人のクライエントのニーズに応えることからスタートする問題解決のプロセスは、家族や地域の人たちを巻き込みながら地域全体の福祉力の向上につながっていくことが期待される。

このような総合的な支援が展開されていくなか、地域におけるサービスの不足や社会資源開発の必要性などが明らかになり、既存のサービスやインフォーマルな実践では対応しきれない、また継続性のないインフォーマルな実践で対応すべきでない課題などが突き付けられる。ソーシャルワークは、このような実践から行政を動かし、新しい制度の創出にかかわることが求められる。

一方でソーシャルワーク実践が新しい制度や広がりにつながっていったとしても、支援が一人のクライエントのニーズからスタートしたことを顧みれば、その人の生活の質（QOL）が充実することに戻っていかなければならない。そして、評価という視点から考えた場合、ミクロからマクロな範囲に実践が展開されていることを見据え、その評価には広さと深さが必要になる。

クライエントにインテークでかかわったソーシャルワーカーが、アセスメント、プランニング、介入・実施のプロセスで、同僚のソーシャルワーカーや他の専門職と連携し支援を展開していれば、その連携にかかわった人たちが評価においてもメンバーとして加わることが重要である。また支援のプロセスにおいて、地域住民やボランティアなどのインフォーマルな社会資源が支援のネットワークを形成しながら協働してクライエントを支えたとすれば、そのネットワークでつながった人たちも評価に加わり、地域で形成されたネットワークについて振り返ることなども必要となる。そのようにして、インテークでかかわったソーシャルワーカー一人による評価ではなし得ない多角的な評価の視座が確保される。

このような連携と協働による評価では、支援展開の発端となったクライエントの生活状況、生活の質の向上や、一人に対する支援の深まりを評価するにとどまらない。インフォーマルな社会資源が活用されたか、ネットワークが形成・活用されたか、新しい社会資源がつくられたかなど、近隣や地域におけるかかわりや変化についても、その結果と、それらがもたらされたプロセスについて評価することになる。地域を基盤としたソーシャルワークの展開によって、社会的に排除されやすい人たちの居場所ができたり、住民参画型のグループが形成されたとする。その結果として地域の福祉力強化につながっていくことも評価の視座になる。

### （2）地域を基盤としたソーシャルワークにおける評価のポイント

地域を基盤としたソーシャルワークでは、個人や家族を中心としたミクロな実践から、組織や地域、制度・政策へと、より広いレベルとのかかわりがある（**図3－7－1**）。個人や家族を中心としたミクロなソーシャルワーク実践を地域を基盤として展開することは、地域の福祉力の向上につながり、制度や政策にも影響を与えるものである。ミクロなクライエントを支えるためにメゾレベルの領域をつなげていくが、つなぐべき資源が不足、欠如しているとすれば、そこに新たな社会資源を創出していくことが必要となる。

このようなつながりの重要性や新たな社会資源の必要性が明確になると、それはやがて制度や政策の立案に影響を与える。そして、その実践は一方的に拡大するだけではなく、個人や家族といったミクロな領域の生活の安定、生活の質とサービスの質の向上、支援の深まりに寄与する



〈図3－7－1〉地域を基盤としたソーシャルワークの広がり

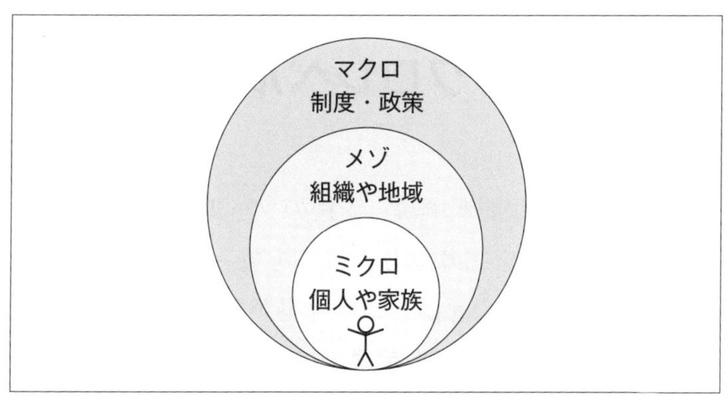


（筆者作成）

〈表3－7－1〉地域を基盤としたソーシャルワークにおける評価のポイント

| カテゴリー | 評価のポイント |
|---|---|
| 深まり | □ 地域の「流れ」のなかで「個と地域の一体的支援」を展開する<br>□ 取り組みの主体を本人自身に置く<br>□ 本人のいるところを援助のスタートとする<br>□ 本人の最初の一歩を支える<br>□ 本人の自己決定を支える<br>□ 本人の新しい出会いと「変化」を支える<br>□ 家族支援の観点から本人を支える<br>□ 福祉サービスを支援困難事例の解決に向けて活用する<br>□ 支援困難事例に対して適切にアプローチする<br>□ 権利擁護の視点から援助と代弁をすすめる |
| つながり | □ 発見・見守りのためのネットワークを活用する<br>□ 専門的援助のためのネットワークを活用する<br>□ 連携と協働のためのケースカンファレンスを活用する<br>□「グループを活用したソーシャルワーク」を地域で展開する<br>□ インフォーマルサポートを活用して支援する |
| 広がり | □ 地域の新たな事例やニーズを発見する<br>□ 圏域全体を視野に入れたサポート体制を拡充する<br>□ 福祉サービスを予防的支援として活用する<br>□ 予防的支援（早期発見・早期対応・見守り・健全状態の維持）を展開する<br>□ インフォーマルサポートを活用して地域での広がりを推進する |

（出典）岩間伸之「〈unit 13〉地域を基盤としたソーシャルワークにおける評価の視点」岩間伸之・原田正樹『地域福祉援助をつかむ』有斐閣、2012年、135頁を一部改変

ものでなければならない。

地域を基盤としたソーシャルワークでは、こうした視座を念頭に置いて支援を展開すべきであり、評価されるべきである。このような支援が展開されるとソーシャルワークは、支援が深まったか、つながったか、広がったかという評価が必要になる。このような視座は3つのカテゴリーとしてまとめられ、地域を基盤としたソーシャルワークの評価ポイントとして、**表3－7－1**のようにまとめられる。

## 2 ミクロ・メゾ・マクロレベルにおける実践の評価

ソーシャルワーカーは、自らが問題解決、支援のツールでもあり、ソーシャルワークにおいては、実践を振り返り、自らを省みることが大切である。本節では、実践の振り返りを評価という視座から考えてみたい。

**ソーシャルワーク専門職のグローバル定義**では、ソーシャルワークの目的を「社会変革と社会開発、社会的結束、及び人々のエンパワメント

と解放を促進すること」としている。一般に評価を、目的の達成を確認することとするなら、究極的にはこのソーシャルワークの目的が達成されたかを評価することが必要になる。言い換えれば、「社会を変革したか、社会を開発したか、社会的結束をつくれたか、人々をエンパワメントしたか、抑圧された人々を解放したか」という問いを立てて評価することになる。これらの問いを一人ひとりのソーシャルワーカーが意識して実践することは、評価の意義につながる。

ソーシャルワークは伝統的に人と環境、そして人と環境が、相互に影響し合う側面にかかわる。それはクライエント、クライエントシステムといった連続性を示すものであり、ある個人の問題解決のために環境が関係することを示している。これは、ソーシャルワークの実践が個人レベルであるミクロな領域から、環境レベルのマクロ領域までが、連続していることを意味する。ソーシャルワーク実践においては、ミクロ、メゾ、マクロといった明確な切り分けがむずかしい。しかし、実践があるレベルに焦点化されるのと同じように、その評価も焦点化される。

## （1）ミクロレベルにおける実践の評価

ミクロレベルにおけるソーシャルワーク実践は、個人や家族、あるいは集団を対象とし、また、その実践基盤となる組織が含まれる。人は、生まれてから死ぬまで、他者に依存しながら生活を送っている。伝統的にはその基盤が家族にあり、生活の維持、子育て、介護等は家族が担ってきた。しかし、社会の変化に伴って家族構造が変化し、伝統的な家族内の相互依存が困難になると、社会福祉サービスが必要となる。子育てや介護に関するニーズは、この代表的なケースである。このように、仕事を続けながら子どもを育てなければならないケースや、高齢の夫婦のみの世帯で介護ニーズを抱えたケースなどはミクロレベルにおける実践が中心となって開始される。

子育てのニーズといっても一括りにはできないところにソーシャルワークの特徴がある。親が働く必要があれば、保育園を利用すればそれですべて問題が解決するのであろうか。個別性を重要視するソーシャルワークは、保育が必要な子どもの状況、子どもを育てる親の多様性をふまえた実践を展開する。次のようなケースを考えてみたい。

事例

Ａさんは子どものころから友人関係を維持するのが苦手な女性である。SNSで出会った夫はとてもしっかりしている人で、自動車関連の工場に勤めている。Ａさん夫婦には小学生の子ども２人と４歳の子どもがいる。

子どもたちにお金がかかるのでＡさんも働かなければ生活も厳しいが、４歳の子ども（Ｂ君）に障害があり、どうしてよいかわからない状態であった。Ａさんにはママ友もいないため、家族が孤立しているような状態になっていた。

Ａさんの夫が、職場で自分の家庭の状況について仲間と話をするなかで、その人の配偶者が社会福祉協議会のコミュニティソーシャルワーカー[＊1]（CSW）であることを聞き、サービスにつながった。

＊1
コミュニティソーシャルワーカーは、社会福祉協議会などに所属し、一定の地域を実践対象として当該地域の福祉的課題に、地域住民とともに取り組んでいる。地域福祉コーディネーターともよばれる。

Ａさんのニーズは生活のために働きたいこと、そのためにはＢ君を預ける場所が必要なこと、そしてＢ君が安心して日中を過ごせることである。このケースですでに明らかなように、母親のニーズと子どものニーズがあり、ミクロレベルにおける実践であっても一人のみを対象として完結するものではない。両方のニーズを同時に考えながら支援を展開する必要があり、Ａさんが働くためのハローワークとの連携、Ｂ君が日中通える場所として障害児通所支援の利用を考えて提案した。

Ｂ君が障害児通所支援を利用するためには、市役所を通じた手続きが必要なこととはもちろんのこと、Ｂ君が楽しく通えそうな施設か、Ａさんが施設のサービスを理解して、職員との信頼関係をつくり、Ｂ君を預けることの不安が生じないかなども考慮して施設見学なども進めた。このケースでは地域に適切な施設があり、障害児相談支援事業者によるサービス等利用計画（障害児支援利用計画）の作成、市役所でのサービス支給決定が順調に進み、施設での個別支援計画につながった。

ＡさんはＢ君の通所支援を検討する過程において、約束の時間を忘れてしまったり、必要な書類を紛失してしまうことがあった。コミュニティソーシャルワーカーはスマートフォンのリマインダの利用をＡさんに勧めた。また電話でのやり取りがむずかしいことに気が付き、SNSでのやり取りを奨励した。偶然、同じ市にある障害者通所施設で作業支援のパートタイムの仕事があり、Ａさんはそこで働き始めることができた。

ケースを読む限り、ニーズが満たされていると判断できそうだが、それで評価を終わらせてよいのだろうか。このケースは、すでにケースにかかわったソーシャルワーカーが３名いる。まずは、最初にＡさん家族に関する相談を受けたコミュニティソーシャルワーカー、そしてサービス利用のための障害児相談支援事業所のソーシャルワーカー、さらに実際にB君を支援する施設のソーシャルワーカーである。そして、それぞれが自らの実践について評価を実施する。

#### ❶コミュニティソーシャルワーカーによる評価

コミュニティソーシャルワーカーは、B君の個別支援計画の評価、サービス等利用計画（障害児支援利用計画）の評価をふまえて、B君の生活状況を評価し、さらにAさんが安心して仕事ができているかといった評価を含めて、総合的にこのケースの評価をしなければならない。

#### ❷障害児相談支援事業所のソーシャルワーカーによる評価

障害児相談支援事業所は障害のある子どもたちが安心して生活を送るために、どのようなサービスをどのように利用するか、サービス等利用計画（障害児支援利用計画）を作成する。作成を担当したソーシャルワーカーはその後もモニタリングを実施し、継続的に支援していく。

#### ❸障害児支援施設のソーシャルワーカーによる評価

障害の特性にもよるが、このような障害児支援施設では社会性の育成などを目標としてグループワークが提供される。ソーシャルワーカーがグループワークを提供する際には、プログラムを立案して実施するため、そのプログラムが「どう機能したのか」という評価をしなければならない。

#### ❹障害児支援施設の評価

また、B君の支援の実際に展開している施設の評価も考えなければならない。施設は、提供する福祉サービスの質を担保するために、自らの実践を評価し、また第三者機関により評価を受ける仕組みがある。

このような施設の評価を考えると、評価の焦点がミクロレベルからメゾレベルの実践、その評価へ移動していく。

### （2）メゾレベルにおける実践の評価

ソーシャルワーク実践のメゾレベルを明確にすることはむずかしく、ケースバイケースで考えなければならないことが多い。ここでは、上記のような福祉施設や機関、地域を対象とした実践などをメゾレベルとして、概説する。

### ❶社会福祉施設の評価

B君の支援を提供した障害児の通所施設や高齢者の入所型施設である特別養護老人ホーム、また社会的養護関係施設等は、その提供するサービスが「どう機能したのか」を自ら評価する。また、社会福祉施設については、社会福祉基礎構造改革において、第三者による評価が位置付けられた。「社会福祉基礎構造改革について（中間まとめ）」では、以下のように述べられた。

> サービス内容の評価は、サービス提供者が自らの問題点を具体的に把握し、改善を図るための重要な手段となる。こうした評価は、利用者の意見も採り入れた形で客観的に行われることが重要であり、このため、専門的な第三者評価機関において行われることを推進する必要がある（「社会福祉基礎構造改革について（中間まとめ）」〔1998年6月〕による）。

現在、社会福祉法第78条では、「社会福祉事業の経営者は、自らその提供する福祉サービスの質の評価を行うこと　その他の措置を講ずることにより、常に福祉サービスを受ける者の立場に立って良質かつ適切な福祉サービスを提供するよう努めなければならない」とされている。さらに、「国は、社会福祉事業の経営者が行う福祉サービスの質の向上のための措置を援助するために、福祉サービスの質の公正かつ適切な評価の実施に資するための措置を講ずるよう努めなければならない」と定められている。

このように施設における評価は、自己評価だけではなく、第三者による評価を受け、サービス利用者へその結果が公表されるようになっている。例えば東京都における福祉サービス第三者評価は、東京にあるNPOや民間シンクタンクなどの多様な主体が、第三者評価システムに参加し、評価機関としての外形基準を定めて認証している。これらの評価機関は、共通項目による評価を実施し、その結果をインターネットの「とうきょう福祉ナビゲーション」で公表している。

### ❷地域を対象とした実践の評価

取り上げたケースでは、Aさん家族が住む地域に障害児通所施設がありB君の日中活動の場が確保できた。ところで、Aさん家族のようなケースが増えた場合や、B君の将来のことを考えたとき、地域にどれくらいの関連する資源が必要なのだろうか。また、そのような地域資源は現時点において十分に活用され、機能を果たしているのだろうか。

各自治体は、それぞれの地域特性や対象者のニーズに合わせて、障害福祉計画や子ども子育て支援事業計画を立案し、当該地域の状況に合わせたサービス提供のシステムを構築している。もちろん、このような計画も評価の対象として考えなければならない。

Ｂ君が利用したような障害児通所施設は、児童福祉法に基づいた施設となっているが、各自治体では障害福祉計画に障害児へのサービス等も含まれている。例えば都市部のＭ区では、向こう３年間の障害者施策の考え方と取り組みを示した、「Ｍ区障害福祉計画」を策定し、その中に障害のある子どもの健やかな成長にかかわる療育相談の充実や、発達に関する情報の普及啓発資源、相談支援の充実と関係機関の連携の強化が含まれる。

このように地域全体にかかわる計画策定にあたっては、その地域に居住している人たちの生活の様子やニーズに関する調査を実施し、結果を基礎データとして用いる。Ｍ区では、３年ごとに調査を実施し、計画策定の基礎情報としており、またこの調査は、それまでに実施された３年計画の評価となっている。

このように各市区町村では、対象別に障害福祉計画、子ども子育て支援事業計画、介護保険事業計画などがあり、定期的に計画の評価を行い、実態やニーズに合わせて計画内容の変更を行う。これは継続的なPDCAサイクルの実施であり、これが福祉計画の進行管理となる。

ところで、これらの対象別の各計画は当該市区町村で全く別々に実施されているのだろうか。現在の地域の状況を鑑みると、8050問題や、保育と介護のニーズを抱えた家庭への支援等、重層的かつ複合的なニーズがあり、それに対応する計画や制度が必要となっている。そして、複合的なニーズに対応するマクロレベルの計画や制度は、マクロレベルにおける実践の評価につながっている。

### （３）マクロレベルにおける実践の評価

改正社会福祉法等によって、日本では**地域共生社会**[＊2]の実現に向けた、地域生活課題に対応する包括的な支援体制の整備が進められている。各自治体は、それぞれの地域特性をふまえて地域福祉計画を策定し、地域のもつ福祉力を高め、地域内の組織や住民同士の連携を促進するために取り組んでいる。

**＊2**
社会福祉制度や、対象による分野ごとの縦割り行政や、支える側、支えられる側という役割を超えて、地域に暮らす人々や、地域の多様な主体が参画し、つながり合いながら、ともに生きる地域社会をともに創っていく社会をさす。

「地域共生社会の実現に向けた地域福祉計画の策定・改定ガイドブック」によれば、「地域共生社会の実現に向けては、地域の力を強め、その持続可能性を高めていくことが必要であり、地域福祉（支援）計画の策定・改定においても、福祉の領域を超えた地域全体が直面する課題をあらためて共有し、地方創生の取組と地域福祉を推進する取組を結びつけながら、地域づくりやそのための仕組づくりなどをすすめる視点が重要」としている[1)]。地域福祉計画は、各対象別の福祉計画で共通して取り組むべき事項が含まれ、メゾレベルで紹介した各計画を取りまとめる上位計画となる。そのためこの地域福祉計画は、各対象別の計画における目標等を参照しながら、共通目標となる事項の検討や設定を検討する。

メゾレベルで紹介したようなPDCAサイクル[*3]による進行管理は、この地域福祉計画においても必須であり、計画の評価を次のアクションに結び付けることが大切である。そのためには各分野の担当者や実践者、コミュニティソーシャルワーカー、民生委員やNPOの代表者などによる多角的な評価が必要になる。そのためには、計画策定段階から、誰が何をどのように評価するのか、その評価をどのように次期の計画に反映させるのかなどを組み込んでおくべきである。

地域福祉計画に含まれる事業が市区町村の制度に反映されると、その制度の評価は市区町村の行政評価とも関連する。行政評価においては、指標の量的な評価、コスト評価、SWOT分析[*4]のような質的評価などの多面的な項目により評価が実施される。

＊3
ある課題を遂行するために計画されたPlanを、実行（Do）し、それを評価（Check）した上で、必要な改善（Action）を繰り返すこと。

＊4
組織や地方自治体、または個人のプロジェクトや事業に関して、強み（Strengths）、弱み（Weaknesses）、機会（Opportunities）、脅威（Threats）の4つのカテゴリーから分析し、意思決定するための材料を提供するもの。

## 3　根拠に基づく実践（EBP）とナラティヴに基づく実践（NBP）

### （1）根拠に基づく実践（EBP）

**根拠に基づく実践**[*5]（EBP：Evidence Based Practice）は、「エビデンス・ベースド・メディスン（EBM：Evidence-Based Medicine）」から各分野に広がった。関連分野である看護は「エビデンス・ベースド・ナーシング」、リハビリテーションは「エビデンス・ベースド・リハビリテーション」、そして、「エビデンス・ベースド・ソーシャルワーク（EBSW）」等の総称が「エビデンス・ベースド・プラクティス（EBP）」である。日本のソーシャルワーク界でも「エビデンス・ベースド」の潮流は2005年前後から取り上げられるようになった。

EBSWは、クライエントとクライエントシステムに、よりよいソー

＊5
勘や経験に頼った実践や、やみくもに試行錯誤を繰り返すような実践を展開するのではなく、確立された枠組みの下で実施された調査や研究の結果を根拠として実践を展開するもの。

シャルワークのサービス、実践を提供するための方針決定と、その行動様式である。ソーシャルワークにおけるEBPは「サービスの選択と適用について、統合的、協働的過程を重要視する実践の有効性を示すエビデンスを意識的、そして体系的に特定、分析、評価、統合するもの[2)]」であるとされている。このことから、EBSWは、ソーシャルワーク実践のアプローチの一つとして考えるのではなく、どのような実践・支援・介入を、どのようにクライエントに届けるのか、そしてその結果はいかなるものだったのかを評価する一連のプロセスであり枠組みであるといえる。

エビデンス・ベースドのエビデンスとは何をさしているのだろうか。ソーシャルワーカーは、実践を展開するにあたっては、まずアセスメントを実施し、クライエントの状況を把握してニーズを確認する。EBPの想定するエビデンスとは、アセスメントでとらえたニーズを充足すること、クライエントのエンパワメントに最も効果的な支援方法、アプローチの方法等について、ソーシャルワーカーが選択、決定するための根拠となる。EBPにおいて、ソーシャルワーカーは、このような選択、決定を経験則や勘に頼るのではなく、調査や研究でその有効性が明らかになった科学的な根拠を実践に適用するものである。

一般にEBPのプロセスは以下に述べる４つのステージからなる。最初のステージは、クライエント、クライエントシステムをめぐる問題を明確化するステージである。ソーシャルワークのアセスメントは、問題を抱えた人のみを対象とせず、その人の置かれた環境を含めてアセスメントを実施する。それにより、クライエントとクライエントシステムの問題が明確化される。

続く第２ステージにおいてソーシャルワーカーは、アセスメントで明確化された問題にどのようにアプローチすればよいのか、その根拠を探る。すでに述べたように、このような際に根拠を経験や勘に頼るのではなく、同じような問題や状況に対して、どのような支援がなされ、どのような結果になったのかをインターネット上のデータベースから検索し、得られた文献を分析する。世界的には社会科学の分野において、キャンベル共同計画[*6]が、系統的レビューを行いエビデンスの産出と普及を行っている。日本でもインターネットを介して支援方法を調べ、有効な支援方法を検討することができる。

第３ステージでは、検討された支援方法を根拠として、その方法を自分たちの実践に適用させる。どのようなアプローチでどのくらいの支援

＊6
エビデンス・ベースドな制度設計や実践のために、システマティック・レビューなどを用いて肯定的な社会、経済的変革を促進する非営利団体。

を展開するのか、アセスメントで得られた情報と第2ステージで得られた根拠をすり合わせて、よりよいソーシャルワークの介入、実施を展開する。

最後の第4ステージでは、ソーシャルワークの介入、実施の結果を評価する。第2ステージで得られた先行する実践がどのように評価されたのか等もふまえて、クライエントとクライエントシステムの変化や実践の効果を評価し、EBPの一連のプロセスが完了する。

このようにEBPは既存のエビデンスに基づいて実践を積み重ねる。このような実践を継続させていくことは、近代科学が求め続けている再現性の保持や、担保という科学認識論的な文脈にも合致する。経験則や勘、権威主義の実践によるのではなく、その時点におけるよりよいソーシャルワークを提供する意識を具現化する実践がEBPであり、専門職としての意思決定やアカウンタビリティ（説明責任）にも寄与する。

### （2）ナラティヴに基づく実践（NBP）

ナレーションやナレーターという言葉は聞いたことがあるだろう。テレビドラマなど、役を演じている人たちとは別の人（ナレーター）が進行や解説をするものである。

「ナラティヴは通常、『語り』または『物語』と訳され、『語る』という行為と『語られたもの』という行為の産物の両方を同時に含意する用語[3)]」であり、対象者の語りと、語られた内容が含まれる。物語の筋書きのように、ナラティヴの特徴は「複数の出来事が時間軸上に並べられている[4)]」ことにあり、語りや物語を扱うナラティヴアプローチは「『ナラティヴ（語り、物語り）』という視点から現象に接近するひとつの方法[5)]」であり、「『ナラティヴ（語り、物語り）』という形式を手がかりにして何らかの現実に接近していく方法[6)]」である。

ソーシャルワーカーはクライエントの話を傾聴し、クライエントに寄り添ってきた。これは、一人ひとりの問題とその置かれた状況を個別化し、語られた事柄からソーシャルワーカーはクライエントを理解する。ソーシャルワーカーは、アセスメントやインタビューにおいて、クライエントがどのように自分自身、そして自分自身が置かれた現実を語るのか、これまでの生活や生活問題をクライエントはどのように語るのかを傾聴する。ナラティヴアプローチは、このようなクライエントのナラティヴ（語り、物語り）を実践や調査に用いる。

**ナラティヴに基づく実践**（NBP）は、「エビデンス・ベースド・メディスン（EBM）」と同様に医療における「ナラティヴ・ベースド・メディスン（NBM）」から波及した。グリーンハル（Greenhalgh, T.）らは、NBMについて、「臨床の知の、他のものでは変えがたい、症例に基づいた（すなわち物語り（ナラティヴ）に基づいた）特性とは、まさに、自分の前にあるその問題を前後関係の文脈の中でとらえ、個人的なものとして扱うことである[7]」としている。そして「臨床における医師と患者の出会いの中で、主観性の必要性を取り除くことなく、経験的な根拠（エビデンス）を妥当に適用するためには、物語り（ナラティヴ）に基づいた世界の大地にしっかりと根を下ろすことが必要である[8]」と述べている。

NBPは、EBPのように実践の準拠枠を確立、普及することにはならなかった。むしろソーシャルワークの一つのアプローチとして広まっている。ナラティヴアプローチは社会構成主義が理論的立脚点となっている。社会構成主義とは、「現実は社会的に構成される」「人間関係が現実をつくる」といった認識論によっている。ソーシャルワーク実践におけるナラティヴアプローチは、クライエントから発せられるさまざまな形の語りに価値を見出し、クライエントの理解を促進するための重要な手段であり、よりよいソーシャルワークを提供するための意思決定、知識基盤の形成、クライエントからの信頼を得ることにも役立つ。

このようなナラティヴアプローチによる実践も一連の支援の延長線上に評価が求められる。クライエントの語りを基盤とした実践は、当該クライエントに固有のものとなる。そして実践の結果についても本人がどう語るか、ソーシャルワーカーとともに評価するプロセスとなる。



## 4 アカウンタビリティ

日本においては特に社会福祉基礎構造改革以降、社会福祉の諸サービスの質向上や透明性を確保するためにアカウンタビリティ（accountability）が求められてきた。アカウンタビリティは一般に説明責任と訳され、専門職がサービスを提供する倫理的基盤を明らかにし、サービス提供の方法や結果を明示する責任が期待されている。行政、企業、団体などは、それぞれの役割を果たしつつ、制度や政策、事業内容について、説明する責任を果たす。このようなアカウンタビリティは組織だけではなく、専門職にも求められる。専門職としての役割を遂行しつつ、実践展開を説明する責任を果たす。

ところで、このアカウンタビリティは誰に対するアカウンタビリティなのだろうか。ソーシャルワーカーがサービスを提供する対象となったクライエントやその家族からアカウンタビリティが求められるのは当然であるが、ソーシャルワークが地域に対して展開された場合は、地域からアカウンタビリティが求められる。また社会福祉のサービスが公的資金でまかなわれていれば、納税者に対しても説明する責任を果たす。このようにソーシャルワーカーが重層的なアカウンタビリティを担う際に、評価はそのツールとなる。

前述したEBPとNBPは、クライエントやクライエントシステムの問題に応じて選択される。アカウンタビリティを果たすためには、評価の段階だけではなく、実践の枠組みを選択する段階、その材料を収集する段階から意識しておく必要がある。すなわち、ソーシャルワークのアセスメントの段階から、なぜそのようなアセスメントを実施するのか、自ら問い続ける実践が求められる。

このようにソーシャルワーク実践においては、アセスメントの段階から問題に適したよりよい実践を選択し、支援を展開する。そして当該実践にふさわしい評価方法を選択し評価する。評価結果については、評価を知りたいという人たちにわかりやすく提示する。先に述べたようにソーシャルワークの実践はミクロからマクロレベルにかかわり、その実践を一括りにした評価の実施は現実的に困難である。それぞれのレベルでの、焦点化された実践があり、その焦点化された実践を評価し、その評価を公表することはアカウンタビリティにつながる。

# 第2節　ソーシャルワークにおける評価対象

これまで述べてきたように、ソーシャルワークは人と環境、そして人と環境が相互に影響し合う側面にかかわる。それはクライエント、クライエントシステムといった連続性を示すものであり、人と、その人が存在する環境との相互作用を考慮した問題解決の必要性を示している。人を中心として環境までを含めた実践を展開することは、ややもすると実践の焦点を失いかねない。このような事態を避けるために、ソーシャルワーカーは適宜評価を実施し、実践状況を確認する。

## 1　評価の分類

評価は対象、視座、方法により分類することができる。**表３－７－２**は、評価を対象により分類したものである。支援対象としては、上述したように切り分けることが難しいが、個人、家族、集団、地域がそれぞれ評価の対象となる。また支援方法として、支援に用いたアプローチ、実践したプログラム、利用した、創出した社会資源も評価対象としてあげられる。またソーシャルワーカーは内省することが必須であり、自らのスキル、知識、さらに受けたスーパービジョンも評価対象となる。評価は**表３－７－３**のように視座によって分類することもできる。臨床的評価は、実際の支援にかかわるクライエント、ソーシャルワーカーと



〈表３－７－２〉**対象による分類**

| 支援対象 | 支援方法 | 専門職 |
|---|---|---|
| 個人／家族／集団／地域 | アプローチ／プログラム／社会資源 | スキル／知識／スーパービジョン |

〈表３－７－３〉**視座による分類**

| 臨床的評価 | 運営管理的評価 |
|---|---|
| クライエント／専門職（ソーシャルワーカーとスーパーバイザー） | 組織内人事／プログラム／社会資源 |

〈表３－７－４〉**方法による分類**

| 評価方法 | |
|---|---|
| 質的評価<br>質的な情報をもとに評価 | 量的評価<br>数量的な情報をもとに評価 |

（表３－７－２～４：筆者作成）

いった人が対象となり、運営管理的評価では、組織内の人事、プログラムそれ自体、また社会支援が評価に含まれる。さらに、評価を**表3－7－4**のように評価方法により分類することもできる。ソーシャルワーク実践では数値化することが困難な場合が多く、語りやマッピングを用いて、質的に評価する場合がある。効果測定や予算等、数値化できる実践の指標は、その数量的な情報をもとに評価する。

本節では、ソーシャルワークの実践が個人レベルであるミクロな領域から、環境レベルのマクロな領域までが、連続していることを鑑み、それぞれのレベルにおける評価について概説する。ソーシャルワーク実践においては、ミクロ、メゾ、マクロといった明確な切り分けが難しい。しかし、実践があるレベルに焦点化されるのと同じように、その評価も焦点化されて実施される。

## 2 ミクロレベルにおける評価対象

### （1）事前評価

ソーシャルワーク実践のミクロレベルにおける対象としては、個人や家族があげられる。ソーシャルワーカーが直接的にかかわる支援対象であり、多くの場合、支援のスタート地点になる。支援のプロセスで考えると、ソーシャルワーカーはインテークを経たクライエントに関する情報を収集し、事前評価ともよばれるアセスメントを実施する。

ソーシャルワークは、伝統的にクライエントとクライエントの置かれた状況についてアセスメントを実施してきた。「状況の中の人」という視座である。すなわち、アセスメントにおいては問題が発生している人が置かれた状況、環境、構造が評価の対象であり、そこから支援計画の糸口を得る。

〈図3－7－2〉ソーシャルワーク過程における評価

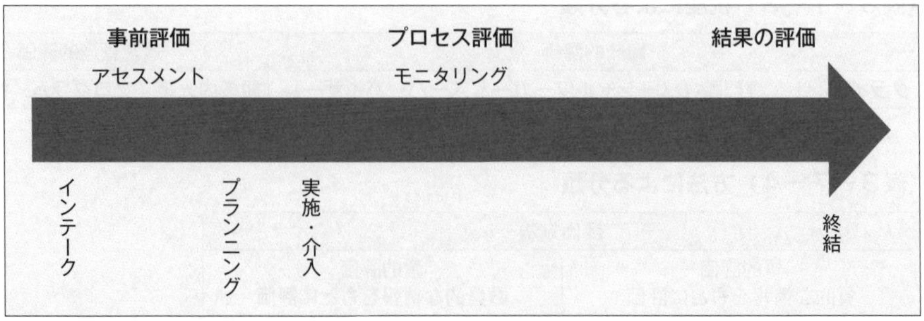

（筆者作成）

アセスメントから得られた情報をもとに立案される支援計画は、介入やプログラムの実施など、さまざまな形で具体的に動かされる。**図3－7－2**は、支援のプロセスにおける事前評価、プロセス評価、結果の評価を示している。このように評価は継続して実施される。

### （2）プロセス評価

**プロセス評価**とは、ソーシャルワーク実践過程において、それまでの実践の状況や到達点を明らかにし、計画の手直しや新たな手順を加えたりするための評価といえる。ソーシャルワークのプロセスそのものが評価の対象であり、プロセスを重視するソーシャルワークの特性が反映されている。プロセス評価を実施することによって、ソーシャルワーカーは定期的に実践への適切なフィードバックを行い、支援をより効果的に展開することができる。

このような継続的な経過観察はモニタリング[*7]とよばれ、モニタリングによってソーシャルワーカーは支援計画の遂行状況を把握し、結果をその後の実践に反映させていく。ソーシャルワーカーは支援のプロセスでこのような手順を何度か繰り返し実施する。プロセス評価の実施は、支援計画の作成段階から計画的に組み込まれるべきであるが、支援期間中のクライエントやクライエントの置かれた状況の急激な変化に対応するために実施されることもあり得る。

＊7
計画されたソーシャルワークの実施や介入について、一連の支援が終わった際の評価を待たずに、支援の経過を継続的に観察することである。モニタリングによって必要な計画の修正をし、支援の目標、ゴールに近づけていく。

プロセス評価においては、支援方法そのものを振り返り、評価することも含まれる。アセスメントに基づいて計画されたソーシャルワーク実践は、クライエントに対するさまざまな支援のアプローチをとり、また問題を解決するためのプログラムを実施する。それらのアプローチでは、アプローチの考え方に適合した評価方法が選択され実施されなければならない。

### （3）結果の評価

一連の支援は、プロセス評価を継続しつつ終結に向かっていく。ソーシャルワークのプロセスにおける終結の段階で実施されるのが結果の評価であり、一連の支援活動について総合的に評価することになる。評価にあたっては、これまでに実施された事前評価、実践過程におけるプロセス評価の結果などをふまえつつ、展開されたソーシャルワーク実践全体について、支援の対象、支援者、その他の社会資源や、実施されたプログラムなども含めて多角的に評価することが必要である。

ソーシャルワーク実践は、クライエントとクライエントを取り巻く環境、そしてその相互接触面にはたらきかけることであるから、それらのはたらきかけの結果はここでの評価の対象となる。ソーシャルワーカーのはたらきかけの結果として、特にミクロレベルでいえば、クライエントがどのように変化したのか、あるいは維持されたのかが評価される。はたらきかけの結果という観点から、効果測定できる場合は、効果測定により評価する。

ソーシャルワークは、支援の対象が生活や人々の関係性であり、また、人と環境との間にはたらきかけるもので、支援の結果を数値で表すことや、エビデンスを残すことはたやすいものではない。しかし、個人や家族を対象としたミクロレベルでのソーシャルワーク実践では、ケース記録、クライエントや家族の主張、専門職間で開催されるカンファレンスによって実践を評価することができる。

## 3 メゾレベルにおける評価対象

### (1) プログラム評価

地域を対象とするソーシャルワーク実践がプログラムとして展開されることが多いため、プログラム評価は支援方法を評価する代表的な方法である。プログラム評価の目的はクライエントに最適なサービスを提供し、クライエントを保護することにある。パットン（Patton, M. Q.）によれば、**プログラム評価**[＊8]は、プログラムについて、その実践効果を高め、将来のプログラム計画の参考となるような判断をするため、プログラムの活動、性質とアウトカムの組織的な情報収集であるとしている[9)]。また集団や施設、機関、社会資源としてのボランティアグループなどを巻き込んだメゾレベルのプログラムであれば実施報告書などによって記録を残し、実践を省みる評価がなされる。

＊8
計画されたプログラムの成果を組織的に評価する考え方と方法のパッケージ。本文でも紹介しているようにプログラム評価はニーズアセスメント、プロセス評価、結果評価、費用対効果評価がある。

ミクロレベルの実践評価と重複する部分もあるが、プログラム評価においては4つのタイプの評価がある。それらは、❶ニーズアセスメント、❷プロセス評価、❸結果評価、❹費用対効果評価である。

#### ❶ニーズアセスメント

ニーズアセスメントにおける評価は、当該プログラムの性質、焦点と背景、プログラムの実行性、使い勝手、適切な対応性を検討し、プログラム立案に対して提案することにある。プログラムを実施するためのアセスメントであることを前提にするため、プログラムが対応できるニーズであるか、プログラムで対応することに適しているかという評価を実施する。具体的な検討項目としては、対象地域の人口統計、歴史、要求に加えて、地域のストレングスについても検討する。

### ❷プロセス評価

プロセス評価[*9]では、実際のプログラムのオペレーションとクライエントへのサービス活動の性質を評価する。プログラムのアプローチに焦点を当てて、クライエントへのサービス提供と日々のプログラムのオペレーションのマネジメントを評価する。

ミクロレベルでの評価でもモニタリングを取り上げたように、プログラム評価のプロセス評価においてもモニタリングが実施される。また、コミュニケーションの経路、組織としての意思決定プロセス、スタッフのトレーニングなどについてもプロセス評価の中で評価する。

＊9
プログラムの実施とクライエントへ提供しているサービス活動の様子を評価するものであり、モニタリングとして実施される。計画された支援目標の達成に向けて継続的に実施されるものである。

### ❸結果評価

結果評価では、プログラムによる変化の度合い、変化の特質を提示する。結果評価では、プログラムが遂行されたことによって、問題がどのくらい、どのように変化したのか、問題が解決したのかを具体的に示さなければならない。そのためには、プログラムの計画段階から意図的なプログラム実践の出口が計画されている必要があり、結果評価では、プログラム全体のマッピングに導かれた終結における評価が実施される。また、結果評価には、プログラムの厳格性、プログラムの効果、プログラムによる特異性、因果関係、満足度等が含まれる。



### ❹費用対効果評価

費用対効果評価では、会計的な説明責任を果たし、特定の人たちに対するプログラム実施の費用に対する理解を促進することが目的となる。この評価は、プログラムがクライエントに対して効果的な成果となりつつも、それが予算内でおさまっていることや、他の方法やプログラムで同じ結果を出そうとした際にはどうだっただろうか等を検討する。費用対効果ではプログラムの収支報告によって、予算と決算の確認ができ、そこから次のプログラム立案の基礎根拠を導き出すこともできる。

## （2）組織の評価

先に述べたように、ソーシャルワークの実践を展開する基盤となる施設や機関は、自らを評価し、また第三者からも評価を受ける時代になった。評価を受けることによって、提供しているサービスの質にかかわる取り組みやその成果が明らかになり、またサービス提供者としては気が付かない必要な改善点を把握することが可能となり、評価を受けることで施設や機関の提供するサービスが向上することになる。

施設や機関による自己評価は、組織に所属するソーシャルワーカーの実践を基盤としつつ、チームや福祉施設・事業所全体に評価の枠を広げる。そして評価で確認された課題を共有し、改善への道筋が記される。また、自己評価は第三者による評価を受けるための準備にもつながり、施設や機関のサービス提供、自己評価、第三者評価のサイクルは、クライエントや家族、そして地域への説明責任を果たすことにつながる。

国が示している『福祉サービス第三者評価基準ガイドライン』は、「共通評価基準」と「内容評価基準」で構成されている。**図3－7－3**は、共通評価基準の45項目と内容評価基準の20項目程度をまとめたものである。このように施設や機関レベルの評価によって、クライエントや家族への適切な情報提供と福祉施設・事業所での質の向上や改善に活用できる。またこのような取り組みは、第1節で述べたようにインターネットを通じて公表されている。

**〈図3－7－3〉「福祉サービス第三者評価基準ガイドライン」の構成**

**共通評価基準**　45項目
全ての福祉施設・事業所に共通の項目

Ⅰ．福祉サービスの基本方針と組織
1．理念・基本方針
2．経営状況の把握
3．事業計画の策定
4．福祉サービスの質の向上への組織的・計画的な取り組み

Ⅱ．組織の運営管理
1．管理者の責任とリーダーシップ
2．福祉人材の確保・育成
3．運営の透明性の確保
4．地域との交流、地域貢献

Ⅲ．適切な福祉サービスの実施
1．利用者本位の福祉サービス
（利用者の尊重、説明と同意、利用者満足、利用者の意見、リスクマネジメント）
2．福祉サービスの質の確保
（標準的実施方法、アセスメントにもとづく計画の策定、記録）

＋

**内容評価基準**　20項目程度
種別ごとの項目

福祉施設・事業所の特性や専門性を踏まえたサービス・支援内容を評価する

（評価項目の一部）
【保育所】
• 生活にふさわしい場として、子どもが心地よく過ごすことのできる環境の整備
• 乳児保育（0歳児）において、養護と教育が一体的に展開されるよう適切な環境の整備、保育の内容や方法への配慮

【障害者・児福祉サービス】
• 利用者の自己決定を尊重した個別支援と取り組み
• 利用者の意思を尊重する支援としての相談等の適切な実施

【高齢者福祉サービス】
• 利用者一人ひとりに応じた一日の過ごし方ができるよう工夫
• 認知症の状態に配慮したケア

※各都道府県において使用される評価基準は、国の示したガイドラインに基づき、各都道府県推進組織が定めています。

（出典）「福祉サービス第三者評価 活用のご案内」全国社会福祉協議会、2017年、4頁

## 4 マクロレベルにおける評価対象

### （1）制度の評価・政策評価

マクロレベルの評価としての制度の評価や政策評価は、各市区町村における福祉サービスの評価であり、これらの評価は市区町村の行政評価にもつながる。例えば、制度の評価は各市区町村での福祉計画の評価として実施され、行政評価においては、指標の量的な評価、コスト評価、SWOT分析のような質的評価などの多面的な項目により評価が実施される。

市区町村は、住民の地域福祉（または地域保健福祉）を推進するための基本となる総合計画として地域福祉計画（または地域保健福祉計画）を策定している。そしてこのような計画に基づき、さまざまな保健福祉施策、例えばこの中に対象が具体的な子ども子育て支援事業計画や、介護保険事業計画、障害福祉計画等が含まれる。例えば、東京都のある区では区の地域福祉保健計画の一つとして障害福祉計画を策定し、さまざまな障害福祉施策を推進している。

この計画は3年計画となっており、次期計画を策定するための基礎資料を得るとともに、区内在住の障害者（児）の日常生活の実態、サービスの利用状況や希望等を把握するために調査を実施している。この調査は計画に対する評価でもあり、区の職員、区内の障害福祉サービス事業所、障害者地域自立支援協議会の委員らによって評価が実施される。

### （2）行政評価制度

行政評価の制度は統一的なものはなく、各自治体が独自のシステムで評価活動を行っている。国レベルでは、総務省に行政評価局が置かれ、政策評価や行政相談を行っている。

基本的な考え方として、各自治体の制度、施策、事業について、行政評価を通じて定期的に見直し、PDCAサイクルを回すことで質の高い行政サービスの提供をめざしている。評価の対象は、国、各自治体の行政サービスであり、社会福祉にかかわる分野も含まれ、前述した制度の評価や政策評価も行政評価制度の一部である。

# 第3節　ソーシャルワークにおける評価方法

　これまで述べてきたように、ソーシャルワークの評価は、多角的な視座とプロセスを重視する総合的な評価であり、支援のプロセスと一体化しているものである。このような複合的な評価は往々にしてわかりづらいものになりかねず、またアカウンタビリティなどの側面から見れば、人に伝えることのできる評価でなければならない。評価の範囲などによって、その取り組みの大きさも変わってくるものの、基盤となるのは、日常的な評価である。日常的な評価は記録やケースカンファレンスであり、そこから得られる知見を基盤として評価の方法が拡充される。

## （1）実践記録における振り返り

　評価の基本は記録にあるといっても過言ではない。ソーシャルワーカーは常に実践を振り返り、振り返りの際にはさまざまな記録を残す。この記録には、クライエントとの面接の記録、観察の記録、作業の記録、グループワークの記録、家族や地域住民、連携する社会資源とのやりとりの記録などが含まれる。

　記録するためには、現場で何があったのか、どのようなことが起こったのかを思い起こし、それに対する自らの対応を振り返る。それらを記録しつつ、その記録がさらなる振り返りの材料となるという循環をつくり出す。このような循環は、いわばデータの集積を意味し、ソーシャルワーク実践のエビデンスの集積に貢献する。

## （2）ケースカンファレンス

　カンファレンス（会議）、ケース会議、事例検討会など、名称は多様であるが、ケースカンファレンスは紛れもなく評価の一方法である。ケースカンファレンスでは、一つの事例について、事例の概要を確認しながら、その事例の支援目標、支援計画、モニタリングの経過などを含めて、事例の一連について報告をし、そのプロセスや結果などをカンファレンス参加者で検討する。一つの事例を複数の専門職で検討することは、そこでの評価に広がりと深みを与え、その後の展開の示唆につながる。カンファレンスに事例を提供するためには、日ごろの記録が必要であり、カンファレンスによって記録の重要性を再認識させられることがある。

また、ケースカンファレンスでは事例に関する臨床的な評価とともに、その事例にかかわる運営管理的評価の場ともなる。臨床的評価は、専門職（ソーシャルワーカーとスーパーバイザー）と評価の対象となる状況に直接かかわるクライエントに利用が限定される。運営管理的評価は、組織内の人事やプログラムの決定、そしてサービスのニーズやサービスを支える資源の実現に利用される[10)]。

### （3）クライエント参画型評価

ソーシャルワークのプロセスにおいて問題解決のパートナーであったクライエントは、評価においてもパートナーとなる。評価のための主たるデータを提供するのはクライエントにほかならないし、評価のプロセスと方法もクライエントとともに振り返りながら実施される。

評価のための面接を実施し、アセスメントから現在に至るまでの問題解決の方法と目標達成の度合いを振り返ることは、評価全体においても相当な範囲をカバーすることになる。また、家族やインフォーマルな社会資源としての関係者からの聴き取りを実施し、クライエント本人が主張しづらい部分について情報を収集することは、評価に多角的な視座をもたらす。

さらに、支援が地域を対象にして実施された場合などは、地域住民が評価に参画する。多数の住民からの評価を得るためには質問紙法などの社会福祉調査の方法によって情報を収集し、評価の材料とすることも可能である。アセスメントの段階で、地域住民を対象とした実態調査や意識調査がなされており、評価の段階で同じ項目について問えば、支援の前後が比較可能となり、実践の効果を測定することにもつながる。

クライエント、クライエントシステム、そして地域住民が評価に参画することによって、自らかかわった問題解決のプロセスを振り返ることができる。また参画型評価に参加することで関係者がソーシャルワークの役割の理解を深めることにつながるという相乗効果を生み出すことになる。

### （4）モニタリング

モニタリングは、プロセス評価の代表であり、計画的で日常的な実践に組み込まれた評価活動である。すなわち、モニタリングは、プランニングの際に組み込まれるべき定期的な支援活動の振り返りであり、支援活動の展開期間において一定の期間ごとに実施される。モニタリングで評価すべき項目は支援目標によって異なるものの、一連の支援計画での日々の支援項目をチェックするようなモニタリングから、包括的なアセスメントに匹敵するような大掛かりなモニタリングまでを含むことがある。

これらのモニタリングでは、支援計画が計画どおりに進んでいるかを文字どおりモニタリング（観察等）するものであり、プランニングで用いられたアセスメントの材料が定期的に確認され、目標達成に向けた取り組みを組織的に振り返ることがポイントとなる。もちろん支援期間中にクライエントや環境に大きな変化が生じた場合には、計画を早めてモニタリングするなど、状況の変化に即応したモニタリングも実施しなければならない。いずれにしろ、モニタリングは、プロセス評価の重要な方法であり、プロセス評価を繰り返すからこそ、支援経過が逸脱することなく、目標達成に向けて着実に進捗することができる。

### （5）集団比較実験計画法

ソーシャルワークの介入、プログラムの実施を評価するためには、それらの支援に効果があったのかという問いに答えればよい。支援前の状況、支援後の状況を比較し、そこに差があれば、支援が差をもたらしたと判断できる。その差は本当に支援によってもたらされたのだろうか。その疑問を解消しつつ、支援の効果を測ろうとする方法が**集団比較実験計画法**である。

集団比較実験計画法は、まず実験グループと統制グループというできる限り等質の二つのグループを作成することから開始する。等質とは、二つのグループは似たもの同士であることを意味する。**図３－７－４**は

〈図３－７－４〉**集団比較実験計画**

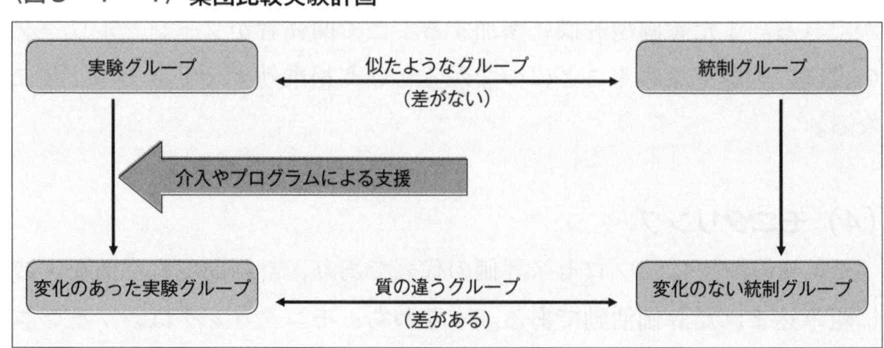


（筆者作成）

集団比較実験計画法のイメージである。

**❶事前テストの実施**

似たもの同士であることと、実験前の状況を把握するために事前テスト（pretest）を実施し、両グループに差がないことを確認する。

**❷実験**

実験グループの集団にのみ、結果に変化を与えるだろうと思われる経験をあてがう。ここでいう経験が、ソーシャルワークの支援であり、プログラムの参加等である。この間、統制グループには何もしない。

**❸事後テストの実施**

事後テスト（posttest）を実施し、両グループの差、事前テストとの差を導き出す。この差をあてがわれた経験によって生み出された差として考え、原因によって生起した結果としてとらえるものである。事前と事後のテストの間、両グループの違いは、経験があてがわれたか否かの違いのみと考える。経験、すなわちソーシャルワークの支援が違いを生み出していれば、支援の効果があったと考えられる。

ところが、この集団比較実験的方法は、自然科学の方法を社会科学の方法として採用したもので、心理学の領域で応用、発展してきた。社会科学の方法の中でも、「原理的にはもっとも完全な方法ということができる」[11)]が、倫理的なジレンマが発生する。つまりいいと思って実施することを統制グループにはしないのである。この問題を解決するために、一連の実験の後に、同様の経験を統制グループにも実施することが可能であるが、一時的であったにせよ利用者グループと平等に接することができないのである。また実験の対象が限られる（小集団に限定される）ことにもなり、ソーシャルワーク実践においては、適用できる範囲は限定的である。

### （6）単一事例実験計画法

**単一事例実験計画法（シングル・システム・デザイン）**は集団比較実験計画法の倫理的ジレンマを解消するために発達してきた方法ともいえよう。すなわち、ソーシャルワーカーの支援を受けられない統制グループは存在せず、個人のケースにも実験法の可能性を導入していこうとする試みである。しかし自然科学の方法を社会科学に応用した集団比較実験計画法に比べると、単一事例実験計画法を実験とよぶことにためらってしまう場合もある。そのため単一事例実験計画法は実験計画法に準ずるという意味で、準実験計画法（quasi-experimental design）とよばれることもある。

単一事例実験計画法は行動療法の効果測定として発達してきた経緯もあり、日常のソーシャルワークにこの枠組みを応用することも可能である。「事例」という用語を含むため、あたかも個人一人のみに適用する方法のように考えられるが、個人の支援に限らず、夫婦やカップル、家族、集団、組織、地域での応用も可能である。ソーシャルワーカーが解決しようとする利用者の問題をターゲット問題とし、支援の成果を実験結果として位置付けるならば、この方法も問題解決の実験計画法の枠組みに含まれる。

単一事例実験計画法では次の三要素が必要となる。第一はねらいが明文化されていることと測定可能であること、第二はねらいの達成を評価する結果測定が有効で信頼できる数的データを生産することが可能であること、第三はデータが適切に表示されることである[12)]。すなわち支援のねらいが明文化され、そして測定可能であることが絶対条件となり、この方法の発展が行動療法であることからもわかるように、支援のねらいが行動に関するものが最適である。または質問紙を使用して意識や知識についてそのねらいが指標化、数値化される場合も、この方法が選択可能となる。

### ❶Bデザイン

このようなサービス提供の結果を記録し、表示したものが**図3−7−5**であり、Bデザインとよばれる。ソーシャルワークの通常の支援を単

〈図3−7−5〉 Bデザイン

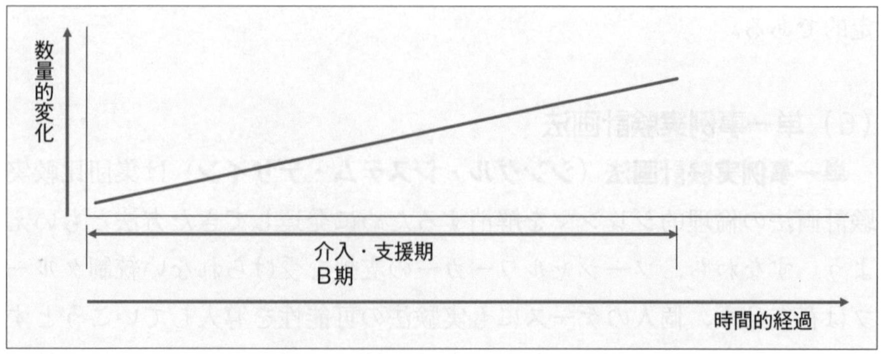


（筆者作成）

一事例実験計画法として取り扱い、支援開始から終了までの変化を数値化し、記録したものである。しかし、この方法では、行動や意識など、数値化した記録の変化が、本当に支援の結果変化したものといえるのか、それとも単なる時間的経過によってクライエントが変化していっただけなのかはっきりさせることができず、疑問が残る。

そこで、単一事例実験計画法は支援やサービス提供期間のデータを際立たせるためにいくつかのデザインが用意されており、それぞれの特徴を理解し、適切なデザインを選択することができる。デザインの基本となっているのは、ベースラインとよばれる基準値を測定する観察期のA期、介入や支援、サービス提供期間であるB期であり、その組み合わせによって単一事例実験計画法がデザインされる。

### ❷ABデザイン

ソーシャルワークはそのサービス提供の前段階としてアセスメントを実施する。単一事例実験計画法においても測定可能な介入や支援のターゲットとなる行動などについて、よく知ることから開始する。まず、支援の対象となるクライエントの行動や意識、知識等を測定し、記録する観察期（A期）から開始し、介入・支援期であるB期に移行していく。観察期で記録されたベースラインからの数量的変化を確認することによって、明確な介入・支援結果を表そうとするものである。前述したBデザインとよばれるサービス提供期間の記録とその表示に加えて、ベースラインが存在することでサービス提供の効果がより明確になっている（**図3－7－6**）。



〈図3－7－6〉ABデザイン

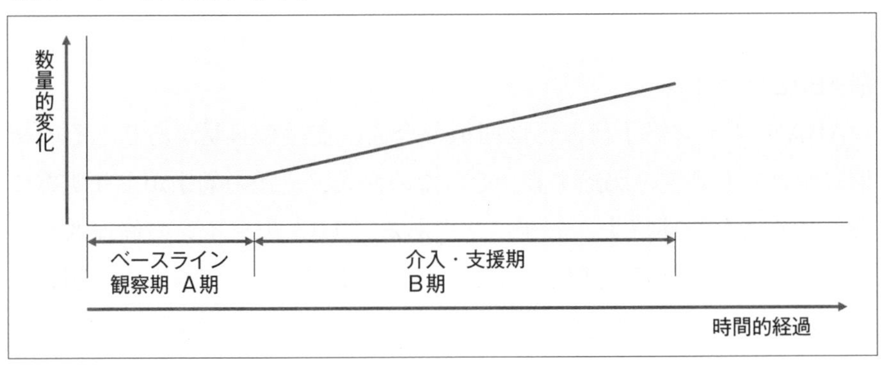


（筆者作成）

〈図3－7－7〉ABAデザイン

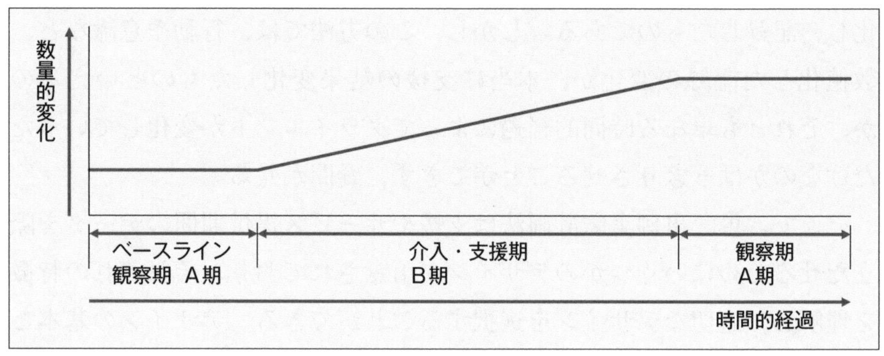


（筆者作成）

〈図3－7－8〉ABABデザイン

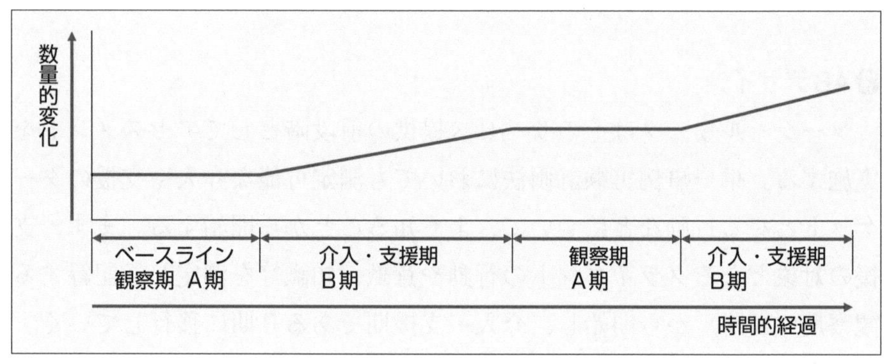


（筆者作成）

### ❸ABAデザイン

ABデザインによる観察期と介入、支援期の終了後もサービス提供のターゲットとなった行動などについて測定、記録し、介入、支援のB期との差を比較するものである。しかしながら最終のA期においてねらいとなった行動などに低下が見られる場合など、そのままソーシャルワークを終了することに倫理的ジレンマを残すことになり、ソーシャルワークの実践では選択されることは少ないと思われる（**図3－7－7**）。

### ❹ABABデザイン

ABAデザイン終了後に再度同様の介入、支援のB期があり、その結果についても測定、記録する。そのため介入、支援の効果がより明確に表されることを期待するデザインである。ABAデザインの倫理的ジレンマを解消する上でも選択することができるデザインでもある（**図3－7－8**）。

以上のような効果測定の枠組みは、支援のターゲットとなる問題を観察可能な行動の場合であれば計画しやすいが、この枠組みをすべてに適用させることはむずかしいだろう。しかし、枠組みの基礎を理解しておくことによって、支援の効果測定やアウトカムを可視化しようとする場合、実験計画法の基礎的な枠組みが適用できることを覚えておきたい。

### （7）マッピングによる評価（質的評価の一方法として）

ソーシャルワークの技法として、クライエントとクライエントシステム、また環境とのかかわりを図示するマッピングがある。アセスメントで作成されるエコマップは、クライエントを中心とした社会資源とのかかわりを図示するものであり、評価するツールである。この技法は、支援前のマップの状況と、支援後のマップの状況を比較し、支援の成果をビジュアルに表現し、評価につなぐことができる。

例として、クライエントとの否定的な関係を表していた線が、支援の結果、どのような線に変化したか、クライエントとの関係性を示す線が記されていなかったところに線が加わったか、また、細かった線が太くなったかなどの変化を見ることができる。エコマップは、このような変化を支援の効果として評価する材料になる。

また、線の変化だけではなく、アセスメントでは描かれていなかった社会資源などが、支援の成果としてマップに書き加えられていれば、それもクライエントを支える社会資源の開発というエビデンスになる。これによって地域の福祉力の向上につながったという評価をすることもあ

〈図3−7−9〉エコマップ作成のワークシート

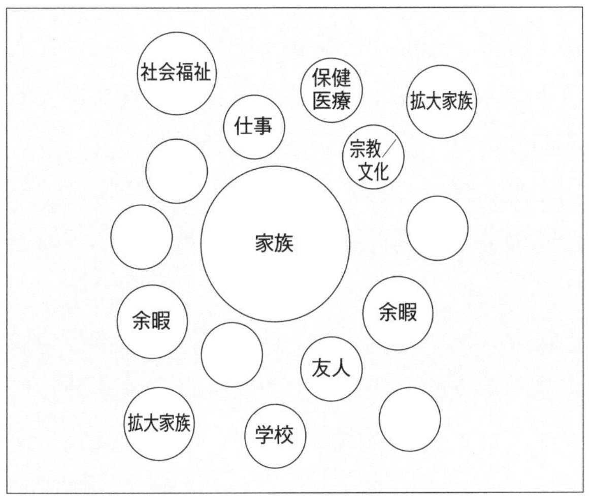


（出典）Hartman, A. & Laird, J.（1983）*Family-centered social work practice*, New York：Free Press, p. 160.をもとに筆者作成

り得る。さらに、支援展開後のエコマップから、いまだ不十分な社会資源の様相をうかがい知ることになれば、それは今後の社会資源開発の必要性を示唆することになり、評価の結果は、行政との交渉や、地域住民への説明に使うツールになり得る。

支援の事前、事後のエコマップを比較することは、支援効果を質的に判断することに寄与するが、アセスメントの際にエコマップを作成していなかった場合でも、一連の支援の後にエコマップを作成し、その時点におけるクライエントをめぐる環境要因について情報を整理し、確認することは、ソーシャルワーク実践の数値で表すことのできない部分の評価につながる。

**図３－７－９**はハートマン（Hartman, A.）らのエコマップ作成に用いられるワークシートである。ワークシートの中心に配置された円にクライエントとその家族を書き込み、その円の周りに配置されている社会資源を表す円との関連を書き込んでいく。またあらかじめ想定されていない社会資源は、何も記載されていない円に書き込むことで利用者や家族と社会資源の関係を図示することができる。

**図３－７－10**は、社会福祉援助技術研究会がエコマップを作成するために示した基本的な表記法と、それらを書き記したエコマップの例である。クライエントと、クライエントシステム、また社会資源との関連を直感的に図示するためのアイディアとなる。

**図３－７－11**と**図３－７－12**は、支援前と支援後のエコマップを比較した例である。このケースでは、アセスメント時点における状況は、次のとおりであった。夫と死別した認知症の母親に妹があり、妹が毎日介護に来ている。長女、長男、二女と同居しており、二女との関係がよく二女は会社勤めをしながら洗濯、掃除などを担っている。二女は友人にも恵まれ、家事負担のストレスもうまく発散させている。長女は夫と離別して実家に戻ってきており、うつ病を患い精神科に通院している。長男はリストラされて自宅で無為に過ごしているため、家族を避けている。介護に来てくれていた妹の体調が最近優れず、妹が地域包括支援センターに相談した。

相談を受けた地域包括支援センターの職員が、関係機関と連携しつつ総合的なアセスメントを実施し、支援が開始された。介護保険を使ってデイサービスやホームヘルプサービスの利用が始まり、妹の介護負担が解消された。また母親がデイサービスに通うようになり、自宅の緊張が緩和される時間帯ができたことで長男も前向きになり、ハローワークを通じて仕事に就くことができた。長男の会社が介護に理解を示し、長男は母親の介護にも積極的にかかわるようになった。

さらに地域包括支援センターのソーシャルワーカーが、民生委員や地域の人たちに家族のことを気にしてもらえるようにはたらきかけたことで、地域とのつながりが確保できた。支援前のエコマップと支援後のエコマップを比較すると、家族を支えるネットワークの充実が見てとれる。

エコマップのスタイルは多様である。先人たちの示す考え方や方法を参考に、自分たちの実践に適したスタイルをつくっていくことで、その機能が効果的に発揮できる。

〈図３－７－10〉エコマップ－基本表記法（社会福祉援助技術研究会案）

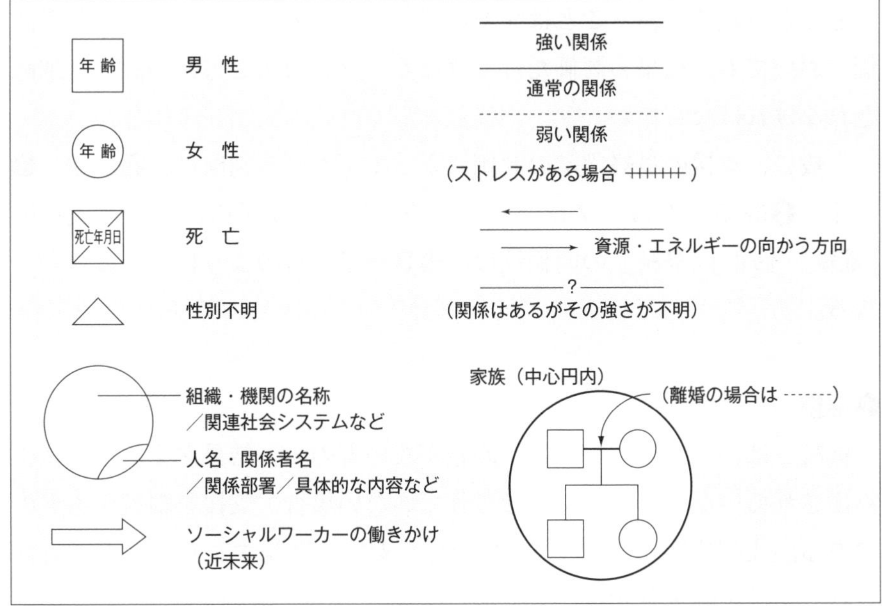


（出典）社会福祉援助技術研究会案

〈図３－７－11〉支援前のエコマップ

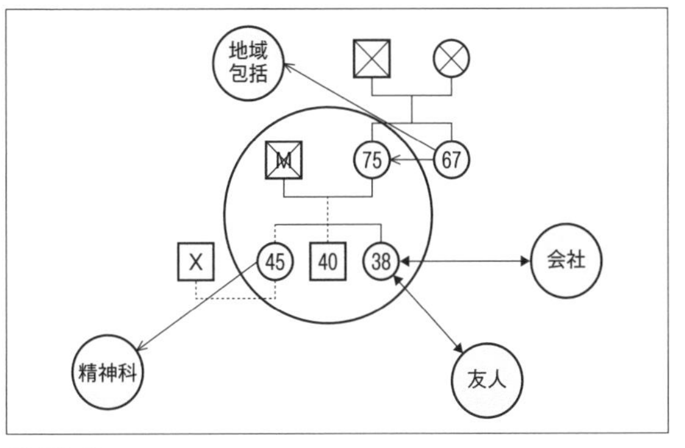


（筆者作成）

〈図３－７－12〉支援後のエコマップ

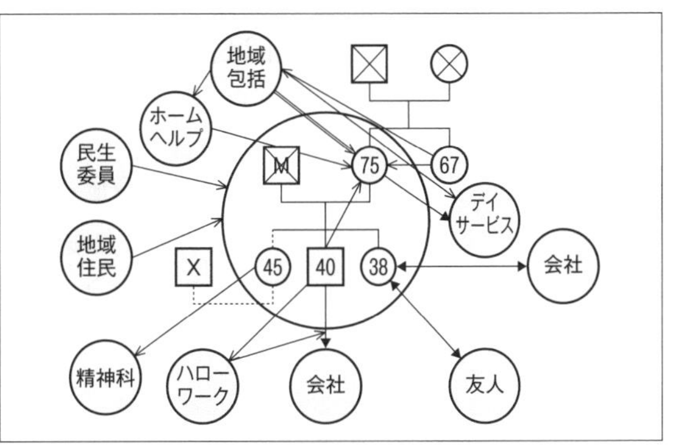


（筆者作成）

# 第4節　評価から終結、フォローアップ・アフターケアへ

## 1 評価による決断とフィードバック

ソーシャルワークの全体的な流れを振り返ると、問題発見からアセスメント、プランニング、支援の実施、そして評価・終結とつながる。これまで述べてきたように評価は最終段階で実施されるだけでなく、支援プロセス全体を通して実施されるものであるが、支援プロセスの最終段階における評価は、終結に至る判断の材料となる。ソーシャルワークの評価においては、結果の評価だけではなく、プロセスや支援方法を評価することも重要であることはすでに述べた。そのためこの最終段階の評価においても、結果の評価だけではなく、プロセスと方法の評価も加味されなければならない。

一般に、支援の最終段階の評価によって下される判断は、❶継続、❷修正、❸終結である。プロセスや方法の評価、結果の評価と、支援の「継続」「修正」「終結」の関係性は、**表3－7－5**のように表すことができる。

### ❶継続

継続とは、プロセスや方法に問題がないものの、結果がまだ十分に生み出されていない・目標に達せられていない場合、支援を継続するものである。支援内容には変更を加えず、「支援を継続する」ことが再計画され、支援を継続させることになる。

### ❷修正

修正は、計画された一連の支援を展開した後に実施された評価におい

〈表3－7－5〉評価と最終段階の判断

| 評価 | | 決断 |
|---|---|---|
| プロセスや方法 | 結果や目標達成 | |
| ○ | × | 支援の継続 |
| × | × | 支援の修正 |
| ○ | ○ | 支援の終結 |

（筆者作成）

て、そのプロセスや方法に問題や課題が見出され、そのため結果も計画された目標に達していない場合、プロセスや方法を修正した上で、支援を継続することである。この場合、必要に応じて総合的に再アセスメントが実施され、支援計画が修正される。

### ❸終結

終結は、計画された一連の支援を展開した後に実施された評価において、そのプロセスや方法について一定の評価がなされ、かつ、結果の評価において計画された目標が達成されたことが確認された場合、支援を終結させるものである。主たるクライエントの死去などに伴い、予期せずに支援を終結せざるを得ないケースでは、その時点で一連の支援の方法やプロセス、そして目標の達成度などを評価し、今後の支援に生かせるようにすべきである。

評価の結果、継続、修正の場合は、その支援は引き続き実施され、地域を基盤としたソーシャルワークの展開が深まり、広がっていくことが期待される。この場合、評価の結果を実践のプロセスにフィードバックさせることが重要である。**図３－７－13**のようにフィードバックされるプロセスは、継続の場合は計画であり、支援がそのまま延長され、修正の場合は再度アセスメントを実施する。

終結の場合は、例えば、その支援が一人のクライエントの自立支援計画であれば、そのクライエントが社会的に自立することによって支援が終結する。しかしながら、地域を基盤としたソーシャルワークにおいては、たとえ個人に対する支援が終結しても、その支援にかかわったネットワークや生活の場である地域が消滅することにはならず、引き続き

**〈図３－７－13〉評価と支援プロセスの循環**

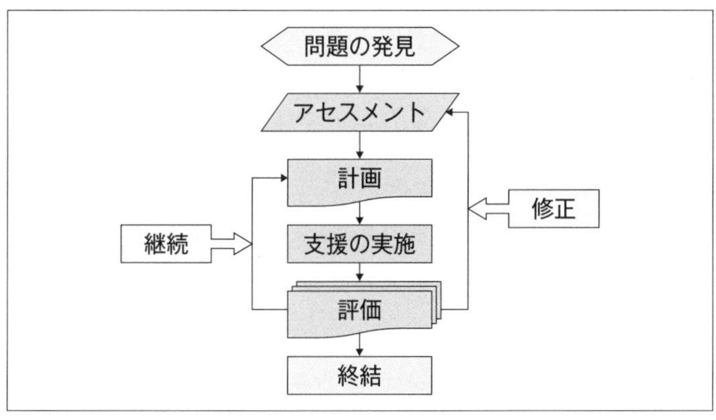


（筆者作成）

ネットワークや地域に対して、継続的な支援を展開することになる。すなわち、個人に対する支援の終結のみが支援の終結ではなく、新たな地域支援の計画立案の必要性につながっていく視座を忘れてはならない。

このような視座に基づく支援の展開によって、地域の福祉力の向上や拡大が期待できる。それは、支援の発端となったクライエントと同じような問題を抱える人たちが安心して生活するためのネットワーク、すなわち予防的な支援として展開される。また、このようなネットワークは、別の問題を抱える人たちとつながるためのネットワーク、例えば、地域における見守り体制構築の基盤ともなり得る。ソーシャルワーカーは、そのような基盤が維持できるように支援を継続させることが求められる。

## 2 フォローアップ・アフターケアと評価結果の取り扱い

支援が終結したクライエントであったとしても、定期的にソーシャルワーカーによる確認が必要となる場合がある。環境は常に変化し、その変化に伴ってクライエントの生活が左右されることはいうまでもない。終結時点での生活状況は固定的なものではなく、変化していくものであり、変化に伴うクライエントの状況を定期的に確認し、必要に応じて支援を展開する必要がある。このような支援終結後の確認はフォローアップとよばれ、フォローアップの結果、何らかのアフターケアとしての支援が展開されたり、あらためて評価を実施し、支援を再展開する場合もある。

フォローアップには、終結の段階で計画された定期的なフォローアップと、クライエントのニーズに応じたフォローアップがある。特に終結の段階では、クライエントに対して「何か必要なことがあったらいつでも連絡してほしい」というような姿勢をメッセージとして伝えることが重要である。ソーシャルワーカーにフォローしてもらえているという感覚は、クライエントに安寧をもたらす。このような場合、ニーズに即応するために評価結果にアクセスできるようにしておく必要がある。

終結の一つの形として送致がある。例えば、急性期に入院していた病院からリハビリテーションのために別の専門病院へ移る場合など、ソーシャルワーカーは他機関のソーシャルワーカーへ支援を橋渡しする。急性期にかかわったソーシャルワーカーから、次の病院のソーシャルワーカーへは、一連の支援経過、モニタリングのデータ、終結時における評価結果が送られる。新たにかかわるソーシャルワーカーもその時点でのアセスメントを実施するが、送致元からの評価結果がアセスメントを充実させるデータとなる。送致元、送致先の機関同士では、日常的に連携をとっておくようにすると、フォローアップやアフターケアの情報の共有が円滑化される。

フォローアップやアフターケアでは、必要に応じて支援過程からの継続的な連携や協働が求められ、地域生活を営むクライエントの場合は、地域住民との関係が重要な意味をもつ。有効なフォローアップのために専門職間で評価情報を共有し、専門職ネットワークによる情報収集を行うことに加え、地域住民からの情報等もキャッチできるネットワークの存在は、計画されたフォローアップのみに限らず、ニーズに即応するフォローアップやアフターケアが実施され得る。

このように終結後であったとしてもソーシャルワーカーとクライエント、そして地域との関係は継続されるのであり、評価結果の適切な共有と開示が求められる。地域を基盤とした実践では、終結という形ではなく、継続的なモニタリングにより、支援が継続される場合も多く、地域を基盤としたモニタリングのプロセスにおける連携、協働も含めたソーシャルワークが展開される。

## 引用文献

1）全国社会福祉協議会 地域福祉計画の策定促進に関する委員会「地域共生社会の実現に向けた地域福祉計画の策定・改定ガイドブック」（厚生労働省 平成30年度 生活困窮者就労準備支援事業費等補助金 社会福祉推進事業 地域での計画的な包括支援体制づくりに関する調査研究事業報告書）2019年、13頁

2）Cournoyer, B. R. (2004) *The Evidence-Based Social Work: Skills Book*. Allyn and Bacon, p. 4.

3）野口裕二『ナラティヴ・アプローチ』勁草書房、2009年、1頁

4）野口裕二、前掲書、2頁

5）野口裕二、前掲書、5頁

6）野口裕二、前掲書、8頁

7）Greenhalgh, T., Hurwitz, B. (1998) *Narrative based medicine: Dialogue and discourse in clinical practice*, BMJ Books.（斎藤清二・山本和利・岸本寛史 監訳『ナラティブ・ベイスト・メディスン－臨床における物語りと対話』金剛出版、2001年、21頁）

8）Greenhalgh, T., Hurwitz, B.、前掲書、21頁

9）Patton, M. Q. (1997) *Utilization-focused Evaluation*, Thousand Oaks, CA: Sage.

10）Jhonson, L. C., Yanca, S. J. (2000) *Social Work Practice: A Generalist Approach*, 7th ed. Allyn & Bacon.（L. C. ジョンソン・S. J. ヤンカ、山辺朗子・岩間伸之 訳『ジェネラリスト・ソーシャルワーク』ミネルヴァ書房、2004年、529頁）

11）高根正昭『創造の方法学』講談社、1979年、89頁

12）Thyer, B. A. (2001) *Single-system designs. In Grinnell, Jr. R. M. Social work research and evaluation: Quantitative and qualitative approaches*, 6th ed., Itasca, Il: Peacook.

## 参考文献

● 岩間伸之・原田正樹『地域福祉援助をつかむ』有斐閣、2012年

● 志村健一「ソーシャルワークにおける『エビデンス』と実践への適用」日本社会福祉学会 編『対論　社会福祉学5 ソーシャルワークの理論』中央法規、2012年

● 全国社会福祉協議会地域福祉計画の策定促進に関する委員会「地域共生社会の実現に向けた地域福祉計画の策定・改定ガイドブック」（厚生労働省 平成30年度 生活困窮者就労準備支援事業費等補助金 社会福祉推進事業 地域での計画的な包括支援体制づくりに関する調査研究事業報告書）2019年

● Grinnell Jr, R. M., & Unrau, Y. A. (2008) *Social work research and evaluation: Foundations of evidence-based practice*, 8th ed., Oxford University Press.

● 全国社会福祉協議会「福祉サービス第三者評価－活用のご案内－」2017年

# さくいん

## アルファベット等



## ア

## サ

マ



ヤ



ラ

ワ

## 担当編集委員


武川（たけがわ） 正吾（しょうご）（明治学院大学教授）

数土（すど） 直紀（なおき）（一橋大学大学院教授）

赤川（あかがわ） 学（まなぶ）（東京大学大学院教授）

高野（たかの） 和良（かずよし）（九州大学大学院教授）


## 執筆者（執筆順）


藤村（ふじむら） 正之（まさゆき）（上智大学特別契約教授）
第1部 第1章

数土（すど） 直紀（なおき）（一橋大学大学院教授）
第1部 第2章

武川（たけがわ） 正吾（しょうご）（明治学院大学教授）
第1部 第3章
第2部 第8章・第9章

三谷（みたに） 武司（たけし）（東京大学大学院准教授）
第1部 第4章

神山（かみやま） 英紀（ひでき）（帝京大学准教授）
第1部 第5章

髙橋（たかはし） 重郷（しげさと）（元国立社会保障・人口問題研究所副所長）
※2023年12月に逝去されました。
第2部 第1章

戸ケ里泰典（とがりたいすけ）（放送大学教授）
第2部 第2章

土屋（つちや） 葉（よう）（愛知大学教授）
第2部 第3章

米村（よねむら） 千代（ちよ）（千葉大学教授）
第2部 第4章

高野（たかの） 和良（かずよし）（九州大学大学院教授）
第2部 第5章

中澤（なかざわ） 秀雄（ひでお）（上智大学教授）
第2部 第6章

桑畑洋一郎（くわはたよういちろう）（山口大学准教授）
第2部 第7章

和気（わけ） 康太（やすた）（明治学院大学教授）
第3部 第1章

赤川（あかがわ） 学（まなぶ）（東京大学大学院教授）
第3部 第2章〜第6章

志村（しむら） 健一（けんいち）（東洋大学教授）
第3部 第7章


※執筆者の所属・肩書は、令和5年11月30日現在のものです。

社会福祉学習双書2024
第12巻
社会学と社会システム
社会福祉調査の基礎

発　行　2021年 1月14日 初版第1刷
2022年 1月17日 改訂第1版第1刷
2022年 9月 8日 改訂第1版第2刷
2023年 1月17日 改訂第2版第1刷
2024年 1月24日 改訂第3版第1刷

編　集　『社会福祉学習双書』編集委員会
発行者　笹尾　勝
発行所　社会福祉法人　全国社会福祉協議会
〒100-8980 東京都千代田区霞が関3-3-2 新霞が関ビル
電話 03-3581-9511　振替 00160-5-38440
定　価　3,410円（本体3,100円＋税10%）
印刷所　日経印刷株式会社


ISBN978-4-7935-1453-1 C0336 ¥3100E